高职会计专业项目化课程改革系列教材

总主编 陈 丽

会计信息化实务与实训

主编 徐 烨 袁东霞

副主编 路 鹏

立信会计出版社
LIXIN ACCOUNTING PUBLISHING HOUSE

图书在版编目(CIP)数据

会计信息化实务与实训 / 徐烨,袁东霞主编. —上海:立信会计出版社,2017.1
高职会计专业项目化课程改革系列教材
ISBN 978-7-5429-5342-1

Ⅰ.①会… Ⅱ.①徐… ②袁… Ⅲ.①会计信息—财务管理系统—高等职业教育—教材 Ⅳ.①F232

中国版本图书馆 CIP 数据核字(2017)第 000945 号

策划编辑　　余　榕
责任编辑　　余　榕

会计信息化实务与实训

Kuaiji Xinxihua Shiwu yu Shixun

出版发行	立信会计出版社			
地　　址	上海市中山西路 2230 号	邮政编码	200235	
电　　话	(021)64411389	传　　真	(021)64411325	
网　　址	www.lixinaph.com	电子邮箱	lxaph@sh163.net	
网上书店	www.shlx.net	电　　话	(021)64411071	
经　　销	各地新华书店			
印　　刷	上海天地海设计印刷有限公司			
开　　本	787 毫米×1092 毫米　　1/16			
印　　张	18.25			
字　　数	450 千字			
版　　次	2017 年 1 月第 1 版			
印　　次	2017 年 1 月第 1 次			
印　　数	1—3 100			
书　　号	ISBN 978-7-5429-5342-1/F			
定　　价	38.00 元			

如有印订差错,请与本社联系调换

高职会计专业项目化课程改革系列教材编委会

主　任　陈　丽

编　委　杨智慧　万颀钧　王雪梅
　　　　郭红梅　王亚静　杨淑慧
　　　　孙志海　朱海燕　孙　静
　　　　孙玉红　徐　烨　孙中平
　　　　袁东霞　邱明明　徐淑莲
　　　　陈奭艳　潘　罡

GENERAL PREFACE 总　序

2014年5月,国务院颁布《国务院关于加快发展现代职业教育的决定》,要求专科高等职业院校要密切产学研合作,培养服务区域发展的技术技能人才。因此,高职会计专业应当以培养高端技术技能型人才为目标。这就要求会计专业教学在兼顾会计基本原理的基础上,注重学生会计实务操作能力的培养,同时加强学生会计基本技能的训练。教材在会计教学中起着至关重要的作用,优秀实用的教材不仅能够帮助教师进行课程教学设计和实施,而且能够指导学生课前预习、课中自学和课后训练,最终实现上述教学目标。基于此,我们组织行业企业专家及专业骨干教师编写了本系列教材。

本系列教材以"能力导向、项目(任务)载体、素养贯穿、课证结合"作为整体设计理念并确定基本框架和结构,是进行项目导向、任务驱动等"教学做"一体的教学模式改革的阶段性成果,也是校企深度合作的成果体现。本系列教材具有以下特色:

一是在内容设计上,突出了学生实务操作能力的培养,同时兼顾学生考证的需要。从内容上看,本系列教材提供了大量企业经营中涉及的原始凭证,帮助学生在进入工作岗位时能直接根据原始凭证识别经济业务,避免了教学中过多使用文字叙述经济业务的弊端;明确区分了会计的日常业务和期末业务内容,使学生对会计工作的日常处理和期末处理能够有较为完整的理解;通过内容对接和习题训练,将课程教学与学生会计从业资格考试和会计专业技术资格考试密切结合。

二是在结构设计上,将学生职业素养的培养贯穿始终。从结构上看,本系列教材根据会计岗位任职要求设计了若干项目和任务,每个任务以"任务布置"作为引导,后面进一步为学生完成任务提供"知识链接"。值得一提的是,本系列教材在每个任务下为每个教学单元设计了子任务。课前学生通过自学知识链接分组完成每个单元的子任务;课上学生展示任务成果并与教师和其他同学讨论,之后由教师进行点评和知识要点总结;课后学生通过完成教材提供的对应实训项目进一步巩固知识和能力。总之,上述设计方便教师采用"教学做"的教学模式开展教学,使学生在训练会计实务操作能力的同时提升计算机办公软件应用能力、团队协作能力、交流能力、表达能力等职业素养。

本系列教材作为校本教材,已在山东外贸职业学院会计专业和会计电算化专业2011级、2012级和2013级学生中使用。本系列教材在使用过程中不断征询学生、相关授课老师和校外行业企业专家的意见和建议,每次课程结束时都对学生进行问卷调查,并根据他们提出的意见和建议进行了多次修改。

本系列教材理论与实务相结合,习题、实训及其答案、ppt课件一应俱全,能够充分满足高职层次学生提升操作能力和学习知识的需要。因此,授课教师普遍反映使用本系列教材在教学过程中得心应手,是课程教学的好帮手;学生也喜欢使用本系列教材上课,可以大幅度提高学习效率和效果,毕业后也能迅速适应会计岗位工作。

本系列教材的出版得到了立信会计出版社的大力支持,特别是得益于余榕编辑的大力协助,才促使本系列教材得以顺利出版,在此致以衷心的谢意。

本系列教材所做的探索是初步的,由于编者水平有限,教材中难免有考虑不周甚至错误之处,敬请读者批评指正。

编委会

FOREWORD 前 言

为了提高高等职业教育会计专业学生的会计信息化技能水平,培养学生会计信息系统维护能力和运用信息技术处理企业综合会计业务能力,我们在实施了大量的岗位调研以及与行业专家充分讨论的基础上,立足于会计信息化职业岗位任务和工作过程分析,编写了以任务为驱动、基于工作过程的会计信息化分岗教材。

本教材依托用友 ERP-U8 V10.1 管理软件,通过任务布置、知识链接、操作指导等环节设计教学内容,以清晰的业务流程和详细的操作步骤,启发学生积极思考,不断地提高学生分析问题和解决问题的能力。

本教材的主要特点如下:

(1) 任务驱动。本教材以用友 ERP-U8 V10.1 管理软件完成青岛华阳汽车部件有限公司 1 个月的会计核算工作为任务统领,明确具体任务,驱动学生主动地、有针对性地进行实际操作,在实践中产生知识需求。

(2) 分岗教学。本教材根据实际的会计工作岗位,将会计信息化工作分为电算主管岗位、总账会计岗位、出纳岗位、会计报表岗位、薪资主管岗位、固定资产岗位和往来岗位,使学生体验企业岗位工作职责和业务内容,同时进行转岗训练,提高学生的就业竞争力。

(3) 理论支持实践。目前许多会计信息化教材的侧重点由理论讲解转向实际操作,但是又往往矫枉过正,忽略了对信息系统基本工作原理的揭示。会计信息化在工作和教学中经常遇到的一个实际问题是,操作者往往进行了错误的操作而不自知,出现问题不知如何解决,包括老师在教学的过程中也需要不断地试错才能帮助学生解决问题。本教材针对容易发生的错误及其原因进行了详细说明,以增强学生的知识迁移能力,使学生能深入透彻地理解信息系统的原理,加强对会计信息化工作的认识;同时,也减轻任课教师的负担,帮助老师更有针对性地为学生解决操作中出现的问题。

本教材分为上、下两篇:实务篇和实训篇。实务篇以一个实际工业企业具体会计岗位的会计信息化工作任务为驱动,以"必须、够用、实用"为原则,按照不同的会计岗位展开会计信息化实务与实训的教学内容。它包括7个项目29个任务,在每个任务下根据高职学生的特点和认知规律,配合学生技能培养和知识学习的需要,设置了若干子任务。其中,项目1为会计信息化职业认知,介绍了会计信息化的发展历程及会计信息系统的结构和安装知识,为学生后续学习奠定了理论基础。项目2至项目7分别从电算主管岗位、总账会计与出纳岗位、会计报表岗位、薪资主管岗位、固定资产岗位和往来岗位等不同的会计信息化岗位出发,根据会计岗位的实务操作业务内容设置了若干子任务,使学生在任务驱动下学习具体岗位的业务操作方法,体验企业岗位工作职责和业务内容。在实务篇末,还列出了分项目练习题,以便学生巩固和检验所学。实训篇根据实务篇的每个项目进行设计,为教师教学和学生完善所学知识提供实训资料。

本教材由徐烨和袁东霞任主编;由路鹏任副主编。教材体系、结构由全体编写人员集体讨论后确定,由徐烨负责教材的修改、总纂和定稿工作。

本教材是山东外贸职业学院与青岛友鹏源信息科技有限公司进行校企合作的成果。山东外贸职业学院的杨智慧、张逸等老师参与了本教材的修改讨论和审核定稿工作,财会金融系主任陈丽也对本教材给予了大力支持和帮助;青岛友鹏源信息科技有限公司作为用友集团的合作企业,为教材编写提供了大量素材和业务资料,该公司总经理路鹏作为副主编,直接参与编写教材,为本教材提供了大力支持,在此深表谢意!

由于编者水平有限,本教材中难免有不妥之处,恳请读者批评指正。

编　者

2017年1月

CONTENTS 目 录

上篇 实 务 篇

项目 1　会计信息化职业认知 ·········· 3
　任务 1.1　了解会计信息化 ·········· 3
　任务 1.2　会计信息系统的结构及安装 ·········· 7

项目 2　电算主管岗位实务操作 ·········· 12
　任务 2.1　认识系统管理 ·········· 12
　任务 2.2　建立账套 ·········· 15
　任务 2.3　管理账套 ·········· 26
　任务 2.4　设置基础档案 ·········· 31

项目 3　总账会计与出纳岗位实务操作 ·········· 54
　任务 3.1　认识总账管理系统 ·········· 54
　任务 3.2　总账管理系统初始设置 ·········· 56
　任务 3.3　总账管理系统日常业务处理 ·········· 64
　任务 3.4　总账管理系统月末业务处理 ·········· 93

项目 4　会计报表岗位实务操作 ·········· 109
　任务 4.1　认识 UFO 报表管理系统 ·········· 109
　任务 4.2　利用报表模板生成报表 ·········· 111
　任务 4.3　自定义生成报表 ·········· 124

项目 5　薪资主管岗位实务操作 ·········· 131
　任务 5.1　认识薪资管理 ·········· 131
　任务 5.2　薪资管理系统初始设置 ·········· 135

　　任务5.3　薪资管理系统日常业务处理 …………………………………………… 151
　　任务5.4　薪资管理系统月末处理 ………………………………………………… 170

项目6　固定资产岗位实务操作 ……………………………………………………… 175
　　任务6.1　固定资产管理系统初始设置 …………………………………………… 175
　　任务6.2　固定资产增加业务 ……………………………………………………… 183
　　任务6.3　固定资产变动（部门转移、原值增加）业务 …………………………… 185
　　任务6.4　固定资产期末处理 ……………………………………………………… 188
　　任务6.5　固定资产账表查询及期末结账 ………………………………………… 193

项目7　往来岗位实务操作 …………………………………………………………… 197
　　任务7.1　应收款管理系统初始设置 ……………………………………………… 197
　　任务7.2　应收单据处理 …………………………………………………………… 209
　　任务7.3　收款单据处理 …………………………………………………………… 213
　　任务7.4　票据管理 ………………………………………………………………… 219
　　任务7.5　转账处理 ………………………………………………………………… 222
　　任务7.6　坏账处理 ………………………………………………………………… 227
　　任务7.7　账表查询及期末结账 …………………………………………………… 231

分项目练习题 ………………………………………………………………………… 235
　　项目1　会计信息化职业认知 ……………………………………………………… 235
　　项目2　电算主管岗位实务操作 …………………………………………………… 236
　　项目3　总账会计与出纳岗位实务操作 …………………………………………… 237
　　项目4　会计报表岗位实务操作 …………………………………………………… 239
　　项目5　薪资主管岗位实务操作 …………………………………………………… 241
　　项目6　固定资产岗位实务操作 …………………………………………………… 242
　　项目7　往来岗位实务操作 ………………………………………………………… 244

下篇　实　训　篇

项目8　电算主管岗位实务操作 ……………………………………………………… 249
　　任务8.1　和氏电子建账 …………………………………………………………… 249
　　任务8.2　东升公司建账 …………………………………………………………… 250

项目 9　总账会计与出纳岗位实务操作 ······ 252
任务 9.1　部门核算 ······ 252
任务 9.2　外币核算 ······ 256
任务 9.3　出纳业务处理 ······ 258
任务 9.4　总账综合实训 ······ 261

项目 10　会计报表岗位实务操作 ······ 267
任务 10.1　编制会计报表 ······ 267

项目 11　薪资主管岗位实务操作 ······ 268
任务 11.1　薪资管理系统 ······ 268

项目 12　固定资产岗位实务操作 ······ 274
任务 12.1　固定资产系统 ······ 274

项目 13　往来岗位实务操作 ······ 278
任务 13.1　应付款管理系统 ······ 278

上篇　实　务　篇

导视图

会计信息化职业认知
↓
电算主管岗位实务操作
↓
总账会计与出纳岗位实务操作
↓
会计报表岗位实务操作
↓
薪资主管岗位实务操作
↓
固定资产岗位实务操作
↓
往来岗位实务操作
↓
分项目练习题

上篇 论文

项目 1

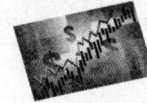

会计信息化职业认知

| 能力目标 | 1. 根据财经法规和会计职业道德的要求,根据企业行业性质和实际情况选择适合的会计信息化软件及相应的模块并进行安装。
2. 能够正确配置会计信息系统硬件及软件环境并成功安装会计信息化软件。
3. 能建立会计信息系统内部管理制度。 |

| 知识目标 | 1. 了解会计信息化的概念和发展历程。
2. 理解实现会计信息化的意义及重要性,加深对会计基本理论和核算方法的理解。
3. 熟悉会计信息系统的功能结构。 |

| 素质目标 | 1. 具备较强的会计信息化方面的法制观念和规范意识。
2. 具备主动思考问题、分析问题和解决问题的能力。
3. 具备一定的沟通技巧和团队协作精神。
4. 具备自主学习的能力。 |

任务 1.1 了解会计信息化

一、任务布置

【任务 1-1】 了解会计信息化

青岛华阳汽车部件有限公司是一家从事汽车零部件加工制造的企业,主要生产商用汽车的车桥、悬挂等零部件。近年来,随着公司业务量的增加,会计核算工作日益繁杂,为企业管理服务的功能日渐弱化。为了提高工作效率和企业管理水平,增强企业竞争力,公司管理层决定引进财务软件,实现会计信息化。

青岛华阳汽车部件有限公司的会计习惯了会计手工处理方式,也深深意识到手工处理方式的效率低下，不能满足企业发展的需要，但是对会计信息化还是缺乏一定了解。请以公司会计的身份阅读知识链接相关资料，讨论并完成以下任务：

（1）比较会计电算化和会计信息化的概念，并说出会计电算化和会计信息化的区别。

（2）实施会计信息化对本公司有何意义？

（3）会计信息化的岗位包括哪些？各自的职责是什么？是否可以交叉设置？

（4）请根据实际情况，帮本公司制定一份会计信息化内部管理制度。

二、知识链接

（一）会计信息化的相关概念

现代社会已经全面进入了信息化社会，在会计领域，信息技术的应用也逐步深入。

随着2009年财政部《关于推进我国会计信息化工作的指导意见》的发布，我国会计信息化工作全面展开，企业财务信息化成为一种必然趋势。会计信息化是从会计电算化发展而来的，下面将会计电算化和会计信息化的相关概念进行简单介绍。

1. 会计电算化

在我国，"会计电算化"一词是1981年8月由财政部和中国会计学会在长春第一汽车制造厂召开的"财务、会计、成本应用电子计算机专题讨论会"上率先提出的，会议正式把"电子计算机在会计中的应用"简称为"会计电算化"。

会计电算化是以电子计算机为主的当代电子技术和信息技术应用到会计实务中的简称，是以会计软件为平台，利用计算机等设备来替代手工完成会计工作的过程。

2. 会计信息化

随着信息时代的来临，以及电子商务和互联网的快速发展，会计环境同时也发生着巨大的变化，原有的会计假设体系、会计业务的处理流程和技术手段等，都不能够满足会计信息的使用者不断增长的对信息的需求。怎样找到与互联网的融合点，是会计作为一个传统行业亟待解决的问题。

1999年4月初，深圳金蝶软件科技有限公司和深圳市财政局举办了一场"新形势下会计软件市场管理研讨会暨会计信息化专家座谈会"，王光远教授（厦门大学）在这次被称为"为国家创新体系做实事"的会议上，第一次提出"会计信息化"的概念。2000年，在深圳举行的"首届会计信息化理论专家座谈会"上，会计理论界第一次提出了"从会计电算化向会计信息化"的发展方向。

会计信息化是利用现代信息的技术，如计算机、网络、通讯等，对传统的会计工作模式进行了重构，并在重构后现代会计工作模式上，通过广泛利用和深化开发会计信息的资源，建立会计与技术高难度融合的、开放的、现代的会计信息系统，来提升会计信息在资源优化配置上的有用性，并促进经济发展和社会进步的过程。

（二）会计电算化与会计信息化的区别

1. 信息技术环境的区别

人们通常所说的信息技术不是单纯的一种技术，而是计算机技术、网络通信技术和信息感测技术等组群技术的简称。会计电算化和会计信息化都应用了计算机技术，但会计电算化较少使用网络通信技术，会计信息化则更多地依赖于网络通信技术的支持；会计电算化几乎没有用到感测技术，会计信息化则会随着其发展越来越多地使用诸如条码感测、智能感测等感测技术。

2. 系统地位层次的区别

会计电算化主要服务于财务部门的核算与管理，属于部门级应用；而会计信息化则是企业信息化的有机组成部分，会计信息系统是管理信息系统的核心子系统，除了服务于财务部门外，还要为信息管理层、决策支持层和决策层提供服务，属于企业级应用。

3. 系统目标的区别

会计电算化以解放生产力、提高工作效率为出发点，目标是实现会计核算业务的计算机处理；而会计信息化则更强调实现会计业务全面信息化，充分发挥会计在企业管理中的核心作用，与企业管理和整个社会构成一个有机的信息系统。

4. 信息输入的区别

会计电算化条件下输入系统的是记账凭证，数据主要由财务部门自己输入；而会计信息化的大量数据可从企业内外其他系统直接获取，同时可以预见，随着原始凭证标准化问题的解决和网络安全技术的日臻成熟，经过数字签名的原始凭证会直接进入会计信息系统。

5. 信息输出的区别

在电算化环境下，会计信息的输出主要有显示、打印、磁盘等方式；在信息化环境下，内部需求除了上述方式以外，更多地可以通过网络实现信息传递与共享，通过授权、划分权限级次，企业内部各个机构、各个部门可以从信息系统上直接获取。

（三）会计信息化对会计工作的影响

会计信息化是会计发展史上的一次革命，与手工会计相比，不仅是信息处理工具的不同，在会计数据处理流程、处理方式、内部控制方式和组织结构等方面都存在显著区别，它的产生对会计理论和实务产生了重大的影响，对提高会计核算质量、促进会计职能转变、提高经济效益和加强国民经济宏观管理，都有重要的作用。

1. 提高工作效率，减轻工作人员的劳动强度

在传统手工会计阶段，会计数据处理全部靠人工完成，会计数据处理效率很低。实现会计信息化后，会计人员只需完成初始工作，便可以将数据的校验、加工、传递、存储、检索和输出工作交给计算机来完成，人和计算机的有机结合，使得会计人员由以往的从编制原始凭证、记账凭证到登账、结账、编制会计报表等劳动中解放出来，从繁重的会计核算和数据转抄中解放出来，不仅提高了会计信息质量和会计工作效率，降低了会计人员的劳动强度，而且也可以将更多的时间投入企业的经营管理当中。

2. 有助于提高会计信息的质量和传输效率，有助于会计工作规范化

在手工信息系统中，企业会计核算工作的系统性、准确性和及时性都难以适应经济管理的需要，会计信息的有效性和可靠性无法得到保证。而会计信息化以计算机为信息处理工具，提高了会计数据处理的速度和精度，提高了会计数据的及时性和可靠性。而且会计信息化要求建立规范化的会计基础工作，对数据的处理也按程序规范化进行，人工干预较少，有助于会计工作规范化。会计信息的质量和传输效率在会计信息化阶段都得到了有效提高。

3. 促进会计职能的转变

一方面，会计信息化提高了会计工作的效率，降低了会计从业人员的劳动强度，使得会计从业人员可以有更多的时间参与企业内部的经营管理，促使会计工作的职能发生转变，从而导致会计从业人员知识结构的变化和素质的提高，形成复合型的人才。

另一方面，计算机网络技术的发展和会计信息系统的建立，实现了数据共享和信息的快速传递，满足了各部门管理对信息的需要，为财务管理人员、会计管理与分析人员、企业高层领导利用会计信息和外部信息进行管理、分析、预测和决策提供了便利。

4. 推动企业管理现代化

在信息化时代，企业之间的竞争不仅体现在生产技术水平的提高上，更体现在企业管理水平的竞争上。在手工模式下，由于人工成本和时间等各个因素的制约，成本核算和报表编制等只能够在月末来进行，使企业的管理有着明显滞后性。会计信息化能够使管理人员及时了解企业经营活动的信息和当前的经营状况，对于过去发生的、正在发生的企业经营事项有着更加准确和实时的把握，对于将要发生的企业经营事项可能会带来的影响有着更加准确的预测和评估，从而降低企业经营活动风险，实现企业管理现代化。

（四）会计信息化职业的认知

会计人员是会计信息化的实施主体，只有会计人员扎实掌握会计信息化的理论知识和操作技能，才能最大限度地发挥会计信息化的作用。

1. 合理设置会计信息化岗位，明确岗位工作职责

会计信息化岗位包括会计基本岗位和会计信息化岗位。

1）会计基本岗位

会计基本岗位主要包括会计主管、出纳、总账会计、薪资会计、往来会计、财产物资会计、报表会计等岗位，各岗位的从业条件、业务范围和管理制度等与手工会计信息系统基本相同，只是工作方式和使用工具有所调整和变化。

2）会计信息化岗位

会计信息化岗位是对设计、管理、操作、维护计算机及软件系统工作岗位的统称。企业常设的会计信息化岗位主要包括信息化主管、软件操作、审核记账、软件维护、数据分析、会计档案保管等。

（1）信息化主管：负责协调计算机与会计软件系统的建立与运行、财务数据系统安全等工作，一般由会计主管兼任。

（2）软件操作：负责会计核算软件具体使用操作，输入会计数据，生成记账凭证、会计账簿、报表等，一般由会计基本岗位的会计人员兼任。

（3）审核记账：负责凭证的审核记账，一般由会计主管兼任。

（4）软件维护：负责保证计算机硬件、软件的正常运行，管理机内的会计数据。采用大、中型计算机和计算机网络会计软件的单位，应设立此岗位，在大、中型企业中应由专职人员担任。

（5）数据分析：负责对计算机内的会计数据进行分析，为单位经营决策提供财务信息。采用大、中型计算机和计算机网络会计软件的单位，可设立此岗位，一般由会计主管兼任。

（6）会计档案保管：负责会计电算化数据和程序备份，打印的账表、凭证和各种会计档案资料的保管。采用大、中型计算机和计算机网络会计软件的单位，可设立此岗位，一般由会计主管兼任。

会计基本岗位和会计信息化岗位应根据会计业务需要进行设置，与本单位业务活动的规模、特点和管理要求相适应，可在保证会计数据安全的前提下交叉设置。因此，会计岗位可以一人一岗、一人多岗、一岗多人。

大、中型企业的会计部门往往有几十个人，工作岗位划分很细，常常一岗多人。但是，在我

国的企业中,绝大多数是中、小型企业,这些企业会计部门的人数常常不足10人,会计业务也比较简单,一般一人兼任多个工作岗位,但是要注意设置的会计信息化岗位应该满足内部牵制制度的要求,如软件操作岗位与审核记账、软件维护岗位为不相容岗位。

会计信息化岗位及其权限设置一般在系统初始化时完成,平时根据人员的变动可进行相应调整。信息化主管负责定义各操作人员的权限;具体操作人员只有修改自己口令的权限,而无更改自己和他人操作的权限。

2. 会计信息化对会计人员的素质要求

信息时代对新型会计人才的需求已不仅仅是会计专业知识本身,更对信息技术的驾驭能力、创新意识、管理才能等方面都提出了较高的要求。它要求会计信息化从业人员既掌握扎实全面的会计专业知识,又具备相关的计算机知识、财务软件使用技术、保养和维护、管理等多方面的专业素质,以及与其他技术人员有效沟通和合作的能力。

(1) 通晓会计专业理论。会计信息化从业人员首先是一名财务人员,必须掌握宽厚的会计理论基础和娴熟的会计实务技能,其次是他们熟悉会计基本理论,就能够从较高的视角上把握财务工作的运行规律,提高财务分析能力,为领导决策提供有价值的建议。

(2) 精通计算机知识和网络技术。会计信息系统是一个人机系统,虽然大部分数据处理工作都由计算机完成,但是如果没有人的操作,一切都无从谈起。而且对系统的维护、管理以及利用都离不开人。为使会计信息系统能顺利地运转,其操作人员不仅应具备会计专业知识,还必须精通相应的计算机知识,如计算机操作、计算机维护等;同时,还必须具备熟练的网络技术和对信息的迅速反应能力和控制能力,否则,会计电算化系统的功能很难得到充分的发挥。

(3) 具有一定创新能力。创新能力是信息社会所需创新型会计人才必须具备的重要的能力素质,创新型会计人才要具有强烈的创新意识和实践探索勇气,能够敏锐地发现问题和解决问题。

(4) 合作和沟通能力。会计信息系统与很多其他系统紧密结合(如生产、采购、库存、销售、人力资源等),从而实现信息的传递和共享。会计信息化人员必须具备较强的合作和沟通能力,才能提高工作效率,更好地为企业的各项决策服务。

任务1.2　会计信息系统的结构及安装

一、任务布置

【任务1-2】　认识会计信息系统

青岛华阳汽车部件有限公司的主管会计刘梅负责会计信息化的具体实施工作,经过考察和比较,她最终选择了用友ERP-U8 V10.1管理软件。请阅读知识链接相关资料,完成以下工作:

(1) 认识会计信息系统并了解其构成。
(2) 掌握用友ERP-U8 V10.1管理软件的功能和结构。
(3) 掌握用友ERP-U8 V10.1管理软件的安装方法。

二、知识链接

（一）会计信息系统的概念

会计信息系统（accounting information system，简称 AIS）是指利用会计信息技术，对会计信息进行收集、存储、处理及传送，完成会计核算、监督、管理和辅助决策任务的信息系统。在现代科学技术的背景下，这样的信息系统无疑就是计算机会计信息系统。计算机会计信息系统以计算机为主要工具，对各种会计数据进行收集、记录、存储、处理与输出，并完成对会计信息的分析，向使用者提供所需会计信息，辅助他们管理、预测和决策，提高企业管理水平与经济效益。

（二）会计信息系统的构成

1. 计算机硬件

计算机硬件是指进行数据输入、处理、存储及输出的各种电子设备。例如，数据输入设备有键盘、扫描仪等；数据处理设备有计算机主机等；数据存储设备有磁盘、光盘等；数据输出设备有打印机、显示器等。

2. 计算机软件

计算机软件包括系统软件和应用软件两类。系统软件是保证会计信息系统能够正常运行的基础软件，如操作系统、数据库管理系统等；在会计信息系统中，应用软件主要指会计软件，它是专门用于会计核算和会计管理的软件，是会计信息系统的一个重要组成部分。没有会计软件的信息系统就不能称为会计信息系统，拥有会计软件是会计信息系统区别于其他信息系统的主要因素。

3. 会计人员

会计人员是指会计信息系统的使用人员和管理人员，包括会计主管、系统开发人员、系统维护人员、凭证录入人员、凭证审核人员、会计档案保管人员等。会计人员也是会计信息系统中的一个重要组成部分，如果没有一支高水平、高素质的会计人员和系统管理人员队伍，那么有再好的硬件、系统软件、会计软件，会计信息系统也不能稳定、正常地运行。

4. 会计信息系统的运行规程

会计信息系统的运行规程是指保证会计信息系统正常运行的各种制度和控制程序。它主要包括两大类：一是政府颁布的制度、条例，如财政部发布的《会计电算化管理办法》《商品化会计核算软件评审规则》《会计核算软件基本功能规范》《会计电算化工作规范》等；二是单位内部的各项具体规定，如会计人员岗位责任制度、内部控制制度、会计档案管理规定等。

（三）用友 ERP-U8 V10.1 管理软件简介

用友软件股份有限公司成立于 1988 年 12 月，是我国第一个商品化会计软件研发服务商，也是我国最大的管理信息系统开发服务商。

作为用友软件股份公司面向中型企业普及应用的一款产品，用友 ERP-U8 管理软件提供了从企业会计业务处理、日常运营到办公事务管理等全方位的企业管理解决方案，是一种管理型会计软件。这种软件集财务与业务系统于一体，可以跨部门使用，使企业各种经济活动信息充分共享，尽可能地消除企业各部门的信息"孤岛"现象。

用友 ERP-U8 V10.1 管理软件的功能结构主要由总账管理、报表管理、薪资管理、固定资产管理、应收/应付款管理、成本核算等系统构成。这些模块之间的关系可以用图 1-1 表示。

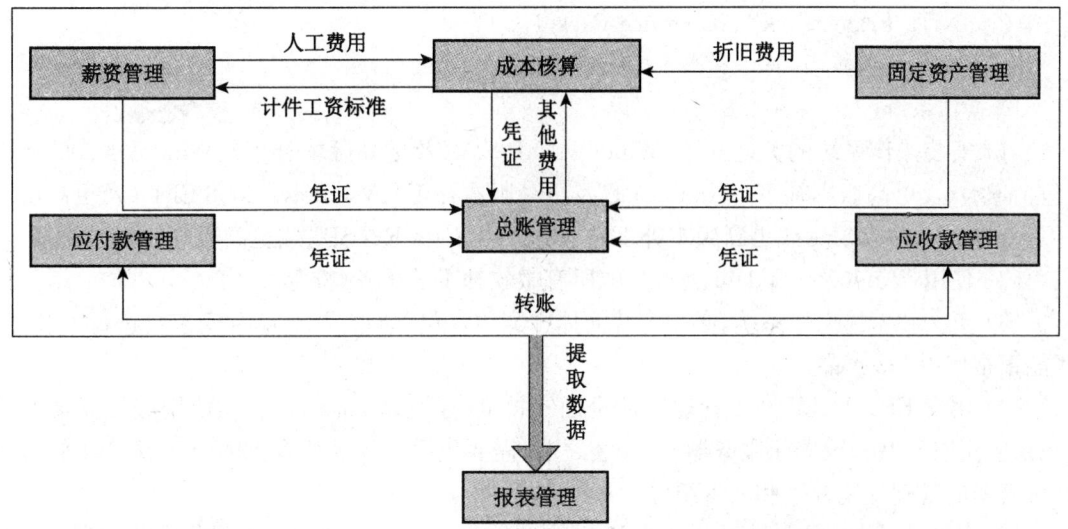

图 1-1 用友 ERP-U8 V10.1 管理软件主要功能模块之间的关系

（四）用友 ERP-U8 V10.1 管理软件的安装

1. 系统运行环境

1）操作系统

（1）Windows XP＋SP2(或更高版本补丁)。

（2）Windows 2003＋SP2(包括 R2)(或更高版本补丁)。

（3）Windows Vista＋SP1(或更高版本补丁)。

（4）Windows 2008＋SP1(或更高版本补丁)。

（5）Windows 7＋SP1(或更高版本补丁)。

（6）Windows 2008 R2(SP1 或更高版本补丁)。

2）数据库

（1）Microsoft SQL Server 2000＋SP4(或更高版本)。

（2）Microsoft SQL Server 2005＋SP2(或更高版本)。

（3）Microsoft SQL Server 2008＋SP1(或更高版本补丁)。

（4）Microsoft SQL Server 2008 R2。

3）浏览器

支持微软 IE 浏览器 IE6＋SP1 和以上版本(IE7、IE8、IE9)使用用友 ERP-U8 V10.1 管理软件的 WEB 产品。

4）Internet 信息服务(IIS)

如果选择安装应用服务器或文件服务器，请先安装 Internet 信息服务(IIS)，否则将导致 Microsoft.NET Framework 2.0 不能在 IIS 上成功注册文件映射关系和系统组件，需要手工完成 IIS 文件映射配置和 aspnet_isapi.dll 的注册。

IIS 组件可以通过操作系统安装盘获取；如果是 Windows Vista 或 Windows 2008、Windows 7, Windows 2008 R2 请务必手工安装 IIS。

5）.NET 运行环境

（1）.NET Framework 2.0 Service Pack 1。

(2).NET Framework 3.5 Service Pack 1。

2. 安装前注意事项

1) 操作系统

(1) 安装操作系统的关键补丁:Windows XP-SP2(及更高版本补丁)、Windows 2003-SP2(包括 R2)(及更高版本补丁);Vista-SP1(及更高版本补丁)、Windows 2008-SP1(及更高版本补丁)、Windows 7(SP1 或更高版本补丁)、Windows 2008 R2(SP1 或更高版本补丁)。

(2) 使用 Windows Update 进行其他所有微软补丁的更新(推荐)。

(3) 英文和繁体操作系统,必须安装简体中文语言包(通过 Windows 安装盘进行安装)后才能正常使用 U8 产品。

(4) 用友 ERP-U8 V10.1 管理软件全面支持 64 位环境,推荐安装和使用服务器端产品(包括应用服务器和数据库服务器)。安装之前,需要先手工安装用友 ERP-U8 V10.1 管理软件所需要的基础环境补丁和缺省组件。

(5) 如果在 Vista、Windows 2008、Windows 7、Windows 2008 R2 等操作系统上安装运行用友 ERP-U8 V10.1 管理软件,建议至少配置 2G 以上内存。

2) 数据库

(1) 如果安装数据库服务器,请先安装好数据库,用友 ERP-U8 V10.1 管理软件支持以下 SQL Server 数据库版本:SQL Server 2000(包括 MSDE)+SP4[及更高版本补丁]、SQL Server 2005(包括 EXPRESS)+SP2[及更高版本补丁]、SQL Server 2008[SP1 或更高版本补丁]、SQL Server 2008 R2。现以 SQL Server 2000 为例,在 SQL Server 的安装界面点击"浏览安装/升级帮助"查阅,如图 1-2 所示。

图 1-2 SQL Server 2000 的安装

(2) 简体中文数据库默认安装即可。

(3) 在繁体和英文操作系统上安装相应语言的数据库时，请选择"自定义安装"，设置"服务器排序规则"，设置为简体中文(PRC)，安装成功后显示为"Chinese_PRC_CI_AS"（注：一旦安装完毕，此设置不可修改，只能在安装数据库时进行选择）。

(4) 在繁体和英文操作系统上安装数据库后，必须先将操作系统的默认语言修改为简体中文(PRC)，否则将导致用友 ERP-U8 V10.1 管理软件的数据库服务器无法使用。

(5) 支持数据库的多实例使用，但前提条件为必须有默认实例（包括对应的关键补丁）存在，否则将导致安装用友 ERP-U8 V10.1 管理软件的数据库服务器失败。

3. 安装时的注意事项

(1) 确保计算机所安装的操作系统要求。

(2) 如果系统中未默认安装 IIS，则需要安装该组件，可通过执行"控制面板—添加/删除程序—Windows 组件—添加 IIS 组件"命令来安装。

(3) 确保系统盘有 1 G 以上的空闲空间。

(4) 用友 ERP-U8 V10.1 管理软件仅支持安装在由字母、数字、下划线和空格组成的目录下。

(5) 双击用友安装文件，根据提示单击"下一步"按钮进行操作，直至出现"系统环境检查"界面。

(6) 用友 ERP-U8 V10.1 管理软件的系统环境检查分为"基础环境""缺省组件"和"可选组件"三部分，"基础环境"不符合要求，需要退出当前安装环境后手工安装所需的软件和补丁；"缺省组件"没有安装的，可以通过"安装缺省组件"功能自动安装，也可以通过系统提供的超链接打开对应的安装目录进行手工安装（注：安装"缺省组件"时可能会要求重新启动机器，请按照提示执行，否则将导致不可预期的错误和异常）；"可选组件"可不安装。

(7) 用友 ERP-U8 V10.1 管理软件的系统环境检查过程中，如果安装缺省组件失败，请在退出用友 ERP-U8 V10.1 管理软件的安装程序后，手工安装该组件（路径为\U8V10.1SETUP\3rdProgram）。

(8) 通过系统环境检查后，点击"安装"按钮，即可进行安装（此安装过程较长，请耐心等待），安装时建议停止防火墙软件，或者在安装过程中防火墙弹出的有关风险提示中选择允许或继续。

(9) 安装完成后，单击"完成"按钮，重启计算机。

(10) 系统重启后，出现"正在完成最后的配置"提示信息，在其中输入数据库名称（即本地计算机名称）和 SA 口令（安装 SQL Server 时所设置的口令，一般为空），单击"测试链接"按钮，测试数据库连接。若一切正常，则会出现连接成功的提示信息。

(11) 接下来系统会提示是否初始化数据库，单击"是"按钮，提示"正在初始化数据库实例，请稍候……"数据库初始化完成后，安装完成。

项目 2

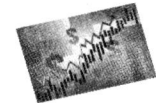

电算主管岗位实务操作

能力目标
1. 能够完成企业建账和修改账套、删除账套、备份账套等账套管理工作。
2. 能够进行操作员的建立、角色的划分和权限的分配等用户系统管理工作。
3. 能够对会计信息系统进行监控、管理,及时掌握会计信息系统的运行状态,进行系统故障的维护。
4. 能够设置部门、职员、客户、供应商等基本档案。
5. 能够设置凭证类别、外币汇率、结算方式、项目档案等参数。
6. 能够设置并修改会计科目及其属性。

知识目标
1. 理解系统管理模块功能,明了其在用友 ERP-U8 V10.1 管理软件中的地位和作用。
2. 熟悉账套建立的操作方法和注意事项。
3. 掌握账套备份与恢复的原理和方法。
4. 理解授权的含义,熟悉不同岗位操作员的分工规则与权限范围。
5. 掌握基础档案的设置方法和原理。
6. 理解项目目录的设置原理,掌握项目目录的设置方法。

素质目标
1. 具有良好的诚信品格和企业责任感。
2. 具备主动思考、发现和解决问题的能力。
3. 具有较好的沟通技巧和良好的团队协作精神。

任务 2.1 认识系统管理

一、任务布置

【任务 2-1】 请打开用友 ERP-U8 V10.1 管理软件的系统管理,以系统管理员的身份登

录系统管理,尝试摸索系统管理的各项功能;然后以小组为单位进行讨论,并回答下列问题:

(1)系统管理都有哪些功能?

(2)如果没有桌面快捷方式,还可以在哪里打开"系统管理"?

二、知识链接

用友 ERP-U8 V10.1 管理软件由多个子系统构成,各子系统为企业的不同层面服务,具有独立的功能,但是这些子系统之间又相互联系、数据共享。那么,就需要一个平台对这些子系统进行统一操作管理和数据维护,为此,用友软件股份有限公司开发了一个对整个系统的公共任务进行统一管理的公共平台,就是系统管理。

系统管理具有如下功能。

（一）管理账套

每个独立核算的单位可以建立一个账套,用友 ERP-U8 V10.1 管理软件最多可建立 999 个账套。管理账套一般包括建立、修改、删除、引入和输出账套等工作。

（二）管理账套库

企业是持续经营的,因此企业的日常工作是一个连续性的工作,用友 ERP-U8 V10.1 管理软件支持在一个账套库中保存连续多年数据,理论上一个账套可以在一个账套库中一直使用下去。但是由于某些原因,如需要调整重要基础档案、调整组织机构、调整部分业务等,或者一个账套库中数据过多影响业务处理性能,需要使用新的账套库并重置一些数据,这样就需要新建账套库。

账套库的建立是在已有账套库的基础上,通过新账套库建立,自动将老账套库的基本档案信息结转到新的账套库中,对于以前业务产品余额等信息需要在账套库初始化操作完成后,由老账套库自动转入新账套库的下年数据中。

在用友 ERP-U8 V10.0 管理软件中,其账套和账套库是有一定区别的,具体体现在以下方面:

账套是账套库的上一级,账套是由一个或多个账套库组成,一个账套库含有 1 年或多年使用数据。一个账套对应一个经营实体或核算单位,账套中的某个账套库对应这个经营实体的某年度区间内的业务数据。例如,某单位建立账套"001 正式账套"后在 2015 年使用,然后在 2016 年的期初建 2016 账套库后使用,则"001 正式账套"具有两个账套库,即"001 正式账套 2015 年"和"001 正式账套 2016 年";如果希望连续使用也可以不建新库,直接录入 2016 年数据,则"001 正式账套"具有一个账套库,即"001 正式账套 2015—2016 年"。

（三）管理用户及权限

为了保证数据的安全性和保密性,不是所有人都能进入会计信息系统进行操作,而且每个操作员的权限是不一样的,这就需要设置操作员及其权限。通过对系统操作分工和权限的管理,一方面可以避免与业务无关的人员进入系统,另一方面可以对用户进行严密的分工和管理,保证各司其责,流程顺畅。权限管理的主要内容包括:设置角色、设置用户、设置权限。

（四）系统安全维护

在系统管理中,可以监控并记录整个系统的运行过程,设置数据自动备份,清除系统运行中的异常任务等,以实现对系统运行安全和数据存储安全的保证。

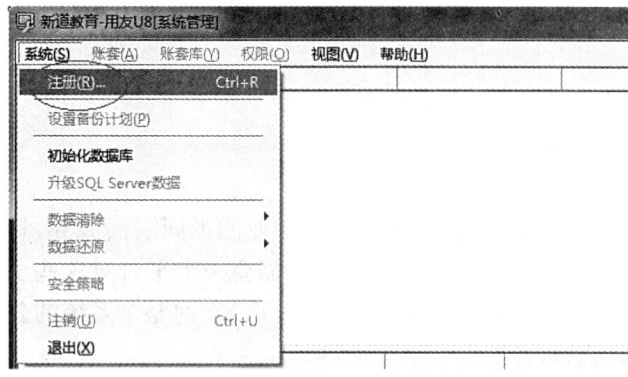

图 2-1 系统注册-1

三、操作指导

具体操作如下：

（1）双击桌面上的"系统管理"图标，执行"系统—注册"命令，弹出"登录"界面，输入操作员"admin"，无密码，登录到系统管理界面，如图 2-1 和图 2-2 所示。

（2）在"系统管理"界面，页面上方显示登录的子系统、站点、运行状态、注册时间、任务号等，下方则显示账套号、年度、编码、用户名称、执行功能等，如图 2-3 所示。

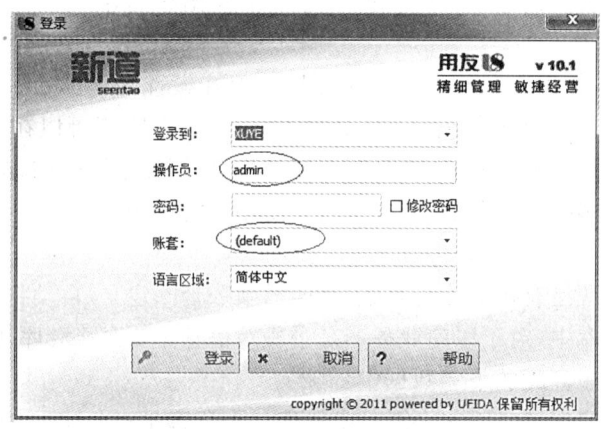

图 2-2 系统注册-2

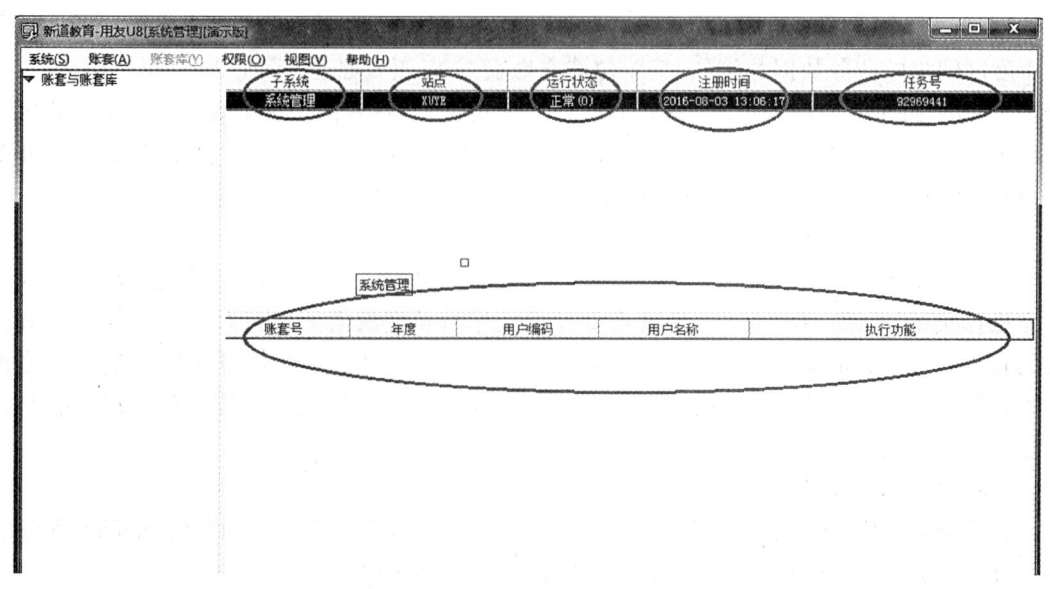

图 2-3 "系统管理"界面

(3) 分别展开"系统""账套""权限""视图""帮助"等菜单,了解不同菜单下的功能有哪些。

任务 2.2 建立账套

一、任务布置

【任务 2-2】 建立账套

在安装了用友 ERP-U8 V10.1 管理软件之后,我们可以根据企业实际情况为企业量身定做一个账套,并增加相应的操作员,在系统里给操作员进行分工。

请根据青岛华阳汽车部件有限公司的资料完成增加用户、建立账套、为用户进行财务分工。

(一)用户设置

该公司财务部操作员资料如表 2-1 所示。

表 2-1　　　　　　　　　　　　　　操作员资料

用户编码	用户名	密码	部门	角色
001	刘梅	空	财务部	账套主管
002	姜涛	空	财务部	普通员工
003	张玲	空	财务部	普通员工
004	宋俊	空	财务部	普通员工
005	赵芳	空	财务部	普通员工
006	张亚洲	空	财务部	普通员工
007	蓝玉	空	财务部	普通员工
008	王林生	空	财务部	普通员工

(二)建账基本信息

青岛华阳汽车部件有限公司简称青岛华阳,从事汽车零部件生产,从 2014 年 1 月开始使用会计信息系统,账套号为 001,单位地址为青岛市城阳区正阳东路 111 号,法人代表为张讯,邮政编码为 266000,联系电话与传真为 0532-87635394,税号为 370206724026792,本币代码为 RMB,企业类型为工业,行业性质为 2007 新会计制度科目;账套主管是刘梅。要求:按行业预置科目,存货、客户、供应商均需要分类核算,有外币业务。

科目编码级次:4-2-2-2-2;客户及供应商分类编码级次:2-2-3;其余分类编码及数据精度均采用系统默认值;启用总账系统,启用日期为 2014 年 1 月 1 日。

(三)财务分工

该公司的财务分工如表 2-2 所示。

表 2-2　　　　　　　　　　　　财 务 分 工

用户编码	用户名	功能级权限
001	刘 梅	全部权限
002	姜 涛	总账—出纳 总账—凭证—出纳签字 总账—凭证—查询凭证
003	张 玲	总账
004	宋 俊	UFO 报表
005	赵 芳	薪资管理、计件工资管理
006	张亚洲	固定资产
007	蓝 玉	应收账款、应付账款
008	王林生	存货核算、采购管理、销售管理和库存管理

思考

（1）如果忘记了刘梅的登录密码该怎么做？

（2）在操作演示中发现了哪些错误？请指出。我们先按照这个错误的演示进行操作，后面将学习如何修改错误。

二、知识链接

建立账套通常有三个步骤，称为建账三部曲。

（一）建账三部曲之第一步：增加用户

增加用户就是在系统中增加有权力进行业务操作的人员（即操作员）。在增加用户时，还可以为系统设立角色，那么角色和用户有什么区别呢？角色是指在企业管理中拥有某一类职能的人员。常见的角色有会计主管、会计、出纳等，一个角色可以有多个人员。用友 ERP-U8 V10.1 管理软件中已经设置了一些常用角色，并且赋予了相应的权限，如账套主管、总账会计、出纳等。每个企业还可以根据自己的实际情况自行设置。用户是指有权进入系统进行操作的人员，也就是我们通常所说的操作员。必须在账套管理中增加了用户，该用户才能进入信息系统进行业务处理。用户一定要设置，但是角色不是必须要有。如果企业规模较大，可能多个用户同属于同一个角色，他们的权限是一样的，为每个用户单独设置权限工作量较大，这时可以先设置角色并赋权，然后增加用户的时候将用户归属于该角色即可；如果企业规模较小，就可以不必设置角色，直接为用户设置权限即可。

（二）建账三部曲之第二步：建立账套

建立账套就是根据企业的基本资料为企业建立一个独立的账套，用来记录企业的会计信息。建账时，需要确定核算单位名称、所属行业性质、记账本位币、启用日期、会计日期等账套参数，这些参数决定了系统数据的输入、处理、输出的内容和形式，因此设置账套参数至关重要。账套参数一旦设置好后，一般不允许改变，否则会引起账套数据错误。部分账套参数可修改，但是系统管理员无法修改，需要以账套主管的身份登录系统管理修改。

(三)建账三部曲之第三步:财务分工

财务分工就是将用户和账套联系起来,为每个用户分配其在账套中的权限。我们既可以为用户分配权限,也可以为角色分配权限。账套主管自动具有该账套的所有权限,可以进行所有业务工作。

三、操作指导

【任务 2-2】 建立账套

(一)增加用户

以系统管理员 admin 身份(默认密码为空)注册进入"系统管理",执行"权限—用户"命令,点击"增加"按钮,根据资料增加用户 001~008,增加完成之后,退出用户管理,如图 2-4 所示。

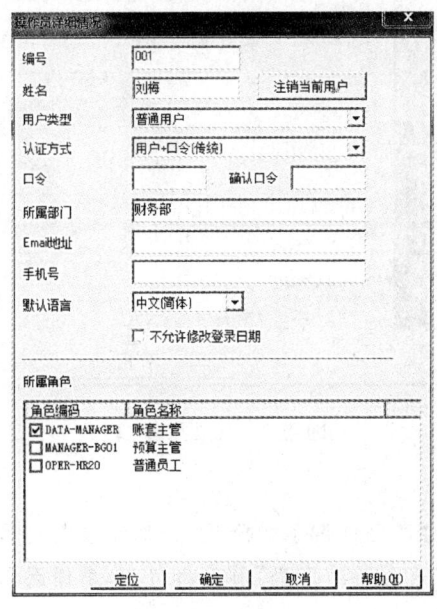

图 2-4 增加操作员

温馨提示

(1)只有系统管理员才可以设置用户和角色。

(2)用户的编号、姓名必须唯一,即使不同的账套,用户的编号和姓名也不能重复。

(3)用户增加以后,可以在用户管理界面进行修改、删除等操作,但是用户一旦被使用(即以该用户的身份登录系统进行了相关操作,或者其他用户在操作中引用了该用户的相关信息),便不能被修改和删除,如果要删除,必须将涉及该用户的工作全部删除才可以。如果某用户因为种种原因离开企业,可以在用户管理中通过修改功能将该用户进行注销。注销方法如图 2-5 所示。

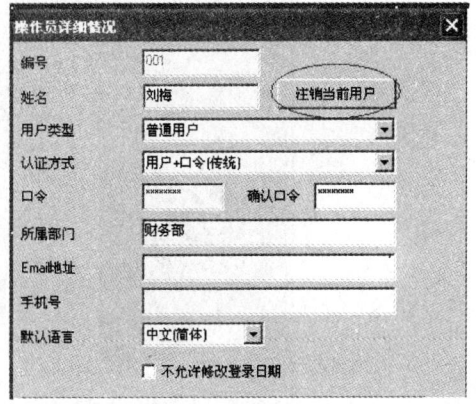

图 2-5 注销用户

(二)建立账套

具体操作如下:

(1)执行"账套—建立"命令,进入建账页面,选择"新建空白账套",点击"下一步"按钮,如图2-6所示。

(2)输入账套信息,点击"下一步"按钮,如图2-7所示。

图 2-6 建立账套-1

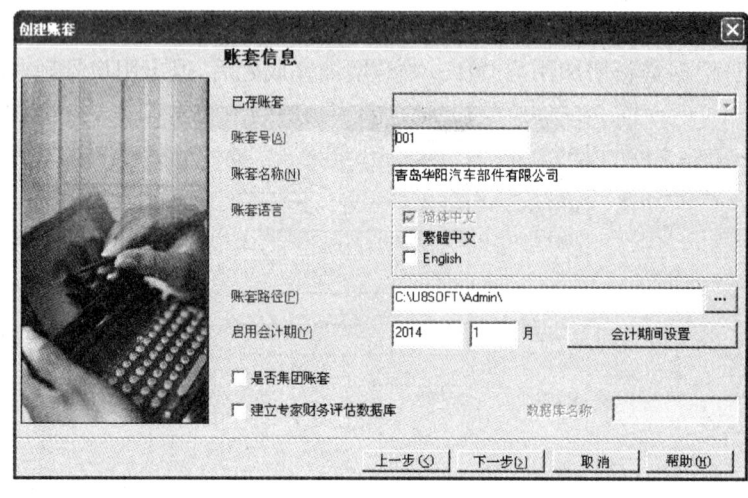

图 2-7 建立账套-2

温馨提示

(1)账套号、账套名称、启用会计期不能修改,如果错误需要重新建账。

(2)非集团账套不要在"是否集团账套"前面打勾,如果错误需要重新建账。

(3)蓝色为必填项。

(3)输入单位信息,点击"下一步"按钮,如图 2-8 所示。

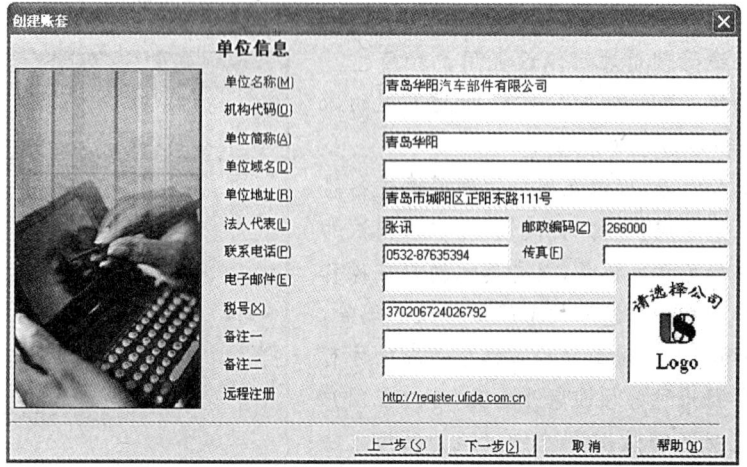

图 2-8 建立账套-3

(4) 输入核算类型信息,点击"下一步"按钮,如图 2-9 所示。

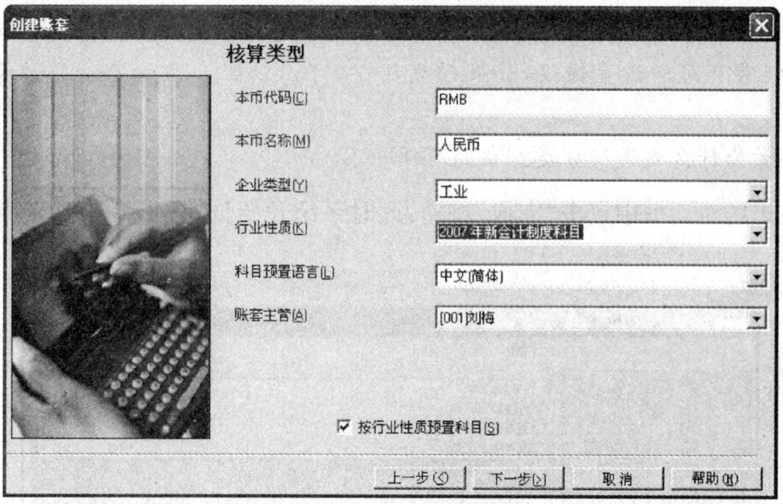

图 2-9 建立账套-4

温馨提示

(1) 行业性质处需要企业根据自身实际情况选择适用的会计制度。行业性质一旦确定,就不可修改,即使修改了,在账套中依然是按照最初选择的会计制度进行设计。

(2) 选择按行业性质预置科目,在后续总账业务中,系统会按照选择的会计制度自动预置相应的会计科目,用户只需按照企业的需求再增加或修改一部分会计科目,使其满足自身管理需要。如果在"按行业性质预设科目"选项没打勾,则总账中的会计科目为空,用户需自己添加所有需要设置的会计科目。

(5) 输入基础信息,点击"下一步"按钮,如图 2-10 所示。

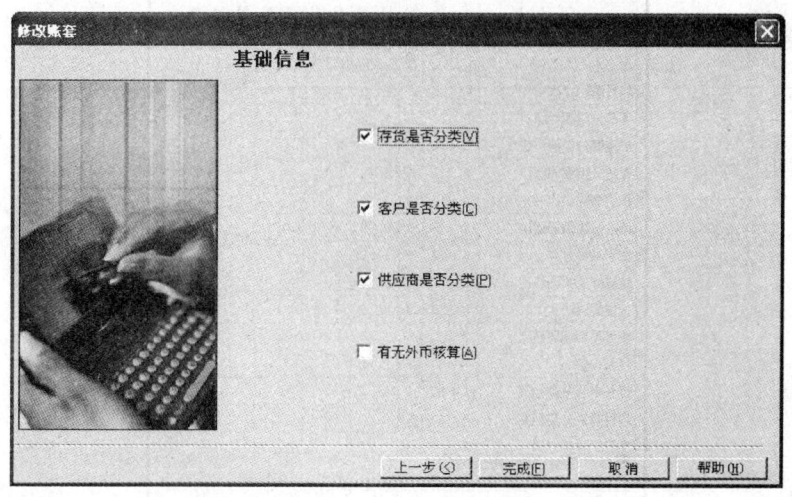

图 2-10 建立账套-5

温馨提示

(1) 图2-10中的这四个选项决定了在账套中能否增加分类档案和能否增加外币科目,这里是易错点,经常有同学设置错误,如果设置错误,可以以账套主管身份登录系统管理进行修改。

(2) 请思考为什么要进行分类?举例解释一下。

(6) 在弹出的对话框中点击"完成"按钮,此时系统开始创建账套,需要等待一段时间,如图2-11所示。

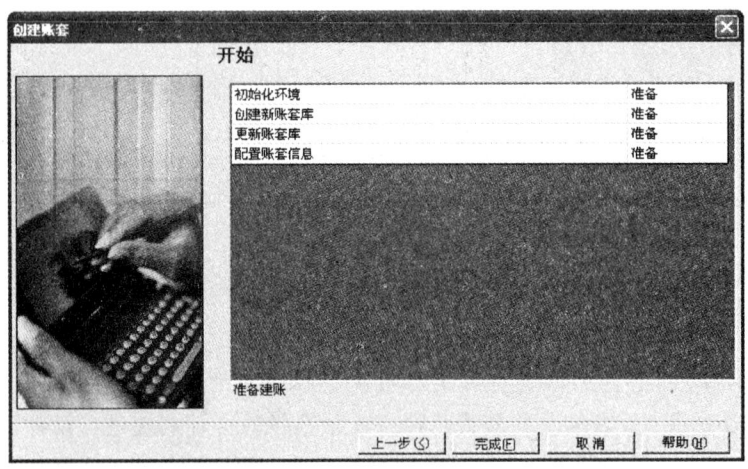

图2-11 建立账套-6

(7) 在弹出的"编码方案"对话框中按照资料要求输入编码规则,如图2-12所示。

图2-12 编码方案

 温馨提示

（1）根据企业财务核算的要求，一些基础档案需要设置编码规则，以便更方便、科学地对其进行管理。每一级次的长度指的是数字的位数，除科目编码级次第一级 4 位数是按照新《企业会计准则》统一规定，而不能自行设置外，其他级次的位数可根据企业实际情况进行设置。例如，会计科目编码为 42222，意味着会计科目最多有五级，第一级编码为 4，这是新《企业会计准则》统一规定的。若"银行存款"总账科目编码为 1002，如果下设有明细科目"中行存款"，它的编码就是 100201，如果还有三级明细科目，编码就可以是 10020101，最多可以设五级明细科目。

（2）设置了编码规则的基础档案必须严格按照已设定的规则进行编码，否则无法保存。

（3）这里点击"确定"按钮以后，不需要等待，直接再点击"取消"按钮即可。如果设置错误或未设置，可日后以账套主管身份进入企业应用平台，执行"基础设置—基本信息—编码方案"命令进行修改，如图 2-13 所示。

（8）弹出"数据精度"对话框后，按照默认设置，点击"确定"按钮，如图 2-14 所示。

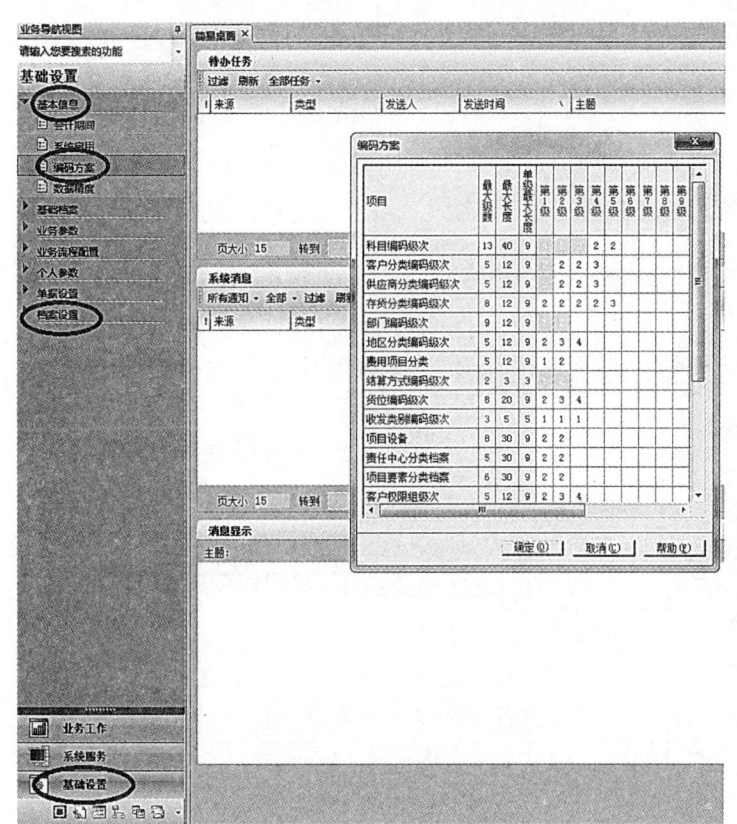

图 2-13　修改编码方案

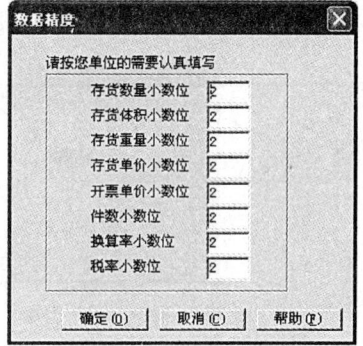

图 2-14　数据精度

 温馨提示

这里如果设置错误或未设置，可日后以账套主管身份进入企业应用平台，执行"基础设置—基本信息—数据精度"命令进行修改，如图 2-15 所示。

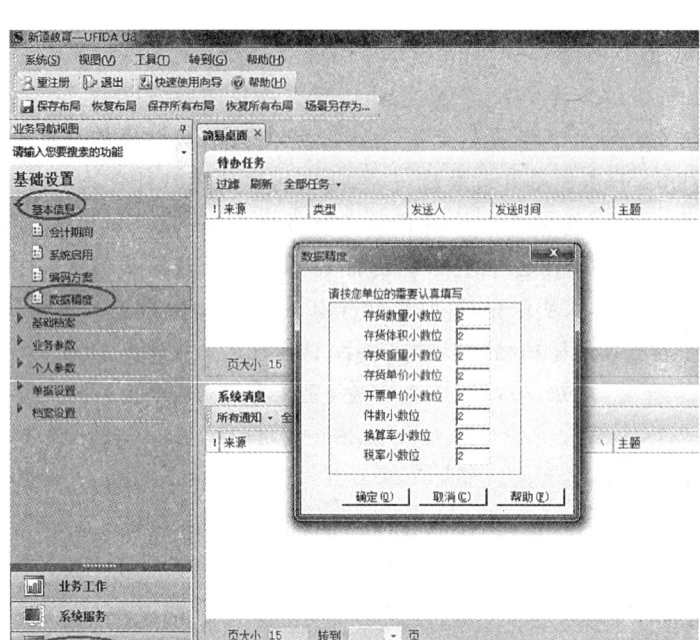

图 2-15 修改数据精度

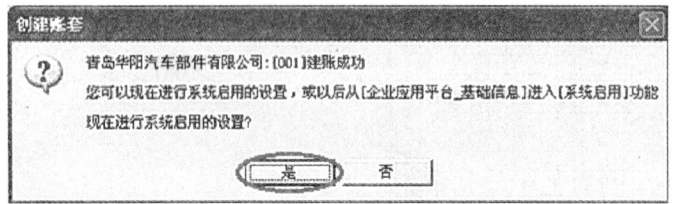

图 2-16 系统启用

（9）最后，启用总账系统，在"创建账套"对话框中点击"是"按钮，如图 2-16 所示。

在弹出的"日历"对话框中选择启用时间为 2014 年 1 月 1 日，然后在提示信息中选择"是"按钮，如图 2-17 和图 2-18 所示。

（10）建账成功。

图 2-17 启用日期

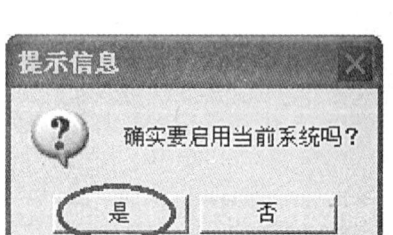

图 2-18 提示信息

💡 温馨提示

此处若未启用总账系统，每月后以账套主管的身份进入企业应用平台，执行"基础设置—基本信息—系统启用"命令进行启用（同修改数据精度）。

（三）财务分工

具体操作如下：

(1) 执行"权限—权限"命令,打开"操作员权限"对话框,如图 2-19 所示。

(2) 在对话框左边选中"姜涛",点击"修改"按钮,按照资料要求,选中对话框右边相应权限进行赋权,最后点击"保存"按钮,如图 2-20 和图 2-21 所示。

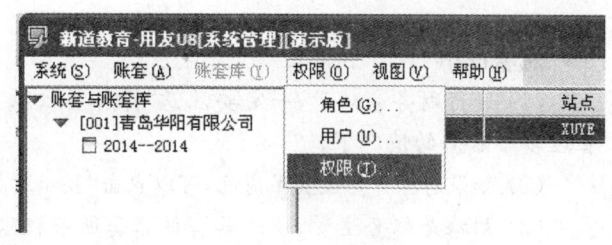

图 2-19 财务分工-1

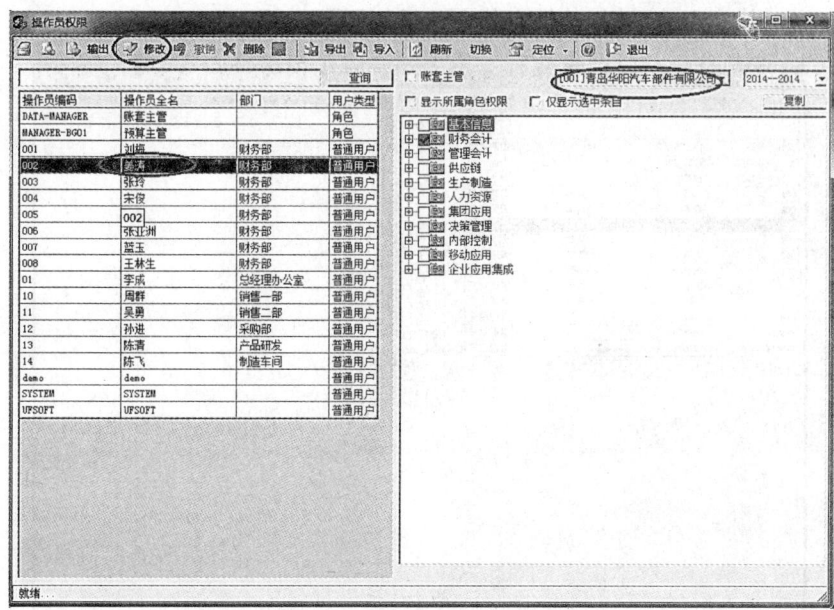

图 2-20 财务分工-2

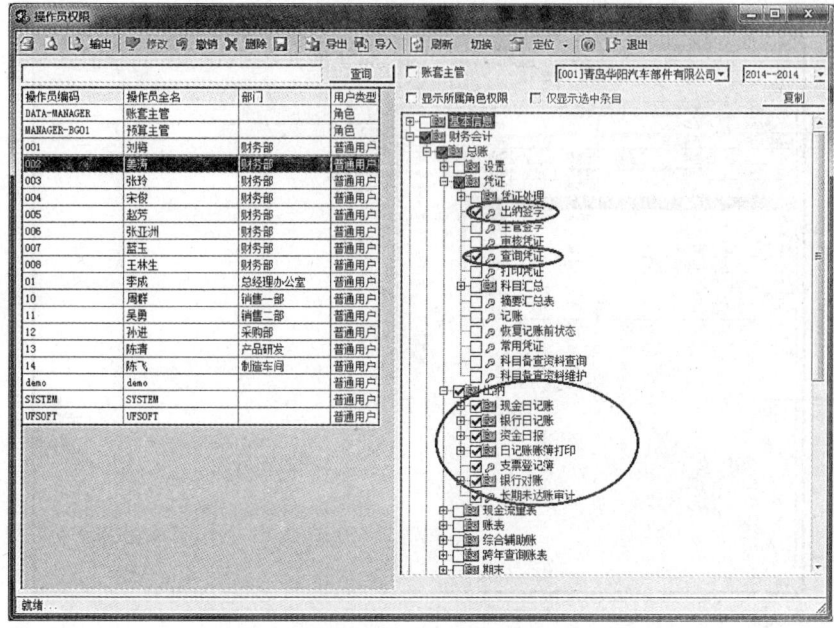

图 2-21 财务分工-3

温馨提示

(1) 进行财务分工时,一定要注意"操作员权限"对话框右上角账套的选择,尤其是在同时管理多个账套的情况下。

(2) 如果对操作员设置了角色,可以点击"显示所属角色权限",才能显示此操作员的已有权限。

(3) 刘梅是账套主管,默认具有该账套所有权限,不必再设置。

(4) 一个账套可以有多个账套主管,若在之前未设置,可以在此处"账套主管"处打勾。

同理,完成对其他人的赋权,其结果如图 2-22 至图 2-27 所示。

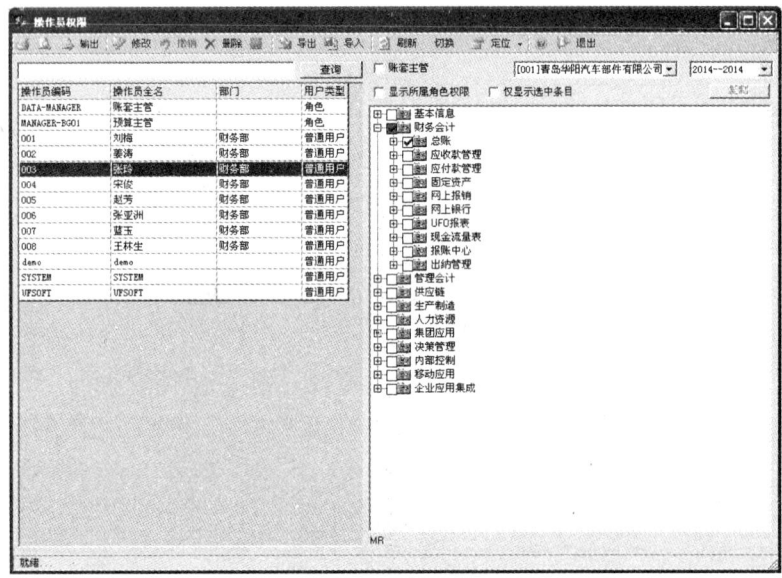

图 2-22　财务分工-4

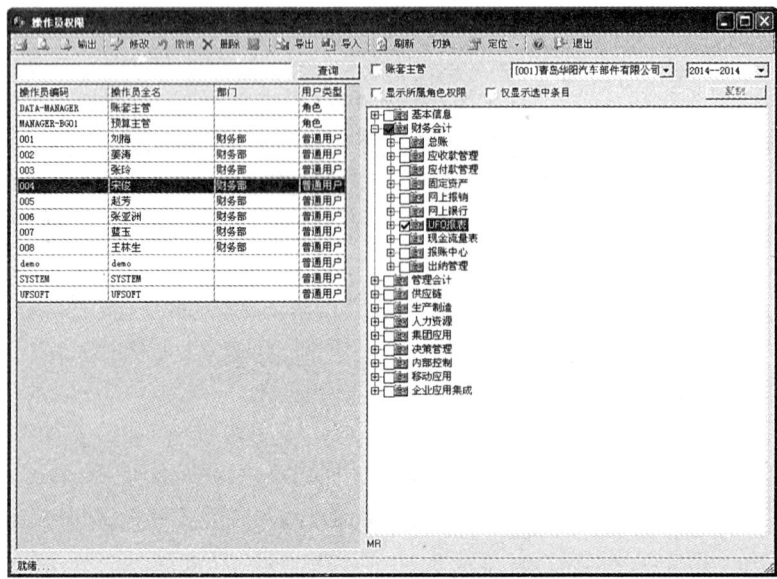

图 2-23　财务分工-5

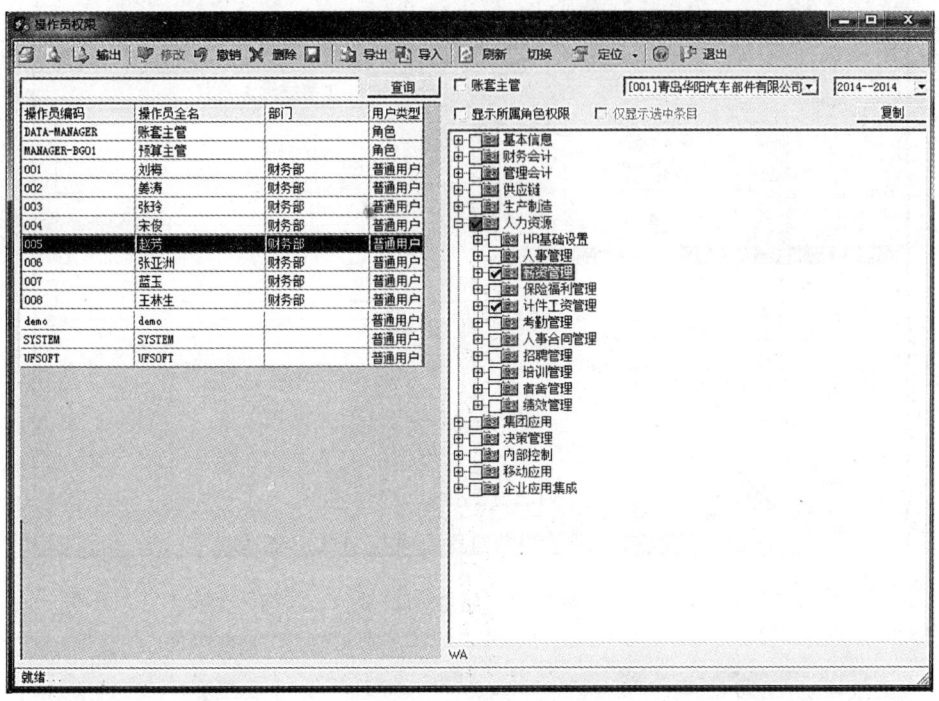

图 2-24 财务分工-6

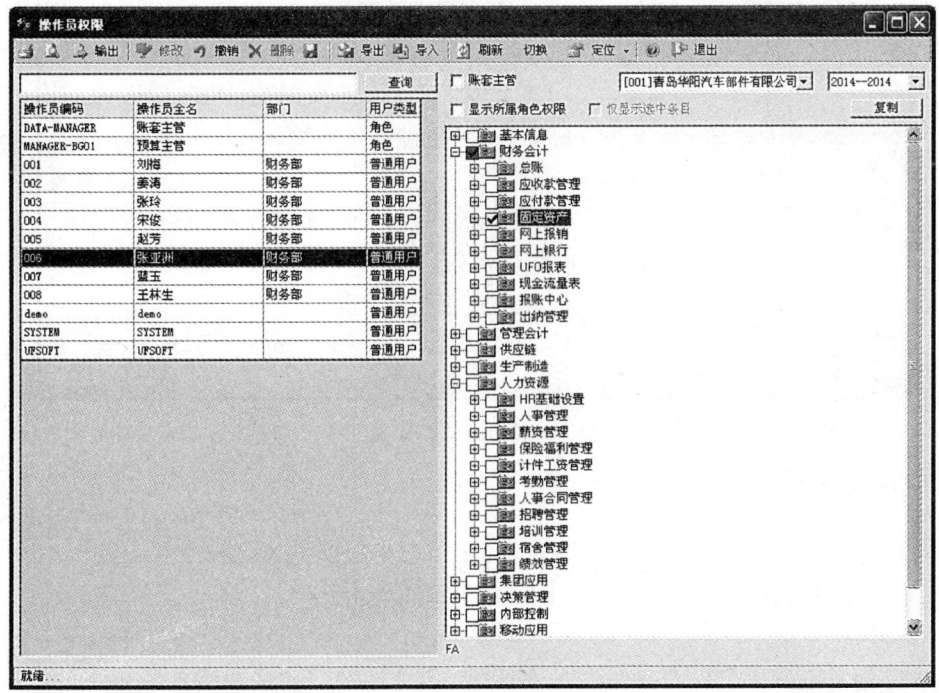

图 2-25 财务分工-7

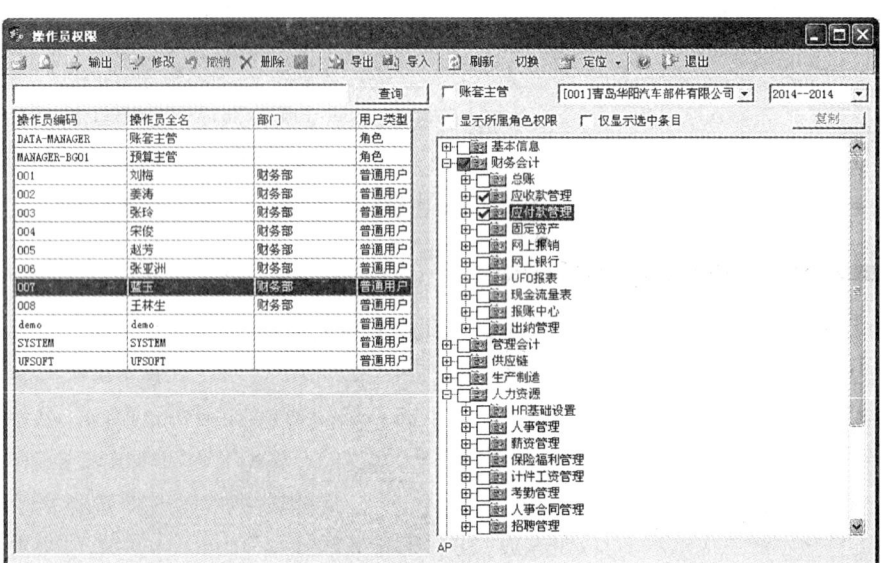

图 2-26　财务分工-8

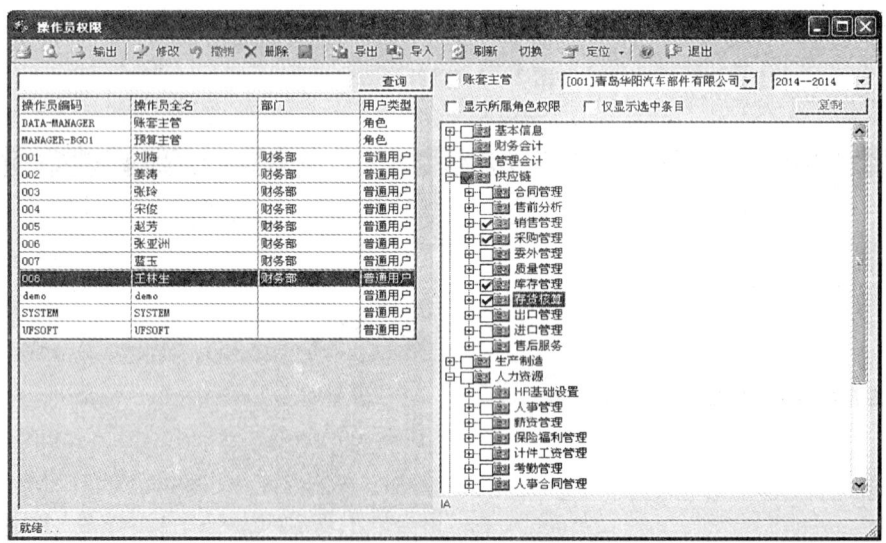

图 2-27　财务分工-9

任务 2.3　管理账套

一、任务布置

【任务 2-3-1】　修改账套

[任务 2-2]的操作指导有一个错误,资料中要求有外币核算,但是在操作过程中忘记勾

选,如图 2-28 所示。

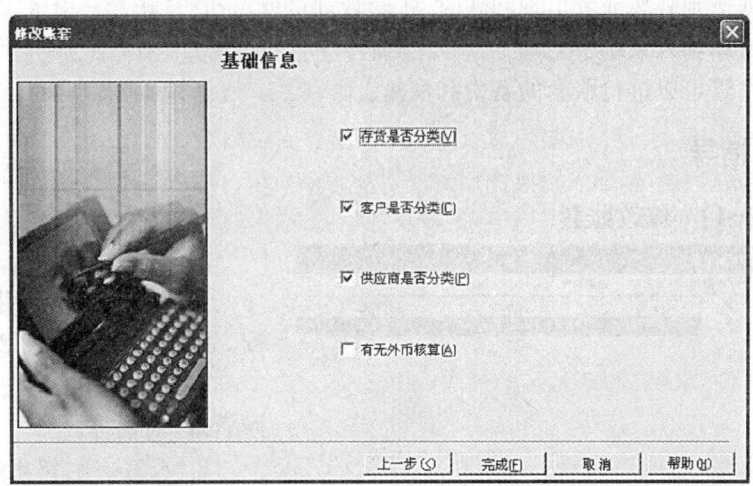

图 2-28 错误信息

(1) 请你修正这一错误。
(2) 请参照账套说出有哪些信息是可以修改的？哪些信息是不能修改的？

【任务 2-3-2】 账套的备份和引入

(1) 备份青岛华阳汽车部件有限公司的账套("账套—输出")。
(2) 引入青岛华阳汽车部件有限公司的账套("账套—引入")。

二、知识链接

（一）系统管理使用者

有两个身份可以登录系统管理：一是系统管理员；二是账套主管。账套主管与系统管理员虽然都能够登录系统管理，但是两者的权限有差异。系统管理员负责系统的总体控制与维护，只能登录系统管理，不能进行业务处理，不能进行账套修改和年度账的管理；账套主管不但可以登录系统管理，还可以登录企业应用平台进行业务操作，但其在系统管理中的权限有限。

1. 系统管理员

系统管理员的用户名为 admin,初始密码为空（可修改），他是系统指定的总体控制和数据维护者，可以管理系统中所有的账套。以系统管理员身份注册进入系统管理，可以进行账套的建立、引入、输出，设置用户、角色和权限（包括指定账套主管），设置备份计划，监控系统运行过程，清除异常任务等。

2. 账套主管

账套主管是系统管理员在建账过程中为账套指定的主管，负责所选账套的维护工作。一个账套可以指定多个账套主管。账套主管在系统管理中可以对账套进行修改，对年度账进行管理（包括年度账的建立、清空、引入、输出和结转上年数据），以及对该账套操作员权限的设置。

（二）账套数据的备份与恢复

由于各种不可预知的原因，如病毒、自然灾害、操作失误等，账套数据可能会遭到破坏，备份数据可以将企业的损失降到最小。因此，为了保证账套数据的安全，系统管理员通常需要定期对账套数据进行备份。

当账套数据遭到破坏或者出现问题时,账套管理员就可执行"账套—引入"命令,将预先备份的账套数据重新导入系统中。

只有账套主管可以进行账套的备份和恢复。

三、操作指导

【任务 2-3-1】 修改账套

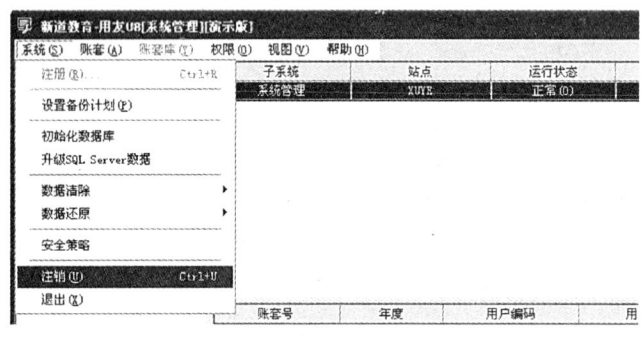

图 2-29 注销

1. 注销

(1) 如果此时已用系统管理员注册,先将其注销,如图 2-29 所示。

(2) 如果还未注册,直接打开"系统管理"对话框。

2. 以账套主管身份登录

本项目中账套主管为"001 刘梅",因此在操作员处输入"001"或"刘梅",进入青岛华阳汽车部件有限公司账套,如图 2-30 所示。

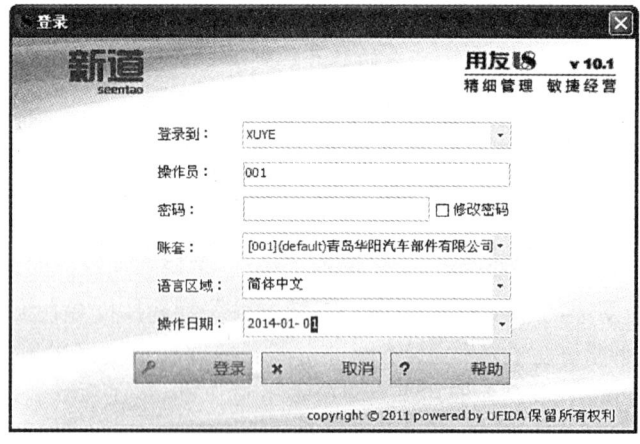

图 2-30 账套主管登录

🙂 **温馨提示**

(1) 操作员可输入其编码或姓名,但是不能同时输入编码+姓名。一般建议输入编码,方便快捷不容易出错。

(2) 输入操作员后必须输入密码,本项目中操作员刘梅的密码为空,也需要在密码处点击一下。

(3) 操作日期在本项目中输入建账日期"2014-01-01"。

3. 修改账套

执行"账套—修改"命令,在弹出的对话框中点击"下一步"按钮,找到基础信息,按照资料要求勾选"有无外币核算",如图 2-31 所示。

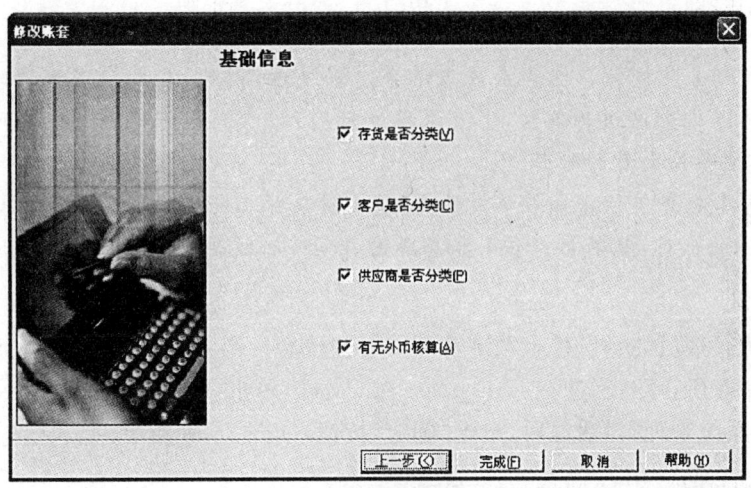

图 2-31 修改账套

4. 完成

点击"完成"按钮,确认修改账套,点击"是"按钮。在弹出的"编码方案"和"数据精度"对话框中选择"取消"(因为编码方案和数据精度不需要修改)按钮,弹出对话框"账套修改成功"。

【任务 2-3-2】 账套的备份和引入

1. 账套备份

(1)以系统管理员的身份进入系统管理,执行"账套—输出"命令。

(2)在弹出的对话框中选择账套号"001 青岛华阳汽车部件有限公司",在"输出文件位置"处选择事先设置好的文件夹,点击"确认"按钮,如图 2-32 所示。

(3)等待一段时间,系统提示账套输出成功,点击"确定"按钮,输出成功,如图 2-33 所示。

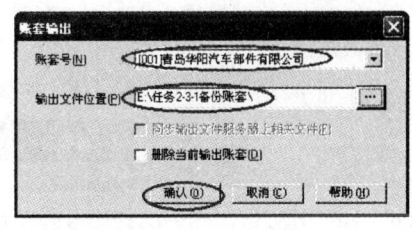

图 2-32 输出账套

(4)打开账套所在文件夹,如图 2-34 所示,可以看到两个文件,其中 UfErpAct.Lst 文件是账套备份文件,主要包含了账套号、账套路径等信息,是引入账套的执行文件;而 UFDATA.BAK 是数据库文件,存放了该账套的数据信息。这两个文件缺一不可。

图 2-33 输出成功

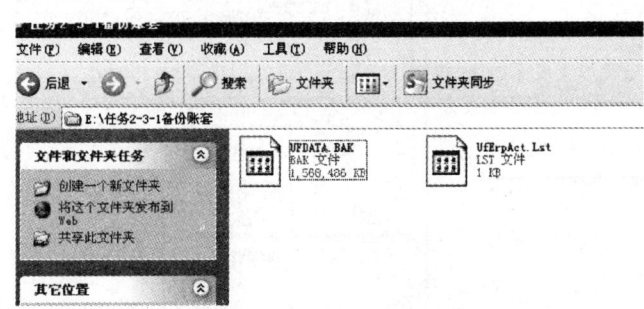

图 2-34 账套文件

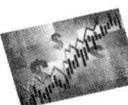

温馨提示

(1) 因为大部分院校计算机的系统盘都会自动还原,因此,在本门课程的学习中,可能需要每节课都将本节课账套进行备份,下节课再进行引入,从而连贯地进行账套的业务处理,所以,本门课程需要备份大量的账套。

(2) 建议每个账套单独建立一个文件夹,将文件夹根据账套进行详细而具体的命名,而不要修改账套文件的名称,且不要将多个账套备份在同一个文件夹中,以免发生混乱。

2. 账套引入

(1) 以系统管理员的身份登录系统管理,执行"账套—引入"命令,如图 2-35 所示。

(2) 找到账套所在路径,选择 UfErpAct.Lst 文件,单击"确定"按钮。

(3) 弹出"系统管理"对话框后,单击"确定"按钮,如图 2-36 所示。

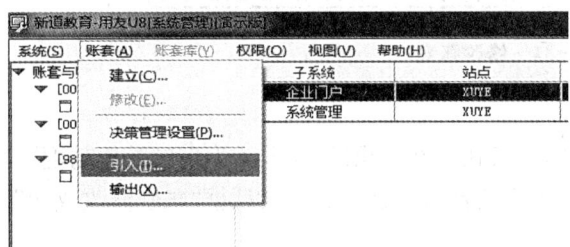

图 2-35　引入账套-1

图 2-36　引入账套-2

(4) 选择账套引入的目录,一般都默认系统路径,点击"确定"按钮,如图 2-37 所示。

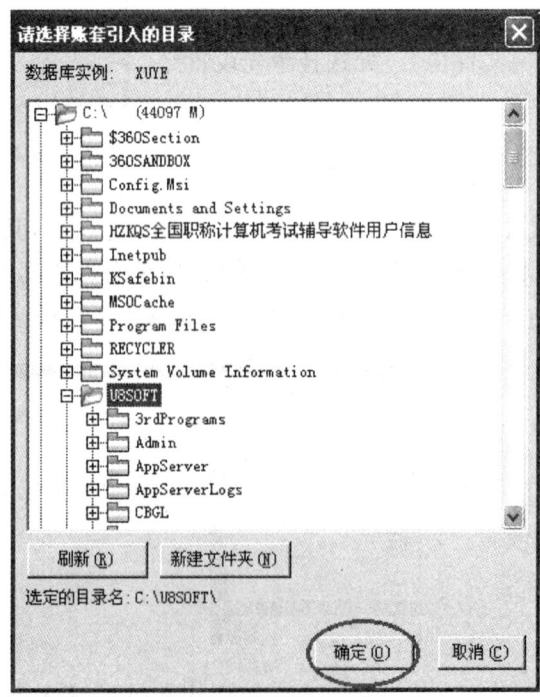

图 2-37　引入账套-3

> 温馨提示
>
> 注意区分第(4)步与第(2)步选择路径的区别,第(2)步为选择要引入的账套所在的位置,此处则是要选择运行该账套所存放的位置,此处一般默认系统路径即可,不建议修改。

(5) 如果系统中已经有 001 账套,系统会让你选择是否要覆盖原来账套的所有信息,点击"是"按钮,如图 2-38 所示。

(6) 等待一段时间,系统弹出"系统管理"对话框,点击"确定"按钮,引入成功,如图 2-39 所示。

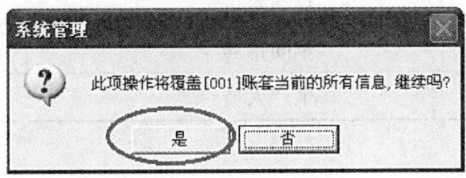

图 2-38　引入账套-4　　　　　　图 2-39　引入账套-5

> 温馨提示
>
> 此时等待时间较长,甚至可能会出现"无法响应"的提示,不要关闭对话框,耐心等待,大概 3~5 分钟会引入成功。

任务 2.4　设置基础档案

一、任务布置

【任务 2-4】 设置基础档案

请以电算主管的身份按照给定的资料设置基础档案。

1. 部门档案(如表 2-3 所示)。

表 2-3　　　　　　　　　　　部　门　档　案

部门编码	部门名称	部门属性
1	管理部	管理部门
101	总经理办公室	综合管理
102	财务部	财务管理
2	销售部	市场营销
201	销售一部	省内销售
202	销售二部	省外销售
3	采购部	采购供应
4	制造部	研发制造
401	产品研发	技术开发
402	制造车间	生产制造

2. 人员类别(如表2-4所示)。

表2-4　　　　　　　　　　　　人员类别

编号	档案名称
1011	企业管理人员
1012	销售人员
1013	采购人员
1014	技术人员
1015	车间管理
1016	生产人员

3. 职员档案(如表2-5所示)。

表2-5　　　　　　　　　　　　职员档案

人员编码	人员名称	性别	行政部门	雇佣状态	人员类别	是否操作员/业务员
01	李成	男	总经理办公室	在职	管理人员	是
02	刘梅	女	财务部	在职	管理人员	是
03	姜涛	男	财务部	在职	管理人员	是
04	张玲	女	财务部	在职	管理人员	是
05	宋俊	男	财务部	在职	管理人员	是
06	赵芳	女	财务部	在职	管理人员	是
07	张亚洲	男	财务部	在职	管理人员	是
08	蓝玉	男	财务部	在职	管理人员	是
09	王林生	男	财务部	在职	管理人员	是
10	周群	男	销售一部	在职	销售人员	是
11	吴勇	男	销售二部	在职	销售人员	是
12	孙进	男	采购部	在职	采购人员	是
13	陈清	男	产品研发	在职	技术人员	是
14	陈飞	男	制造车间	在职	车间管理	是

4. 往来单位
(1)客户分类(如表2-6所示)。

表2-6　　　　　　　　　　　　客户分类

类别编码	类别名称
01	本地
02	外地

(2) 客户档案(如表 2-7 所示)。

表 2-7　　　　　　　　　　　　客 户 档 案

客户编码	客户名称	客户简称	所属分类	税号	开户银行	银行账号	分管部门	扣率	分管业务员
001	青岛宏利轻型车厂	青岛宏利	01	370206724026828	工行李沧支行	24578975	销售一部	5	周群
002	青岛特汽有限公司	青岛特汽	01	370214706465280	中行城阳支行	56894455	销售一部	0	周群
003	长春润冠专用车辆有限公司	长春润冠	02	220105423225432	工行南岭支行	23571236	销售二部	0	吴勇
004	四川思达机械有限公司	四川思达	02	510114589621487	中行沙河支行	58432892	销售二部	2	吴勇

(3) 供应商分类(如表 2-8 所示)。

表 2-8　　　　　　　　　　　　供 应 商 分 类

类 别 编 码	类 别 名 称
01	钢材供应商
02	辅助材料供应商

(4) 供应商档案(如表 2-9 所示)。

表 2-9　　　　　　　　　　　　供 应 商 档 案

供应商编码	供应商名称	供应商简称	所属分类	税号	开户银行	银行账号	分管部门	分管业务员
001	福建德成钢铁公司	福建德成	01	350105528912355	建行马尾支行	22457536	采购部	孙进
002	青岛虎山钢铁有限公司	虎山钢铁	01	370206724458931	工行李沧支行	25443489	采购部	孙进
003	武汉正大机电有限公司	武汉正大	02	420103587852314	建行江汉北路支行	2874548956	采购部	孙进
004	深圳市美天润滑油有限公司	深圳美天	02	440307842147223	建行龙岗支行	7886223231	采购部	孙进

5. 外币及汇率设置

币符:USD;币名:美元;2014 年 1 月份固定记账汇率为 1:6.25。

6. 会计科目

(1) 修改会计科目(如表 2-10 所示)。

表 2-10　　　　　　　　　　　　　　修改会议科目

科目编码	科目名称	辅助核算	受控系统
1001	库存现金	日记账	
1121	应收票据	客户往来	应收系统
1122	应收账款	客户往来	应收系统
1123	预付账款	供应商往来	应付系统
2201	应付票据	供应商往来	应付系统
2202	应付账款	供应商往来	应付系统
2203	预收账款	客户往来	应收系统

（2）增加会计科目（如表 2-11 所示）。

表 2-11　　　　　　　　　　　　　　增加会计科目

科目编码	科目名称	账页格式	单位	辅助核算
100201	人民币户	金额式		日记账、银行账
100202	美元户	外币金额式		外币核算（美元）日记账、银行账
112101	银行承兑汇票	金额式		客户往来
112102	商业承兑汇票	金额式		客户往来
122101	应收个人款	金额式		个人往来
140301	原料及主要材料	数量金额式		
14030101	生铁	数量金额式	千克	数量核算
14030102	45MnB 钢	数量金额式	千克	数量核算
14030103	GCr9 钢	数量金额式	千克	数量核算
140302	辅助材料	数量金额式		
14030201	5356 焊丝	数量金额式	卷	数量核算
14030202	润滑油	数量金额式	千克	数量核算
140303	外购半成品	数量金额式	个	数量核算
140501	153 中桥	数量金额式	支	数量核算
140502	153 后桥	数量金额式	支	数量核算
140503	13 寸轮毂	数量金额式	个	数量核算
140504	15 寸轮毂	数量金额式	个	数量核算
220101	商业承兑汇票	金额式		供应商往来
220102	银行承兑汇票	金额式		供应商往来
221101	应付工资	金额式		
221102	应付福利费	金额式		

(续表)

科目编码	科目名称	账页格式	单位	辅助核算
221103	工会经费	金额式		
221104	职工教育经费	金额式		
222101	应交增值税	金额式		
22210101	进项税额	金额式		
22210105	销项税额	金额式		
222102	未交增值税	金额式		
500101	直接材料	金额式		项目核算
500102	直接人工	金额式		项目核算
500103	制造费用	金额式		项目核算
500104	折旧费	金额式		项目核算
500105	其他	金额式		项目核算
510101	工资	金额式		
510102	折旧费	金额式		
660201	工资	金额式		部门核算
660202	福利费	金额式		部门核算
660203	折旧费	金额式		部门核算
660204	差旅费	金额式		部门核算
660205	办公费	金额式		部门核算
660206	其他	金额式		部门核算
660301	利息费用	金额式		
660302	汇兑损益	金额式		
660303	其他	金额式		

(3) 指定会计科目：将"1001 库存现金"指定为现金总账科目，将"1002 银行存款"指定为银行总账科目。

7. 凭证类别（如表 2-12 所示）。

表 2-12　　　　　　　　　　凭 证 类 别

凭证类型	限制类型	限制科目
收款凭证	借方必有	1001,1002
付款凭证	贷方必有	1001,1002
转账凭证	凭证必无	1001,1002

8. 结算方式(如表2-13所示)。

表2-13 结 算 方 式

结算方式编号	结算方式名称	票据管理
1	现金结算	否
2	支票结算	否
201	现金支票	是
202	转账支票	是
3	商业汇票	否
301	银行承兑汇票	是
302	商业承兑汇票	是
9	其他	否

9. 项目设置(如表2-14所示)。

表2-14 项 目 设 置

项目设置步骤	设置内容
项目大类	生产成本
核算科目	直接材料 500101 直接人工 500102 制造费用 500103 折旧费 500104 其他　　500105
项目分类	1. 轮毂 2. 车桥
项目目录	101　13寸　　所属分类码1 102　15寸　　所属分类码1 201　153中桥　所属分类码2 202　153后桥　所属分类码2

二、知识链接

由用友ERP-U8 V10.1管理软件构建的账套是由多个子系统构成的,这些子系统共享公用的基础档案信息,因此,在账套构建之初,应根据企业实际情况,结合系统档案设置的要求,做好基础数据的准备工作。这些基础数据虽然录入方法简单、操作便利,但是电算主管在实际工作时应考虑如何进行基础档案的科学设置,才能既减轻用户的工作量,又能更好地对企业进行管理。

由于企业的基础数据存在前后承接的关系,基础档案的设置应遵从一定的顺序,如图2-40所示。

项目2 电算主管岗位实务操作 | 037

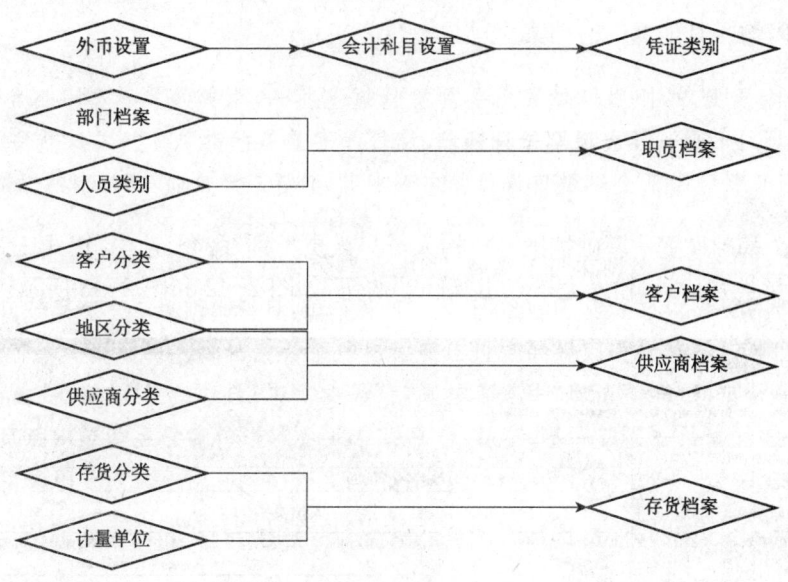

图 2-40 基础档案设置的顺序

三、操作指导

【任务 2-4】 设置基础档案

1. 设置部门档案

（1）以主管刘梅的身份登录企业应用平台（操作员：001，密码：空，账套：001 青岛华阳汽车部件有限公司，登录日期：2014-1-1），执行"基础设置—基础档案—机构人员—部门档案—增加"命令，增加部门档案，完成后点击"保存"按钮，如图 2-41 所示。

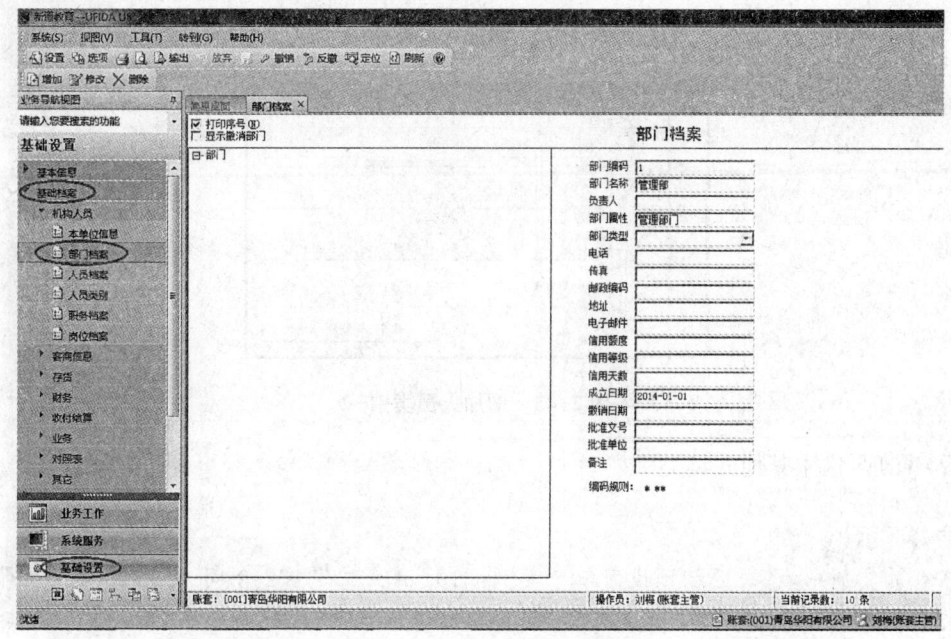

图 2-41 增加部门档案

(2)同理,输入其他部门的档案。

☺ **温馨提示**

要先添加上级部门,才能添加下级部门。

2. 设置人员类别

(1)执行"基础设置—基础档案—机构人员—人员类别"命令,选中"正式工",点击"增加"按钮,输入人员类别信息,输入完毕点击"确认"按钮,如图2-42和图2-43所示。

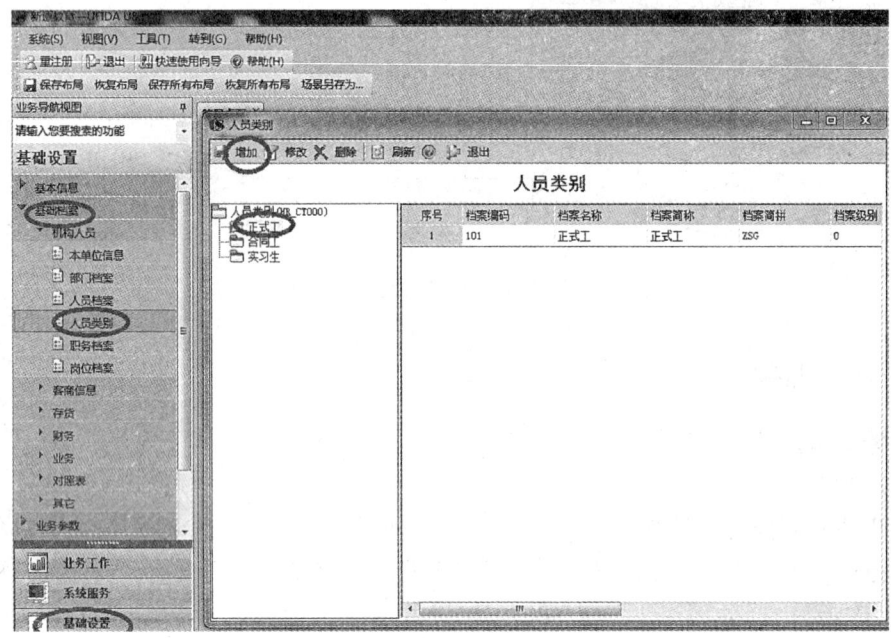

图2-42 增加人员类别-1

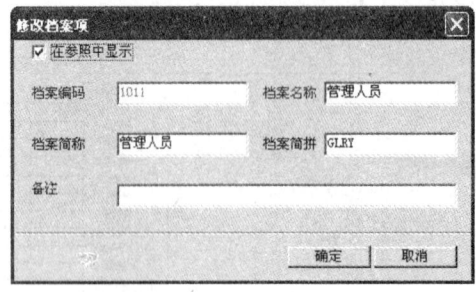

图2-43 增加人员类别-2

(2)同理,输入其他人员类别。

☺ **温馨提示**

在人员类别中,系统已经预设了三个类别:"101 正式工""102 合同工""103 实习生",这是一级类别。在本任务中,是在"正式工"下面再添加二级类别,因此要点击"正式工",再点击"增加"按钮。类别编码也不能随意设置,在"正式工"之下再添加下级类别,编号前三位要输入

101("正式工"编码),二级编号再从 1 开始,所以管理人员编号便是 1011。

在操作细节上要注意,如果点击"人员类别",再点击"增加"按钮,则是增加一级的类别,是和"正式工"等并列的类别。

如果企业的人员类别与预设的类别不符,可以删除预设的类别,按照企业需要自行设置。

3. 添加人员档案

(1) 执行"基础设置—基础档案—机构人员—人员档案"命令,点击"增加"按钮,按照资料输入人员信息,输入完毕点击"保存"按钮,如图 2-44 所示。

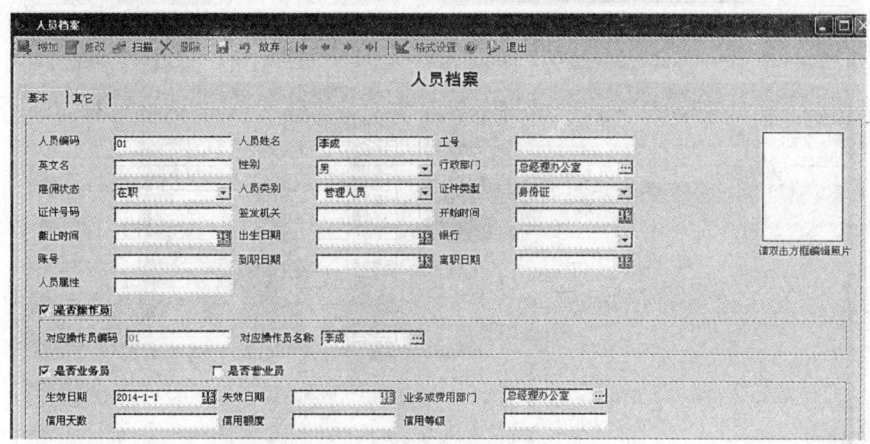

图 2-44 增加人员档案-1

温馨提示

"是否操作员"选项是与系统管理中的"权限—用户"设置相联系的。添加完之后去系统管理中查看一下,"01 李成"出现在用户名单中。

(2) 同理,添加 02 刘梅的档案,但是在保存的时候却出现如图 2-45 所示的问题。

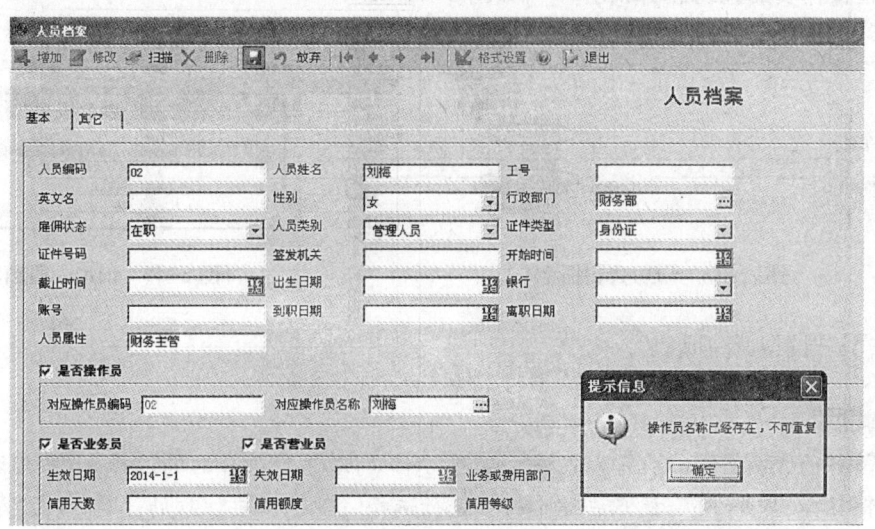

图 2-45 增加人员档案-2

这是因为刘梅在系统管理中已经设置为操作员,而且编码是001,在系统管理中曾经介绍过,操作员的编码和名称是不能重复的。我们思考一下,如果这个能够保存,那刘梅就有两个编码,一个是001,另一个是02,那之后在操作的时候到底用那个编号呢?所以,既然之前刘梅有操作员编码了,那么,我们选用之前的编码就可以了。

在弹出的提示信息对话框中点击确定之后,单击操作员刘梅对应的按钮,如图2-46所示。

图2-46 增加人员档案-3

在弹出的"参照"对话框中,双击第一行"001 刘梅",如图2-47所示。

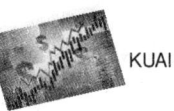

图2-47 增加人员档案-4

这时,操作员编码已经变成了001,如图2-48所示。

最后,点击"保存"按钮,系统弹出"人员档案"提示框,如图4-49所示。

图2-48 增加人员档案-5

图2-49 增加人员档案-6

点击"是"按钮,保存成功。

温馨提示

"▦"按钮表示点开之后,可以有多个选项。例如,对于行政部门的选择,如果默认是"管理部",我们要输入"财务部",就点击这个按钮进行选择。但是需要注意的是,需要把"管理部"删掉,再点击这个按钮,才会出来所有部门的选项,否则点击之后只有"管理部"一个选项。

(3) 添加剩余人员档案。

4. 设置客户分类

点击"基础设置"—"基础档案"—"客商信息"—"客户分类"命令,点击"增加"按钮,按照资料输入客户分类信息,输入完毕点击"保存"按钮,如图2-50所示。

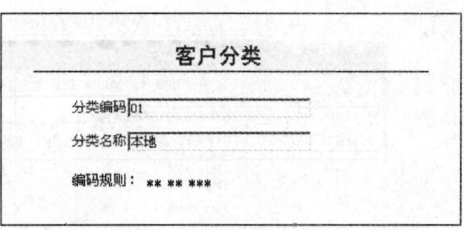

图 2-50 设置客户分类

温馨提示

(1) 建立账套时在"有无客户分类"的对话框打勾,选择了客户分类,才需要建立客户分类档案。如果在基础档案无法增加客户分类档案,应考虑建账时是否忘记选择。

(2) 建立账套时规定了客户分类的编码方案是223,此处,一级客户分类编码就必须是两位数。如果还有二级分类,编码也应该是两位数,三级分类编码应该是三位数。

5. 设置客户档案

(1) 点击"基础设置"—"基础档案"—"客商信息"—"客户档案"命令,点击"增加"按钮,按照资料输入客户档案信息,输入完毕后点击"保存"按钮,如图 2-51 至图 2-53 所示。

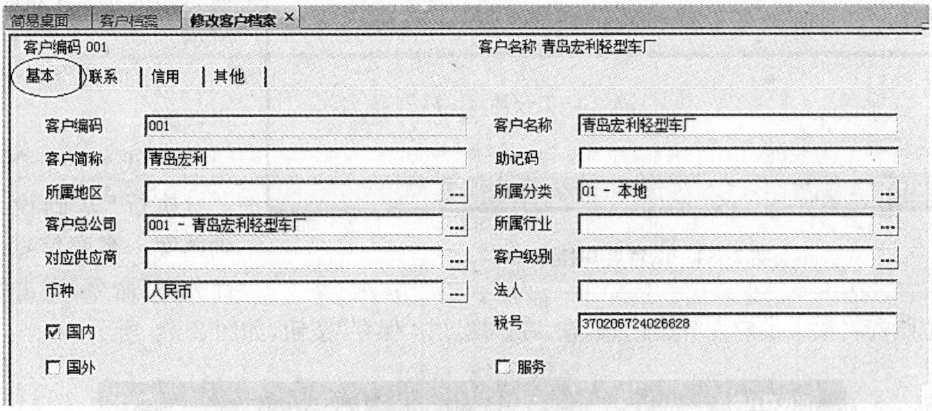

图 2-51 设置客户档案-1

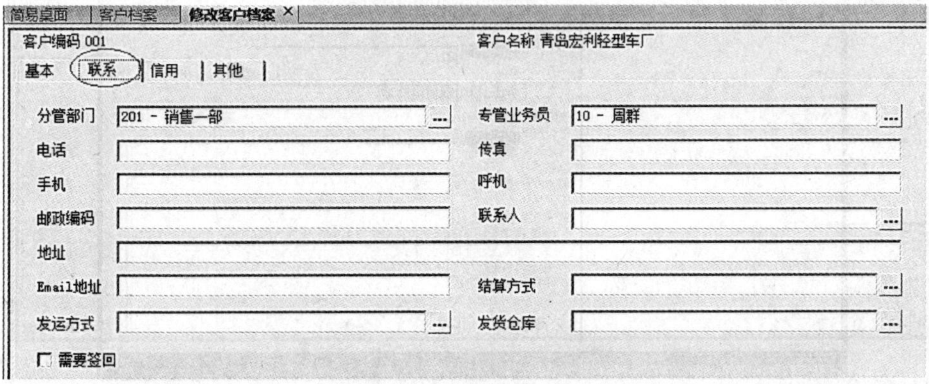

图 2-52 设置客户档案-2

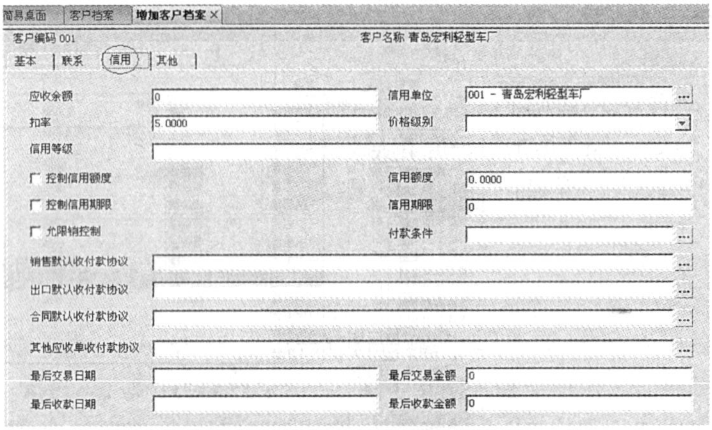

图 2-53 设置客户档案-3

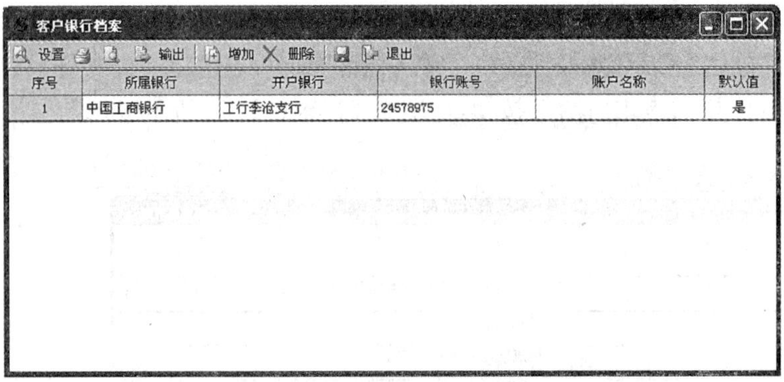

其中,客户银行档案需要点击左上角的"印银行"按钮,打开客户银行档案,输入相关信息,如图 2-54 所示。

(2) 同理,输入其他客户档案。

6. 设置供应商分类

执行"基础设置—基础档案—客商信息—供应商分类"命令,点击"增加"按钮,按照资料输入供应商分类信息,输入完毕点击"保存"按钮,如图 2-55 所示。

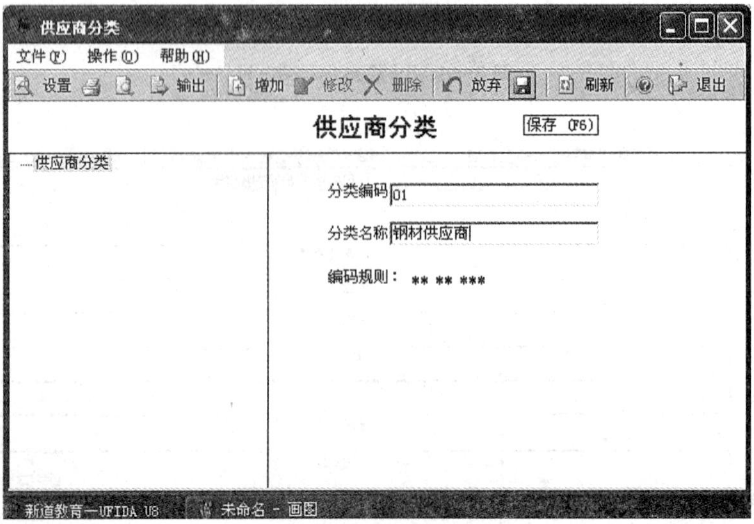

图 2-54 设置客户档案-4

图 2-55 设置供应商分类

7. 设置供应商档案

(1) 执行"基础设置—基础档案—客商信息—供应商档案"命令,点击"增加"按钮,按照资料输入供应商档案信息,输入完毕点击"保存"按钮,如图 2-56 和图 2-57 所示。

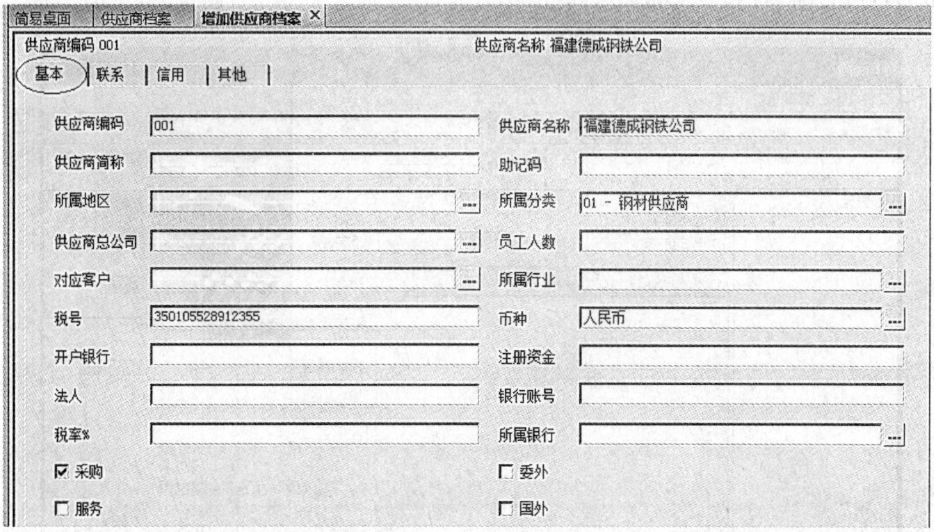

图 2-56　设置供应商档案-1

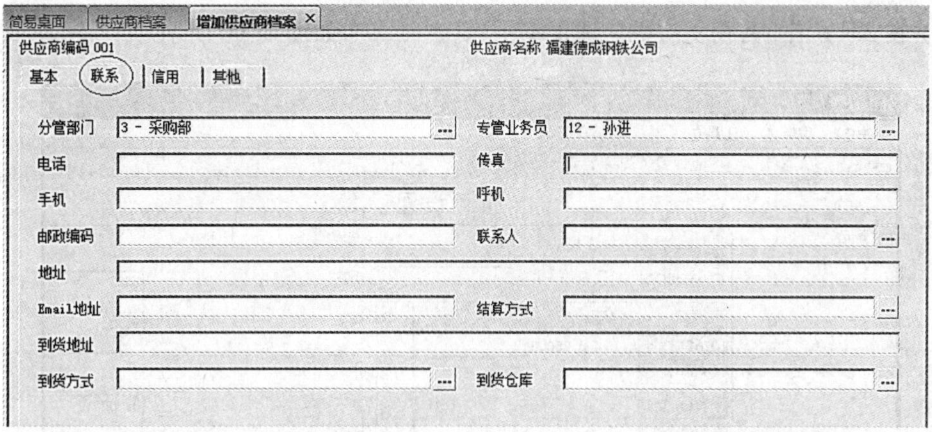

图 2-57　设置供应商档案-2

其中,供应商银行档案需要点击左上角的"取银行"按钮,打开客户银行档案,输入相关信息,如图 2-58 所示。

图 2-58　设置供应商档案-3

(2) 同理,输入其他供应商档案信息。

8. 设置外币及汇率

(1) 执行"基础设置—基础档案—财务—外币设置"命令,点击"增加"按钮,按照资料输入币符、币名,点击"确认"按钮,如图 2-59 所示。

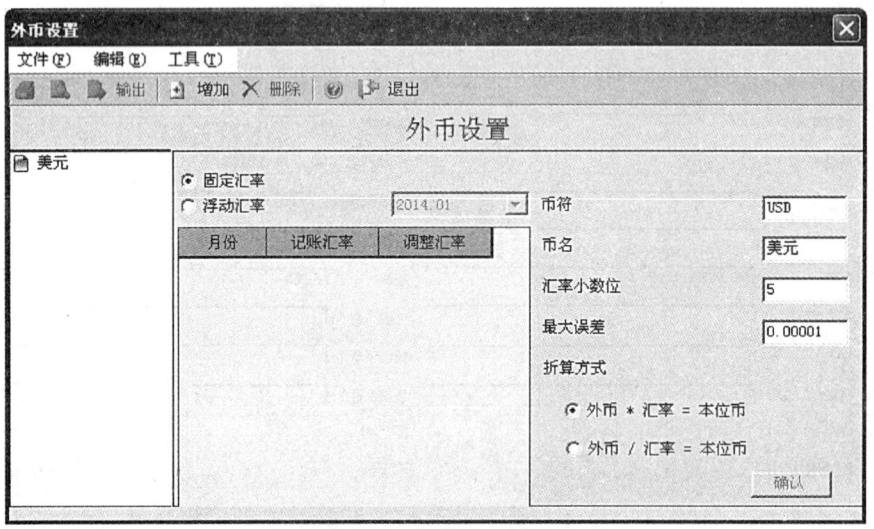

图 2-59　外币设置-1

(2) 在 2014 年 1 月份对应的记账汇率中输入"6.25",如图 2-60 所示。

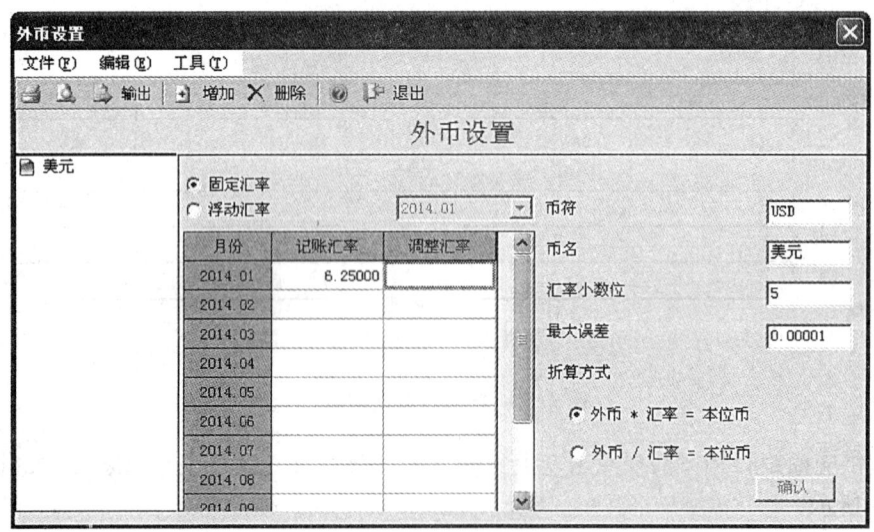

图 2-60　外币设置-2

温馨提示

(1) 注意折算方式和汇率的关系。本任务中折算方式是"外币＊汇率＝本位币",因此记账汇率是 6.25,意味着 1 美元可以折算成 6.25 元人民币。如果选择"外币/汇率＝本位币",

记账汇率就应该是 1/6.25。

(2) 调整汇率因为是月末的时候才会知道,所以到月末需要调整汇兑损益的时候,再到此处输入调整汇率。

(3) 应该先设置外币及汇率,再设置会计科目,因为有些会计科目涉及外币核算。

9. 设置会计科目

(1) 执行"基础设置—基础档案—财务—会计科目"命令,进入"会计科目"对话框,显示所有按"2007 年新会计制度科目"预置的科目。

温馨提示

之前建账套的时候选择了"按行业性质预置科目",所以此处才会显示所有会计科目。

(2) 修改会计科目。在"会计科目"对话框中,选中需要修改的会计科目,点击"修改"按钮,按照资料输入信息。

现以"1121 应收票据"为例进行演示。在弹出的"会计科目_修改"对话框中,点击"修改"按钮,在"客户往来"前面的辅助核算对话框中打勾,这时会显示受控于应收系统,点击"确定"按钮,如图 2-61 所示。

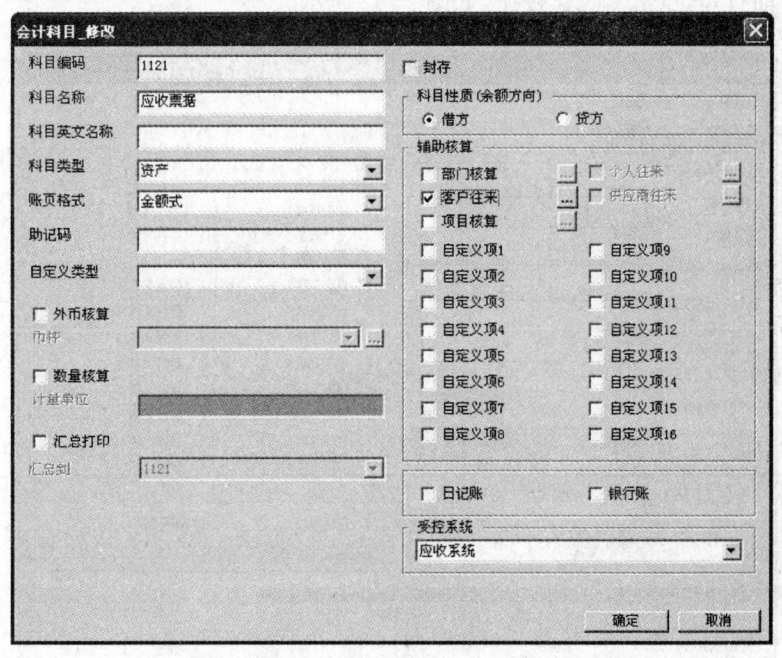

图 2-61　修改会计科目

温馨提示

(1) 辅助核算。辅助核算是对账务处理的一种补充,作用类似于普通账务处理的明细账,又比明细账能更加深化和强化企业的核算和管理工作,以适应企业管理和决策的需要。当企业规模不大、往来业务较少时,可以采用和手工方式一样的科目结构及记账方法,即将往来单位、个人、部门、项目通过设置明细科目进行核算管理;而对一个往来业务频繁、核算要求严格的企业来说,可以采用辅助核算功能进行管理。

辅助核算一般通过核算项目来实现,核算项目是会计科目的一种延伸,设置某科目有相应的辅助核算后,相当于设置了科目按核算项目进行更为明细的核算,它所发生的每一笔业务都会登记在总账和辅助明细账上。但核算项目又不同于一般的明细科目,它具有更加灵活方便的特性,一个核算项目可以在多个科目下挂接。而且一个会计科目可以设置单一核算项目,也可以选择多个核算项目。例如,可以将"应收账款"科目同时设置为"往来核算"与"部门核算",以方便进行财务管理。

(2)设置为"客户往来"的会计科目受控于应收系统,而设置为供应商往来的会计科目受控于应付系统。其目的是如果企业启用了应收、应付系统,可以更有针对性地对相应科目进行核算。

同理,修改其他会计科目。

(2)增加会计科目。在"会计科目"对话框中,点击"增加"按钮,按照资料输入信息。下面以"银行存款"科目的两个明细科目为例进行演示。

其一,"银行存款——人民币户"科目。

在"新增会计科目"对话框中,输入编码"100201",输入科目名称"人民币户",在"日记账"和"银行账"前面打勾,点击"确认"按钮,如图2-62所示。

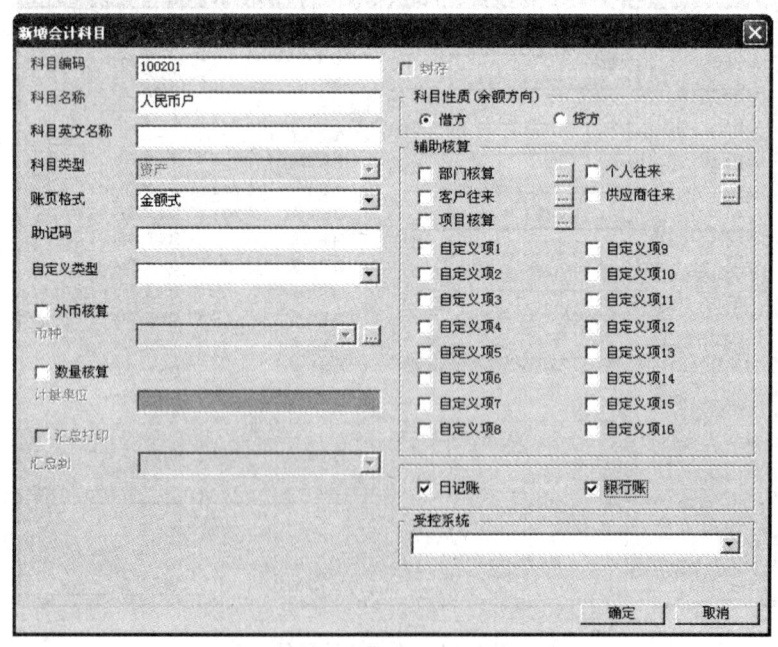

图2-62　新增会计科目-1

温馨提示

(1)增加的会计科目编码长度要符合编码规则。

(2)要按照资料要求设置辅助核算信息。

其二,"银行存款——美元户"科目。

在"新增会计科目"对话框中,输入编码"100202",输入科目名称"美元户",选择"外币核算",币种选择"美元 USD",在"日记账"和"银行账"前面打勾,点击"确认"按钮,如图 2-63 所示。

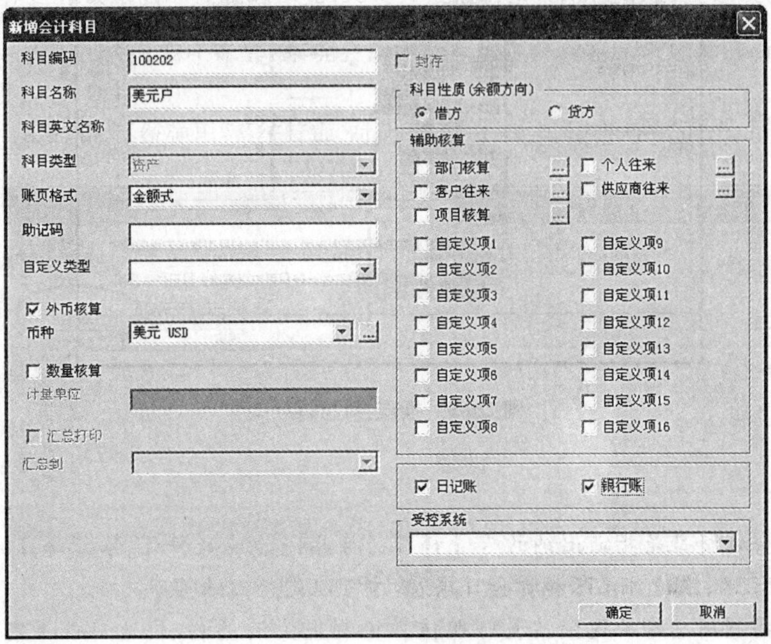

图 2-63 新增会计科目-2

同理,增加其他会计科目。
(3) 指定会计科目。
首先,在"会计科目"对话框中,执行"编辑—指定科目"命令,进入"指定科目"对话框。
其次,在"指定科目"对话框中,选中"现金科目",将"1001 库存现金"从待选科目选入已选科目,如图 2-64 所示。

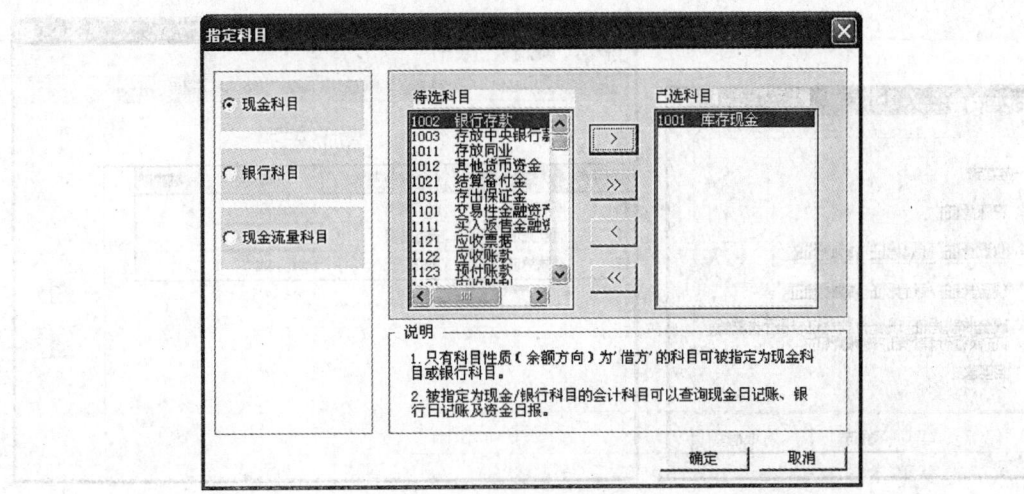

图 2-64 指定会计科目-1

再次,选中"银行科目",将"1002 银行存款"从待选科目选入已选科目,如图 2-65 所示。

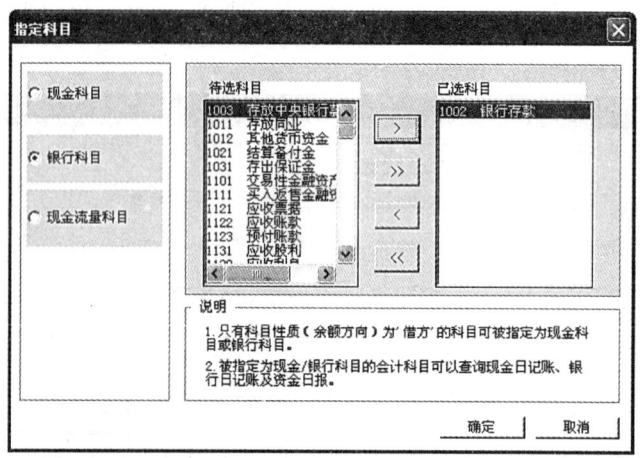

图 2-65　指定会计科目-2

😊 **温馨提示**

(1) 指定会计科目是指定出纳的专管科目。被指定为现金科目/银行科目的会计科目才能查询现金日记账、银行日记账和资金日报表,才可以进行出纳签字。

(2) 如果要利用总账的现金流量辅助核算编制现金流量表,此处应该指定"现金流量科目",这样在编制凭证时会弹出"现金流量辅助核算"对话框,根据经济业务指定现金流量项目,完成编制现金流量表的基础性工作。

10. 设置凭证类别

(1) 执行"基础设置—基础档案—财务—凭证类别"命令,进入"凭证类别预置"对话框,选择"收款凭证—付款凭证—转账凭证",点击"确定"按钮,如图 2-66 所示。

(2) 点击"修改"命令,双击每种类别的"限制类型"和"限制科目",按照资料输入,如图 2-67 所示。

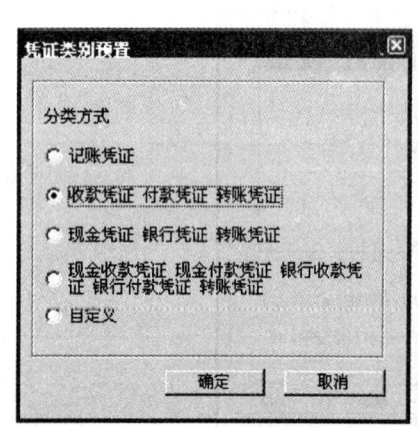

图 2-66　设置凭证类别-1

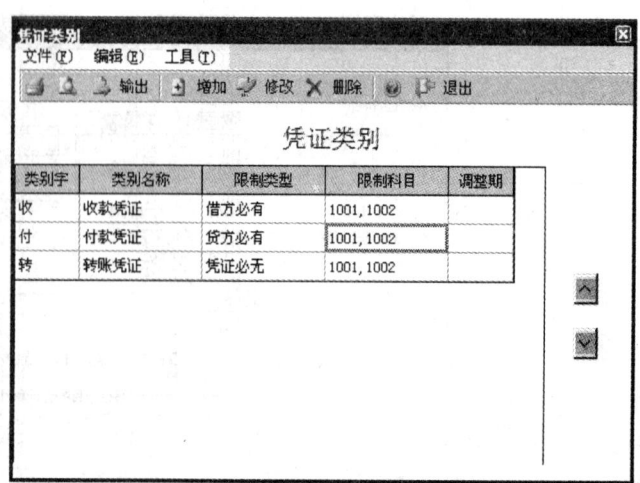

图 2-67　设置凭证类别-2

(3)退出。

😊 温馨提示

(1)记账凭证的分类方式有多种,企业可根据自身实际需要选择分类,最常用的有两种:一种是不分类,全部称为记账凭证,如果企业经济业务较少,可以选择这种分类,简便易行;另一种是分为收款凭证、付款凭证和转账凭证,如果企业经济业务较多,需要将凭证分类管理,可以选择这种分类,便于管理和查询。收款凭证因为是收到款项的凭证,资金增加在借方,所以借方必有"库存现金"或"银行存款"科目,付款凭证是付出款项的凭证,资金减少在借方,所以贷方必有"库存现金"或"银行存款"科目,除了收款凭证和付款凭证之外的记账凭证就都是转账凭证了,是指不涉及资金收付的凭证,所以转账凭证借、贷方必无"库存现金"或"银行存款"科目。

(2)一旦凭证类别设置完毕,保存凭证之时必须按照设定的规则进行保存,如果不符合规则无法保存成功。例如,会计分录为"借:应收票据 贷:应收账款",应该保存为转账凭证,如果保存为收款凭证,则系统会提示"不满足借方必有条件"而不予保存。

11. 设置结算方式

(1)执行"基础设置—基础档案—收付结算—结算方式"命令,点击"增加"按钮,按任务资料进行添加,添加后点击"保存"按钮,如图2-68所示。

(2)现金支票和转账支票的输入方法如图2-69所示。

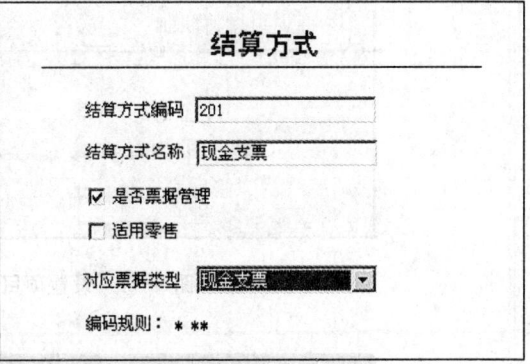

图2-68 设置结算方式-1　　　图2-69 设置结算方式-2

(3)输入其他结算方式。

12. 设置项目目录

(1)定义项目大类。

首先,执行"基础设置—基础档案—财务—项目目录"命令,在弹出的"项目档案"对话框中点击"增加"按钮,弹出"项目大类定义_增加"对话框,输入大类名称"生产成本",然后点击"下一步"按钮,如图2-70所示。

其次,在弹出的对话框中设置项目级次,这里只设一级分类,编码长度为1,点击"下一步"按钮,如图2-71所示。

再次,在弹出的对话框中修改项目栏目,默认项目栏目为"项目编号""项目名称""是否结算""所属分类码"四项,此处不需要修改,直接点击"完成"按钮,如图 2-72 所示。在工作中,可以根据实际情况增加或删除栏目。

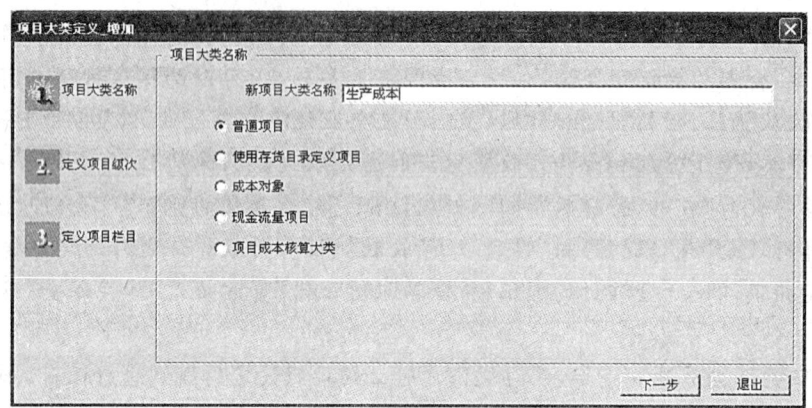

图 2-70 设置项目目录—增加项目大类-1

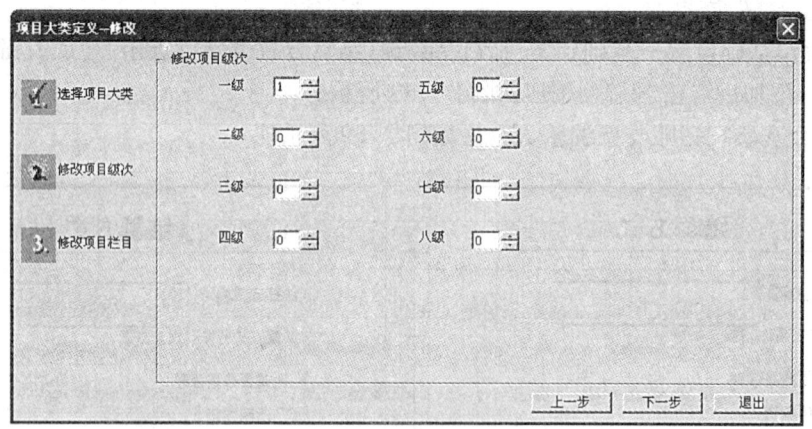

图 2-71 设置项目目录—增加项目大类-2

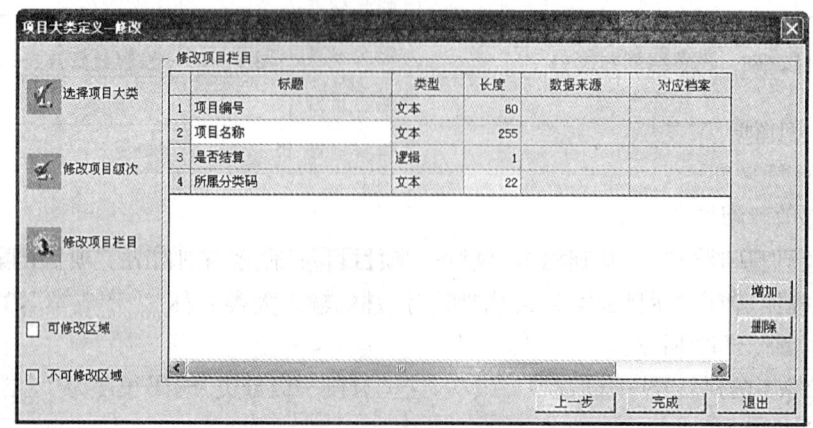

图 2-72 设置项目目录—增加项目大类-3

> 温馨提示
>
> "项目核算"这一辅助核算应用面较广,一个单位项目核算的种类可能多种多样,如在建工程、对外投资、技术改造、融资成本、在产品成本、合同订单等,都可以使用项目核算功能进行明细核算。在本任务中,主要是对在产品的生产成本进行项目分类核算,本企业主要生产两种产品:轮毂和车桥,为生产产品而耗用的直接材料、直接人工、制造费用等,都应当具体分配到这两种产品中去,因此我们设置一个"生产成本"的项目大类对这些科目进行明细核算。

(2)指定核算科目。选中"生产成本"项目大类,在"核算科目"选项卡中,将待选科目中的500101~500105选入"已选科目",点击"确定"按钮,如图2-73所示。

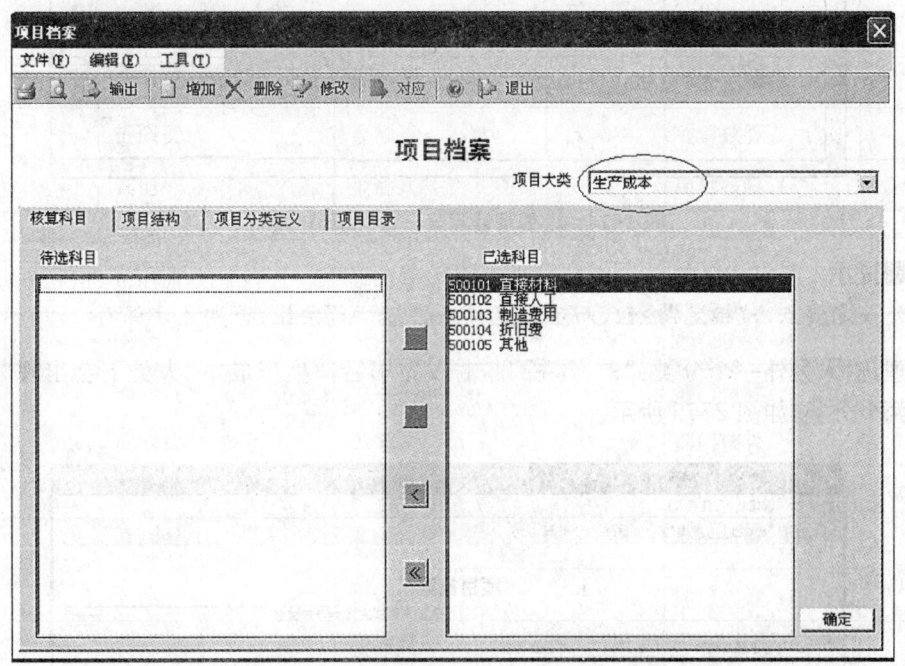

图2-73 设置项目目录—指定核算科目

> 温馨提示
>
> (1)项目大类中一开始默认的是"现金流量"项目,一定要在其中选中"生产成本"项目大类,再选择科目,否则会将会计科目选到现金流量项目中,一旦这些会计科目发生经济业务,就会记入"现金流量"项目中,产生错误。
>
> (2)会计科目必须在执行"基础档案—财务—会计科目"命令时设置为"项目核算"辅助核算,才会出现在待选科目中。若是你的待选科目中没有这些会计科目,请回到执行"基础档案—财务—会计科目"命令进行重新设置。

(3)定义项目分类。选择项目分类定义选项卡,输入分类编码"1",输入分类名称"轮毂",点击"确定"按钮,如图2-74所示。

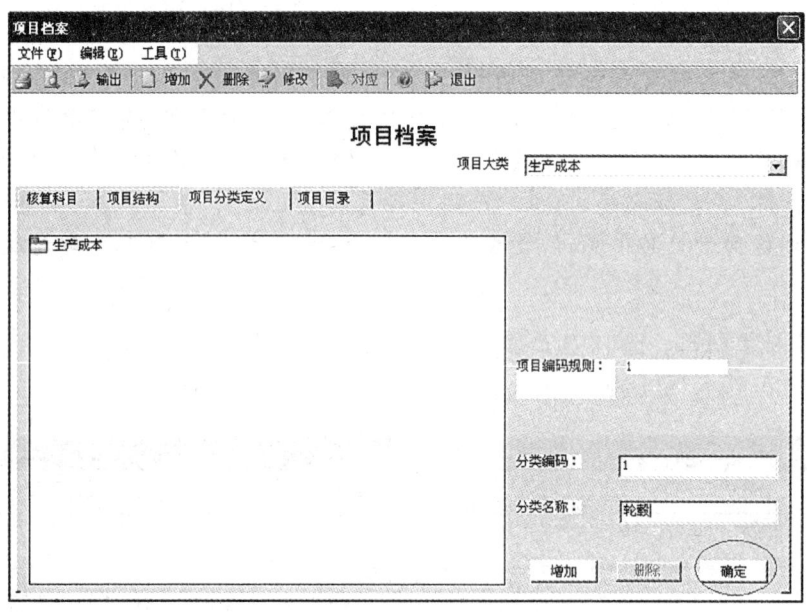

图 2-74 设置项目目录—设置项目分类-1

😊 **温馨提示**

此处一定要点击"确定"按钮,而不要直接点击"增加"按钮,否则无法保存。

同理,输入另外一个分类:"2　车桥"。输入完毕后,"生产成本"大类下会出现"轮毂"和"车桥"两个分类,如图 2-75 所示。

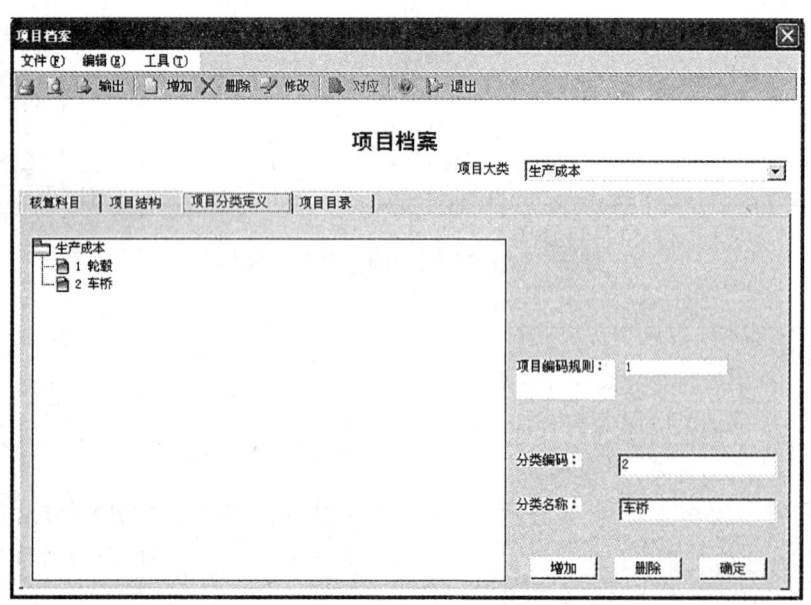

图 2-75 设置项目目录—设置项目分类-2

(4)定义项目目录。

首先,在"生产成本"项目大类下,选择"项目目录"选项卡,点击"维护"按钮,如图 2-76 所示。

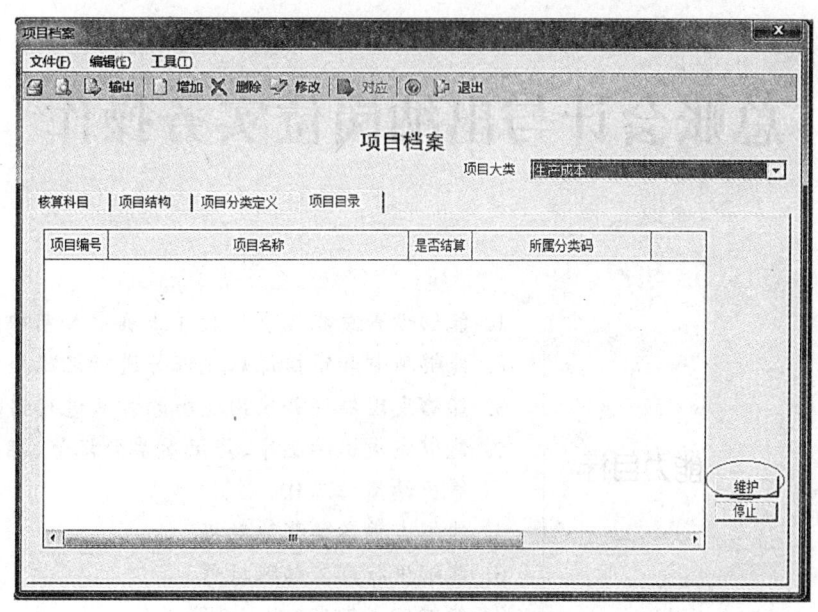

图 2-76 设置项目目录—设置项目档案-1

温馨提示

(1) 不要点击"增加"按钮,增加是增加项目大类,而不是项目档案。

(2) 项目目录是指具体的明细项目目录,如在本任务中,明细项目就是产品:轮毂和车桥,需要添加产品的具体档案和所属分类。

其次,在弹出的"项目目录维护"对话框中根据任务资料添加具体项目档案,完成以后点击"退出"按钮,如图 2-77 所示。

项目编号	项目名称	是否结算	所属分类码	所属分类名称
101	13寸		1	轮毂
102	15寸		1	轮毂
201	153中桥		2	车桥
202	153后桥		2	车桥

图 2-77 设置项目目录—设置项目档案-2

13. 备份账套

登录系统管理,备份[任务 2-4]账套。

项目 3

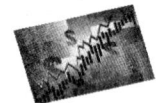

总账会计与出纳岗位实务操作

能力目标
1. 能够设置总账控制参数并正确录入期初余额。
2. 能够填制和审核记账凭证并进行记账处理。
3. 能够发现错误并采用适当的方法进行错账更正。
4. 能够完成出纳签字、登记支票登记簿、期末银行对账等出纳岗位工作。
5. 能够查询各类账簿数据。
6. 能够进行期末转账操作。
7. 能够完成期末对账、结账工作。

知识目标
1. 理解总账控制参数的意义。
2. 掌握辅助核算科目余额的设置方法,理解余额试算平衡的原理。
3. 掌握记账凭证的内容与录入要求。
4. 熟悉凭证类别的判断。
5. 熟悉凭证填制、出纳签字、审核、记账与修改的流程和操作规则。
6. 掌握错账更正的方法。
7. 熟悉期末转账的原理和操作流程与方法。

素质目标
1. 培养学生严谨的工作态度。
2. 培养学生自主学习能力。
3. 提升学生沟通技巧和合作能力。

任务 3.1 认识总账管理系统

一、任务布置

【任务 3-1】 认识总账管理系统

请以总账会计张玲的身份登录进入企业应用平台,查看总账管理系统的各项操作,并以小

组为单位进行讨论,回答以下问题:

(1) 总账管理系统在财务系统中的地位如何?它与其他系统的关系是怎样的?

(2) 总账管理系统都有哪些功能?

(3) 辅助核算都有哪几类?它与手工核算相比有何差异?

二、知识链接

(一) 总账管理系统与其他系统的关系

总账管理系统是 ERP 财务管理系统的核心系统,它好比是企业会计信息的中央处理器,对所有系统生成的会计信息进行统一核算和管理。它既可以独立运行,也可以和其他系统协同运转。

如果企业规模较小,对管理需求不高,财务核算简单,只是希望通过软件完成企业的一般账务核算工作,可以只启用总账管理系统,所有的账务处理都在总账管理系统中完成;如果企业希望能够通过 ERP 管理软件对企业的整体业务进行精细管理,对固定资产、薪资、往来业务、购销存业务进行详细核算和管理,就需要启用其他系统,此时,这些系统与总账管理系统共同协作,将在本系统生成的凭证传递到总账管理系统,最终在总账管理系统完成全部账务处理,生成报表数据。总账管理系统与其他系统的主要关系如图 3-1 所示。

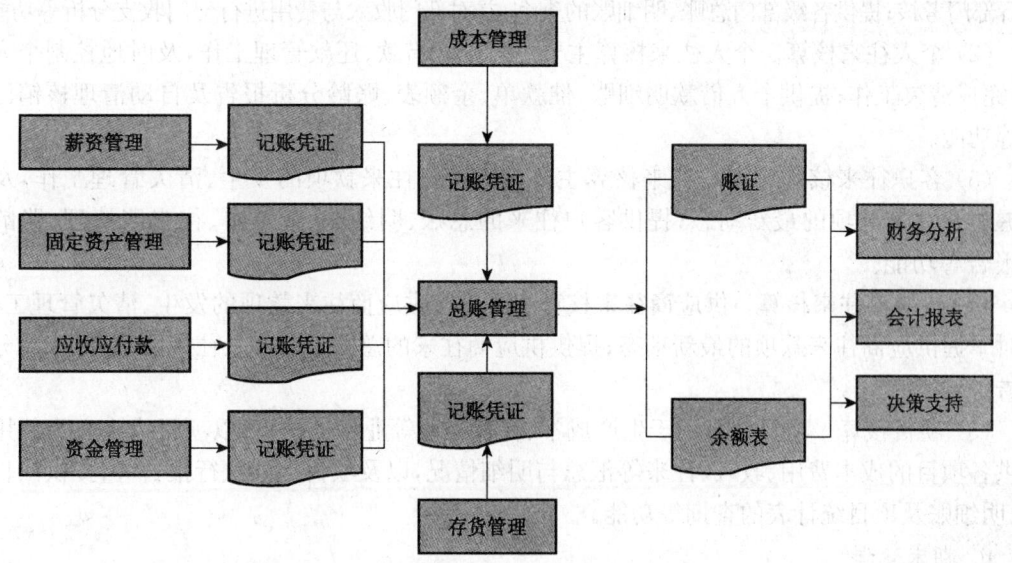

图 3-1 总账管理系统与其他系统的主要关系

(二) 总账管理系统的功能

总账管理系统的功能主要包括初始设置、凭证管理、出纳管理、账簿管理、辅助核算管理和期末处理等。这些工作由总账会计和出纳共同完成,这两个岗位在工作中互相配合,共同完成总账管理系统的相关工作。

1. 初始设置

为了满足不同用户的不同需求,用友 ERP-U8 V10.1 管理软件配置了不同的选项设置,企业可以根据自身的需要选择选项。另外,期初余额的录入也属于初始设置的内容。

2. 凭证管理

凭证管理主要包括记账凭证的录入、审核、出纳签字、记账、查询、打印、常用凭证定义等。

3. 出纳管理

出纳管理是出纳在总账管理系统中实现对库存现金和银行存款的管理。其主要工作包括：进行支票登记，查询银行存款日记账、现金日记账和资金日报表，期末进行银行对账，编制银行存款余额调节表。

4. 账簿管理

账簿管理是可提供多方位、多角度的账簿查询工作，包括总账、明细账和凭证的联查和各种辅助账的查询及打印工作。

5. 辅助核算管理

辅助核算管理是会计信息系统所特有的功能，是手工会计系统所无法实现的。它主要实现了对会计信息的精细化、科学化管理。如果企业规模较小，对企业管理要求不高，就没有必要设置辅助核算科目；如果企业往来业务频繁，或者对部门或项目考核较为严格，就可以使用辅助核算。辅助核算的作用类似于手工会计的明细账，但是能够根据客户需要提供各种不同的辅助账查询，有利于对会计科目的核算和管理。

辅助核算的类型有以下几种：

（1）部门核算。部门核算考核部门费用收支的发生情况，对各部门的收支情况加以比较，便于进行部门考核；提供各级部门总账、明细账的查询，并对部门收入与费用进行部门收支分析等功能。

（2）个人往来核算。个人往来核算主要进行个人借款、还款管理工作，及时地控制个人借款，完成清欠工作；提供个人借款明细账、催款单、余额表、账龄分析报告及自动清理核销已清账等功能。

（3）客户往来核算。客户往来核算主要进行客户往来款项的发生、清欠管理工作，及时掌握客户往来款项的最新动态；提供客户往来的总账、明细账、催款单、往来账清理、账龄分析报告等功能。

（4）供应商往来核算。供应商往来核算主要进行供应商往来款项的发生、清欠管理工作，及时掌握供应商往来款项的最新动态；提供供应商往来的总账、明细账、往来账清理、账龄分析报告等功能。

（5）项目核算。项目核算用于生产成本、在建工程等业务的核算，以项目为中心为使用者提供各项目的成本费用、收入、往来等汇总与明细情况，以及项目计划执行报告等；提供项目总账、明细账及项目统计表的查询等功能。

6. 期末处理

总账管理系统期末业务处理主要包括期末转账业务、对账、试算平衡、记账、结账等工作。由于各会计期间许多期末业务均具有较强的规律性，因此由计算机来处理期末业务，不但可以规范会计业务的处理，还可以大大提高处理期末业务的工作效率。

任务 3.2　总账管理系统初始设置

一、任务布置

【任务 3-2】　总账管理系统初始设置

请根据本单位财务工作的具体情况，将总账系统设置为适合本单位核算要求的专用账务核算系统,并录入期初余额。

(一)总账控制参数

总账控制参数如表 3-1 所示。

表 3-1　　　　　　　　　　　　　　　总账控制参数

选项卡	参 数 设 置
凭证	制单序时控制 支票控制 可以使用应收、应付、存货受控科目 取消"现金流量必录现金流量"项目 凭证编号方式:系统编号
账簿	账簿打印位数按软件的标准设定 明细账打印按年排页
权限	出纳凭证必由出纳签字 允许修改、作废他人填制的凭证 可查询他人凭证
会计日历	数量、单价小数位:2 位
其他	部门、个人、项目按编码方式排序 汇率方式:固定汇率

(二)期初余额表

1.总账期初余额表

青岛华阳汽车部件有限公司 2014 年 1 月 1 日的总账期初余额表如表 3-2 所示。

表 3-2　　　　　　　　　　　总账期初余额表　　　　　　　　　　金额单位:元
2014 年 1 月 1 日

科目名称	方向	币别/计量	期初余额
库存现金(1001)	借		6 844.50
银行存款(1002)	借		1 675 274.00
人民币户(100201)	借		1 612 774.00
美元户(100202)	借		62 500.00
	借	美元	10 000.00
应收票据(1121)	借		58 500.00
商业承兑汇票(112102)	借		58 500.00
应收账款(1122)	借		508 800.00
其他应收款(1221)	借		5 600.00
应收个人款(122101)	借		5 600.00
坏账准备(1231)	贷		25 000.00
原材料(1403)	借		540 000.00

(续表)

科目名称	方向	币别/计量	期初余额
原料及主要材料(140301)	借		540 000.00
生铁			240 000.00
		千克	100 000
45MnB 钢			300 000.00
		千克	100 000
库存商品(1405)	借		1 700 000.00
153 中桥(140501)	借		600 000.00
	借	支	60
153 后桥(140502)	借		800 000.00
		支	100
13 寸轮毂(140503)			300 000.00
		个	600
固定资产(1601)	借		14 246 028.69
累计折旧(1602)	贷		2 367 842.31
短期借款(2001)	贷		200 000.00
应付账款(2202)	贷		324 000.00
应付职工薪酬(2211)	贷		163 000.00
应付工资(221101)	贷		150 000.00
应付福利费(221102)	贷		5 600.00
工会经费(221103)	贷		3 600.00
职工教育经费(221104)	贷		3 800.00
实收资本(4001)	贷		10 000 000.00
资本公积(4002)	贷		5 000 000.00
利润分配(4104)	贷		818 204.88
未分配利润(410401)	贷		818 204.88
生产成本(5001)	借		157 000.00
直接材料(500101)	借		100 000.00
直接人工(500102)	借		24 000.00
制造费用(500103)	借		8 000.00
折旧费(500104)	借		25 000.00

2. 辅助账期初余额表

青岛华阳汽车部件有限公司 2014 年 1 月 1 日的辅助账期初余额表如表 3-3 至表 3-7 所示。

表 3-3　　　　　　　　　　　商业承兑汇票期初余额表

会计科目:112102　　　　　商业承兑汇票余额:借 58 500.00 元　　　　　　　单位:元

日期	凭证号	客户	业务员	摘要	方向	金额
2013-12-15	转-21	青岛宏利	周群	销售	借	58 500.00

表 3-4　　　　　　　　　　　应收账款期初余额表

会计科目:1122　　　　　　应收账款余额:借 508 800.00 元　　　　　　　单位:元

日期	凭证号	客户	业务员	摘要	方向	金额
2013-12-1	转-2	青岛宏利	周群	销售	借	308 800.00
2013-12-18	转-25	青岛特汽	周群	销售	借	200 000.00

表 3-5　　　　　　　　　　　应收个人款期初余额表

会计科目:122101　　　　　应收个人款余额:借 5 600.00 元　　　　　　　单位:元

日期	凭证号	部门	个人	摘要	方向	金额
2013-12-31	付-36	总经理办公室	李成	出差借款	借	5 600.00

表 3-6　　　　　　　　　　　应付账款期初余额表

会计科目:2201　　　　　　应付账款余额:贷 324 000.00 元　　　　　　　单位:元

日期	凭证号	供应商	业务员	摘要	方向	金额
2013-12-25	转-30	德成钢铁	孙进	采购	贷	120 000.00
2013-12-28	转-38	虎山钢铁	孙进	采购	贷	204 000.00

表 3-7　　　　　　　　　　　生产成本期初余额表

会计科目:5001　　　　　　生产成本余额:借 157 000.00 元　　　　　　　单位:元

科目名称	153 中桥	153 后桥	合计
直接材料(500101)	60 000.00	40 000.00	100 000.00
直接人工(500102)	14 000.00	10 000.00	24 000.00
制造费用(500103)	5 000.00	3 000.00	8 000.00
折旧费(500104)	15 000.00	10 000.00	25 000.00
总计	94 000.00	63 000.00	157 000.00

二、知识链接

总账管理系统初始设置是由总账会计完成的,它的主要内容包括总账控制参数(选项)和期初余额的录入。

(一)总账控制参数

由于每个企业对会计核算的要求不同,总账模块中针对这些要求设置了总账控制参数选项,这些选项决定了总账系统的输入控制、处理方式、数据流向、输出格式等,企业可以根据自身管理需要和账务处理要求进行选择。

常用的总账控制参数选项及其功能说明如表 3-8 所示。

表 3-8　　　　　　　　常用的总账控制参数选项及其功能说明

选项卡	常用选项	功　　能	注意事项
凭证	制单序时控制	凭证必须按制单日期进行排序,后增加的凭证日期不能插入以前的凭证之前	如果凭证有分类,则不同类别的凭证分别排序
	支票控制	提示登记支票登记簿	
	赤字控制	对出现赤字(负数)的会计科目进行控制,可以选择只对资金及往来科目进行控制,也可以对所有科目进行控制	赤字控制方式:如果选择"提示",则制单时系统若发现该会计科目有赤字,会进行提示;如果选择"严格",则不允许出现赤字,制单时如果系统发现该会计科目有赤字,凭证无法保存
	可以使用应收/应付/存货受控科目	当启用应收/应付/存货系统时,为了避免在总账和应收/应付/存货系统同时使用这些科目产生重复录入的错误,可以选择不使用应收/应付/存货受控科目;如果只使用总账模块,则需要选择可以使用应收/应付/存货受控科目,否则无法使用某些会计科目	本项目系统学习总账系统的操作方法,暂不启用应收/应付/存货系统,应收/应付业务在总账完成,参数须设置为"可以使用应收/应付/存货受控科目"
	现金流量科目必录现金流量项目	选择该项目,凡是录入涉及现金流量科目(如库存现金、银行存款)的凭证,必会弹出一个对话框要求录取现金流量项目,用于最终编制现金流量表	
权限	出纳凭证必须由出纳签字	凡是涉及现金总账科目和银行总账科目的凭证,必须由出纳进行签字审核,否则不允许记账	必须指定会计科目才可以出纳签字
	允许作废、修改他人填制的凭证	可以作废或修改其他人填制的凭证	
	可查询他人凭证	可以查询到其他人填制的凭证	
会计日历	数量小数位	数量、单价和本币金额要求保留的小数位数	
	单价小数位		
	本币精度		

(二) 期初余额

无论何时进行会计信息化的初始设置,都肯定会有一个初始状态。一般而言,将建账月的月初作为初始,那这个月的月初余额也就是上个月的月末余额,就是我们的期初余额。总账会计需要将原先手工会计的上月月末余额录入信息系统中,作为期初余额。

三、操作指导

【准备工作】 引入[任务2-4]备份账套。

1. 设置总账控制参数

(1) 以"003 张玲"身份登录进入企业应用平台,登录日期选择"2014-01-01",如图3-2所示。

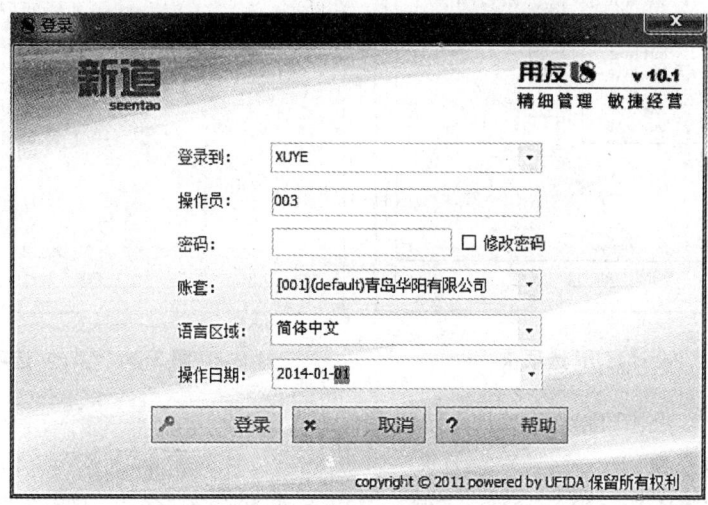

图3-2 登录企业应用平台

(2) 执行"业务工作—财务会计—总账—设置—选项"命令,打开"选项"对话框,单击"编辑"按钮,进行如图3-3至图3-6所示的设置。

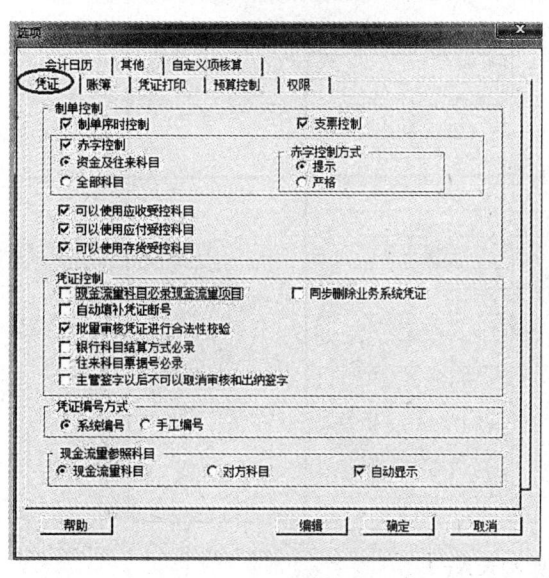

图3-3 "凭证"选项卡

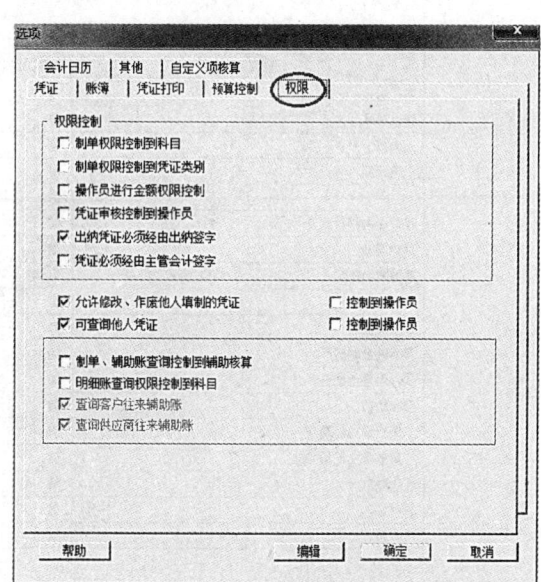

图3-4 "权限"选项卡

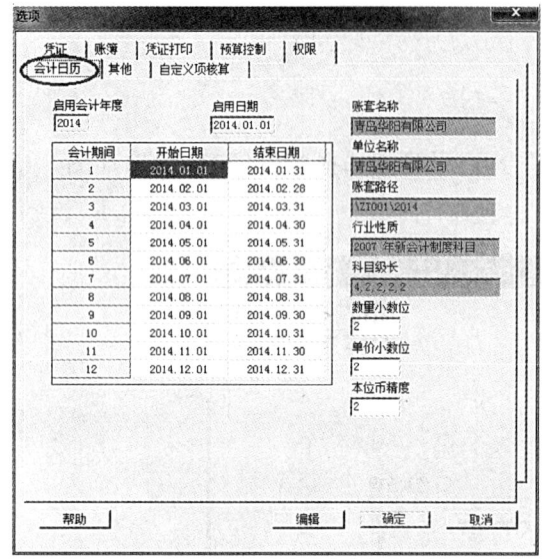
图3-5 "会计日历"选项卡

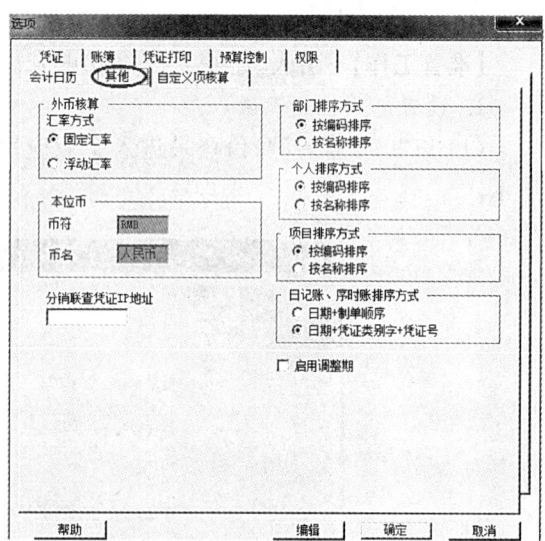
图3-6 "其他"选项卡

(3) 设置完毕,点击"确定"按钮,系统自动保存并退出。

2. 录入期初余额

(1) 执行"业务工作—财务会计—总账—设置—期初余额"命令,打开"期初余额录入"窗口,如图3-7所示,可以看到期初余额有白色、灰色和黄色三种底色。

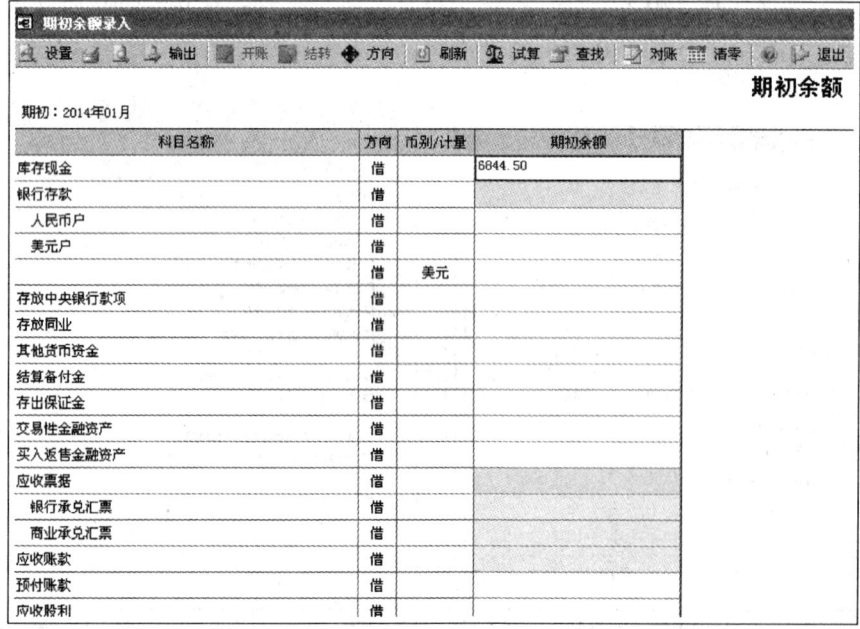
图3-7 期初余额录入-1

(2) 直接录入底色为白色的无辅助核算末级科目的金额。

(3)底色为灰色的非末级科目,数据由末级科目自动汇总而成,不需要录入,如图3-8所示。

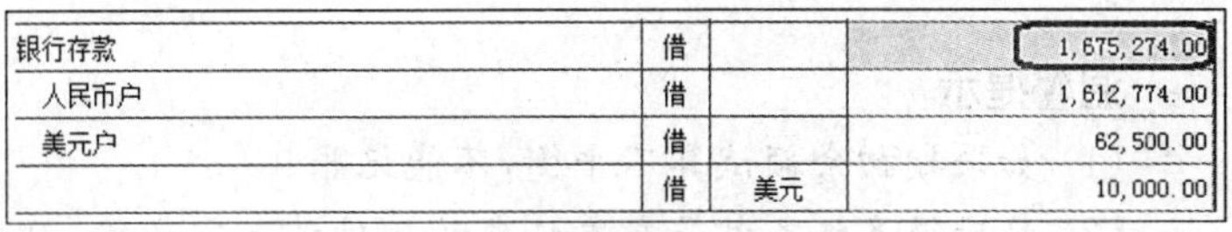

(4)底色为黄色的会计科目,是因为设置了辅助核算,无法直接录入金额,需要双击进入,输入详细信息。

图 3-8　期初余额录入-2

下面以"商业承兑汇票"科目为例演示录入方法:

首先,将鼠标放置于该会计科目上,双击,弹出"辅助期初余额"对话框,如图3-9所示。

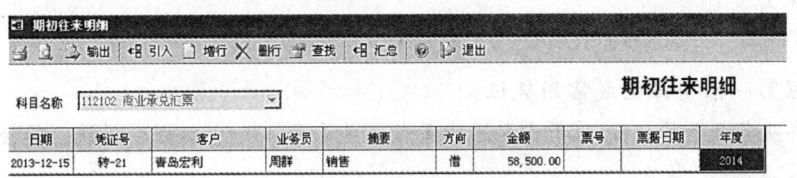

图 3-9　期初余额录入-3

其次,点击"往来明细",在弹出的"期初往来明细"对话框中点击"增行",增加期初往来明细账,如图3-10所示。

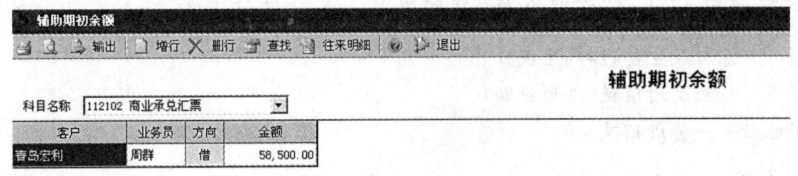

图 3-10　期初余额录入-4

再次,点击"汇总",然后点击"退出"按钮,完成从期初往来明细到辅助期初余额的汇总,如图3-11所示。

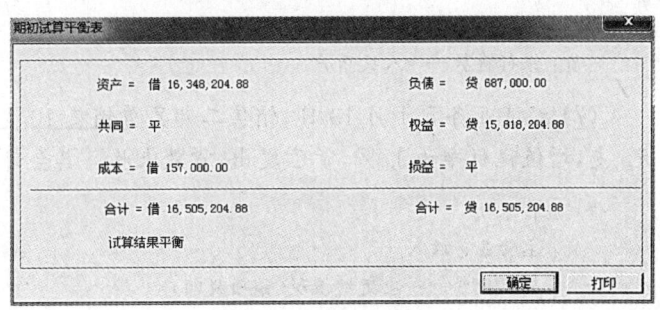

图 3-11　期初余额录入-5

最后,点击"退出"按钮,完成"112102 商业承兑汇票"科目的期初余额录入。

(5)期初余额录入完毕后,单击"试算"按钮,弹出"期初试算平衡表"对话框,如图3-12所示。

3. 备份初始设置账套

将生成的结果备份为"[任务3-2]总账管理系统初始设置"账套。

图 3-12　试算平衡表

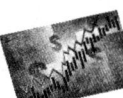

温馨提示
(1) 如果期初余额试算不平衡,不能记账。
(2) 日后很多任务都是在本任务的基础之上完成的,因此本账套备份后需妥善保管。

任务 3.3　总账管理系统日常业务处理

一、任务布置

【任务 3-3-1】　填制和修改凭证

青岛华阳汽车部件有限公司 2014 年 1 月发生经济业务如下,请以总账会计(003 张玲)的身份完成凭证的录入和修改工作:

(1) 经济业务 1:1 月 1 日,财务部姜涛从银行人民币户提取现金 5 000 元,作为备用金,附单据数一张,现金支票号为 XJ001。其会计分录如下:

借:库存现金　　　　　　　　　　　　　　　　　　　　　　　　　　 5 000
　　贷:银行存款——人民币户　　　　　　　　　　　　　　　　　　　　 5 000

(2) 根据第一张凭证生成常用凭证。

(3) 经济业务 2:1 月 2 日,采购部孙进出差预借差旅费 3 000 元,现金付讫。其会计分录如下:

借:其他应收款——孙进　　　　　　　　　　　　　　　　　　　　　　 3 000
　　贷:库存现金　　　　　　　　　　　　　　　　　　　　　　　　　　 3 000

(4) 将经济业务 2 中"其他应收款"科目的辅助核算项中的采购部孙进改为销售一部周群。

(5) 经济业务 3:1 月 5 日,采购部孙进从福建德成钢铁公司购入生铁 10 吨,单价为 2 500 元/吨,增值税税率为 17%,已验收入库,货款暂欠。其会计分录如下:

借:原材料——原料及主要材料(生铁)　　　　　　　　　　　　　　　 25 000
　　应交税费——应交增值税(进项税额)　　　　　　　　　　　　　　　 4 250
　　贷:应付账款——德成钢铁　　　　　　　　　　　　　　　　　　　　 29 250

(6) 经济业务 4:1 月 8 日,总经理办公室李成购置办公用品,花费 600 元,转账支票号为 ZZ001。其会计分录如下:

借:管理费用——办公费　　　　　　　　　　　　　　　　　　　　　　 600
　　贷:银行存款——人民币户　　　　　　　　　　　　　　　　　　　　 600

(7) 经济业务 5:1 月 13 日,销售二部吴勇销售 10 支 153 中桥给长春润冠,单价为 12 000 元/支,增值税税率为 17%,货已发出,货款未收。其会计分录如下:

借:应收账款　　　　　　　　　　　　　　　　　　　　　　　　　　　 140 400
　　贷:主营业务收入　　　　　　　　　　　　　　　　　　　　　　　　 120 000
　　　　应交税费——应交增值税(销项税额)　　　　　　　　　　　　　　 20 400

(8) 经济业务 6:1 月 18 日,收到青岛宏利转账支票一张,支票号为 ZZ002,金额为 208 800

元,用于偿还前欠货款。其会计分录如下:

　　借:银行存款——人民币户　　　　　　　　　　　　　　　　　　　208 800
　　　贷:应收账款——青岛宏利　　　　　　　　　　　　　　　　　　208 800

(9) 经济业务7:1月22日,收到红星公司投资款50 000美元,汇率为1:6.25,转账支票号为ZZ003,存入美元户。其会计分录如下:

　　借:银行存款——美元户　　　　　　　　　　　　　　　　　　　　312 500
　　　贷:实收资本　　　　　　　　　　　　　　　　　　　　　　　　312 500

(10) 经济业务8:1月25日,生产领用生铁10吨,用于生产153中桥,按先进先出法计算发出原材料的成本。其会计分录如下:

　　借:生产成本——直接材料　　　　　　　　　　　　　　　　　　　24 000
　　　贷:原材料——原料及主要材料(生铁)　　　　　　　　　　　　　24 000

(11) 经济业务9:1月25日,财务部姜涛从银行人民币户提取现金10 000元,作为备用金,附单据数一张,现金支票号为XJ002,根据001号常用凭证生成记账凭证。其会计分录如下:

　　借:库存现金　　　　　　　　　　　　　　　　　　　　　　　　　10 000
　　　贷:银行存款——人民币户　　　　　　　　　　　　　　　　　　10 000

(12) 删除第3号转账凭证。

【任务3-3-2】 凭证审核与记账

(1) 出纳(002 姜涛)对出纳凭证进行出纳签字。
(2) 账套主管(001 刘梅)对凭证进行审核。
(3) 账套主管(001 刘梅)对凭证进行记账。

【任务3-3-3】 修改已记账的凭证

假设业务(6)的金额应该为800元,要求总账会计(003 张玲)将业务(6)的记账凭证修改为正确金额。

【任务3-3-4】 出纳日常业务处理

(1) 出纳(002 姜涛)管理支票登记簿:1月28日,采购部孙进借转账支票一张,票号为XJ003,预计金额为5 000元。
(2) 出纳(002 姜涛)查询现金日记账、银行存款日记账和2014年1月1日的资金日报表。

【任务3-3-5】 账簿管理

(1) 账套主管(001 刘梅)查询总账、明细账和余额表。
(2) 账套主管(001 刘梅)查询部门账,包括部门总账、部门明细账和部门收支分析。

二、知识链接

日常业务处理是财务人员的基础和核心工作,总账日常业务包括凭证管理、出纳管理和账簿管理等。

(一) 凭证管理

凭证管理的内容包括填制凭证、审核凭证、查询凭证、凭证汇总、记账等工作。

1. 填制凭证

(1) 增加凭证。增加凭证需要录入凭证类别、凭证编号、制单日期、附单据数、摘要、会计科目、辅助信息、金额等内容。

（2）生成和调用常用凭证。可以将某张凭证作为常用凭证存入常用凭证库中，日后可调用这种常用凭证。

（3）修改凭证。可以在填制凭证中直接修改凭证，也可以在查询凭证中找到需修改的凭证进行修改。外部传递到总账的凭证不能在总账中修改。已经审核、主管签字、记账的凭证必须取消这些操作之后才可以修改。

（4）作废/恢复凭证。当某张凭证不想要或出现不便修改的错误时，可将其作废。作废的凭证不能审核，可直接参与记账。

（5）整理凭证。整理凭证功能可彻底删除作废的凭证，并对未记账凭证重新编号。已记账的凭证不能进行整理。

（6）冲销凭证。对已记账的凭证，如果发现错误，可以用冲销凭证的功能制作一张红字冲销凭证。

2. 审核凭证

为了保障会计信息的质量，在记账之前应由有关人员对记账凭证进行严格的审核。审核凭证主要包括凭证审核、出纳签字和主管签字三方面。其中，凭证审核是会计制度的要求，出纳签字和主管签字可根据企业自身需要选择设置。审核人与制单人不能是同一人。

（1）凭证审核。为了保证录入经济业务的准确性和可靠性，制单员填制的凭证需要经过审核员的检查核对。审核凭证是财会制度的要求，审核员需要审核记账凭证是否与原始凭证相符、会计分录是否正确等。经审核认为错误或有异议的凭证，应交与填制人员修改后再审核，只有具有审核权的人才能进行审核操作。

（2）出纳签字。涉及企业现金收入和支出的凭证，需要加强管理，可通过出纳签字功能对制单员填制的带有"库存现金"和"银行存款"科目的凭证进行检查核对，主要核对出纳凭证的出纳科目的金额是否正确，审查认为错误或有异议的凭证，应交与填制人员修改后再核对。

如果需要进行出纳签字，需事先执行"总账—设置—选项"命令中的"权限"选项卡中，选中"出纳凭证必须经由出纳签字"。

（3）主管签字。为了加强对凭证的管理，企业还可以根据自身管理需要选择对凭证进行"主管签字"，如果需要进行主管签字，需事先在执行"总账—设置—选项"命令中的"权限"选项卡中选中"出纳凭证必须经由主管会计签字"。

3. 查询凭证

在业务处理过程中，经常需要查看以前填制的凭证。如果凭证未记账，可直接在填制凭证窗口通过上下翻页查看凭证，但是如果凭证很多，直接查询存在困难，或者凭证已经记账，无法在填制凭证中查看，便可以通过查询凭证的功能查看。

凭证查询时，可以通过选择记账范围、凭证标志、凭证类别、月份、审核日期、制单人、审核人等确定凭证查询范围，进行更有针对性地查询。

4. 凭证汇总

凭证汇总主要功能是使财务人员可随时查看各个会计科目的实时发生额合计，以便掌握企业的经营状况和其他财务信息。进行汇总的凭证可以是已记账凭证，也可以是未记账凭证。

5. 记账

凭证经过审核之后，就可以通过记账功能进行登记。点击"记账"按钮，系统可自动登记总账、明细账、辅助账、日记账等账簿。相比人工记账而言,会计信息系统快速、准确,极大地提高了财务工作的效率。

(二)出纳管理

1. 日记账

日记账包括现金日记账和银行存款日记账。凭证执行记账功能,系统自动登记现金日记账和银行存款日记账,出纳不需要再登记。日记账管理主要是对现金日记账和银行存款日记账进行查询。

要进行日记账管理,需要进行两方面的设置:一是在执行"基础设置—基础档案—财务—会计科目"命令中,在需要管理的会计科目选项卡中选中"日记账"选项;二是在执行"基础设置—基础档案—财务—会计科目—编辑—指定科目"命令中,指定"库存现金"总账和"银行存款"总账科目。

2. 资金日报表

资金日报表是反映现金、银行存款发生额及余额情况的报表。它主要用于查询、输出或打印资金日报表,提供当日借、贷金额合计数和余额。

3. 支票登记簿

在手工记账时,为了保证资金安全,明确人员责任,通常要求出纳人员登记"支票领用登记簿",详细登记开出的支票的各项信息:领用日期、支票号码、领用人、用途、收款单位等。同样,在会计信息系统中,也开发了该功能以供出纳人员对支票进行管理。

要使用支票登记簿,需要进行两方面的设置:一是在"基础设置—基础档案—财务—会计科目"中,在需要登记的银行会计科目选项卡中选中"银行账"选项;二是在"基础设置—基础档案—收付结算—结算方式"中,选择"票据管理"。

支票领用和报销的程序如下:

(1)领用支票时,出纳人员须在支票登记簿中据实登记领用日期、领用部门、领用人、支票号、备注等。

(2)支票支出时,经办人须持原始凭证报销,会计人员据此填制记账凭证,在录入该凭证时,系统要求录入该支票的结算方式和支票号,并自动填写报销日期,该支票即报销。已报销的支票,在支票登记簿中变为黄色。

需要注意的是,如果在填制记账凭证之前出纳人员没有事先登记支票登记簿,则填制凭证完毕保存时,系统会弹出对话框"提示此支票尚未登记,是否登记?"如果需要登记,点击"是"按钮,支票自动登记,同时报销。

(三)账簿管理

账簿管理可以实现对各类账簿按照不同条件进行查询、输出等功能。用友 ERP-U8 V10.1管理软件提供按多种条件查询总账、日记账、余额表及明细账等,具有总账、明细账和凭证联查的功能;还提供了辅助账查询功能,用户可根据自身需要设置查询条件对账簿进行查询。

三、操作指导

【准备工作】 引入"[任务 3-2]总账管理系统初始设置"账套。

【任务 3-3-1】 填制和修改凭证

1. 填制经济业务1凭证

(1)以操作员"003 张玲"的身份登录企业应用平台,登录日期选择"2014-01-31",如图

3-13所示。

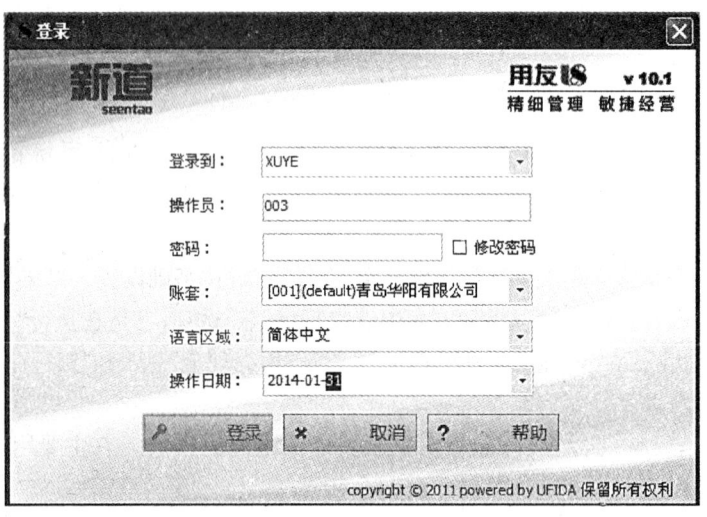

图3-13　登录企业应用平台

温馨提示

（1）在正常情况下，日常业务一般以业务发生日期登录系统进行业务处理，但是为了操作方便，可以在期末一次性登录系统进行操作。

（2）建账日期、启用日期、操作日期、凭证日期和系统日期等几种日期的关系梳理如表3-9所示。

表3-9　　　　　　　　　　几种日期的关系梳理

日期	解析	几种日期之间的关系
建账日期	建立账套时选择的日期。所有业务都必须在建账之后才能进行处理，不得提前建账日期	建账日期≤启用日期≤凭证日期≤操作日期≤系统日期 1. 启用日期不得超前建账日期。例如，不能2014年1月建账，2013年12月就启用系统 2. 凭证日期不得超前总账系统启用日期。经济业务的发生必定在总账启用之后 3. 凭证日期不应在操作日期之后，操作日期一般被认为是用户进行业务处理的日期，如果凭证日期在这之后，则意味着用户能够预知将来发生的经济业务，与逻辑不符 4. 系统日期是计算机操作系统的日期，一般都会被系统认为是当前日期（今天），凭证日期不能在系统日期之后，原理同上
启用日期	某一模块的启用日期，如本教材［任务2-2］中启用总账的日期为2014-1-1	
操作日期	登录企业应用平台的日期	
凭证日期	填制凭证输入的日期。凭证日期必须在总账启用日期之后，因为总账开始使用之后，才能填制凭证	
系统日期	电脑系统日期（电脑桌面右下角）	

（2）执行"业务工作—财务会计—总账—凭证—填制凭证"命令，打开"填制凭证"对话框。

（3）在"填制凭证"对话框中，点击左上角的"增加"按钮或按【F5】键，增加一张空白凭证，如图3-14所示。

（4）选择凭证类型"付款凭证"，输入制单日期"2014-01-01"，录入附单据数"1"。

（5）录入摘要"提现"，输入科目名称"1001"，输入借方金额"5 000"。

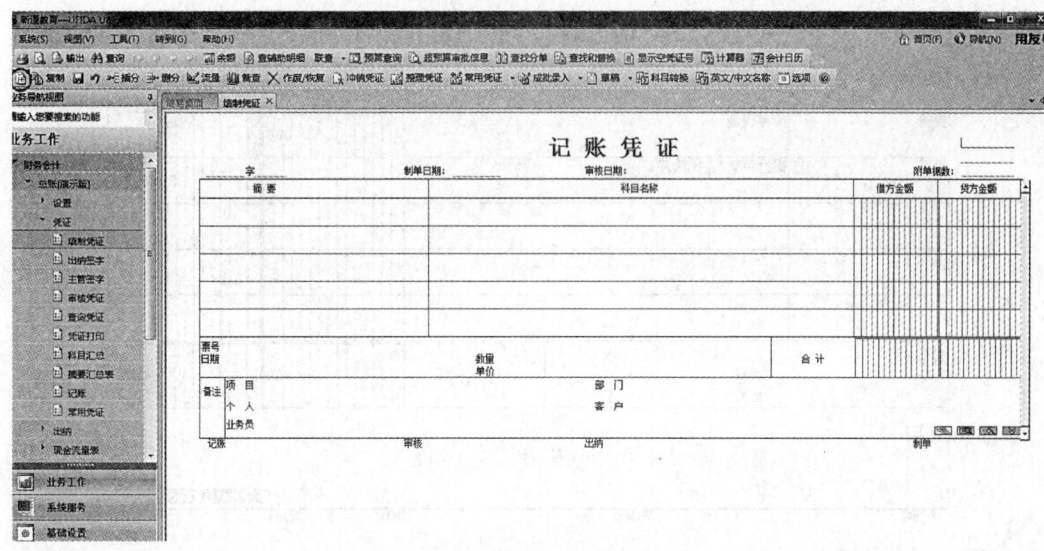

图 3-14　填制凭证窗口

(6) 按回车键,摘要自动复制到下一行,输入科目名称"100201",弹出"辅助项"对话框,输入结算方式"201",票号"XJ001",点击"确定"按钮,如图 3-15 所示。

(7) 按回车键,鼠标在贷方金额处时,按"＝"键,金额自动等于借方金额 5 000 元。

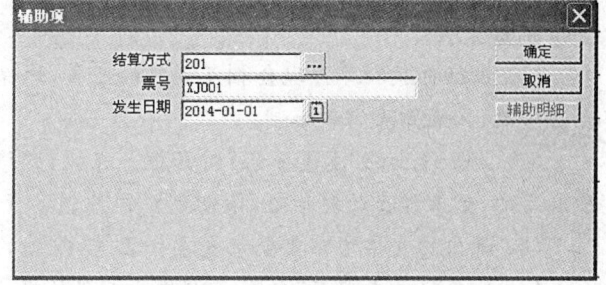

图 3-15　结算方式辅助项

(8) 点击"保存"按钮或按"F6"键,弹出"凭证"对话框,点击"是"按钮,登记支票,点击"确定"按钮,如图 3-16 和图 3-17 所示。

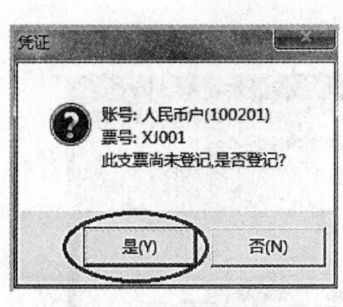

图 3-16　登记支票提示

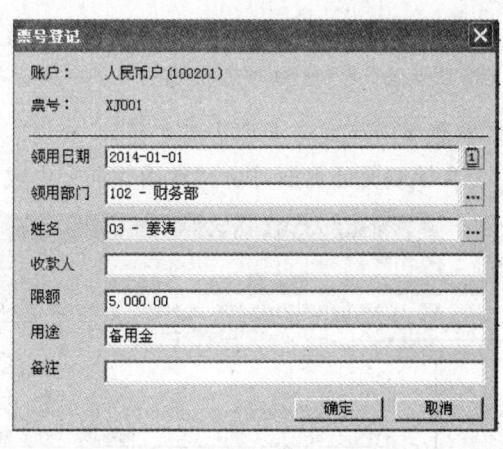

图 3-17　支票登记

(9) 付款凭证最终结果如图 3-18 所示。

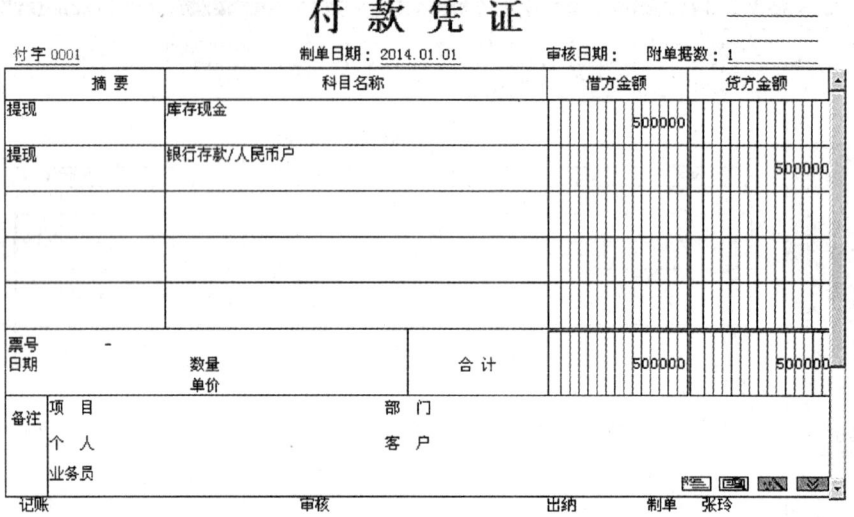

图 3-18　经济业务 1 凭证

🙂 温馨提示

（1）银行存款和库存现金相互划转的业务，均保存为付款凭证。凭证类别一旦保存错误，无法修改，必须删除重新填制。

（2）此处弹出的"支票登记"对话框是在执行"总账—设置—选项"命令中由"支票控制"选项决定的，如未弹出此对话框，请回到系统控制参数中将"支票控制"选项选中。

（3）开出的支票才需要登记支票登记簿，收到的支票不需要登记。

（4）已登记的支票在"总账—出纳—支票登记簿"中查看。但是需要注意的是，支票登记簿一旦保存，就和凭证分离了，无论修改或删除凭证都不影响支票登记簿的内容，如果要修改支票登记簿，在执行"总账—出纳—支票登记簿"命令中修改（将报销日期删除，再修改登记簿内容）。

（5）若是出纳在开出支票的时候先登记了支票登记簿，则此处会提醒"此支票已登记过，是否报销？"点击"是"按钮即可报销。

2. 根据第一张凭证生成常用凭证

（1）在填制凭证页面，执行"常用凭证—生成常用凭证"命令，如图 3-19 所示。

图 3-19　生成常用凭证-1

(2) 在弹出的对话框中输入代号和说明,点击"确认"按钮,如图3-20所示。

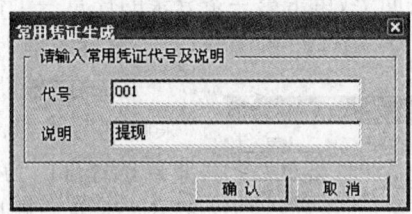

图3-20 生成常用凭证-2

温馨提示

常用凭证还可以在执行"总账—凭证—常用凭证"命令中录入,请尝试录入。

3. 填制经济业务2凭证

(1) 点击"增加"按钮或按"F5"键,录入经济业务2的会计凭证,方法同填制经济业务1凭证。

(2) 图3-21为"其他应收款"科目个人往来辅助项的录入信息。

(3) 录入结束,点击"保存"按钮。最终结果如图3-22所示。

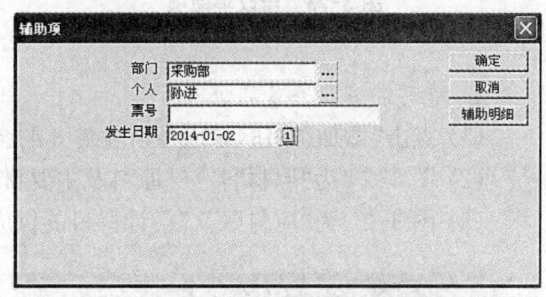

图3-21 个人往来辅助项

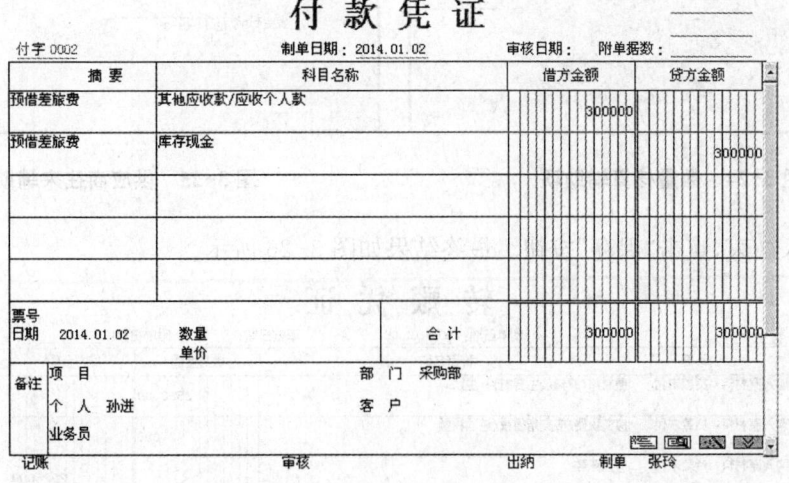

图3-22 经济业务2凭证

温馨提示

(1) 凭证填制完毕点击"保存"按钮,系统会自动将凭证分类保存,按照"收—付—转"的顺序,每一类凭证根据编号顺序排列。

(2) 如果采用序时控制,则每个凭证类别都会按日期进行序时控制,本凭证日期不能在上一张付款凭证之前,否则保存的时候会显示日期不序时,无法保存。

4. 修改辅助项

(1) 在经济业务 2 凭证页面上，单击第一条分录的任意一个位置，将鼠标移至左下角个人辅助核算信息处，此时鼠标变为一个"✎"的图样，双击鼠标左键，弹出"辅助项"对话框。

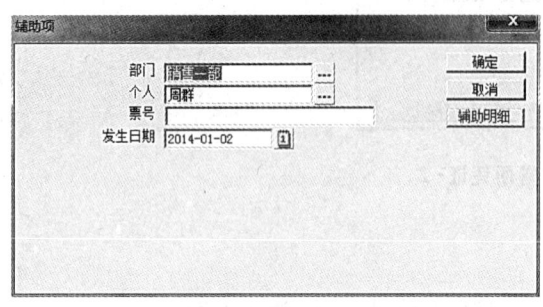

(2) 在"辅助项"对话框中，在部门中选中"采购部"，按"backspace"或"delete"键删除，重新选择部门为"销售一部"；同理，在个人中选中"孙进"，删除之后重新选择个人为"周群"，点击"确定"按钮，如图 3-23 所示。

(3) 修改结束，点击"保存"按钮或按"F6"键进行保存。

图 3-23　修改辅助项

温馨提示

其他辅助项均采用此方法进行修改。

5. 填制经济业务 3 凭证

(1) 点击"增加"按钮，录入经济业务 3 的会计凭证，方法同填制经济业务 1 凭证。
(2) 图 3-24 为"原材料——原料及主要材料"科目数量核算辅助项的录入信息。
(3) 图 3-25 为"应付账款"会计科目的供应商往来辅助项的录入信息。

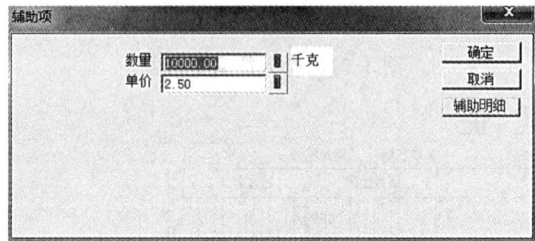

图 3-24　数量核算辅助项

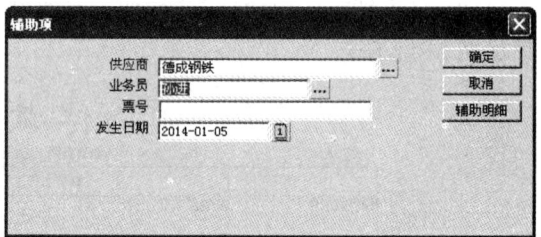

图 3-25　供应商往来辅助项

(4) 录入结束，点击"保存"按钮。最终结果如图 3-26 所示。

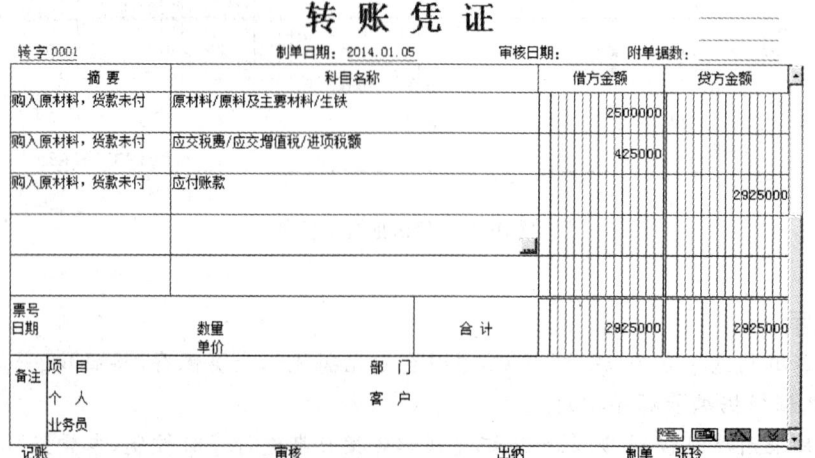

图 3-26　经济业务 3 凭证

6. 填制经济业务 4 凭证

(1) 点击"增加"按钮,录入经济业务 4 的会计凭证。

(2) 图 3-27 为"管理费用——办公费"科目部门核算辅助项的录入信息。

(3) 图 3-28 为"银行存款——人民币户"科目结算方式辅助项的录入信息。

(4) 录入结束,点击"保存"按钮,弹出提示"票号登记"对话框,点击"是"按钮,登记支票,点击"确定"按钮,如图 3-29 所示。

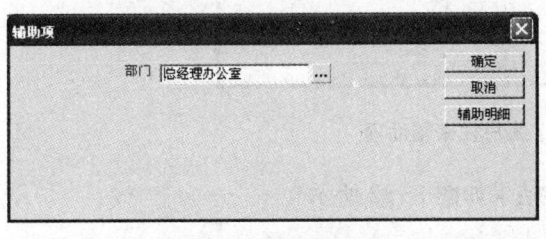

图 3-27 部门核算辅助项

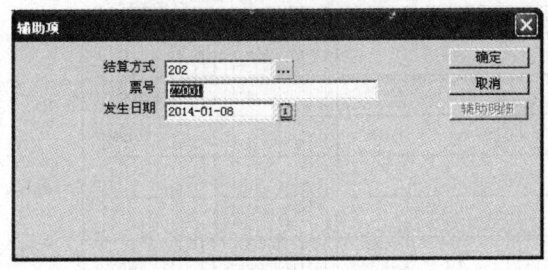

图 3-28 结算方式辅助项

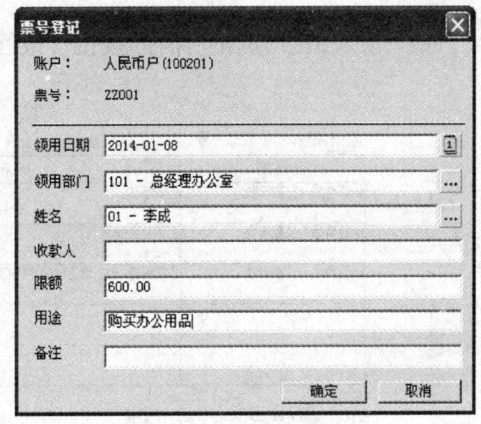

图 3-29 支票登记

(5) 最终结果如图 3-30 所示。

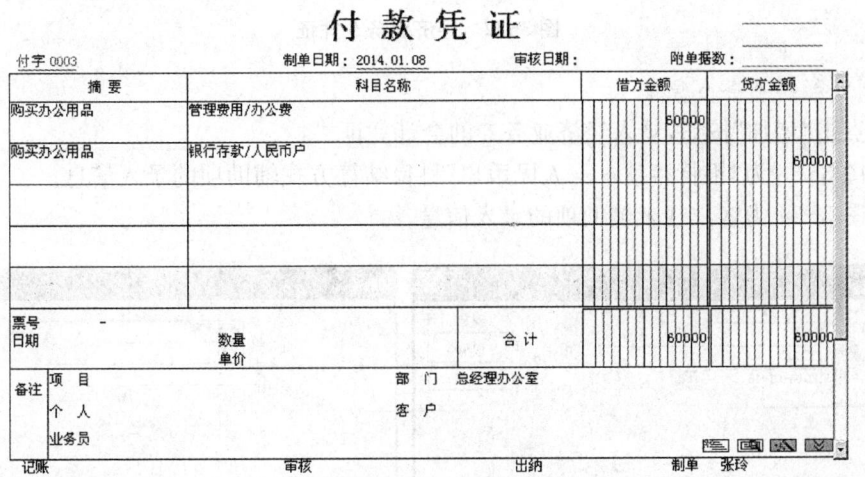

图 3-30 经济业务 4 凭证

7. 填制经济业务 5 凭证

(1) 点击"增加"按钮,录入经济业务 5 的会计凭证。

(2) 图 3-31 为“应收账款”科目客户往来核算辅助项的录入信息。

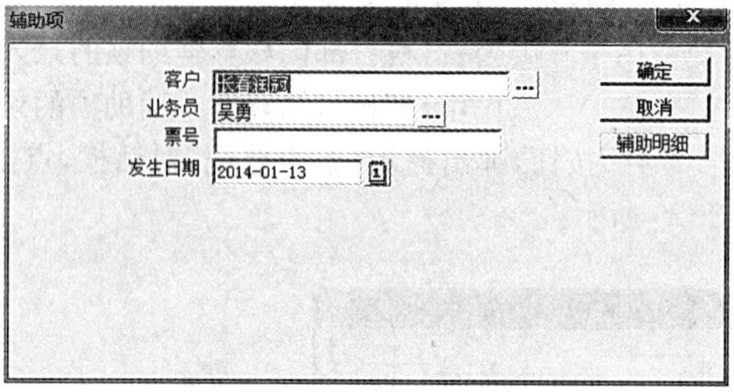

图 3-31　客户往来辅助项

(3) 录入结束,点击“保存”按钮。最终结果如图 3-32 所示。

转 账 凭 证

转字 0002　　制单日期：2014.01.13　　审核日期：　　附单据数：

摘要	科目名称	借方金额	贷方金额
销售商品，货款未收	应收账款	14040000	
销售商品，货款未收	主营业务收入		12000000
销售商品，货款未收	应交税费/应交增值税/销项税额		2040000
票号 日期 2014.01.13	数量 单价　　合计	14040000	14040000

备注　项目　　部门
　　　个人　　客户 长春润冠
　　　业务员 吴勇

记账　　审核　　出纳　　制单 张玲

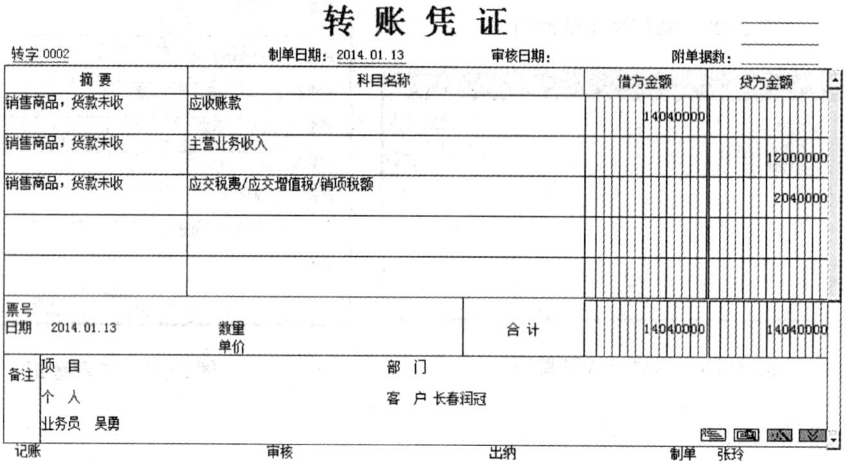

图 3-32　经济业务 5 凭证

8. 填制经济业务 6 凭证

(1) 点击“增加”按钮,录入经济业务 6 的会计凭证。

(2) 图 3-33 为“银行存款——人民币户”科目结算方式辅助项的录入信息。

(3) 图 3-34 为客户往来辅助项的录入信息。

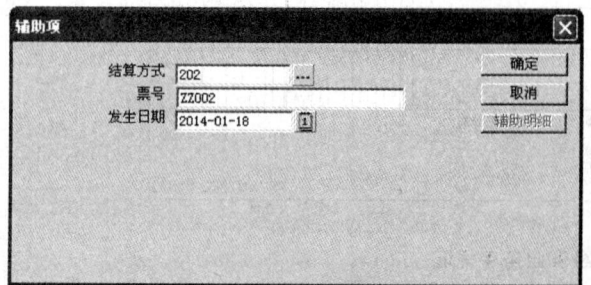

图 3-33　结算方式辅助项

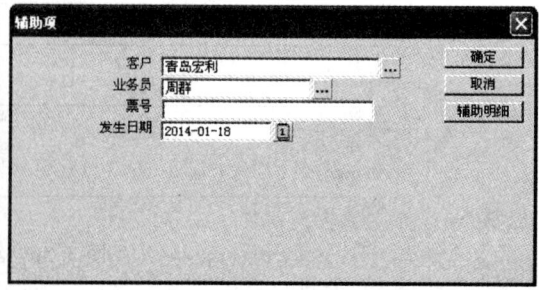

图 3-34　客户往来辅助项

(4) 录入结束,点击"保存"按钮。最终结果如图 3-35 所示。

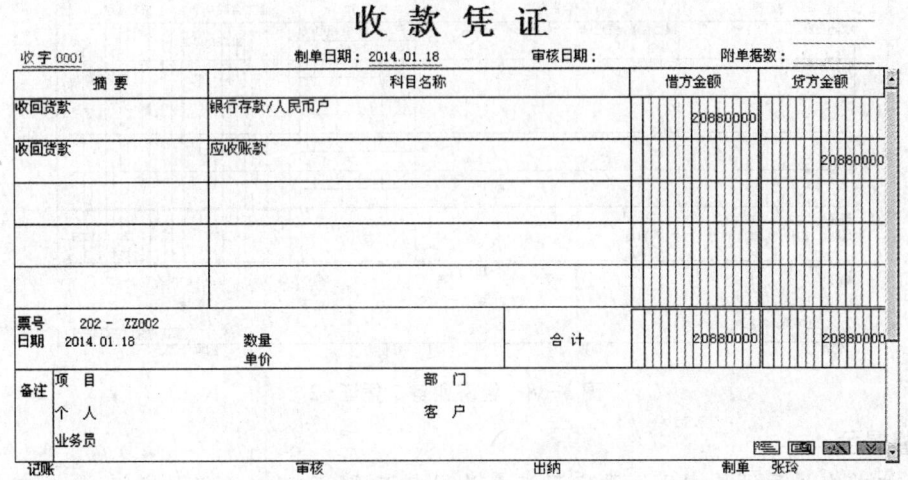

图 3-35　经济业务 6 凭证

9. 填制经济业务 7 凭证

(1) 点击"增加"按钮,录入经济业务 7 的会计凭证。

(2) 图 3-36 为"银行存款——美元户"科目结算方式辅助项的录入信息。

(3) 录入外币金额"50 000",按回车键,自动换算为人民币金额"312 500",如图 3-37 所示。

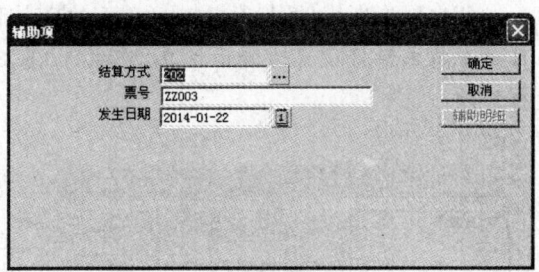

图 3-36　结算方式辅助项

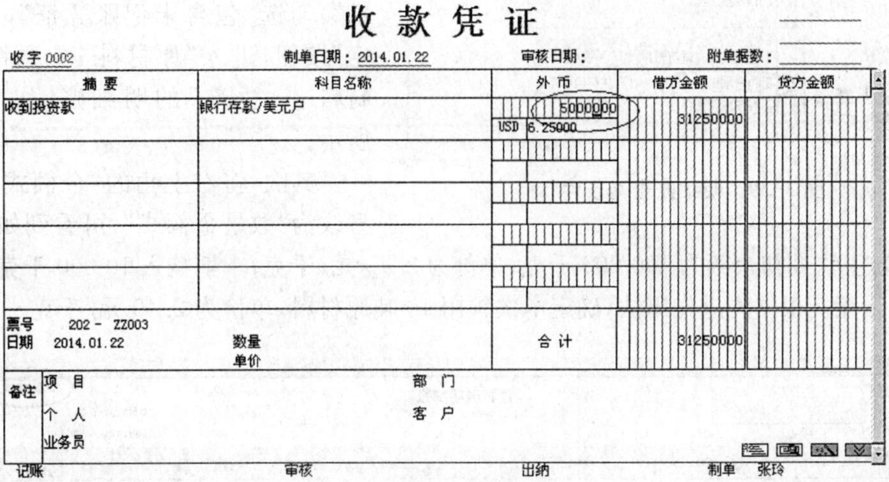

图 3-37　经济业务 7 凭证-1

(4) 录入结束,点击"保存"按钮。最终结果如图 3-38 所示。

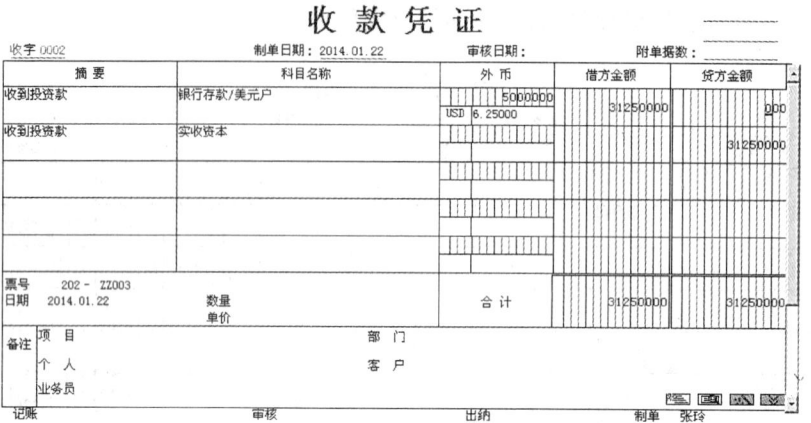

图 3-38 经济业务 7 凭证-2

温馨提示

（1）之前在外币设置中已经设定了汇率是固定汇率，且汇率已经设定好，此处不能修改。如果使用浮动汇率，汇率栏中显示最近一次汇率，可以直接修改。

（2）如若此处"银行存款——美元户"科目未显示外币栏目，则可能是在之前设置会计科目时未将本科目设置为外币核算，可执行"基础设置—基础档案—财务—会计科目"命令并进行修改。

图 3-39 明细账查询条件

10. 填制经济业务 8 凭证

（1）查询原材料明细账，确定领用生铁的成本。

首先，执行"业务工作—财务会计—总账—账表—明细账"命令，选择科目"原材料——原料及主要材料——生铁"，勾选"包含未记账凭证"，点击"确定"按钮，进入"原材料——原料及主要材料——生铁"的明细账，如图 3-39 所示。

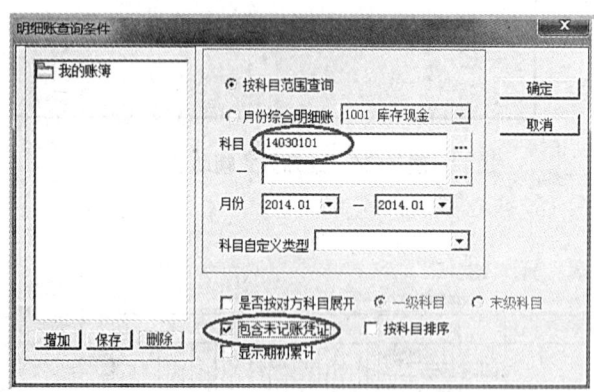

其次，将右上角的"金额式"账簿类型改为"数量金额式"，可看到如图 3-40 所示账簿：生铁期初余额为 100 000 千克，单价为 2.40 元/千克；本期购入 10 000 千克，单价为 2.50 元/千克。根据先进先出法，确定本次领用 10 吨原材料，单价为 2.40 元/千克。

原材料明细账

2014年 月	日	凭证号数	摘要	单价	借方 数量	借方 金额	贷方 数量	贷方 金额	方向	余额 数量	余额 单价	余额 金额
			上年结转						借	100000.00	2.40	240,000.00
01	05	转-0001	*购入原材料，货款未付	2.50	10000.00	25,000.00			借	110000.00		265,000.00
01			当前合计		10000.00	25,000.00			借	110000.00	2.41	265,000.00
01			当前累计		10000.00	25,000.00			借	110000.00	2.41	265,000.00
			结转下年		10000.00				借	110000.00	2.41	265,000.00

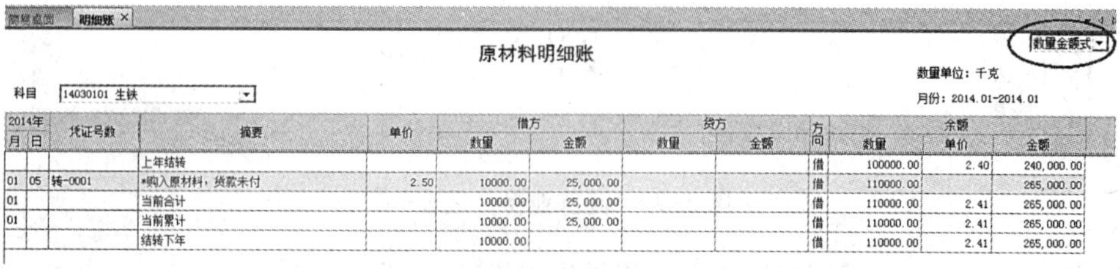

图 3-40 原材料明细账

最后,关闭原材料明细账。

(2) 点击"增加"按钮,录入经济业务 8 的会计凭证。

(3) 图 3-41 为"生产成本——直接材料"科目的项目核算辅助项的录入信息。

(4) 图 3-42 为"原材料——原料及主要材料——生铁"科目数量核算辅助项的录入信息。点击"确定"按钮之后,金额出现在借方,按空格键,金额自动调整为贷方。

图 3-41 项目核算辅助项

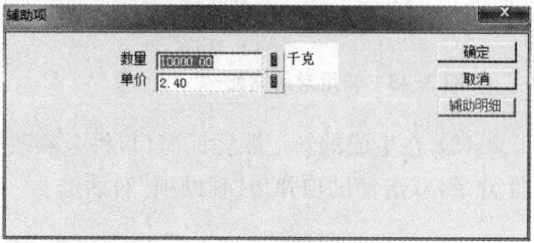

图 3-42 数量核算辅助项

(5) 录入结束,点击"保存"按钮。最终结果如图 3-43 所示。

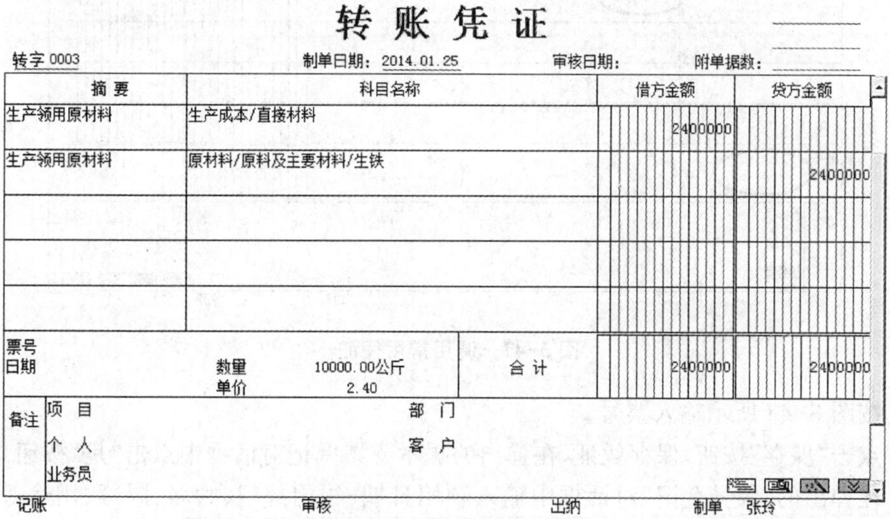

图 3-43 经济业务 8 凭证

11. 根据 001 号常用凭证生成经济业务 9 记账凭证

(1) 在已有记账凭证页面中,直接点击"常用凭证—调用常用凭证",如图 3-44 所示。

图 3-44 调用常用凭证-1

(2) 在弹出的"调用常用凭证"对话框中选择"001 提现"常用凭证,点击"选入"按钮,如

图 3-45 和图 3-46 所示。

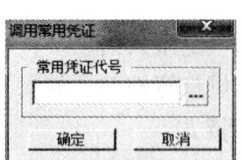

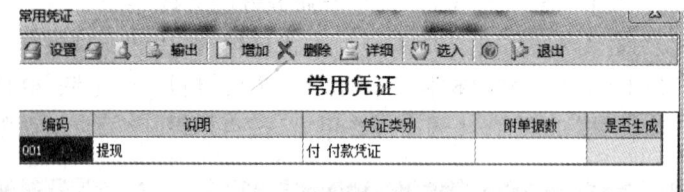

图 3-45 调用常用凭证-2　　　　　　图 3-46 调用常用凭证-3

（3）在生成的新记账凭证窗口，将金额改为"10 000.00"，如图 3-47 所示。点击第二行会计分录，双击辅助项弹出"辅助项"对话框。

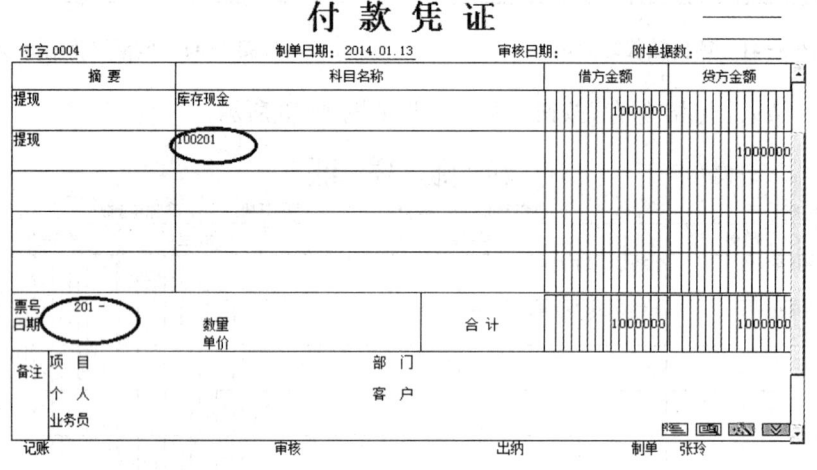

图 3-47 调用常用凭证-4

（4）按图 3-48 所示输入票号。
（5）点击"保存"按钮，保存凭证，在弹出的提示支票登记对话框中点击"是"按钮。
（6）在弹出的"票号登记"对话框中输入领用日期、领用部门、姓名、限额、用途等信息，输完后点击"确定"按钮，如图 3-49 所示。

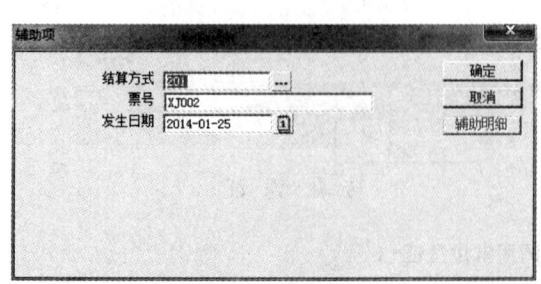
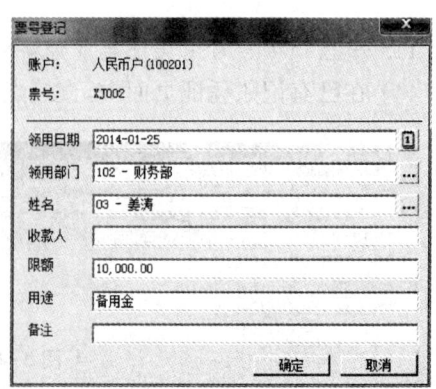

图 3-48 调用常用凭证-5　　　　　　图 3-49 调用常用凭证-6

12. 删除第 3 号转账凭证

删除凭证需要先作废凭证,然后再整理凭证。作废的凭证仍保留凭证内容及编号,只在凭证左上角显示"作废"字样。整理凭证是对凭证的彻底删除。

(1) 作废凭证。在第 3 号转账凭证界面,点击" "按钮,将凭证作废。

(2) 整理凭证。

首先,在凭证界面,点击" "按钮,弹出"凭证期间选择"对话框,点击"确定"按钮,如图 3-50 所示。

图 3-50　整理凭证-1

其次,在弹出的对话框中,点击"全选"按钮,然后再点击"确定"按钮,如图 3-51 所示。

最后,在弹出的"提示"对话框中,选择"按凭证号重排"点击"是"按钮,如图 3-52 所示。

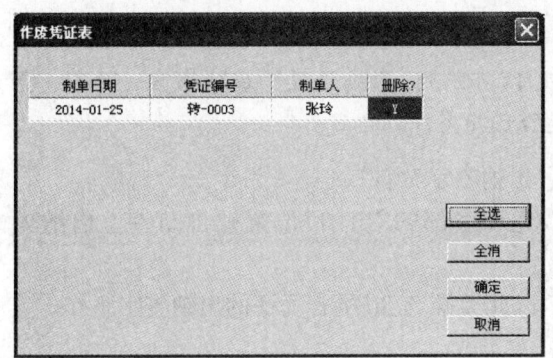

图 3-51　整理凭证-2

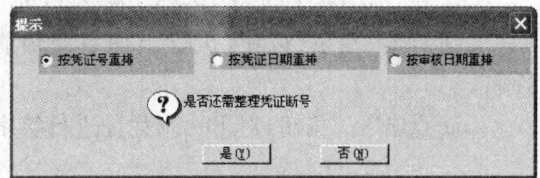

图 3-52　整理凭证-3

温馨提示

(1) 作废的凭证不能修改,不能审核,可以直接对它记账,但是它的数据相当于都是 0。

(2) 作废的凭证如果想恢复,可重新点击" "按钮,可取消作废标志。

(3) 整理凭证断号是因为某些需要整理的凭证编号在中间,如果不整理,则会出现空号。一般按凭证号重排即可。

【任务 3-3-2】 凭证审核与记账

1. 出纳签字

(1) 以操作员"002 姜涛"的身份登录企业应用平台,登录日期选择 2014-01-31。

(2) 执行"业务工作—财务会计—总账—凭证—出纳签字"命令,在弹出的"出纳签字"对话框(如图 3-53 所示)中点击"确定"按钮,进入"出纳签字列表",如图 3-54 所示。

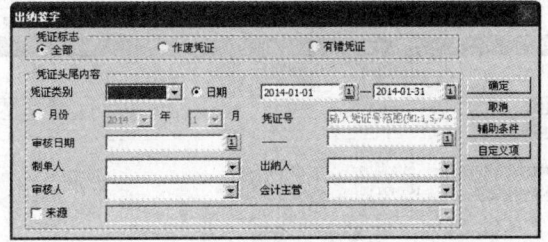

图 3-53　"出纳签字"对话框

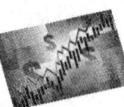

制单日期	凭证编号	摘要	借方金额合计	贷方金额合计	制单人	签字人	系统名	备注	审核日期	年度
2014-01-18	收-0001	收回货款	208,800.00	208,800.00	张玲					2014
2014-01-22	收-0002	收到投资款	312,500.00	312,500.00	张玲					2014
2014-01-01	付-0001	提现	5,000.00	5,000.00	张玲					2014
2014-01-02	付-0002	预借差旅费	3,000.00	3,000.00	张玲					2014
2014-01-08	付-0003	购买办公用品	600.00	600.00	张玲					2014
2014-01-25	付-0004	提现	10,000.00	10,000.00	张玲					2014

图3-54 出纳签字列表

温馨提示

（1）可在弹出的"出纳签字"对话框中选择条件以缩小查找范围，若直接点击"确定"按钮，则认定范围为本月的所有出纳凭证。

（2）涉及指定为现金科目和银行科目的凭证才可以出纳签字。若此处弹出对话框提示"没有符合条件的凭证"，可能是没有指定会计科目，可以到"基础设置—基础档案—财务—会计科目"中，执行"编辑—指定科目"命令，查看是否已指定。

（3）在"出纳签字列表"中双击第一行，进入"出纳签字"窗口。

（4）点击"签字"按钮，执行出纳签字功能，凭证底部的"出纳"位置被自动签上出纳人姓名。

（5）点击" "按钮，对下一张凭证进行签字，以此类推，完成所有凭证的出纳签字工作。

温馨提示

（1）在"出纳签字"窗口，可以执行"批处理—成批出纳签字"命令，对所有凭证进行一次性签字。

（2）凭证一旦签字，就不可以被修改或删除，只有取消签字以后才可以修改或删除，取消签字必须由出纳人员自己进行。

（3）如果在设置总账参数时，不选择"出纳凭证必须由出纳签字"，这个步骤可以省略。

图3-55 凭证审核-1

2. 账套主管（001 刘梅）对凭证进行审核

（1）以操作员"001 刘梅"的身份登录企业应用平台，登录日期选择2014-01-31。

（2）执行"业务工作—财务会计—总账—凭证—审核凭证"命令，系统弹出"凭证审核"对话框，点击"确定"按钮，如图3-55所示。

（3）进入"凭证审核列表"，如图3-56所示。

制单日期	凭证编号	摘要	借方金额合计	贷方金额合计	制单人	审核人	系统名	备注	审核日期	年度
2014-01-18	收-0001	收回货款	208,800.00	208,800.00	张玲					2014
2014-01-22	收-0002	收到投资款	312,500.00	312,500.00	张玲					2014
2014-01-01	付-0001	提现	5,000.00	5,000.00	张玲					2014
2014-01-02	付-0002	预借差旅费	3,000.00	3,000.00	张玲					2014
2014-01-08	付-0003	购买办公用品	600.00	600.00	张玲					2014
2014-01-25	付-0004	提现	10,000.00	10,000.00	张玲					2014
2014-01-05	转-0001	购入原材料，货款未付	29,250.00	29,250.00	张玲					2014
2014-01-13	转-0002	销售商品，货款未收	140,400.00	140,400.00	张玲					2014

图3-56 凭证审核-2

(4) 在"凭证审核列表"中双击第一行,进入"审核凭证"窗口。

(5) 点击"审核"按钮,执行审核凭证功能,凭证底部的"审核"位置被自动签上审核人姓名。

(6) 点击"▶"按钮,对下一张凭证进行审核,以此类推,完成所有凭证的审核工作。

温馨提示

(1) 在"审核凭证"窗口中,可以执行"批处理—成批审核凭证"命令,对所有凭证进行一次性审核。

(2) 审核人和制单人不能是同一人。

(3) 凭证一经审核,不能修改或删除,必须取消审核才能修改或删除。

(4) 已经作废的凭证不能审核,必须要取消作废才可以审核。

(5) 凭证必须要经过审核才能记账,作废凭证除外。

3. 账套主管(001 刘梅)对凭证进行记账

(1) 在总账模块,执行"凭证—记账"命令,进入记账窗口,点击"全选"按钮,然后点击"记账"按钮,如图 3-57 所示。

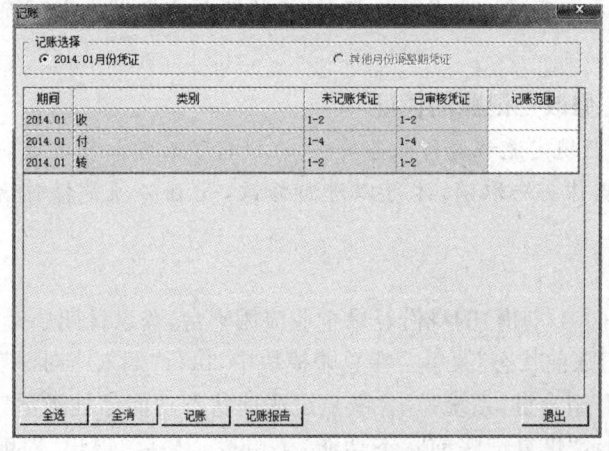

图 3-57　记账-1

(2) 在弹出的"期初试算平衡表"对话框中,点击"确定"按钮,如图 5-58 所示。

(3) 系统自动记账,记账完毕后弹出"记账完毕"对话框,点击"确定"按钮,然后点击"退出"按钮,如图 3-59 所示。

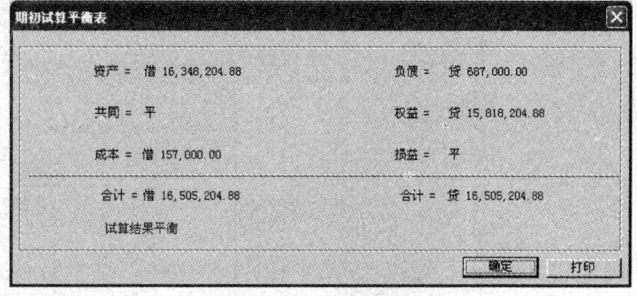

图 3-58　记账-2

温馨提示

(1) 如果期初余额试算不平衡,不能记账。

(2) 凭证必须要经过审核才能记账,如果总账控制参数设置了"出纳凭证必须由出纳签字",或者"凭证必须由会计主管签字",则必须出纳签字或会计主管签字之后才能记账。

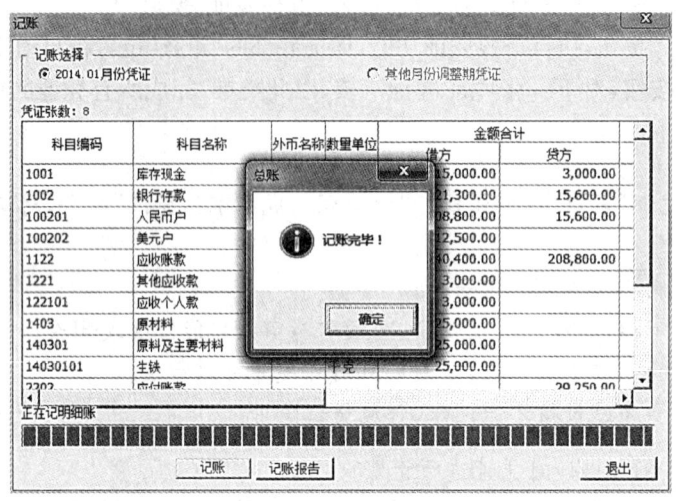

图 3-59　记账- 3

（3）作废的凭证不需要审核可直接记账，但是记账后若要彻底删除该凭证，必须取消记账才可以整理凭证。

【任务 3-3-3】　修改已记账的凭证

会计信息系统按照规定流程进行业务处理，在进行了后续操作之后，如果要修改之前步骤的操作，必须将后续操作一一取消，才可以进行修改，而且必须是操作者本人才可以取消或修改。

1. 取消记账

（1）以账套主管（001 刘梅）的身份登录企业应用平台，登录日期选择"2014-01-31"。

（2）激活"恢复记账前状态"菜单。在总账模块中，执行"期末—对账"命令，进入"对账"对话框。按"Ctrl"＋"H"组合键，系统弹出"恢复记账前状态功能已被激活"信息提示对话框，同时在"凭证"菜单下显示"恢复记账前状态功能"菜单栏。最后，退出"对账"对话框，如图3-60所示。

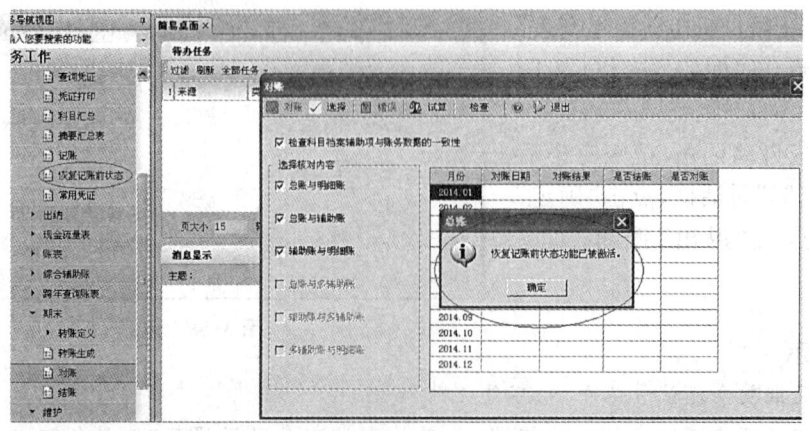

图 3-60　激活恢复记账前状态

温馨提示

在“对账”中再按一次“Ctrl”+“H”组合键，“恢复记账前状态”功能将重新隐藏。

(3) 取消记账。

首先，执行“凭证—恢复记账前状态”命令，打开“恢复记账前状态”对话框。

其次，选择“最近一次记账前状态”单选按钮，如图 3-61 所示。

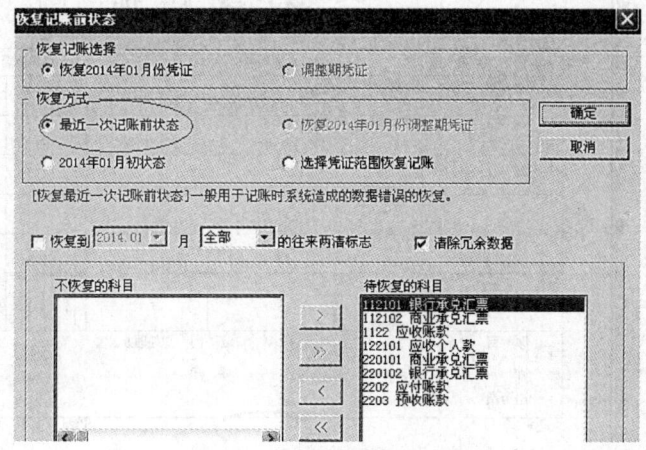

图 3-61　恢复记账前状态

温馨提示

每个月可以多次记账，恢复记账前状态应根据实际需要选择不同的方式。如果只记过一次账，则选择恢复到“最近一次记账前状态”和“2014 年 01 月初状态”是一样的；如果记过多次账，则要根据修改的凭证选择恢复方式，如果是选择月初状态，则是本月所有的凭证都取消记账。另外还可以“选择凭证范围恢复记账”，可以恢复指定范围的凭证，甚至还可以根据需要选择哪些科目不恢复。

再次，单击“确定”按钮，系统弹出“请输入主管口令”信息提示对话框。

最后，输入账套主管口令(本例为空)，单击“确认”按钮，稍后，系统弹出“恢复记账完毕”信息提示框，单击“确认”按钮。

2. 取消审核

(1) 执行“凭证—审核凭证”命令，在弹出的“凭证审核”对话框点击“确定”按钮，进入凭证审核列表，选中“付-0003”号凭证，如图 3-62 所示。

制单日期	凭证编号	摘要	借方金额合计	贷方金额合计	制单人	审核人	系统名	备注	审核日期	年度
2014-01-18	收 - 0001	收回货款	208,800.00	208,800.00	张玲	刘梅			2014-01-31	2014
2014-01-22	收 - 0002	收到投资款	312,500.00	312,500.00	张玲	刘梅			2014-01-31	2014
2014-01-01	付 - 0001	提现	5,000.00	5,000.00	张玲	刘梅			2014-01-31	2014
2014-01-02	付 - 0002	预借差旅费	3,000.00	3,000.00	张玲	刘梅			2014-01-31	2014
2014-01-08	付 - 0003	购买办公用品	600.00	600.00	张玲	刘梅			2014-01-31	2014
2014-01-25	付 - 0004	提现	10,000.00	10,000.00	张玲	刘梅			2014-01-31	2014
2014-01-05	转 - 0001	购入原材料，货款未付	29,250.00	29,250.00	张玲	刘梅			2014-01-31	2014
2014-01-13	转 - 0002	销售商品，货款未收	140,400.00	140,400.00	张玲	刘梅			2014-01-31	2014

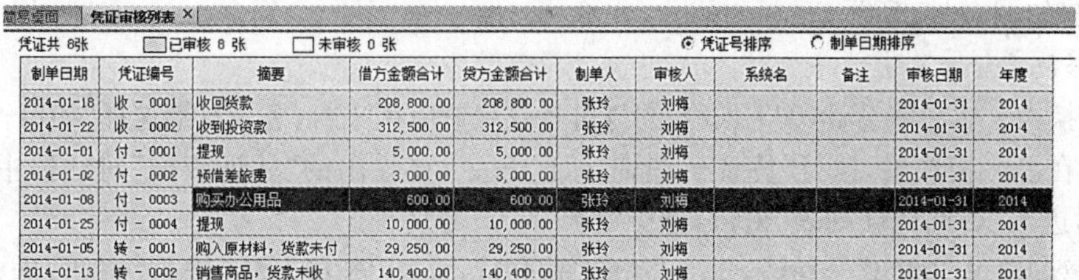

图 3-62　取消审核-1

(2) 双击进入"审核凭证"界面，点击左上角"取消"按钮，凭证底部审核人刘梅消失，如图 3-63 所示。

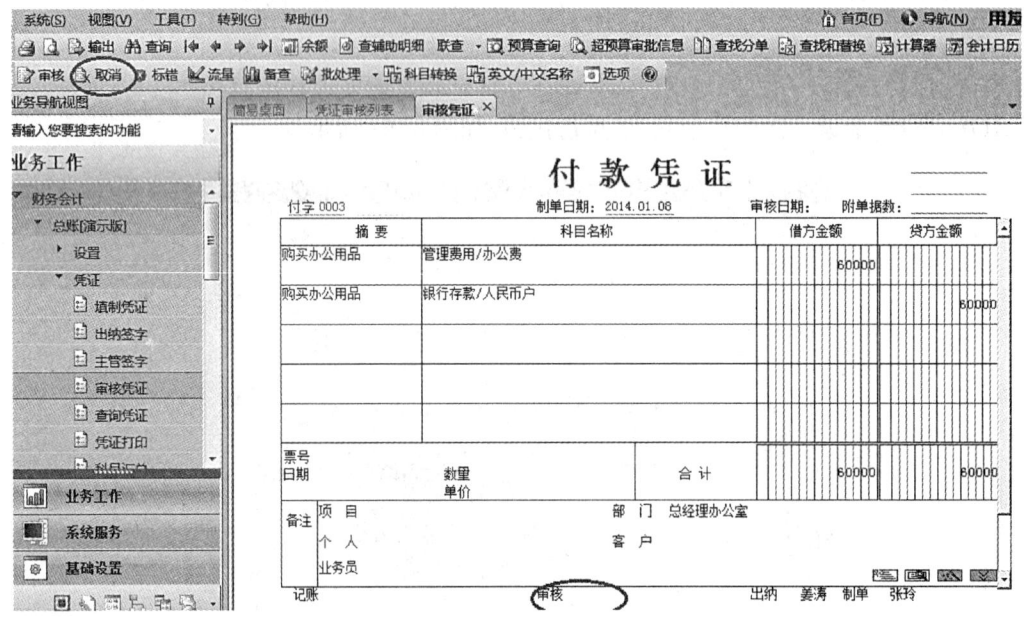

图 3-63 取消审核-2

3. 取消出纳签字

(1) 换人。以出纳(002 姜涛)的身份登录企业应用平台，登录日期选择"2014-01-31"。

(2) 在总账模块中，执行"凭证—出纳签字"命令，在弹出的"出纳签字"对话框中点击"确定"按钮，进入"出纳签字列表"窗口，选中"付-0003"号凭证，如图 3-64 所示。

图 3-64 取消出纳签字-1

(3) 双击"付-0003"号凭证，进入"出纳签字"界面，点击左上角"取消"按钮，凭证底部出纳姜涛消失，如图 3-65 所示。

4. 修改凭证

(1) 换人。以总账会计(003 张玲)的身份登录企业应用平台，登录日期选择"2014-01-31"。

(2) 在总账模块中，执行"凭证—查询凭证"命令，在弹出的"凭证查询"对话框中点击"确定"按钮，进入"查询凭证列表"窗口，选中"付-0003"号凭证。

(3) 双击"付-0003"号凭证，进入"查询凭证"界面，点击左上角"修改"按钮，进入修改模式。将凭证借、贷方金额均改为"800.00"，点击"保存"按钮，如图 3-66 所示。

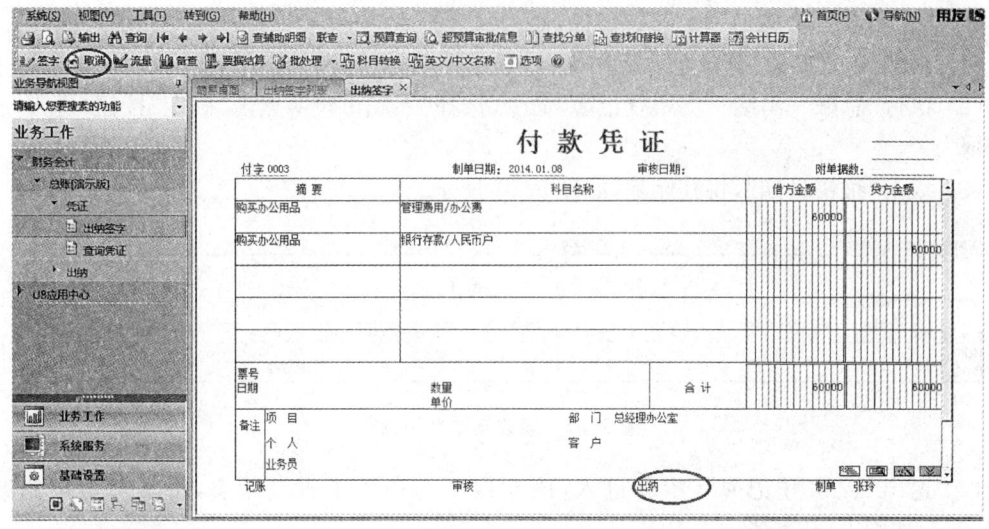

图 3-65 取消出纳签字-2

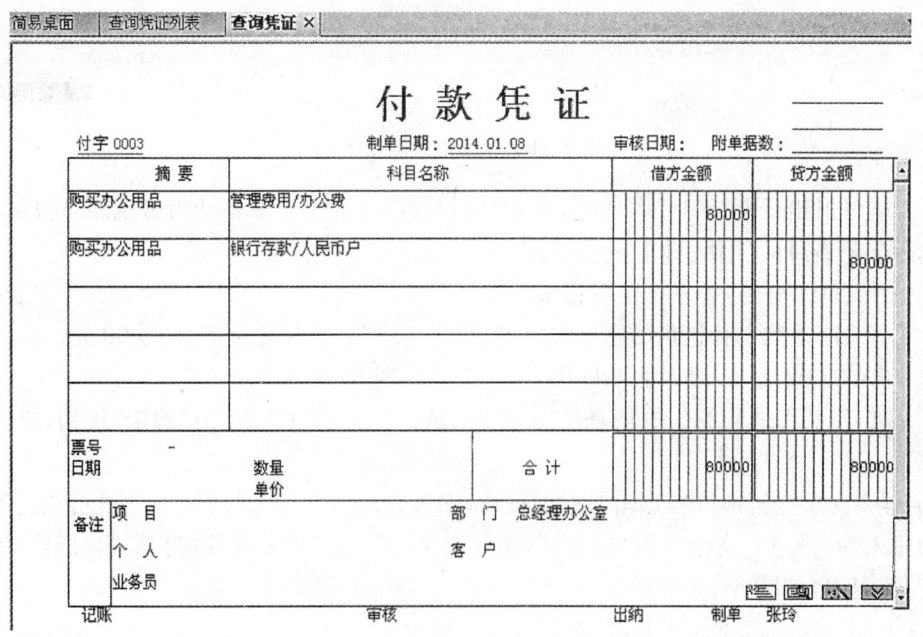

图 3-66 修改凭证

😊 **温馨提示**

本凭证在未修改之前已登记过支票登记簿,修改凭证不影响支票登记簿的内容,因此,出纳还要重新修改支票登记簿的金额。

5. 重新出纳签字、审核、记账

(1) 出纳(002 姜涛)将付 0003 号凭证重新签字。

(2) 账套主管(001 刘梅)将 0003 号凭证重新审核,然后记账。

6. 修改支票登记簿

(1) 出纳(002 姜涛)登录企业应用平台,登录日期为“2014-01-31”。

(2) 执行“总账—出纳—支票登记簿”命令,选择“人民币户”,点击“确定”按钮,进入“支票登记簿”。

(3) 双击“报销日期”,将其删除,如图 3-67 所示。

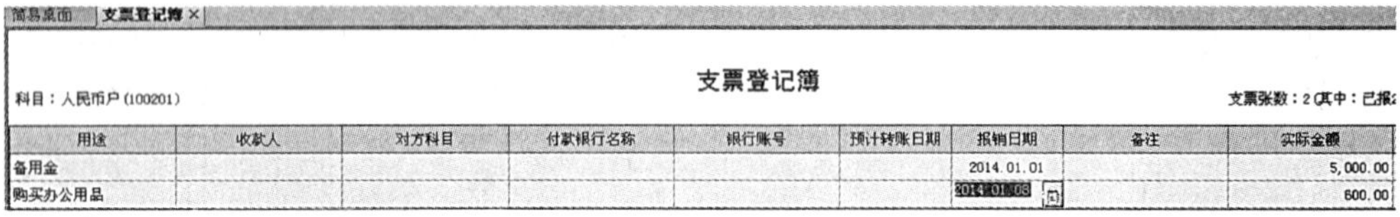

简易桌面 | 支票登记簿 ×

支票登记簿

科目：人民币户 (100201)　　支票张数：2 (其中：已报2

用途	收款人	对方科目	付款银行名称	银行账号	预计转账日期	报销日期	备注	实际金额
备用金						2014.01.01		5,000.00
购买办公用品						2014.01.08		600.00

图 3-67　修改支票登记簿-1

(4) 退出“支票登记簿”,重新进入,该支票变为白色未报销状态,将实际金额修改为“800.00”,如图 3-68 所示。

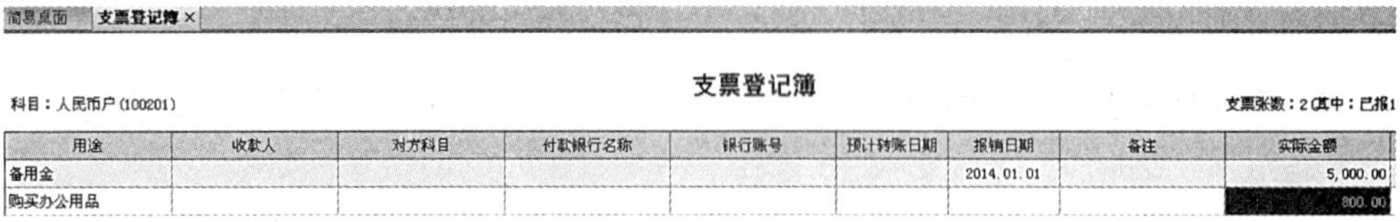

简易桌面 | 支票登记簿 ×

支票登记簿

科目：人民币户 (100201)　　支票张数：2 (其中：已报1

用途	收款人	对方科目	付款银行名称	银行账号	预计转账日期	报销日期	备注	实际金额
备用金						2014.01.01		5,000.00
购买办公用品								800.00

图 3-68　修改支票登记簿-2

(5) 填写报销日期“2014.01.08”,点击“保存”按钮,该支票重新变为黄色的已报销状态。

【任务 3-3-4】 出纳日常业务处理

1. 出纳(002 姜涛)管理支票登记簿

1 月 28 日,采购部孙进借转账支票一张,票号为 XJ003,预计金额为 5 000 元。

(1) 出纳(002 姜涛)登录企业应用平台,登录日期为“2014-01-31”。

(2) 执行“总账—出纳—支票登记簿”命令,选择“人民币户”,点击“确定”按钮,进入“支票登记簿”。

(3) 在“支票登记簿”中,点击“增加”按钮,输入领用日期“2014.01.28”,领用部门为“采购部”,领用人为“孙进”,支票号为“XJ003”,预计金额为“5 000.00”,用途为“采购材料”,单击“保存”按钮后退出,如图 3-69 所示。

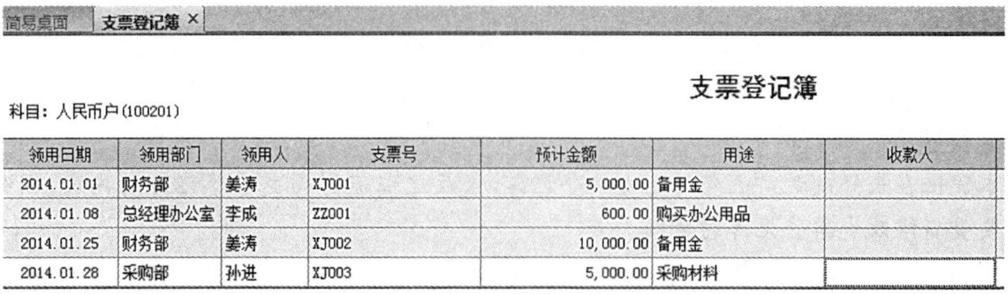

简易桌面 | 支票登记簿 ×

支票登记簿

科目：人民币户 (100201)

领用日期	领用部门	领用人	支票号	预计金额	用途	收款人
2014.01.01	财务部	姜涛	XJ001	5,000.00	备用金	
2014.01.08	总经理办公室	李成	ZZ001	600.00	购买办公用品	
2014.01.25	财务部	姜涛	XJ002	10,000.00	备用金	
2014.01.28	采购部	孙进	XJ003	5,000.00	采购材料	

图 3-69　登记支票登记簿

2. 出纳(002 姜涛)查询现金日记账、银行存款日记账和资金日报表

(1) 查询现金日记账。

首先,执行“出纳—现金日记账”命令,弹出“现金日记账查询条件”对话框。选择“对方科目显示”为“名称+编码”“末级”,选中“是否按对方科目展开”,点击“确定”按钮,进入“现金日记账查询条件”窗口,如图 3-70 所示。

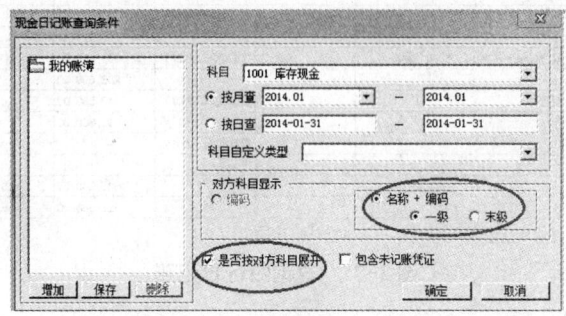

图 3-70 查询现金日记账-1

温馨提示

(1) 可按照查询月份和日期进行有针对性的查询,例如,如果想查询 2014 年 1 月 1～10 日的现金日记账,可以选择按日查,在日期处输入“2014-01-01”—“2014-01-10”。

(2) 在正常情况下,要在凭证记账以后才能查询各种账簿,包括现金日记账,如果还未记账时便需要查询现金日记账,可选中“包含未记账凭证”按钮。

其次,现金日记账如图 3-71 所示,“摘要”栏按凭证对方科目辅助项详细展开,对方科目按末级科目显示。

2014年 月	日	凭证号数	摘要	对方科目	借方	贷方	方向	余额
			上年结转				借	6,844.50
01	01	付-0001	提现_201_XJ001_2014.01.01	银行存款(1002)	5,000.00		借	11,844.50
01	01		本日合计		5,000.00		借	11,844.50
01	02	付-0002	预借差旅费_销售一部_周群_2014.01.02	其他应收款(1221		3,000.00	借	8,844.50
01	02		本日合计			3,000.00	借	8,844.50
01	25	付-0004	提现_201_XJ002_2014.01.25	银行存款(1002)	10,000.00		借	18,844.50
01	25		本日合计		10,000.00		借	18,844.50
01			当前合计		15,000.00	3,000.00	借	18,844.50
01			当前累计		15,000.00	3,000.00	借	18,844.50
			结转下年				借	18,844.50

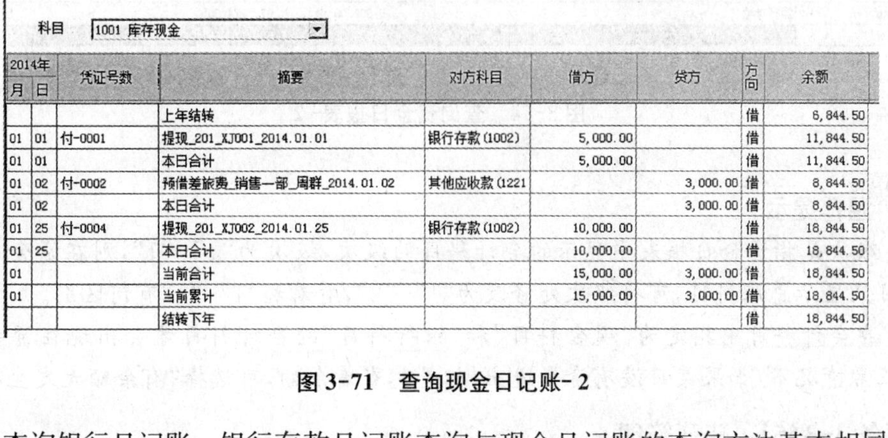

图 3-71 查询现金日记账-2

(2) 查询银行日记账。银行存款日记账查询与现金日记账的查询方法基本相同,最终结果如图 3-72 所示。

(3) 查询 2014 年 1 月 1 日的资金日报表。执行“出纳—资金日报”命令,将日期修改为“2014-01-01”,点击“确定”按钮,进入资金日报表,如图 3-73 和图 3-74 所示。

图 3-72　查询银行日记账

图 3-73　查询资金日报表-1

科目编码	科目名称	币种	今日共借	今日共贷	方向	今日余额	借方笔数	贷方笔数
1001	库存现金		5,000.00		借	11,844.50	1	
1002	银行存款			5,000.00	借	1,670,274.00		1
	合计		5,000.00	5,000.00	借	1,682,118.50	1	1

图 3-74　查询资金日报表-2

温馨提示

（1）级次是指资金日报表中显示的会计科目的级次,级次为"1"-"1",则在资金日报表中会计科目只显示总账科目,可将级次处修改为"1"-"2",看看和"1"-"1"有何区别。

（2）在会计科目中指定为"现金科目"和"银行科目"的会计科目才会出现在资金日报表中。在正常情况下,如果某日没有资金进出,但是想查看余额,可选择"有余额无发生也显示"。

【任务 3-3-5】　账簿管理

1. 查询总账、明细账和余额表

（1）查询总账。

首先,账套主管(001 刘梅)登录到企业应用平台,登录时间为"2014-01-31"。

其次,在总账模块中,执行"账表—科目账—总账"命令,在弹出的"总账查询条件"中点击"确定"按钮,进入总账窗口,如图3-75所示。

再次,点击"科目"下拉框,选择要查看的总账科目,如图3-76所示。

最后,查询完毕后,关闭总账窗口。

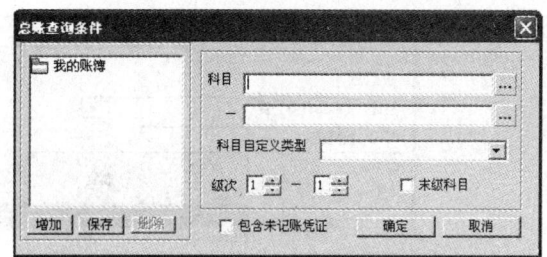

图3-75 查询总账-1

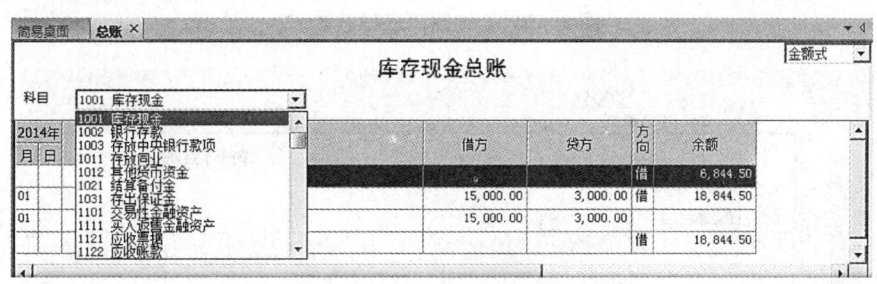

图3-76 查询总账-2

(2) 查询明细账。在总账模块中,执行"账表—科目账—明细账"命令,可查询明细账,查询方法同总账查询方法一致。

(3) 查询余额表。在总账模块中,执行"账表—科目账—余额表"命令,在弹出的"发生额及余额查询条件"中点击"确定"按钮,进入"发生额及余额查询条件"窗口,如图3-77所示。

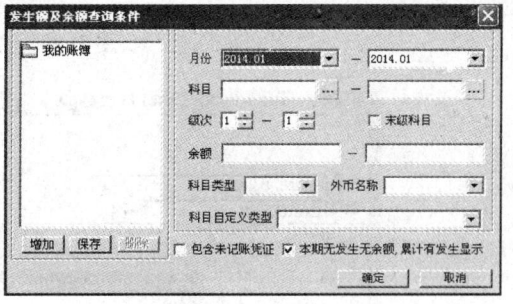

图3-77 查询发生额及余额

温馨提示

(1) 如果要查明细科目,请将级次按照需要进行修改,如果要查末级科目,将"末级科目"打勾。

(2) 如果想查询资产类科目的发生额及余额,可点击"科目类型"的下拉框,选择"资产"。

2. 查询部门账(包括部门总账、部门明细账和部门收支分析)

(1) 查询部门总账。

首先,账套主管(001 刘梅)执行"账表—部门辅助账—部门总账—部门三栏总账"命令,进入"部门三栏总账条件"对话框。

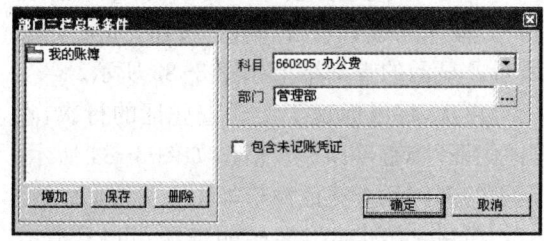

图3-78 查询部门三栏总账-1

其次,输入查询条件:科目"660205 办公费",部门"管理部"。输入完成后点击"确定"按钮,如图3-78所示。显示的查询结果如图3-79所示。

再次,将鼠标置于要联查月份的行次(此处为第二行),点击"明细"按钮,可联查明细账,如图3-80所示。部门三栏明细账如图3-81所示。

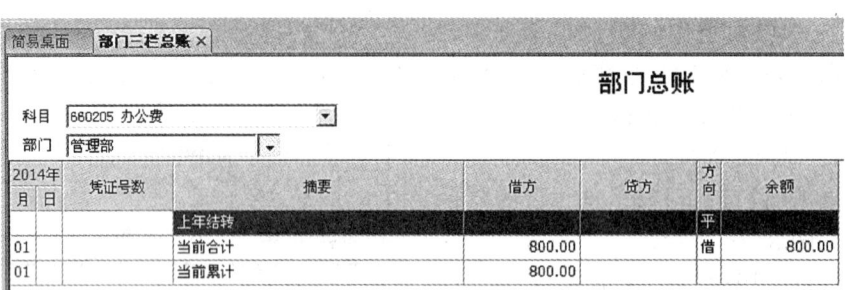

图 3-79　查询部门三栏总账-2

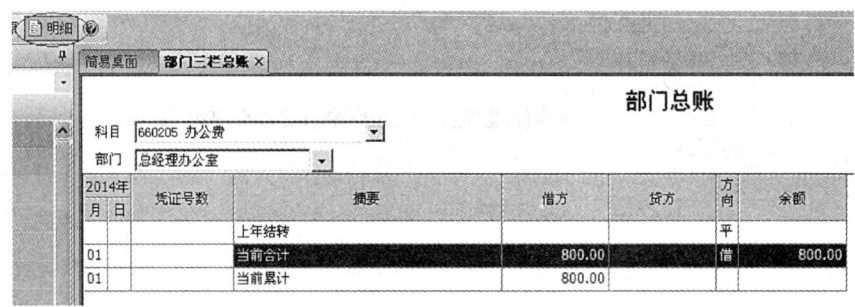

图 3-80　查询部门三栏总账-3

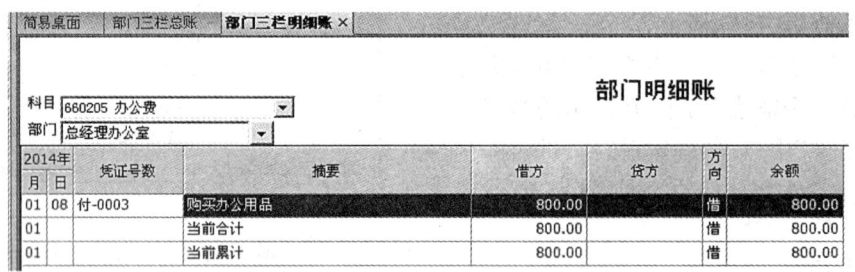

图 3-81　联查部门三栏明细账

最后,关闭部门三栏总账窗口和部门三栏明细账窗口。

(2) 查询部门明细账。

首先,账套主管(001 刘梅)执行"账表—部门辅助账—部门明细账—部门多栏式明细账"命令,进入"部门多栏明细账条件"对话框。

其次,输入查询条件:科目"6602 管理费用",部门"总经理办公室",分析方式"金额分析"。输入完成后点击"确认"按钮,如图 3-82 所示。显示的查询结果如图 3-83 所示。

再次,将鼠标置于要联查凭证的行次,点击"凭证"按钮,可联查凭证,如图 3-84 所示。显示的部门联查凭证窗口如图 3-85 所示。

最后,关闭部门多栏明细账窗口和联查凭证窗口。

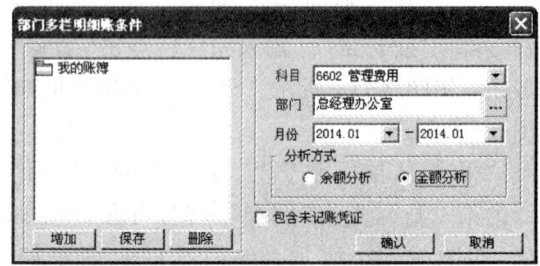

图 3-82　查询部门明细账-1

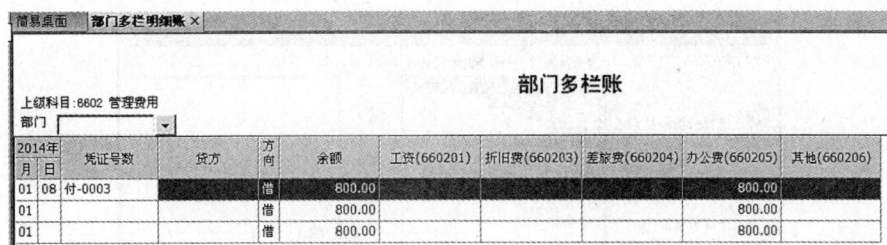

图 3-83 查询部门明细账-2

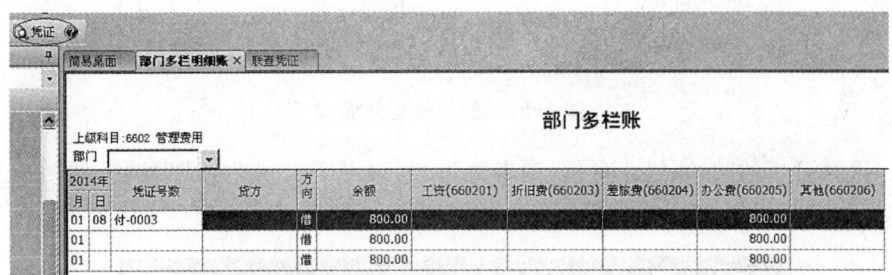

图 3-84 查询部门明细账-3

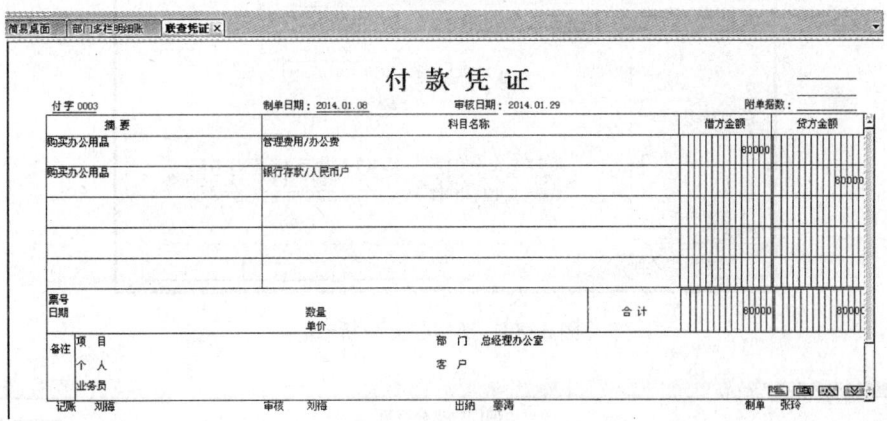

图 3-85 联查凭证

(3) 部门收支分析。

首先,账套主管(001 刘梅)执行"账表—部门辅助账—部门收支分析"命令,进入"部门收支分析条件"对话框。

其次,在"部门收支分析条件"对话框里点击" "按钮,选中所有科目,点击"下一步"按钮,如图 3-86 所示。

再次,选中所有的部门,点击"下一步"按钮,如图 3-87 所示。

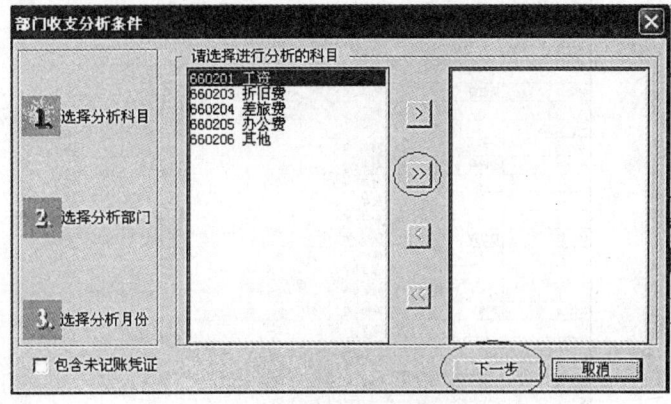

图 3-86 部门收支分析-1

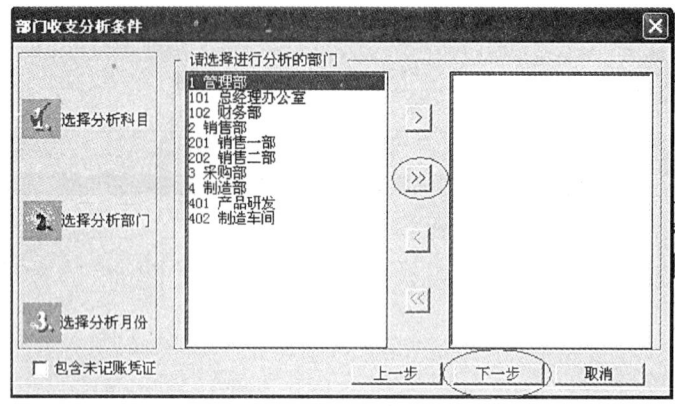

图 3-87　部门收支分析-2

最后,选择分析的起始、终止月份,两者皆为"2014.01",点击"完成"按钮,如图 3-88 所示。显示的部门收支分析表如图 3-89 所示。

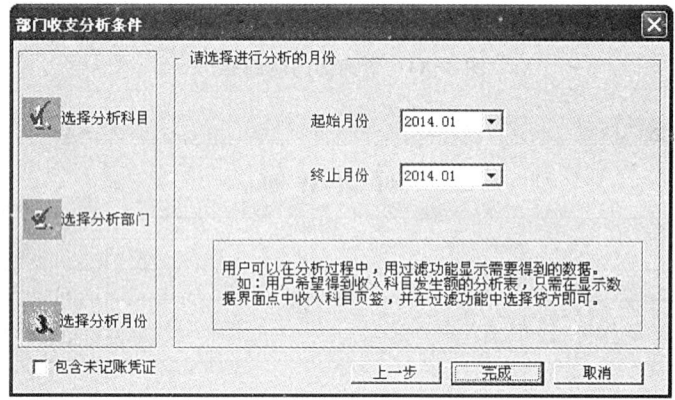

图 3-88　部门收支分析-3

图 3-89　部门收支分析-4

3. 备份账套

将最终结果备份为"任务3.3总账管理系统日常业务处理"账套。

任务3.4　总账管理系统月末业务处理

一、任务布置

【任务3-4-1】　出纳期末银行对账

要求出纳(002姜涛)完成人民币存款账户的期末银行对账工作。

1. 银行对账期初数

青岛华阳汽车部件有限公司银行账的启用日期为2014年1月1日,人民币户企业日记账调整前余额为1 612 774.00元,存在未达账项一笔,为银行已收2013年12月30日企业未收款200 000.00元,结算方式202,票号为111;银行对账单调整前余额为1 778 774.00元,存在未达账项一笔,为2013年12月31日企业已收银行未收款34 000.00元,已填制第33号收款凭证,结算方式为202,票号为222。

2. 银行对账单

2014年1月,该公司人民币账户银行对账单如表3-10所示。

表3-10　　　　　　　　　人民币账户银行对账单　　　　　　　　　单位:元

日期	结算方式	票号	借方金额	贷方金额
2014年1月1日	202	222	34 000	
2014年1月1日	201	XJ001		5 000
2014年1月7日	202	ZZ001		800
2014年1月31日	202	ZZ003	30 000	

【任务3-4-2】　期末转账

要求总账会计(张玲)利用期末自动转账功能完成以下任务:

(1) 按照短期借款期末余额的0.4%计提短期借款利息(年利率为4.8%)。

(2) 按照1美元=6.3人民币元的期末汇率结转美元户存款户汇兑损益。

(3) 结转期间损益。

【任务3-4-3】　期末结账

要求总账会计(张玲)完成期末结账工作。

二、知识链接

(一)银行对账

企业的结算业务大部分要通过银行进行,而由于企业和银行的入账时间不一致,往往会出现双方账面金额不一致的情况,即所谓的"未达账项"。为了能够准确掌握银行存款的实际情况,了解实际可以运用的货币资金数额,防止可能发生的记账错误,企业必须定期将银行存款日记账与银行出具的对账单进行核对,并编制银行存款余额调节表。在银行对账单余额与企业账面余额的基础上,各自加上对方已收、本企业未收款项数额,减去对方已付、本企业未付款项数额,以调整双方余额使其一致。在会计信息系统中,银行对账的步骤为:输入银行对账期初数据—输入银行对账单—银行对账—查询和输出银行存款余额调节表。

1. 输入银行对账期初数据

企业使用会计信息系统以后,应该在此录入启用日期前最后一次手工对账企业方与银行方的调整前余额,以及企业银行存款日记账和银行对账单的未达账项。双方调整后余额应该是一致的。

2. 输入银行对账单

会计信息系统可实现企业银行存款日记账和银行对账单自动对账,企业银行存款日记账的数据,只需要将凭证记账便可得到,但是银行对账单目前尚无法导入系统,必须手动录入。在月末对账之前,必须将银行开出的银行对账单输入计算机。

3. 银行对账

银行对账采用自动对账与手工对账相结合的方式。

(1) 自动对账。凭证记账并录入银行对账单后,企业银行存款日记账和银行对账单便可对照显示,这时可在系统中点击"对账"按钮,则可根据核销条件进行自动核对勾销。对于已经核对上的银行业务,系统将自动在企业银行存款日记账和银行对账单双方划上两清标记,视为已达账项。自动对账成功必须要保证对账数据的规范完整,例如,如果选择"结算票号相同",如和"结算方式相同"的核销条件,那两方面款项必须结算票号和结算方式都相同,否则无法对账成功,如图3-90所示。

图3-90 自动对账

(2) 手工对账。手工对账是对自动对账的补充。采用自动对账后,可能由于一些特殊原因,某些已达账项没有对出来(如输入不够完整规范,无法满足自动对账的严格条件),这样,为了保证款项的准确性,就需要通过手工对账进行二次核对。手工对账需在两清标志处双击打勾,需要注意的是,必须在企业银行存款日记账和银行对账单双方都进行打勾核销。

4. 查询输出银行存款余额调节表

银行对账之后,系统自动整理汇总未达账项和已达账项,生成"银行存款余额调节表",以检查对账是否正确。出纳可进行查询和数据输出。

此外,在银行对账功能中,还可以进行"查询对账勾对情况"和"核销银行账"处理。前者可以进一步详细了解对账单勾对的明细情况;后者则通过核销银行账来核销已达账项(对账正确无误可进行核销)。

(二) 期末自动转账

在手工系统中,每张凭证都需要自行输入借、贷方会计科目和金额,劳心劳力。例如,期间损益结转、销售成本结转、汇兑损益结转等凭证,需要一一查询账户余额,再将其结转到其他账户上去,极其繁琐。

会计信息系统针对这个难题,开发了自动转账功能,通过设置借、贷方会计科目和函数公式取值,每月根据实际经济业务自动生成凭证,大大减轻了会计人员工作量,提高了工作效率。

转账工作主要包括转账定义和转账生成两个步骤。

1. 转账定义

转账定义主要是定义凭证的借、贷方科目和金额公式。系统根据用户需要设置了对应结转、销售成本结转、汇兑损益结转、期间损益结转、自定义比例转账、费用摊销和预提等各种转账功能,如果这些无法满足要求,还可以进行自定义转账。转账定义只需要设置一次即对所有会计期间生效,以后每月可按照此设置进行转账生成。

(1)自定义转账。自定义转账可以完成很多转账业务,包括制造费用的分配、工资分摊、税金的计算和结转、各项辅助核算的结转等。

(2)对应结转。对应结转可实现账户余额一对一或一对多的结转功能。对应结转如果非末级科目,其下级科目结构必须一致,如果有辅助核算,辅助核算类型也必须一致。

(3)销售成本结转。销售成本结转设置主要用来辅助没有启用供应链管理系统的企业完成销售成本核算和结转。它分为:全月平均法和售价(计划价)法两种方法。

(4)汇兑损益结转。汇兑损益结转用于期末自动计算外币账户的汇兑损益,并生成转账凭证。汇兑损益结转适用于外汇存款账户、外币现金账户、外币结算的各项债券和债务,但不适用所有者权益类、成本类和损益类账户。

(5)期间损益结转。期末时,应将各损益类科目的余额转入"本年利润"科目,以反映集团企业在一个会计期间内实现的利润或亏损总额。总账系统提供期间损益结转功能,就是将所有损益类科目的本期余额全部自动转入"本年利润"科目,并生成结转损益记账凭证。

需要注意的是,期间损益结转一般是在期末其他经济业务都处理完毕之后再进行,为了保证结转的正确性,需要将其他凭证都记账了再生成期间损益结转凭证,否则数据有可能不准确。

2. 转账生成

转账定义结束之后,总账会计每月末即可执行转账生成功能来自动生成转账凭证,这些凭证自动追加到已填制的凭证之后,视同正常凭证,进行审核、记账等后续工作。

需要注意的是,由于转账定义中函数公式是从报表中取数,因此相关凭证必须已经记账,才能保证取数的准确性。尤其是期末自动转账凭证如果有多张的话,前一张凭证生成之后,最好先审核记账,再生成下一张凭证。如果转账凭证之间无相互联系的话,也可以同时生成,最后一起审核记账,但是往往容易判断失误。例如,假设现在要生成三张转账凭证:计提短期借款利息、结转汇兑损益、结转期间损益。在生成凭证的时候,第一张凭证和第二张凭证没有联系,因此,可在其他凭证都已记账的前提下,同时生成这两张凭证(不需要先将其中一张记账再生成另外一张),而结转期间损益是从账簿上取收入和费用账户的余额,转到"本年利润"科目,如果前两张没有记账就结转期间损益,则"财务费用"和"汇兑损益"这两个科目有遗漏,科目余额是不准确的。因此,必须将前两张凭证记账,再生成第三张凭证。最后第三张凭证生成以后,仍然要审核记账(期末结账之前所有的凭证都必须审核记账)。

三、操作指导

【准备工作】 引入"任务 3.3 总账管理系统日常业务处理"账套。

1. 银行对账期初录入

(1) 出纳(002 姜涛)登录到企业应用平台,登录时间为"2014-01-31"。

(2) 在总账系统,执行"出纳—银行对账—银行对账期初录入"命令,选择银行科目"人民币户",点击"确定"按钮,进入"银行对账期初"对话框,如图 3-91 所示。

(3) 输入单位日记账调整前余额"1 612 774.00",如图 3-92 所示。

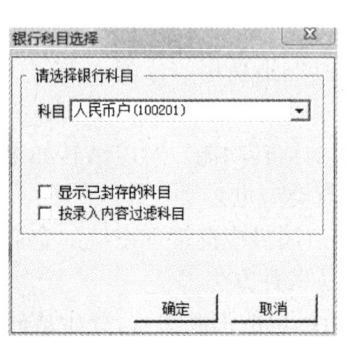

图 3-91 银行对账期初录入-1

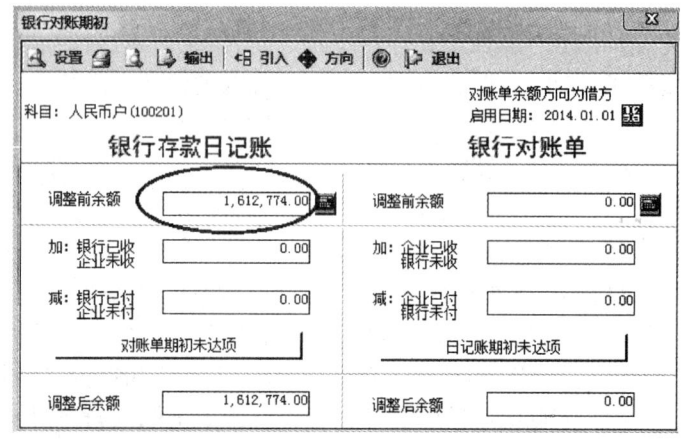

图 3-92 银行对账期初录入-2

(4) 单击"对账单期初未达项",输入银行方期初余额,如图 3-93 所示。

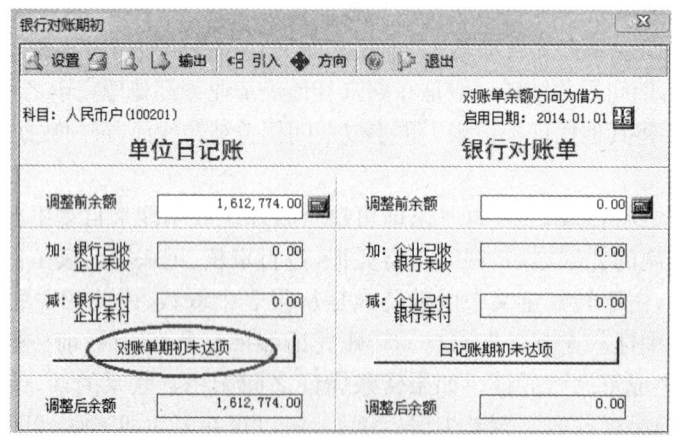

图 3-93 银行对账期初录入-3

银行对账单期初未达账项数据如图 3-94 所示。

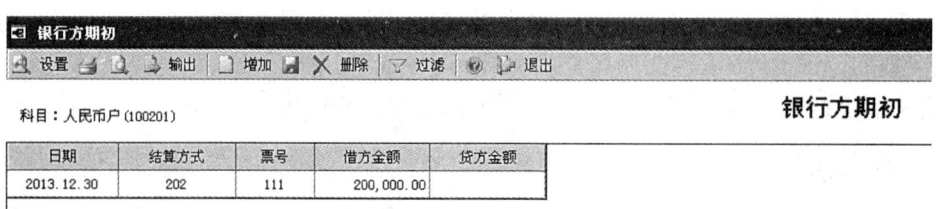

图 3-94 银行对账期初录入-4

(5) 同理,录入银行对账单调整前余额和未达账项。日记账期初未达账项如图 3-95 所示。

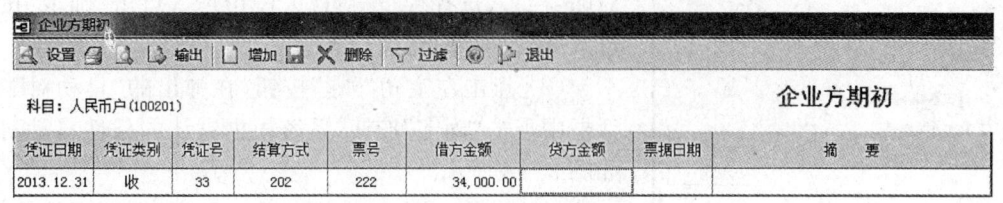

图 3-95　银行对账期初录入-5

(6) 最终结果如图 3-96 所示。

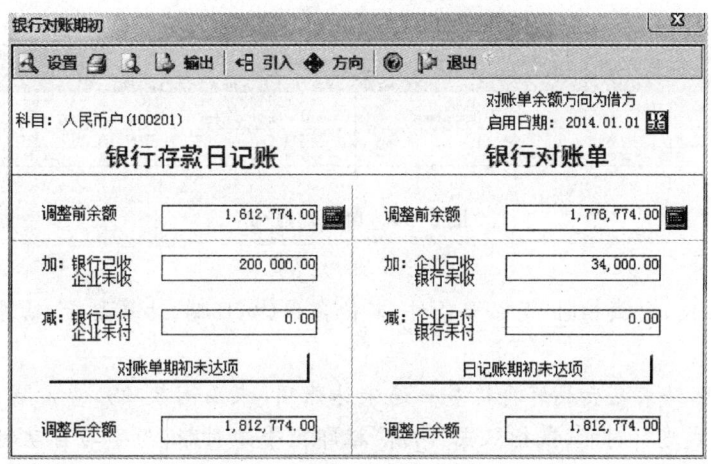

图 3-96　银行对账期初录入-6

2. 录入银行对账单

(1) 在总账系统,执行"出纳—银行对账—银行对账单"命令,选择银行科目"人民币户",点击"确定"按钮,进入"银行对账单"窗口。

(2) 点击"增加"按钮,按照任务资料输入 1 月份银行对账单。其结果如图 3-97 所示。

日期	结算方式	票号	借方金额	贷方金额	余额
2013.12.30	202	111	200,000.00		1,778,774.00
2014.01.01	202	222	34,000.00		1,812,774.00
2014.01.01	201	XJ001		5,000.00	1,807,774.00
2014.01.07	202	ZZ001		800.00	1,806,974.00
2014.01.31	202	ZZ003	30,000.00		

图 3-97　银行对账单

(3) 关闭银行对账单。

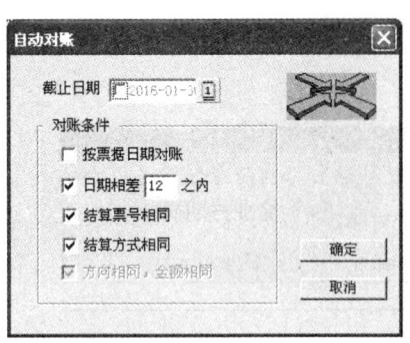

3. 银行对账

(1) 在总账系统,执行"出纳—银行对账",点击"银行对账"栏目,选择银行科目"人民币户",点击"确定"按钮,进入"银行对账单"窗口。

(2) 点击左上角"对账"按钮,在弹出的"自动对账"对话框中点击"确定"按钮,系统根据默认的条件自动对账,如图3-98所示。

对账结果如图3-99所示,在"两清"栏画圈的款项即对账成功。

图3-98 自动对账-1

科目:100201(人民币户)	银行存款日记账							银行对账单					
票据日期	结算方式	票号	方向	金额	两清	凭证号数	摘要	日期	结算方式	票号	方向	金额	两清	对账序号
2014.01.18	202	ZZ002	借	208,800.00		收-0001	收回货款	2013.12.30	202	111	贷	200,000.00		
2014.01.01	201	XJ001	贷	5,000.00	○	付-0001	提现	2014.01.01	202	222	借	34,000.00		2016080900001
2014.01.08	202	ZZ001	贷	800.00		付-0003	购买办公用品	2014.01.01	201	XJ001	贷	5,000.00	○	2016080900002
2014.01.25	201	XJ002	贷	10,000.00		付-0004	提现	2014.01.07	202	ZZ001	贷	800.00	○	2016080900003
	202	222	借	34,000.00		收-0033		2014.01.31	202	ZZ003	借	30,000.00		

图3-99 自动对账-2

温馨提示

(1)"方向相同,金额相同"是必要条件,其他条件(如日期、结算票号、结算方式等)可根据需要进行选择。

(2) 自动对账结束之后最好再检查一遍未达账项(未画圈款项),查看有无漏项,如果有,可用手工对账方式进行对账(鼠标双击"两清"栏即可手工对账,为了与自动对账表示区分,手工对账标记以"√"显示)。

【任务3-4-2】 期末转账

总账会计(003张玲)登录到企业应用平台,登录时间为"2014-01-31"。

1. 转账定义

(1) 计提短期借款利息(自定义转账)。

其一,在总账系统中,执行"期末—转账定义—自定义转账"命令,进入"自定义转账设置"对话框。

其二,单击"增加"按钮,在弹出的"转账目录"对话框录入如图3-100所示信息,之后点击"确定"按钮。

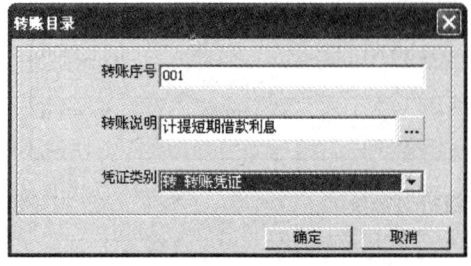

图3-100 自定义转账-1

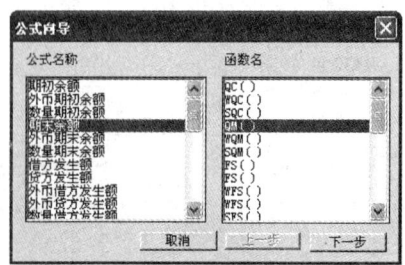

图3-101 自定义转账-2

其三,在"自定义转账设置"页面录入"增行",双击第一行"科目编码",输入"660301",双击"金额公式",在"公式向导"对话框中选择"期末余额",点击"下一步"按钮,如图3-101所示。

其四,在之后出现的对话框的科目中输入编码"2001",选择方向"贷",点击"完成"按钮,如图3-102所示。

图3-102 自定义转账-3

其五,在第一行的"金额公式"处继续输入"*0.004"。

其六,再次点击"增行"按钮,在第二行中输入科目编码"2231",双击"方向",将方向由"借"改为"贷",金额公式选择"取对方科目计算结果",点击"下一步"按钮,如图3-103所示。

其七,科目空置,点击"完成"按钮,如图3-104所示。

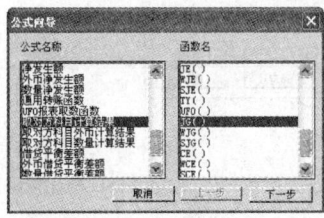

图3-103 自定义转账-4

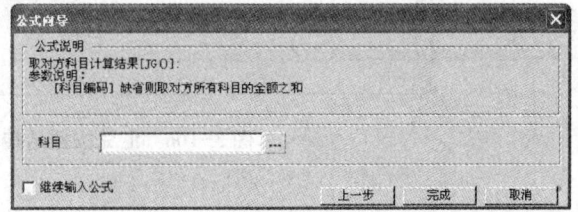

图3-104 自定义转账-5

😊 **温馨提示**

JG( )函数意为取对方科目计算结果,其中的"( )"必须为英文半角符号,如果对方有多个会计科目,则( )内可输入取数的会计科目;如果( )内不输入任何科目编码,意味着取对方所有科目金额之和。

其八,最终结果如图3-105所示。

摘要	科目编码	部门	个人	客户	供应商	项目	方向	金额公式
计提短期借款利息	660301						借	QM(2001,月,贷)*0.004
计提短期借款利息	2231						贷	JG()

图 3-105　自定义转账-6

(2) 结转汇兑损益。

其一,更换操作员,以 001 刘梅的身份登录企业应用平台,登录时间为"2014-01-31"。

其二,执行"基础设置—基础档案—财务—外币设置"命令,打开"外币设置"对话框,在"2014.01"调整汇率处输入"6.30",然后退出此对话框。

温馨提示

本任务中总账会计没有外币设置的权限,所以必须以账套主管登录进行设置。思考:在实际工作中是否可给总账会计设置相应权限? 怎样设置?

其三,再次更换操作员为"张玲",登录时间为"2014-01-31"。

其四,在总账系统,执行"期末—转账定义—汇兑损益"命令,进入"汇兑损益结转设置"对话框。输入汇兑损益入账科目"660302",在"是否计算汇兑损益"下方双击,显示"Y",点击"确定"按钮,如图 3-106 所示。

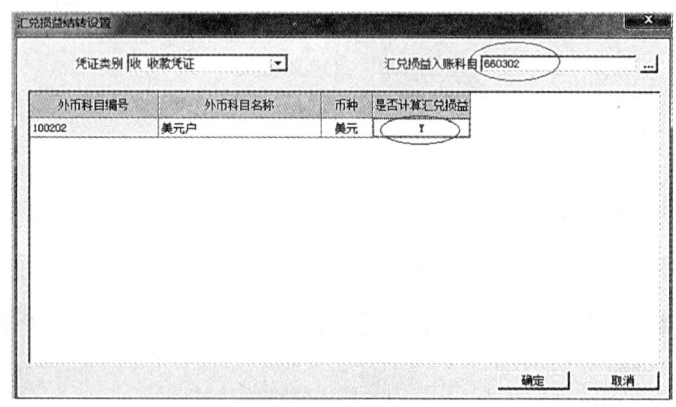

图 3-106　汇兑损益结转设置

温馨提示

因为此时还不确定汇兑损益的正负,因此凭证类别暂时不用修改,在生成凭证时根据具体情况设置。

(3) 结转期间损益。

其一,在总账系统中,执行"期末—转账定义—期间损益"命令,进入"汇兑损益结转设置"对话框。

其二,设置凭证类别为"转账凭证","本年利润"科目为"4103 本年利润",点击"确定"按钮,如图 3-107 所示。

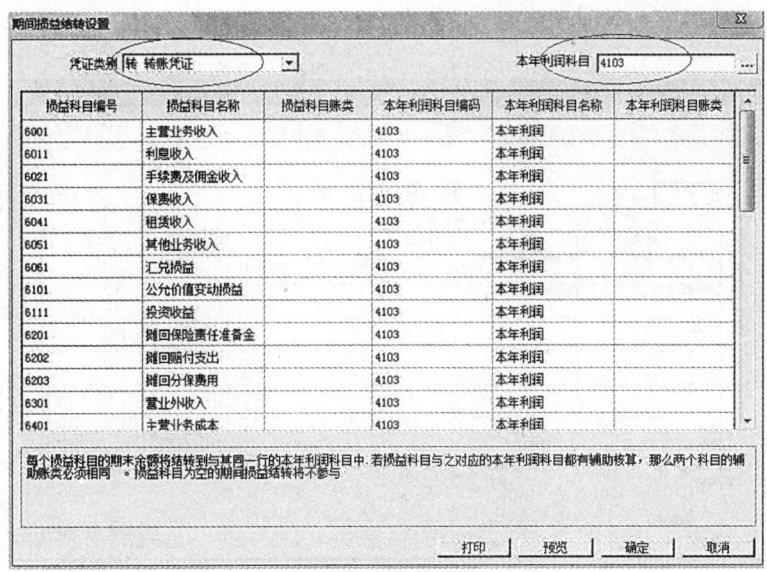

图 3-107　期间损益结转设置

温馨提示

（1）转账定义的工作可以由会计设置，也可以由账套主管设置，不影响之后的业务处理。但是在本任务中转账生成凭证应由会计来完成，凭证审核工作由账套主管来完成。如果不小心由账套主管生成凭证，就会出现无法审核本人填制凭证的问题。一旦出现这种问题，应当把生成的凭证彻底删除，然后由会计进入账套重新转账生成。

（2）此处切记只生成一次凭证即可，如果不能确认是否已生成凭证，可以到"查询凭证"处查看。个别同学会出现多次生成期间损益结转凭证的错误。

2. 转账生成

（1）计提短期借款利息。

其一，张玲在总账系统，执行"期末—转账生成"命令，进入"转账生成"对话框。

其二，选择"自定义转账"，点击"全选"按钮，然后点击"确定"按钮，如图 3-108 所示。

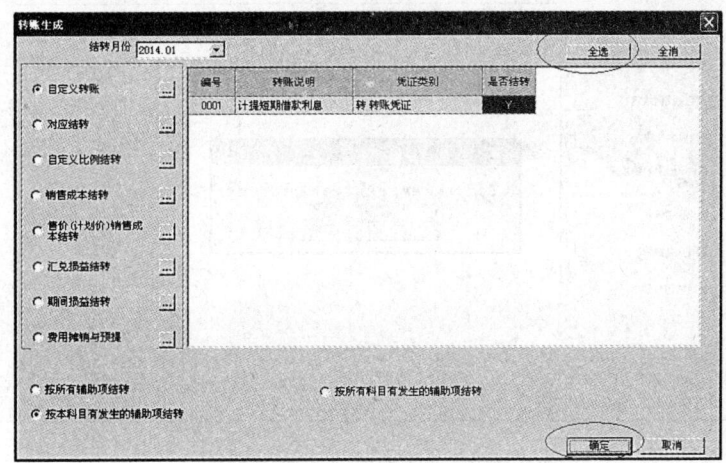

图 3-108　转账生成-自定义转账-1

其三,生成凭证,点击"保存"按钮,如图 3-109 所示。

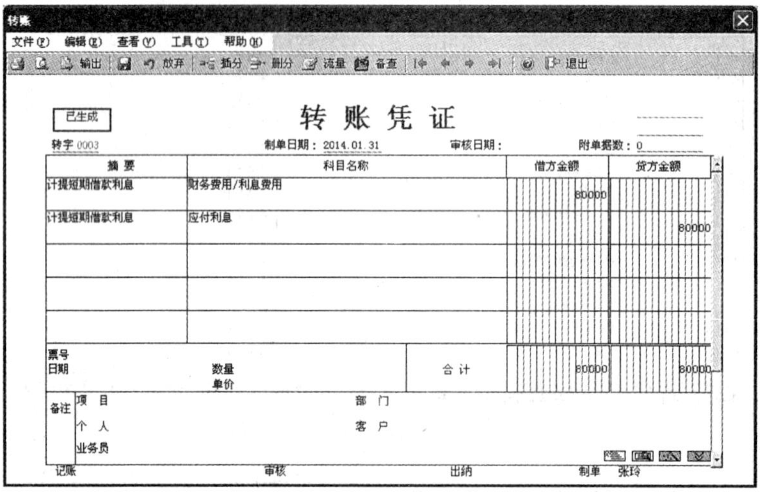

图 3-109　转账生成-自定义转账-2

> **温馨提示**
>
> (1) 转账生成之前要确保相关经济业务均已记账。因为转账定义中函数公式是从报表中取数,因此相关凭证必须已经记账,才能保证取数的准确性。
> (2) 转账凭证每月只需生成一次,注意不要重复生成。
> (3) 生成的转账凭证,也需要审核记账(出纳凭证还需出纳签字)。

(2) 结转汇兑损益。

其一,在转账生成界面,选择"汇兑损益结转",点击"全选"按钮,然后点击"确定"按钮。

其二,系统弹出对话框显示"2014.01 月或之前月有未记账凭证,是否继续结转?"单击"是"按钮,如图 3-110 所示。

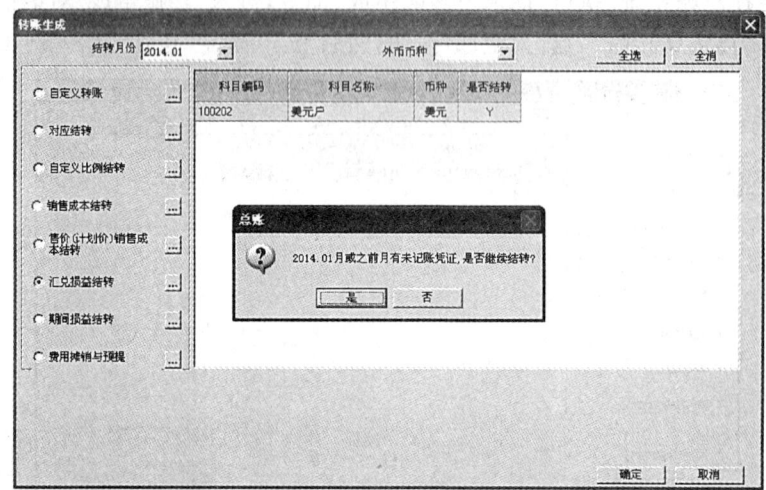

图 3-110　转账生成-汇兑损益结转-1

温馨提示

之前介绍过，转账凭证生成之前要确保相关经济业务均已记账。因为生成第一张转账凭证时，无此提示，而生成本凭证提示有未记账凭证，那意味着未记账凭证就是刚才生成的第一张凭证，而计提短期借款利息的凭证与汇兑损益无关，因此，不影响本转账凭证的生成，此处可以继续结转。

其三，在弹出的"汇兑损益试算表"中，拖动滚动条，查看汇兑损益金额为"3 000"元，点击"确定"按钮，如图 3-111 所示。

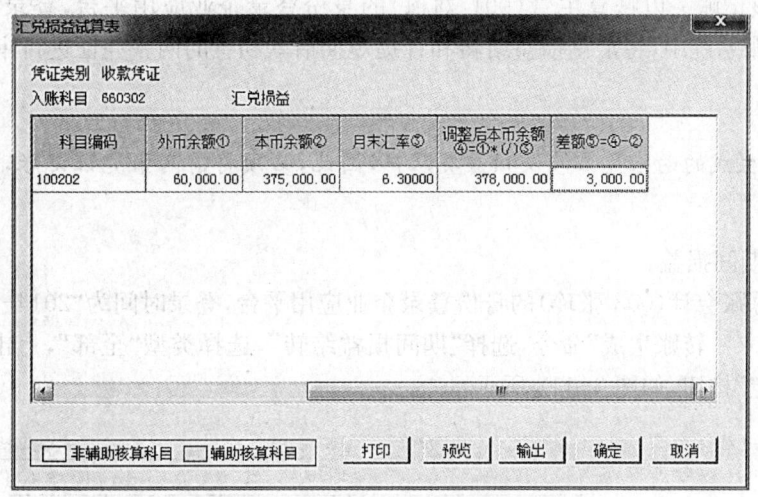

图 3-111　转账生成-汇兑损益结转-2

其四，生成转账凭证。鼠标点击第二条分录的"贷方金额"，按空格键使贷方金额变为借方，然后按"＝"键，使借方金额变为红色，如图 3-112 所示。点击"保存"按钮，然后退出。

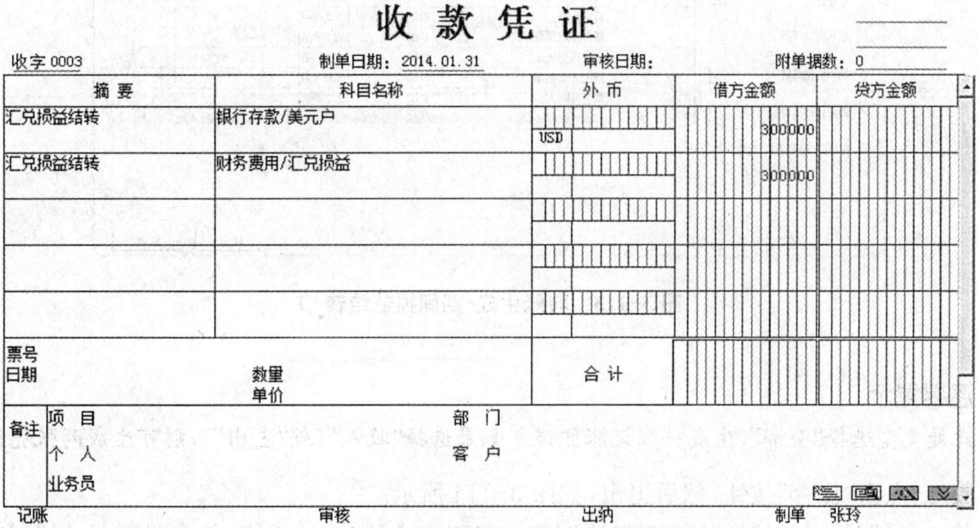

图 3-112　转账生成-汇兑损益结转-3

> **温馨提示**
>
> 在财务软件中,由于期末利润表中"财务费用"科目公式设置的取数公式为"财务费用"科目的借方发生额,因此,财务费用的日常发生额均记入该科目的借方,负数记入该科目的借方并以红字表示,只有期末结转从贷方转出。

(3) 将前两张凭证审核记账。

其一,出纳签字。以出纳(002 姜涛)的身份登录企业应用平台,登录时间为"2014-01-31"。在总账系统中执行"凭证—出纳签字"命令,将汇兑损益结转的凭证进行出纳签字。

其二,审核记账。以账套主管(001 刘梅)的身份登录企业应用平台,登录时间为"2014-01-31"。在总账系统中,将汇兑损益结转和计提短期借款利息的两张凭证进行审核、记账。

> **温馨提示**
>
> 之前转账生成的两张凭证涉及损益类账户,因此,必须将前两张凭证记账,才可以继续结转期间损益。

(4) 结转期间损益。

其一,以总账会计(003 张玲)的身份登录企业应用平台,登录时间为"2014-01-31"。在总账中,执行"期末—转账生成"命令,选择"期间损益结转",选择类型"全部",点击"全选"按钮,然后点击"确定"按钮,如图 3-113 所示。

图 3-113 转账生成-期间损益结转-1

> **温馨提示**
>
> 此处类型选择"全部",生成一张记账凭证。如果选择"收入"(或"支出"),则可生成两张凭证。

其二,点击"保存"按钮,然后退出,如图 3-114 所示。

其三,将期间损益结转的凭证审核记账。以账套主管(001 刘梅)的身份登录企业应用平台,登录时间为"2014-01-31",在总账系统中,将期间损益结转的凭证进行审核、记账。

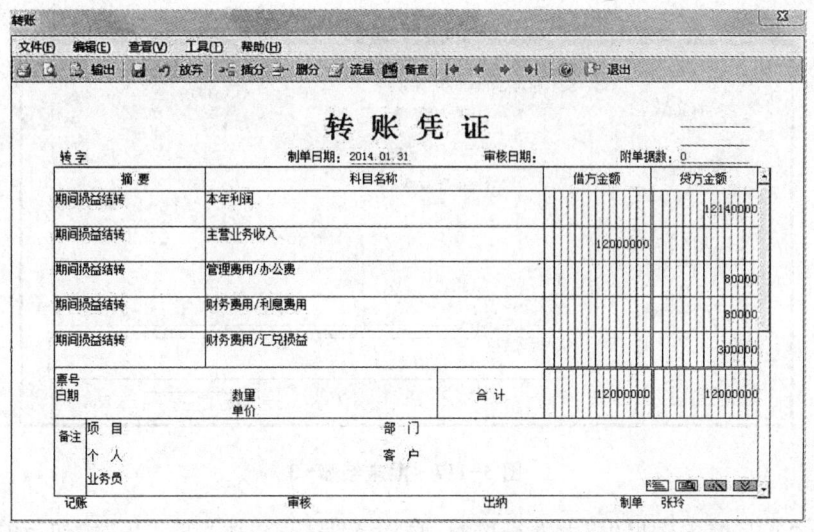

图 3-114　转账生成-期间损益结转-2

【任务 3-4-3】　期末结账

以总账会计（003 张玲）的身份登录企业应用平台，登录时间为"2014-01-31"。

其一，在总账系统中，点击"期末—结账"命令，进入"结账"对话框，进行"1. 开始结账"，如图 3-115 所示。

其二，在"结账对话框"选择月份"2014.01"，点击"下一步"按钮，在"2. 核对账簿"处点击"对账"按钮，如图 3-116 所示。

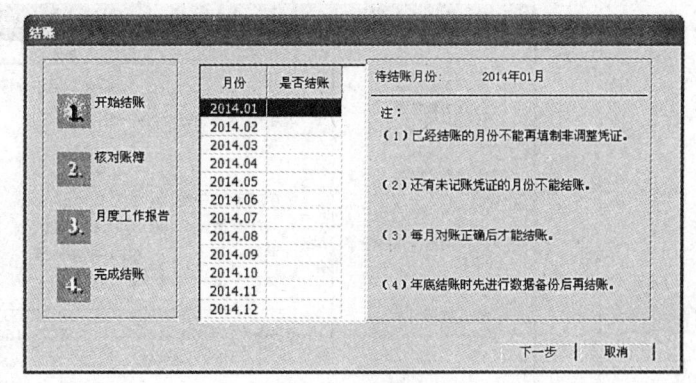

图 3-115　期末结账-1

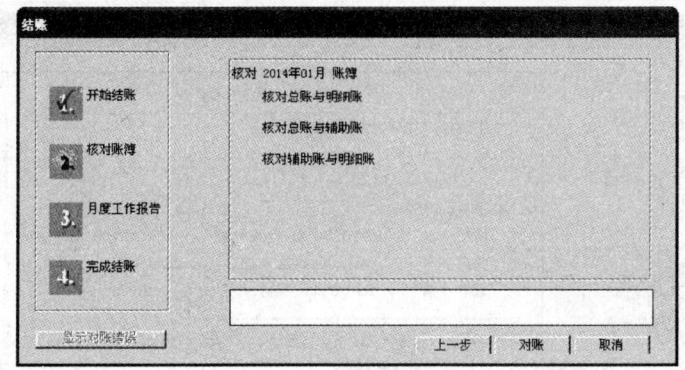

图 3-116　期末结账-2

其三，对账完毕后点击"下一步"按钮，如图 3-117 所示。

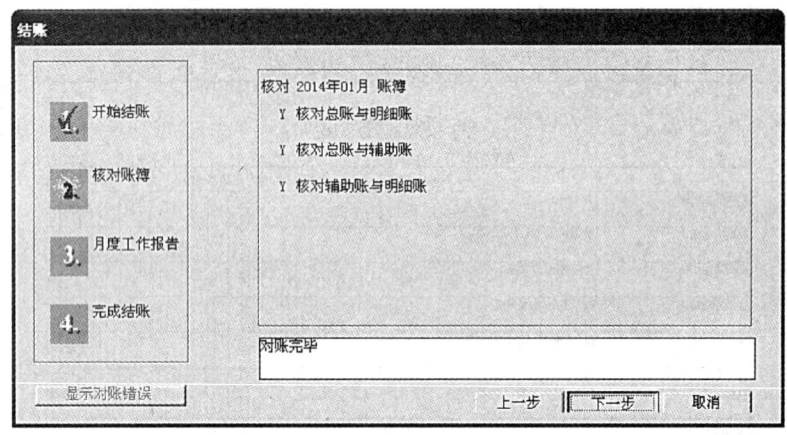

图 3-117 期末结账-3

其四,在"3.月度工作报告"中进行核对,核对无误后,点击"下一步"按钮,如图 3-118 至图 3-121 所示。

图 3-118 期末结账-4

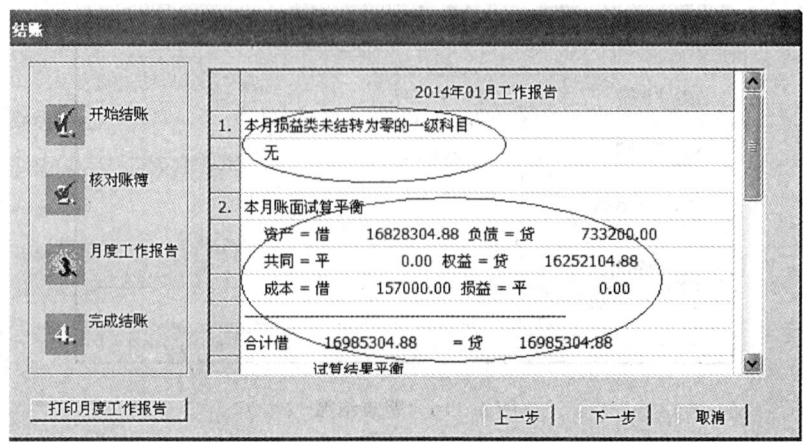

图 3-119 期末结账-5

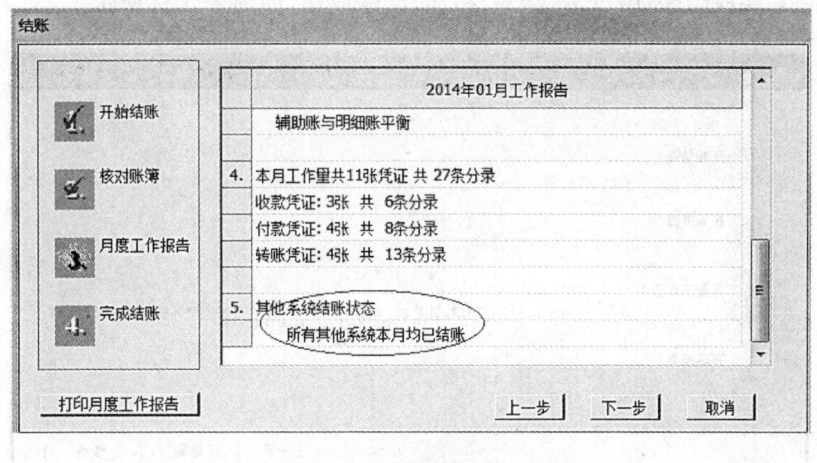

图 3-120　期末结账-6

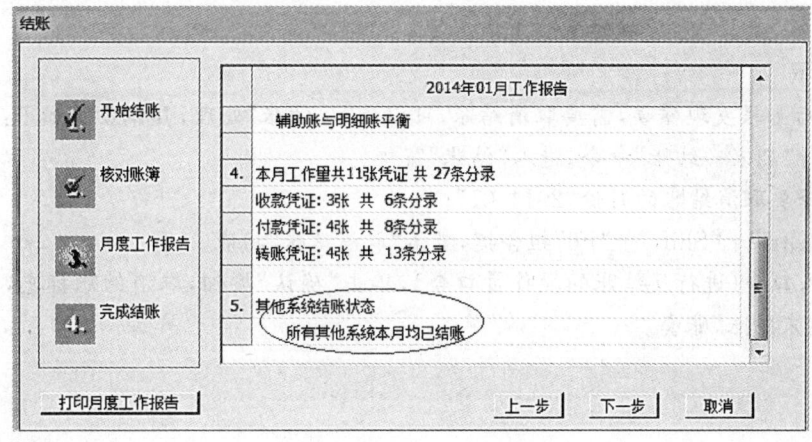

图 3-121　期末结账-7

温馨提示

月度工作报告有五个方面，必须都通过检查才可结账：

（1）本月损益类未结转为零的一级科目是"无"。也就是说，所有的损益类一级科目余额都必须为零。操作中如果还有未记账凭证就结账，此处会提醒："有×张凭证尚未记账"，需要将未记账凭证重新审核记账再来结账。

（2）本月账面必须试算平衡。如果此处提示不平衡，极有可能是因为录入期初余额时便试算不平。

（3）本月账账核对必须平衡。

（4）本月工作量共*张凭证。

（5）其他系统必须均已结账。其他系统生成的凭证会传递到总账管理系统，所以如果其他系统不结账先结总账，其他系统再生成凭证便无处传递。因此，为了避免错误的产生，系统设置规定总账必须在其他系统都结账之后才可结账。

其五,在"4.完成结账"中点击"结账"按钮,结账成功,如图3-122所示。

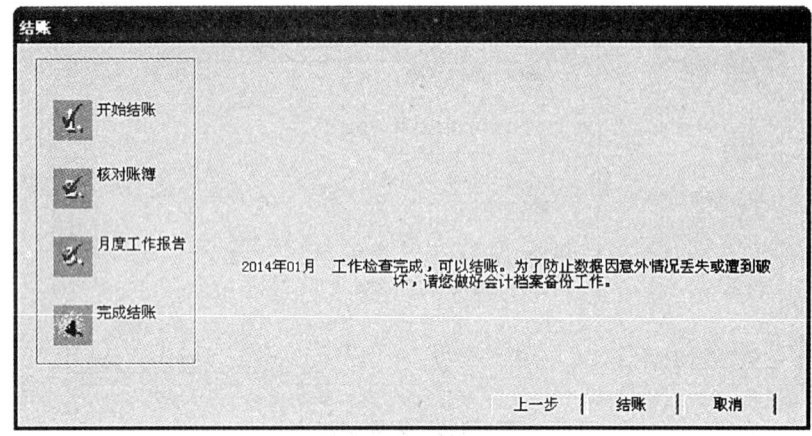

图 3-122　期末结账-8

😊 **温馨提示**

结账之后如果发现错误,需要取消结账,可以作"反结账"处理,具体步骤如下:

(1) 执行"期末—结账"命令,进入"结账"窗口。

(2) 选择要取消结账的月份"2014.01"。

(3) 按"Ctrl"+"Shift"+"F6"组合键,激活"取消结账"功能。

(4) 输入口令(进行反结账的操作员口令),单击"确认"按钮,取消结账标志,备份为"[任务3-4-3]期末结账"账套。

项目 4

会计报表岗位实务操作

能力目标
1. 能够运用报表系统建立会计报表空表。
2. 能够掌握报表取数函数(取数公式)的设置。
3. 能够运用报表系统进行会计报表模板的调用和编辑。

知识目标
1. 熟悉会计信息系统中会计报表的特点。
2. 理解资产负债表、利润表和现金流量表的编制原理与项目数据来源。
3. 掌握取数函数的设置方法。

素质目标
1. 培养学生的知识迁移能力。
2. 培养学生主动思考问题,分析问题和解决问题的能力。
3. 培养学生的语言表达能力和沟通能力。

任务 4.1 认识 UFO 报表管理系统

一、任务布置

【任务 4-1】 认识 UFO 报表管理系统

请阅读知识链接之后以报表会计宋俊(004)的身份登录进入企业应用平台,尝试进行简单操作,并以小组为单位进行讨论,回答以下问题:

(1) UFO 报表管理系统都有哪些功能?你能在系统中找到吗?
(2) 请实际操作演示格式状态和数据状态的区别。
(3) 请说出数值单元、字符单元和表样单元的两两区别。

二、知识链接

UFO(user friend office)报表管理系统是用友 ERP 系统内置的办公软件,可独立运行,处理日常办公事务,也可以结合用友账务管理软件进行报表事务处理。利用 UFO 报表管理系统既可编制对外报表,又可编制各种内部报表。它的主要任务是设计报表的格式和编制公式,从总账系统或其他业务系统中取得有关会计信息自动编制各种会计报表,对报表进行审核、汇总、生成各种分析图,并按预定格式输出各种会计报表。

(一)常用功能

1. 管理文件

UFO 报表管理系统提供了报表文件的创建、读取、保存和备份等各项文件管理功能,能够进行不同文件格式的转换,如文本文件、*.mdb 文件、*.dbf 文件、Excel 文件、Lotus 1-2-3 文件。支持多个窗口同时显示和处理,可同时打开的文件和图形窗口多达 40 个。提供了标准财务数据的"导入"和"导出"功能,可以和其他流行财务软件交换数据。

2. 管理格式

UFO 报表管理系统提供了丰富的格式设计功能,如定义组合单元、画表格线、调整行高列宽、设置字体和颜色、设置显示比例等,可以制作各种要求的报表。其内置 11 种套用格式和不同行业的标准财务报表模板,满足一般用户需求;同时还提供自定义模板功能,满足客户自制需求。

3. 处理数据

UFO 报表管理系统以固定的格式管理大量不同的表页,能将多达 99 999 张具有相同格式的报表资料统一在一个报表文件中管理,并且在每张表页之间建立有机的联系;提供了排序、审核、舍位平衡、汇总功能;提供了绝对单元公式和相对单元公式,可以方便、迅速地定义计算公式;提供了种类丰富的函数,可以从账务等用友产品中提取数据,生成财务报表。

4. 图表功能

UFO 报表管理系统将数据表以图形的形式进行表示。它采用"图文混排"形式,可以很方便地进行图形数据组织,制作包括直方图、立体图、圆饼图、折线圈等图式的分析图表;可以编辑图表的位置、大小、标题、字体、颜色等,打印输出图表。

5. 二次开发功能

UFO 报表管理系统具有强大的二次开发功能。它提供批命令和自定义菜单,自动记录命令窗中输入的多个命令,可将有规律性的操作过程编制成批命令文件;提供 Windows 风格的自定义菜单,综合利用批命令,可以在短时间内开发出本企业的专用系统。

(二)基本概念

1. 格式状态和数据状态

UFO 报表管理系统将报表制作分为两部分来处理:报表格式设计和数据处理,这两部分的工作分别在格式状态和数据状态下完成。

(1)格式状态。在格式状态下设计报表的格式,如表的尺寸、行高列宽、单元属性、单元风格、组合单元、关键字、可变区等。报表的单元公式(计算公式)、审核公式和舍位平衡公式三类公式也可在格式状态下定义。在格式状态下所做的操作对本报表所有的表页都发生作用。在格式状态下不能进行数据的录入、计算等操作。在格式状态下时,所看到的是报表的格式,报表的数据全部都隐藏了。

(2)数据状态。在数据状态下管理报表的数据,如输入数据、增加或删除表页、审核、舍位平衡、做图形、汇总、合并报表等。在数据状态下,不能修改报表的格式,所看到的是报表的全部内容，包括格式和数据。

2. 单元

单元是组成报表的最小单位，单元名称由所在行、列标识。行号用数字1~9 999表示，列标用字母A~IU表示。例如，D22表示第4列第22行的那个单元。

3. 组合单元

组合单元由相邻的两个或更多的单元组成，这些单元必须是同一种单元类型（表样、数值、字符），UFO报表管理系统在处理报表时将组合单元视为一个单元。可以组合同一行相邻的几个单元，可以组合同一列相邻的几个单元，也可以把一个多行多列的平面区域设为一个组合单元。

组合单元的名称可以用区域的名称或区域中的单元的名称来表示。

例如把B2~B3定义为一个组合单元，这个组合单元可以用"B2""B3"或"B2:B3"表示。

4. 区域

区域由表页上的一组单元组成，自起点单元至终点单元是一个完整的长方形矩阵。

在UFO报表管理系统中，区域是二维的，最大的区域是一个二维表的所有单元（整个表页），最小的区域是一个单元。

5. 表页

一个UFO报表最多可容纳99 999张表页，每一张表页是由许多单元组成的。一个报表中的所有表页具有相同的格式，但其中的数据不同。表页在报表中的序号在表页的下方以标签的形式出现，称为"页标"。页标用"第1页"至"第99 999页"表示。

任务4.2　利用报表模板生成报表

一、任务布置

【任务4-2】 生成资产负债表、利润表和现金流量表

请阅读知识链接之后以报表会计宋俊(004)的身份登录进入企业应用平台，进行以下业务处理：

（1）调用"2007年新会计制度科目"行业报表模板，生成青岛华阳汽车部件有限公司2014年1月份的资产负债表并保存。

（2）调用"2007年新会计制度科目"行业报表模板，生成青岛华阳汽车部件有限公司2014年1月份的利润表并保存。

（3）调用"2007年新会计制度科目"行业报表模板，生成青岛华阳汽车部件有限公司2014年1月份的现金流量表并保存。

二、知识链接

调用报表模板生成报表的步骤如下。

（一）调用模板

用友ERP-U8 V10.1管理软件的UFO报表系统为用户提供了33个行业的标准财务报表格式，企业可以根据需要利用报表模板快速建立财务报表。另外，企业也可以将自定义的报

表保存为报表模板,方便将来直接调用。

(二) 修改格式、公式

系统中自带的财务报表可能不能完全满足企业的需要,用户可以在调用模板之后对格式和公式等项目进行相应的修改。修改格式和公式要在"格式"状态下进行。

(三) 录入关键字,生成报表数据

关键字是游离于单元之外的特殊数据单元,可以唯一标识一个表页,用于在大量表页中快速选择表页。关键字在格式状态下设置,关键字的值则在数据状态下录入,每个报表可以定义多个关键字,通常以单位名称、单位编号、年、季、月、日等作为关键字。

(四) 补充:审核报表

部分报表的某些项目之间存在一定的钩稽关系,如资产负债表中资产合计数应等于负债与所有者权益的合计数等,如果生成的数据不满足这一平衡公式,则说明该报表数据错误,在用友 ERP-U8 V10.1 管理软件中可以利用审核公式校验报表数据的正确性。

三、操作指导

【准备工作】 引入"[任务 3-4-3]期末结账"的账套。

(一) 调用模板生成资产负债表

调用"2007 年新会计制度科目"行业报表模板,生成青岛华阳汽车部件有限公司 2014 年 1 月份的资产负债表并保存。

1. 打开 UFO 报表管理系统并新建空白报表

(1) 以报表会计(004 宋俊)的身份登录企业应用平台,登录时间为"2014-01-31"。

(2) 执行"财务会计—UFO 报表"命令,打开 UFO 报表。关闭"日积月累"对话框。点击左上角"□"按钮,新建空白表页,报表名默认为"report1"。

2. 调用报表模板

(1) 执行"格式—报表模板"命令,打开"报表模板"对话框,如图 4-1 所示。

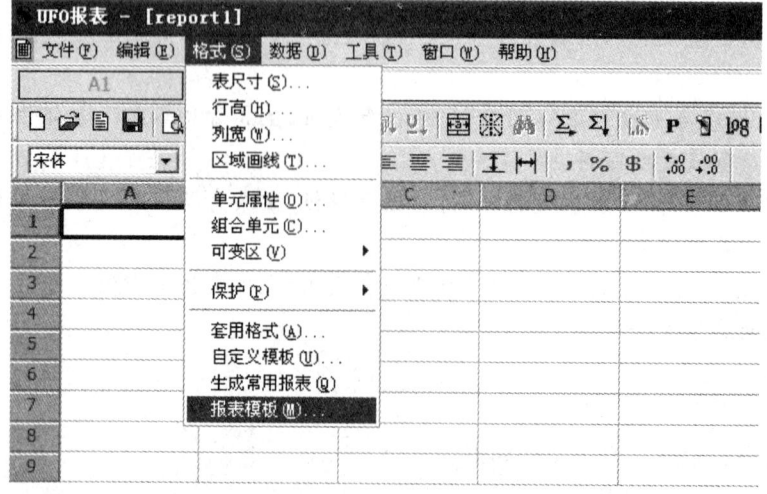

图 4-1 调用报表模板

(2) 选择行业"2007年新会计制度科目",选择财务报表"资产负债表",点击"确定"按钮,如图4-2所示。

(3) 系统弹出对话框提示"模板格式将覆盖本表格式!是否继续?"点击"确定"按钮,如图4-3所示。

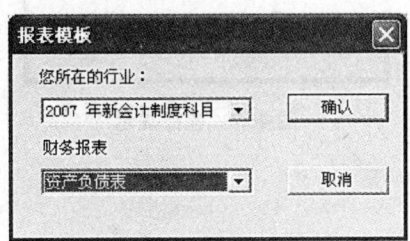

图4-2 选择报表模板

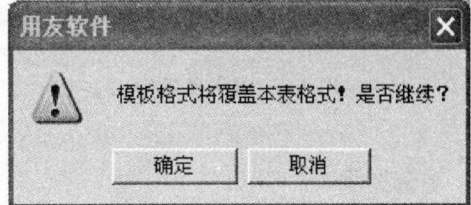

图4-3 覆盖提示框

	资产负债表							
								会企01表
编制单位:			年	月	日			单位:元
资 产		行次	期末余额	年初余额	负债和所有者权益 (或股东权益)	行次	期末余额	年初余额
流动资产:					流动负债:			
货币资金		1			短期借款	32		
交易性金融资产		2			交易性金融负债	33		
应收票据		3			应付票据	34		
应收账款		4			应付账款	35		
预付款项		5			预收款项	36		
应收利息		6			应付职工薪酬	37		
应收股利		7	演示数据		应交税费	38		
其他应收款		8			应付利息	39		
存货		9			应付股利	40		
一年内到期的非流动资产		10			其他应付款	41		
其他流动资产		11			一年内到期的非流动负债	42		
流动资产合计		12			其他流动负债	43		
非流动资产:					流动负债合计	44		
可供出售金融资产		13			非流动负债:			
持有至到期投资		14			长期借款	45		
长期应收款		15			应付债券	46		
长期股权投资		16			长期应付款	47		

图4-4 资产负债表模板

3. 录入关键字

(1) 鼠标单击左下角"格式"按钮,切换为"数据"状态,表页发生变化,如图4-4所示(试观察与格式状态下有何不同)。

(2) 执行"数据—关键字—录入"命令,如图4-5所示。

(3) 在弹出的"录入关键字"对话框中输入年"2014",月"1",日"31",点击"确认"按钮,如图4-6所示。

(4) 系统弹出对话框提示"是否重算第一页?"点击"是"按钮,如图4-7所示。

(5) 生成数据。

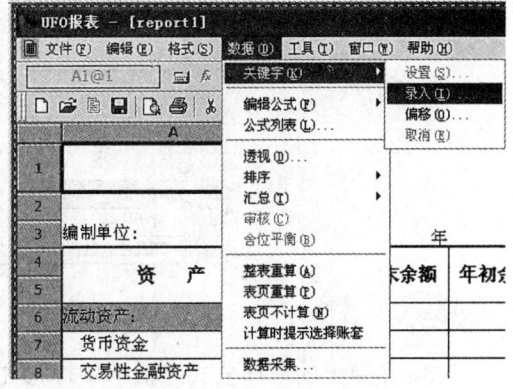

图4-5 录入关键字-1

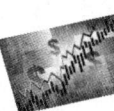

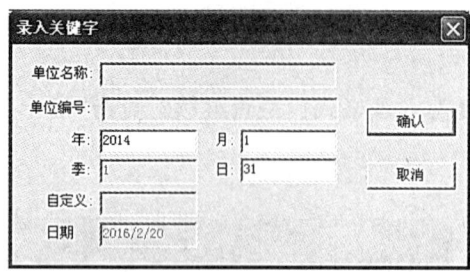

图 4-6 录入关键字-2

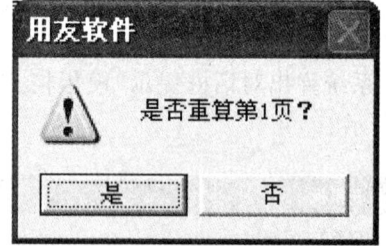

图 4-7 重算提示

温馨提示

报表中有如图 4-8 所示"#"号,是因为列宽不够,数字无法全面显示,只需调整列宽即可完全显示。

	A	B	C	D	E	F	G	H
1					资产负债表			
2								会企01表
3	编制单位:			2014 年 1 月 31 日				单位:元
4	资 产	行次	期末余额	年初余额	负债和所有者权益	行次	期末余额	年初余额
5					(或股东权益)			
6	流动资产:				流动负债:			
7	货币资金	1	################		短期借款	32	200,000.00	200,000.00
8	交易性金融资产	2			交易性金融负债	33		
9	应收票据	3	58,500.00	58,500.00	应付票据	34	演示数据	
10	应收账款	4	415,400.00	483,800.00	应付账款	35	353,250.00	324,000.00
11	预付款项	5			预收款项	36		
12	应收利息	6			应付职工薪酬	37	163,000.00	163,000.00

图 4-8 不完全显示

4. 审核报表

(1)点击左下角"数据"按钮,换到格式状态。

(2)执行"数据—编辑公式—审核公式"命令,如图 4-9 所示。

图 4-9 编辑审核公式-1

(3)在弹出的审核公式对话框中输入如图 4-10 所示内容,然后单击"确定"按钮,出现"审核公式"对话框,如图 4-11 所示。

项目4 会计报表岗位实务操作 | 115

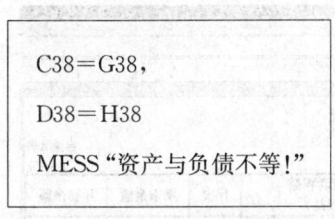

图4-10 输入内容

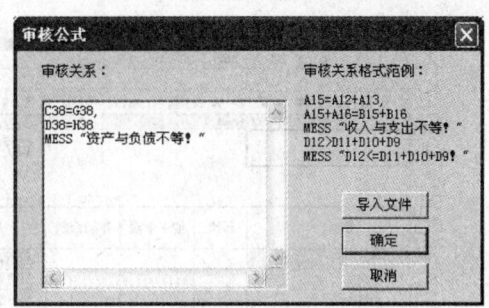

图4-11 编辑审核公式-2

温馨提示

（1）本任务中审核公式的含义是：C38单元格与G38单元格数据相等，D38与H38单元格数据相等（即期末与年初的资产合计与所有者权益和负债合计分别相等），如果不相等，则审核之后提示"资产与负债不等！"。

（2）公式的格式必须和范例一样：每个公式一行，中间用逗号隔开，最后一条公式之后不用写逗号。如果格式不规范，公式就无法执行。

（3）符号必须为半角符号，否则公式无法执行。

（4）公式不区分大小写。

（4）点击左下角"格式"按钮，换到数据状态。

（5）执行"数据—审核"命令，如图4-12所示。

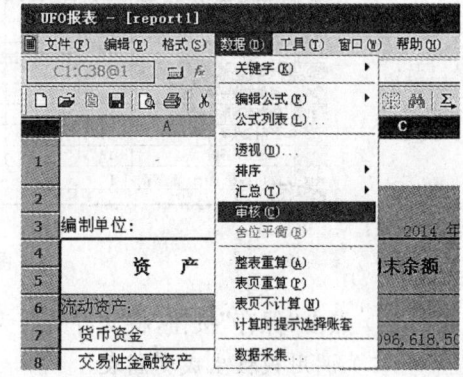

图4-12 数据审核

（6）页面左下角出现"完全正确！"字样，如图4-13所示。

图4-13 提示正确

温馨提示

如果审核公式格式有误，审核之后左下角会显示："区域格式错误！"如图4-14所示。此时请检查审核公式是否有误。

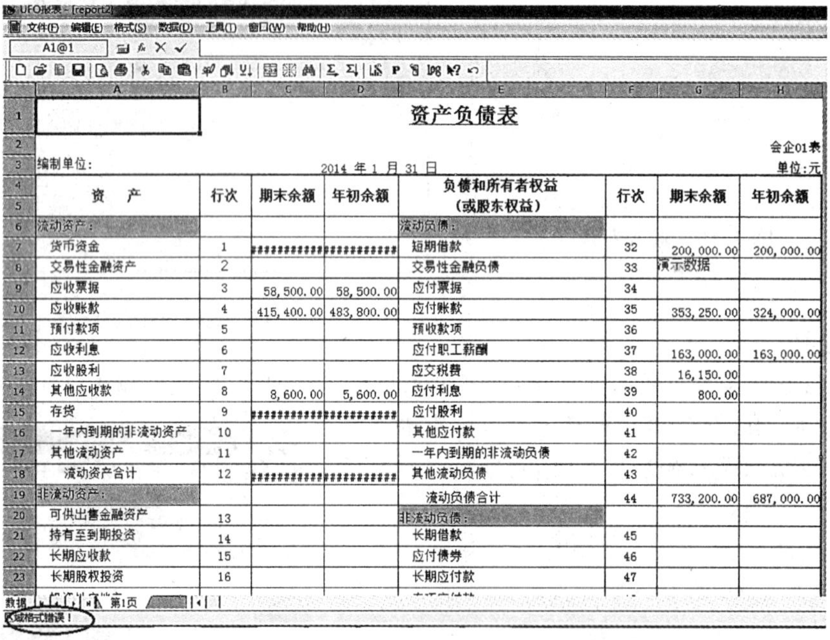

[图 4-14 的表格图像]

图 4-14 提示错误

（7）点击"保存"按钮，将文件另存为"资产负债表.rep"，如图 4-15 所示。

（二）调用模板生成利润表

调用"2007年新会计制度科目"行业报表模板，生成青岛华阳汽车部件有限公司2014年1月份的利润表并保存。

1. 关闭资产负债表

在调用模板生成报表之前，必须关闭已经打开的报表，否则生成的新报表会覆盖原报表。

2. 调用利润表模板

（1）点击"新建"按钮，新建一张空白报表。

（2）执行"格式—报表模板"命令，打开"报表模板"对话框。

（3）选择行业"2007年新会计制度科目"，选择财务报表"利润表"，点击"确定"按钮，如图4-16所示。

（4）系统弹出对话框提示"模板格式将覆盖本表格式！是否继续？"点击"确定"按钮。

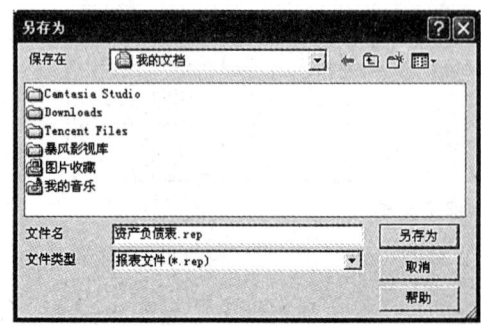

图 4-15 保存资产负债表

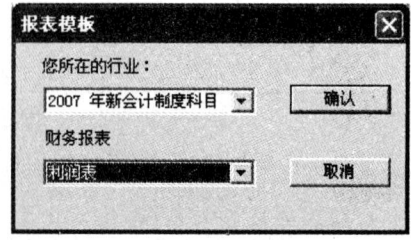

图 4-16 调用利润表模

😊 **温馨提示**

在调用报表模板生成新报表之前,必须关闭原有报表,新建一张空白报表,否则会覆盖原报表的格式和数据。

3. 录入关键字

(1) 鼠标单击左下角"格式"按钮,切换为"数据"状态。
(2) 执行"数据—关键字—录入"命令。
(3) 在弹出的"录入关键字"对话框中输入:年"2014",月"1",之后点击"确认"按钮。
(4) 系统弹出对话框"是否重算第一页?"点击"是"按钮。
(5) 生成数据。
(6) 另存为"利润表.rep"。生成的利润表如图 4-17 所示。

利润表

会企02表

编制单位:　　　　　　　2014 年 1 月　　　　　　　单位:元

项目	行数	本期金额	上期金额
一、营业收入	1	120,000.00	
减:营业成本	2		
营业税金及附加	3		
销售费用	4		
管理费用	5	800.00	
财务费用	6	-2,200.00	
资产减值损失	7		
加:公允价值变动收益(损失以"—"号填列)	8		
投资收益(损失以"—"号填列)	9		
其中:对联营企业和合营企业的投资收益	10		
二、营业利润(亏损以"—"号填列)	11	演示数据121400.00	
加:营业外收入	12		
减:营业外支出	13		
其中:非流动资产处置损失	14		
三、利润总额(亏损总额以"—"号填列)	15	121400.00	
减:所得税费用	16		
四、净利润(净亏损以"—"号填列)	17	121400.00	
五、每股收益	18		
(一)基本每股收益	19		

图 4-17　利润表

(三)调用模板生成现金流量表

调用"2007 年新会计制度科目"行业报表模板,生成青岛华阳汽车部件有限公司 2014 年 1 月份的现金流量表并保存。

1. 指定现金流量科目,录入现金流量项目

系统生成现金流量表,必须有个前提,那就是凭证的现金流量科目要录入现金流量项目。

因为项目3中录入凭证时并未录入现金流量项目,因此在此要先指定现金流量科目并录入现金流量项目。

(1) 指定现金流量科目。以账套主管(001 刘梅)的身份登录,执行"基础设置—基础档案—财务—会计科目"命令,打开"会计科目"对话框,如图 4-18 所示。

(2) 在"指定科目"对话框中选择"现金流量科目",如图 4-19 所示选择会计科目,点击"确定"按钮,然后退出"会计科目"对话框。

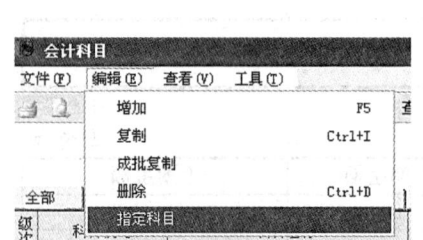

图 4-18 指定科目-1　　　　　　　　图 4-19 指定科目-2

(3) 执行"业务工作—总账—现金流量表—现金流量凭证查询"命令,在弹出的对话框中点击"确定"按钮,进入"现金流量凭证"窗口。选中"收-0001"号凭证,点击页面左上角"修改"按钮,如图 4-20 所示。

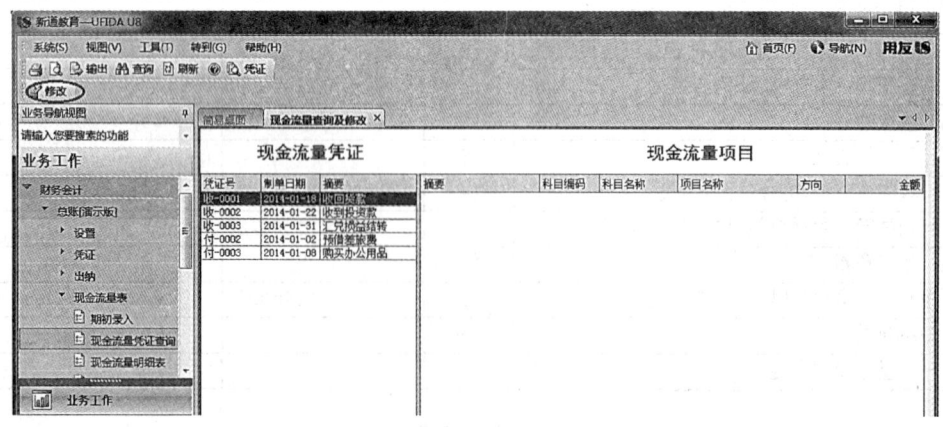

图 4-20 录入现金流量项目-1

(4) 在弹出的对话框中,双击"项目编码",选择"01 销售商品、提供劳务收到的现金",点击"确定"按钮,如图 4-21 所示。

(5) 同理,修改其他现金流量凭证的现金流量项目:

"收-0002"号凭证的项目编码修改为 17。

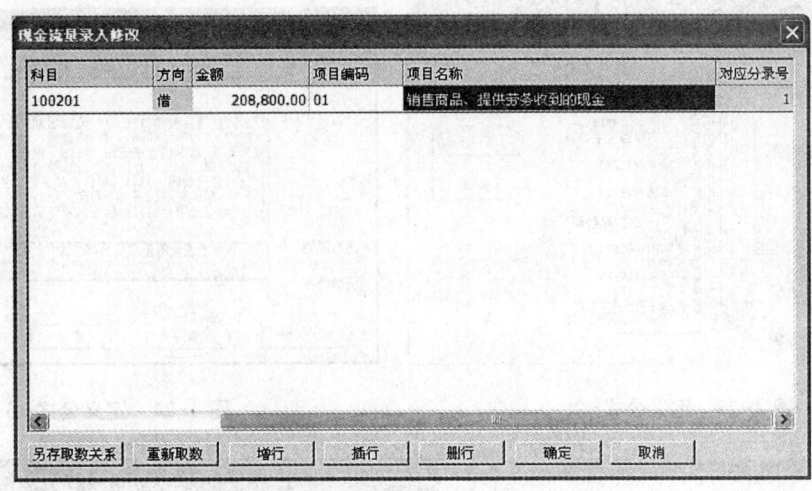

图 4-21 录入现金流量项目-2

"收-0003"号凭证的项目编码修改为 23。
"付-0002"号凭证的项目编码修改为 07。
"付-0003"号凭证的项目编码修改为 07。

2. 以报表会计(004 宋俊)的身份登录企业应用平台,调用现金流量表模板
(1) 点击"新建"按钮,新建一张空白报表。
(2) 点击"格式—报表模板"命令,打开"报表模板"对话框。
(3) 选择行业"2007 年新会计制度科目",选择财务报表"现金流量表",点击"确定"按钮。
(4) 系统弹出对话框提示"模板格式将覆盖本表格式!是否继续?"点击"确定"按钮。

3. 调整公式

打开系统自带现金流量表模板发现,只有各种现金流入小计、流出小计和现金流量净额处有公式,其他公式需要自行补充,可通过系统中现金流量公式进行设置。
(1) 选择 C6 单元格,单击页面左上角"£"按钮,弹出"定义公式"对话框,如图 4-22 所示。

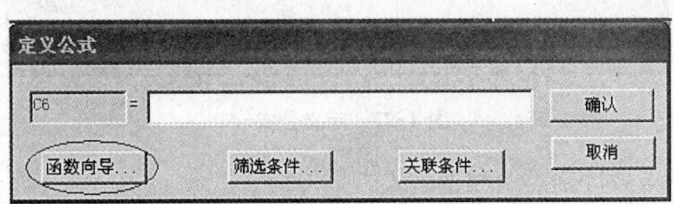

图 4-22 定义公式-1

(2) 点击"函数向导",在弹出的对话框中选择函数分类为"用友账务函数"下的函数名"现金流量项目金额(XJLL)",点击"下一步"按钮,如图 4-23 所示。
(3) 点击"参照"按钮,如图 4-24 所示。
(4) 在弹出的"账务函数"对话框中选择方向"流入",现金流量项目编码"01",点击"确定"按钮,如图 4-25 所示。
(5) 回到上一层窗口,点击"确定"按钮,如图 4-26 所示。

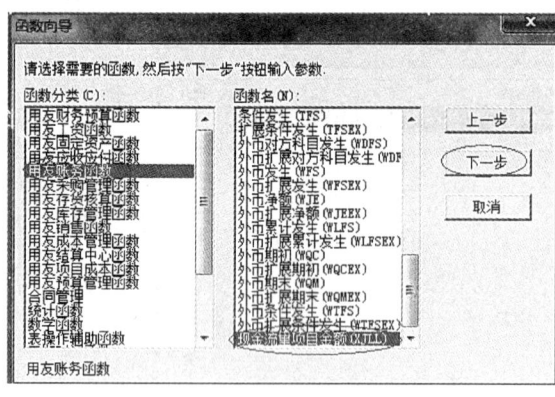

图 4-23 定义公式-2　　　　　　图 4-24 定义公式-3

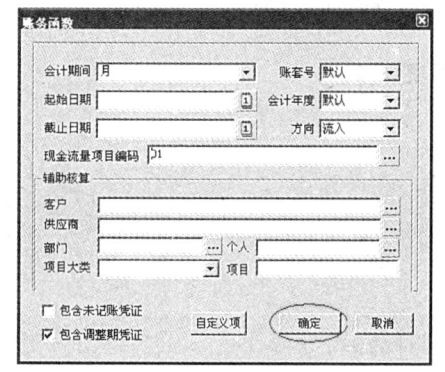

图 4-25 定义公式-4

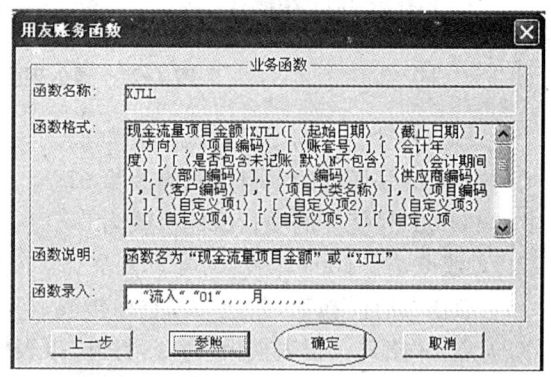

图 4-26 定义公式-5

(6) 回到上一层窗口,点击"确认"按钮,如图 4-27 所示。

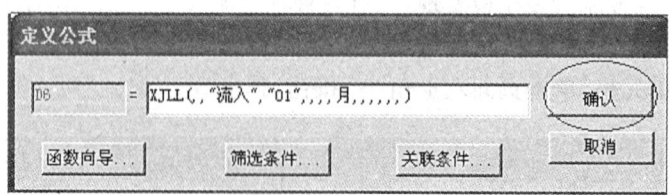

图 4-27 定义公式-6

(7) 同理,输入 C 列其他单元格的公式。

温馨提示

(1) 录入公式时要按 fx 键或执行"数据—编辑公式—单元公式"命令来进行,切忌在单元格内直接输入"="号,录入完毕后单元格内显示"公式单元"才有效。

(2) 每一行应与其对应的项目一致。

(3) 注意"流入"和"流出"的方向,收到的现金选择"流入"方向,付出的现金选择"流出"方向。

(8) C41 单元格是求上期现金及现金等价物余额,其公式与上述公式不同,先点击函数向导,选择"用友账务函数"的"期初(QC)"函数,点击"下一步"按钮,然后点击"参照"按钮,如

图 4-28 所示。

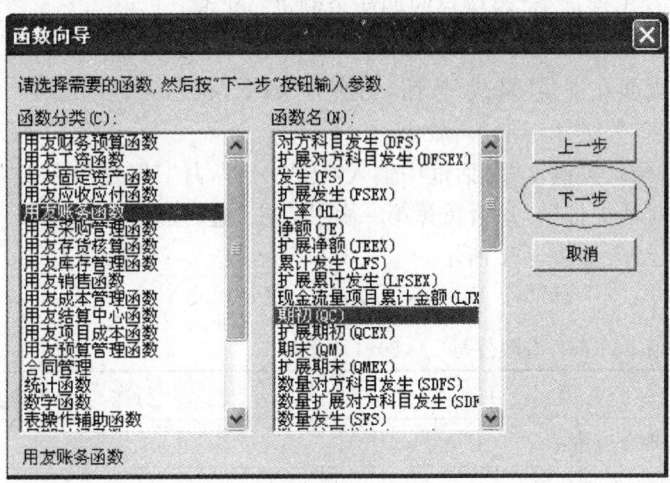

图 4-28 定义公式-7

（9）在"科目参照"对话框中选择"1001 库存现金"，点击"确定"按钮，回到"定义公式"对话框，如图 4-29 所示。

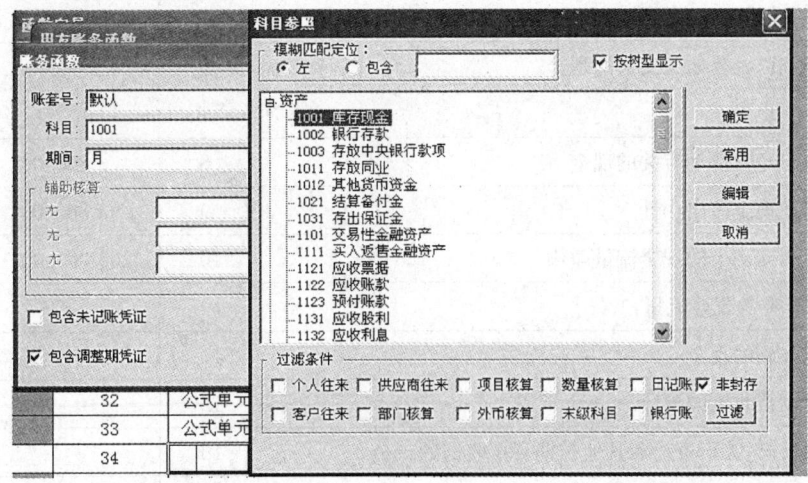

图 4-29 定义公式-8

（10）在"定义公式"对话框中输入"＋"，再点击"函数向导"，重新选择下一个会计科目"1002 银行存款"，如图 4-30 所示。

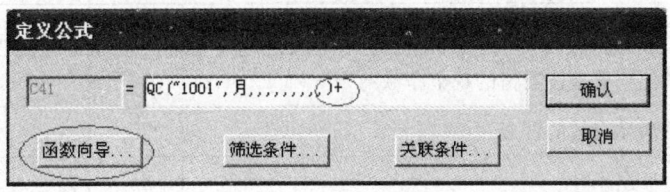

图 4-30 定义公式-9

(11) 如此反复,将"库存现金""银行存款""存放中央银行款项""存放同业""其他货币资金""结算备付金""存出保证金"等科目的期初余额进行汇总。

4. 录入关键字

(1) 鼠标单击页面左下角"格式"按钮,切换为"数据"状态。

(2) 执行"数据—关键字—录入"命令。

(3) 在弹出的"录入关键字"对话框中输入:年"2014",月"1",之后点击"确认"按钮。

(4) 系统弹出对话框提示"是否重算第一页?"点击"是"按钮。

(5) 生成数据,结果如表 4-1 所示。

表 4-1　　　　　　　　　　　　现金流量表　　　　　　　　　　　　会企 03 表

编制单位:青岛华阳汽车部件有限公司　　　2014 年 1 月　　　　　　　单位:元

项　目	行次	本期金额	上期金额
一、经营活动产生的现金流量:			
销售商品、提供劳务收到的现金	1	208 800.00	
收到的税费返还	2		
收到其他与经营活动有关的现金	3		
经营活动现金流入小计	4	208 800.00	
购买商品、接受劳务支付的现金	5		
支付给职工以及为职工支付的现金	6		
支付的各项税费	7		
支付其他与经营活动有关的现金	8	3 800.00	
经营活动现金流出小计	9	3 800.00	
经营活动产生的现金流量净额	10	205 000.00	
二、投资活动产生的现金流量:			
收回投资收到的现金	11		
取得投资收益收到的现金	12		
处置固定资产、无形资产和其他长期资产收回的现金	13		
处置子公司及其他营业单位收到的现金净额	14		
收到其他与投资活动有关的现金	15		
投资活动现金流入小计	16		
购建固定资产、无形资产和其他长期资产支付的现金	17		
投资支付的现金	18		
取得子公司及其他营业单位支付的现金净额	19		
支付其他与投资活动有关的现金	20		
投资活动现金流出小计	21		

(续表)

项　　目	行次	本期金额	上期金额
投资活动产生的现金流量净额	22		
三、筹资活动产生的现金流量：			
吸收投资收到的现金	23	312 500.00	
取得借款收到的现金	24		
收到其他与筹资活动有关的现金	25		
筹资活动现金流入小计	26	312 500.00	
偿还债务支付的现金	27		
分配股利、利润或偿付利息支付的现金	28		
支付其他与筹资活动有关的现金	29		
筹资活动现金流出小计	30		
筹资活动产生的现金流量净额	31	312 500.00	
四、汇率变动对现金及现金等价物的影响	32	3 000.00	
五、现金及现金等价物净增加额	33	520 500.00	
加：期初现金及现金等价物余额	34	1 682 118.00	
六、期末现金及现金等价物余额	35	2 202 618.50	

(6) 将生成的现金流量表另存为"现金流量表.rep"及"现金流量表.xls"。

温馨提示

由于本月是会计信息系统的初始月，上期金额无法从系统中得出，因此，本任务不要求录入上期金额的公式。如果要制作2月份的现金流量表，在上期金额处就可以用Select函数取1月份报表本期金额的数据。

Select函数属于条件取数函数，它的功能是实现本表他页取数。

【函数格式】Select(区域,[页面筛选条件])

例如：C5＝Select(B5,月@＝月＋1)

对照理解：Select是本表他页取数，所以第一个参数是B5说明本页的C5取的是本表其他页的B5单元格的数；然后看筛选条件，月是关键字，这个条件表示本页的关键字比目标页的关键字大1。所以如果本表关键字月＝2，那么目标页的关键字月＝1，这样目标页就找到了：关键字月＝1的表页的B5单元格。也就是说，C5单元格取上个月B5单元格的数据。

思考

本项目中"汇率变动对现金及现金等价物的影响"恰巧方向为"流入"，如果某月方向为流出，该怎么设置？UFO报表的格式是对不同表页均有效的，那如果有的月份为"流入"，有的月份为"流出"，又不想每个月都重设报表格式，那该怎样设置？(提示：可修改报表模板，在"四、汇率变动对现金及现金等价物的影响"下设置"外汇引起现金及现金等价物增加额""外汇引起现金及现金等价物减少额"两个项目，然后将两个项目进行汇总即可)

任务4.3 自定义生成报表

一、任务布置

【任务4-3】 自定义生成财务费用明细表

请阅读知识链接后以报表会计宋俊(004)的身份登录企业应用平台,自定义并生成财务费用明细表(如表4-2所示)。

表4-2　　　　　　　　　　　　财务费用明细表

单位名称：　　　　　　　　　　年　　月　　　　　　　　　　　　　　金额：元

项目	行次	本月数	本年数
利息费用	1		
汇兑损益	2		
合计	3		

制表人：

要求：

(1) 标题"财务费用明细表"设置为黑体、14号、居中。

(2) "金额：元"右对齐。

(3) 表体中文字设置为宋体、12号、居中。

二、知识链接

会计报表是由报表格式和报表数据构成的。报表定义就是对会计报表的格式和数据来源的设定过程。

（一）报表格式的定义

报表的格式设计在格式状态下进行,格式对整个报表都有效,包括以下操作：

(1) 设置表尺寸。定义报表的大小即设定报表的行数和列数。

(2) 定义组合单元,即把几个单元作为一个单元使用。

(3) 画表格线。

(4) 输入报表项目,包括表头、表体和表尾,关键字除外。

(5) 定义行高和列宽。

(6) 设置单元风格,即设置字体、字号、颜色等。

(7) 设置单元属性,单元有三种属性：数值单元、字符单元和表样单元。

数值单元是报表的数据,在数据状态下输入,数字可以直接输入或由单元中存放的单元公式运算生成。建立一个新表时,所有单元的类型缺省为数值。

字符单元是报表的数据,在数据状态下输入。字符单元的内容可以是汉字、字母、数字及各种键盘可输入的符号组成的一串字符。字符单元的内容也可由单元公式生成。

表样单元是报表的格式,是定义一个没有数据的空表所需的所有文字、符号或数字。一旦单元被定义为表样,那么在其中输入的内容对所有表页都有效。表样在格式状态下(格式/数据按钮显示为"格式"时)输入和修改,在数据状态下不允许修改。

(8) 设置关键字。

(二) 报表公式定义

公式的定义在格式状态下进行。

1. 公式类型

公式包括三种类型:计算公式、审核公式和舍位平衡公式。计算公式定义了报表数据之间的运算关系,可以实现报表系统从其他报表或子系统中取数;审核公式用于审核报表内或报表之间的钩稽关系是否正确;舍位平衡公式用于数据进位或小数取整时调整数据。

计算公式必须设置,审核公式和舍位平衡公式根据需要进行设置。

2. 函数

用友软件的计算公式一般通过函数实现。企业常用的财务报表数据一般是来源于总账管理系统或报表系统本身,取自于报表的数据又可以分为从本报表取数和从其他报表的表页取数。

账务取数函数的主要种类如表 4-3 所示。

表 4-3　　　　　　　　　账务取数函数的种类

函数类型	金额式	数量式	外币式
期初额函数	QC()	sQC()	wQC()
期末额函数	QM()	sQM()	wQM()
发生额函数	FS()	sFS()	wFS()
累计发生额函数	LFS()	sLFS()	wLFS()
条件发生额函数	TFS()	sTFS()	wTFS()
对方科目发生额函数	DFS()	sDFS()	wDFS()
净额函数	JE()	sJE()	wJE()
汇率函数	HL()		

三、操作指导

【准备工作】 引入"[任务 3-4-3]期末结账"账套。

(一) 定义报表格式

(1) 以报表会计(004 宋俊)的身份登录企业应用平台,登录时间为"2014-01-31"。

(2) 执行"财务会计—UFO 报表"命令,打开 UFO 报表。新建空白表页 report1。

(3) 设置表格尺寸。执行"格式—表尺寸"命令,输入行数"7",输入列数"4",点击"确认"按钮。

(4) 定义组合单元。选中 A1:D1 单元区域,执行"格式—组合单元"(或者工具栏上 ▣ 按钮)命令,选择"整体组合"或"按行组合",该单元合并成一个单元格。同理,组合 A2:D2 单元格。

(5) 画表格线。选择 A3:D6 单元格区域,执行"格式—区域划线"命令,选择"网线",点击

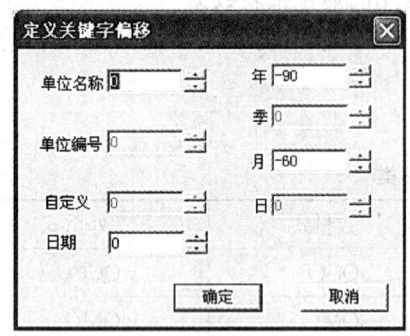

图 4-31　财务费用明细表格式

"确认"按钮。

（6）输入报表项目。在相应的单元格输入文字内容并按任务资料设置格式，其结果如图 4-31 所示。

（7）设置并调整关键字。

首先，选中第二行，执行"数据—关键字—设置"命令，选择"单位名称"，点击"确定"按钮。

其次，选中第二行，执行"数据—关键字—设置"命令，选择"年"，点击"确定"按钮。

再次，选中第二行，执行"数据—关键字—设置"命令，选择"月"，点击"确定"按钮。

最后，选中第二行，执行"数据—关键字—偏移"命令，输入偏移量：年"－90"，月"－60"，点击"确定"按钮，如图 4-32 所示。最终效果如图 4-33 所示。

图 4-32　定义关键字偏移　　　　　　　图 4-33　关键字效果

温馨提示

关键字的位置可以用偏移量来表示，负数表示向左移，正数表示向右移。偏移量单位为像素。

（二）定义报表公式

1. 引导输入单元公式

（1）选中 C4 单元格，执行"数据—编辑公式—单元公式"命令，或者单击工具栏上的"ƒx"按钮，弹出"定义公式"对话框，如图 4-34 所示。

图 4-34　定义公式-1

（2）单击"函数向导"，在"函数向导"对话框选择"用友账务函数"中的"发生(FS)"函数，点击"下一步"按钮，如图 4-35 所示。

（3）在函数录入对话框中点击"参照"按钮，如图 4-36 所示。

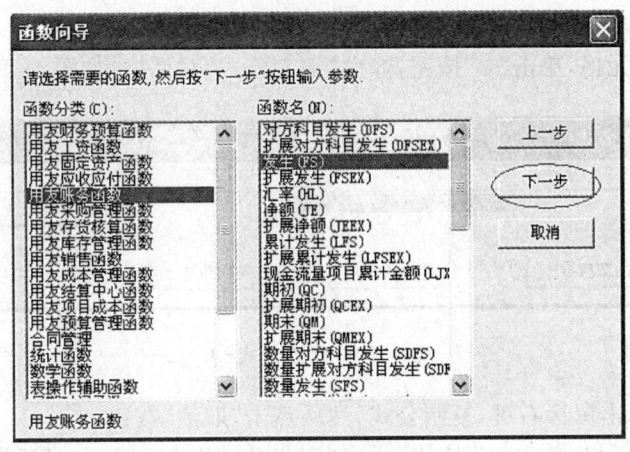

图 4-35 定义公式-2

(4) 选择科目"660301",点击"确定"按钮,如图 4-37 所示。

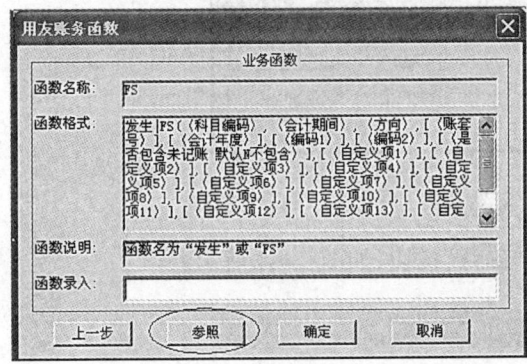

图 4-36 定义公式-3

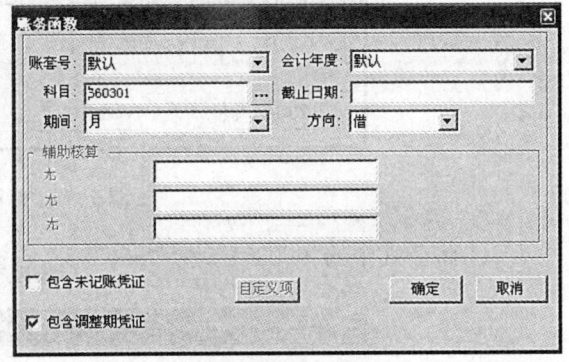

图 4-37 定义公式-4

(5) 回到上一级窗口,点击"确定"按钮。

(6) 同理,输入 D4 单元格的公式,选用"用友账务函数"中的"累计发生(LFS)"函数,如图 4-38 所示。

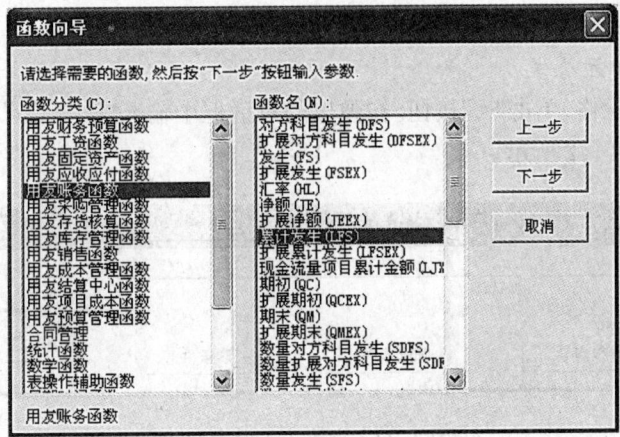

图 4-38 定义公式-5

2. 修改单元公式

(1) 选择 C4 单元格,单击"fx"按钮,弹出"定义公式"对话框,如图 4-39 所示。

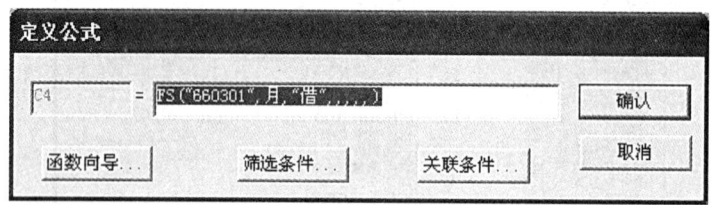

图 4-39　修改公式-1

(2) 在公式处单击鼠标右键,复制公式,然后点击"取消"按钮。

(3) 选择 C5 单元格,单击"fx"按钮,弹出"定义公式"对话框,在对话框里粘贴该公式,如图 4-40 所示。

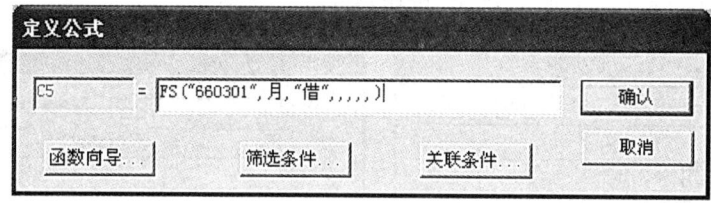

图 4-40　修改公式-2

(4) 将公式中的"660301"改为"660302",点击"确认"按钮,如图 4-41 所示。

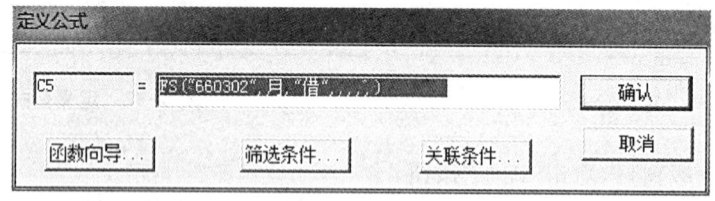

图 4-41　修改公式-3

(5) 同理,输入 D5 单元格的公式。

(三) 直接输入单元公式

(1) 选择 C6 单元格,单击"fx"按钮,在弹出的对话框中输入"C4+C5"(不区分大小写),点击"确认"按钮,如图 4-42 所示。

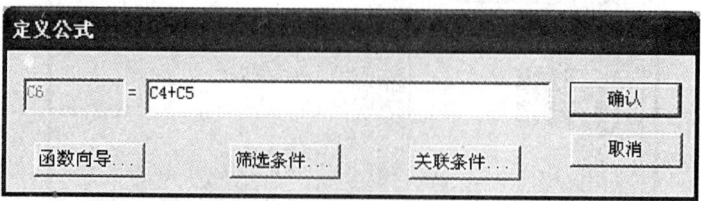

图 4-42　直接输入公式-1

(2) 同理，输入 D6 单元格公式为“D4+D5”，如图 4-43 所示。

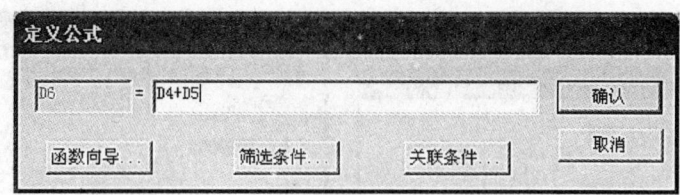

图 4-43　直接输入公式-2

(四) 增加表页

(1) 切换到“数据”状态。

(2) 执行“编辑—追加—表页”命令，打开“追加表页”对话框。

(3) 输入需要增加的表页数“2”，单击“确认”按钮。

(五) 输入关键字

(1) 切换到第 1 页。

(2) 执行“数据—关键字—录入”命令，按照图 4-44录入关键字。

(3) 系统弹出提示信息“是否重算第一页?”点击“是”按钮，其结果如图 4-45 所示。

(4) 切换到第 2 页，录入关键字，生成青岛华阳汽车部件有限公司 2014 年 2 月份的报表，如图 4-46所示。

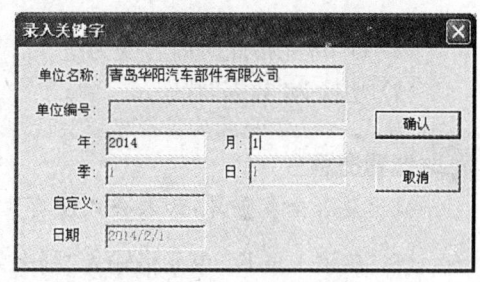

图 4-44　输入关键字

	A	B	C	D
1	财务费用明细表			
2	单位名称:青岛华阳汽车部件有限公司2014年1月单位:元			
3	项目	行次	本月数	本年数
4	利息费用	1	800.00	800.00
5	汇兑损益	2	-3000.00	-3000.00
6	合计	3	-2200.00	-2200.00
7				制表

图 4-45　生成 1 月份的财务费用明细表

	A	B	C	D
1	财务费用明细表			
2	单位名称:青岛华阳汽车部件有限公司2014年2月单位:元			
3	项目	行次	本月数	本年数
4	利息费用	1		800.00
5	汇兑损益	2		-3000.00
6	合计	3		-2200.00
7				制表

图 4-46　生成 2 月份的财务费用明细表

温馨提示

因为 2 月份没有发生业务，所以本月数为 0，本年数等于 1 月份的数据。

(六) 表页排序

(1) 执行“数据—排序—表页”命令。

(2) 在“表页排序”页面按照第一关键字“月”递减排序，点击“确认”按钮，如图 4-47 所示。

(3) 排序后第 1 页为 2 月份报表，第 2 页为 1 月份报表。

(七) 录入制表人

1 月份制表人为宋俊，2 月份制表人为刘梅。

(1) 切换成格式状态。

(2) 选中 D7 单元格，执行“格式—单元属性”命令，在“单元类型”选项卡中选择“字符”型，点击"确定"按钮,如图4-48所示。

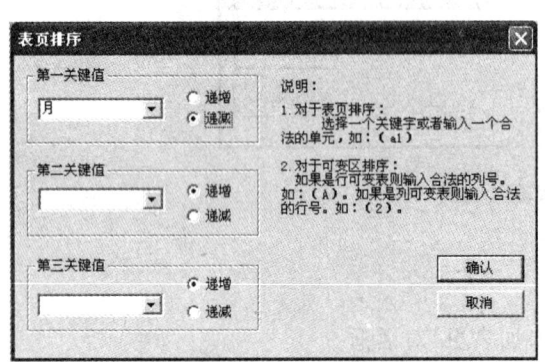

图4-47 表页排序

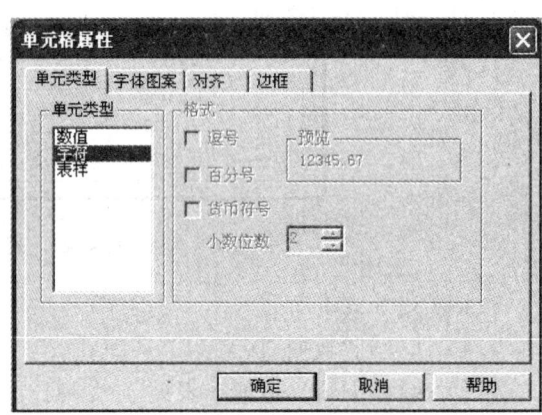

图4-48 修改单元格属性

（3）D7单元格此时内容变为空。

（4）切换为"数据"状态。

温馨提示

提示是否全表重算,如果公式没有变化,不需要重新计算,就点击"否"即可。

（5）在第1页D7单元格输入"制表人:刘梅"。

（6）在第2页D7单元格输入"制表人:宋俊"。

温馨提示

如果想在不同表页中显示不同的文字,可先将单元格设置为字符型,然后再在数据状态下输入文字。

（八）保存报表

将所生成的报表保存为:"财务费用明细表.rep"。

项目 5

薪资主管岗位实务操作

能力目标	1. 能够进行薪资系统的初始化设置,包括建立薪资账套、设置基础信息、增加人员档案等。 2. 能够进行薪资系统的日常业务处理,包括正式人员和临时人员的工资数据变动、工资分摊等。 3. 能够进行薪资的月末结账等业务处理。
知识目标	1. 掌握薪资管理系统的功能以及与其他系统的关系。 2. 理解薪资管理系统初始化设置的意义,熟悉初始化设置的操作方法。 3. 熟悉薪资管理系统日常业务处理的流程和操作方法。 4. 掌握薪资管理系统月末处理的流程和操作方法。
素质目标	1. 培养学生严谨的工作态度。 2. 培养学生自主学习能力。 3. 提升学生沟通技巧和合作能力。

任务 5.1 认识薪资管理

一、任务布置

【任务 5-1】 认识薪资管理系统

(1) 以账套主管刘梅的身份完成如下工作:

启用用友 ERP-U8 V10.1 管理软件的薪资管理模块和计件工资管理模块。

(2) 以薪资主管 005 赵芳的身份完成如下工作:

其一,建立工资账套,参数如下:

工资类别个数:多个;核算币种:人民币 RMB;核算计件工资;要求代扣个人所得税;不进行扣零处理。

其二，查看薪资管理系统各项功能。

(3) 以小组为单位进行讨论，并回答下列问题：

其一，薪资管理都有哪些功能？

其二，薪资管理可否支持多个工资类别的核算，以及多次发放工资是否可以实现？

其三，薪资管理与其他系统的主要关系有哪些？

二、知识链接

薪资管理系统适用于各类企业、行政事业单位进行工资核算、工资发放、工资费用分摊、工资统计分析和个人所得税核算等。它可以与总账系统集成使用，将工资凭证传递到总账中；可以与成本管理系统集成使用，为成本管理系统提供人员的费用信息。

(一) 薪资管理系统主要功能

1. 初始设置

(1) 设置人员附加信息。

(2) 设置工资类别适用部门(多工资类别)。

(3) 设置工资人员档案。

(4) 设置多次发放。

(5) 自定义工资项目及计算公式。

(6) 设置工资项目从人事系统获取数据的取数公式。

(7) 提供多工资类别核算、工资核算币种、扣零处理、个人所得税扣税处理等账套参数设置。

2. 业务处理

(1) 工资数据变动：进行工资数据的变动、汇总处理，支持多套工资数据的汇总。

(2) 工资分钱清单：提供部门分钱清单、人员分钱清单、工资发放取款单。

(3) 工资分摊：月末自动完成工资分摊、计提、转账业务，并将生成的凭证传递到总账系统。

(4) 银行代发：灵活的银行代发功能，预置银行代发模板，适用于由银行发放工资的企业，可实现在同一工资账中的人员由不同的银行代发工资，以及多种文件格式的输出。

(5) 扣缴所得税：提供个人所得税自动计算与申报功能。

3. 统计分析报表业务处理

(1) 提供按月查询凭证的功能。

(2) 提供工资表：工资发放签名表、工资发放条、工资卡、部门工资汇总表、人员类别汇总表、条件汇总表、条件明细表、条件统计表、多类别工资表等。

(3) 提供工资分析表：工资项目分析表、工资增长分析、员工工资汇总表、按月分类统计表、部门分类统计表、按项目分类统计表、员工工资项目统计表、分部门各月工资构成分析表、部门工资项目构成分析表等。

(二) 薪资管理的业务处理流程

1. 新用户的操作流程

采用多工资类别核算的企业，第一次启用薪资管理系统，应该按图 5-1 所示步骤进行操作。

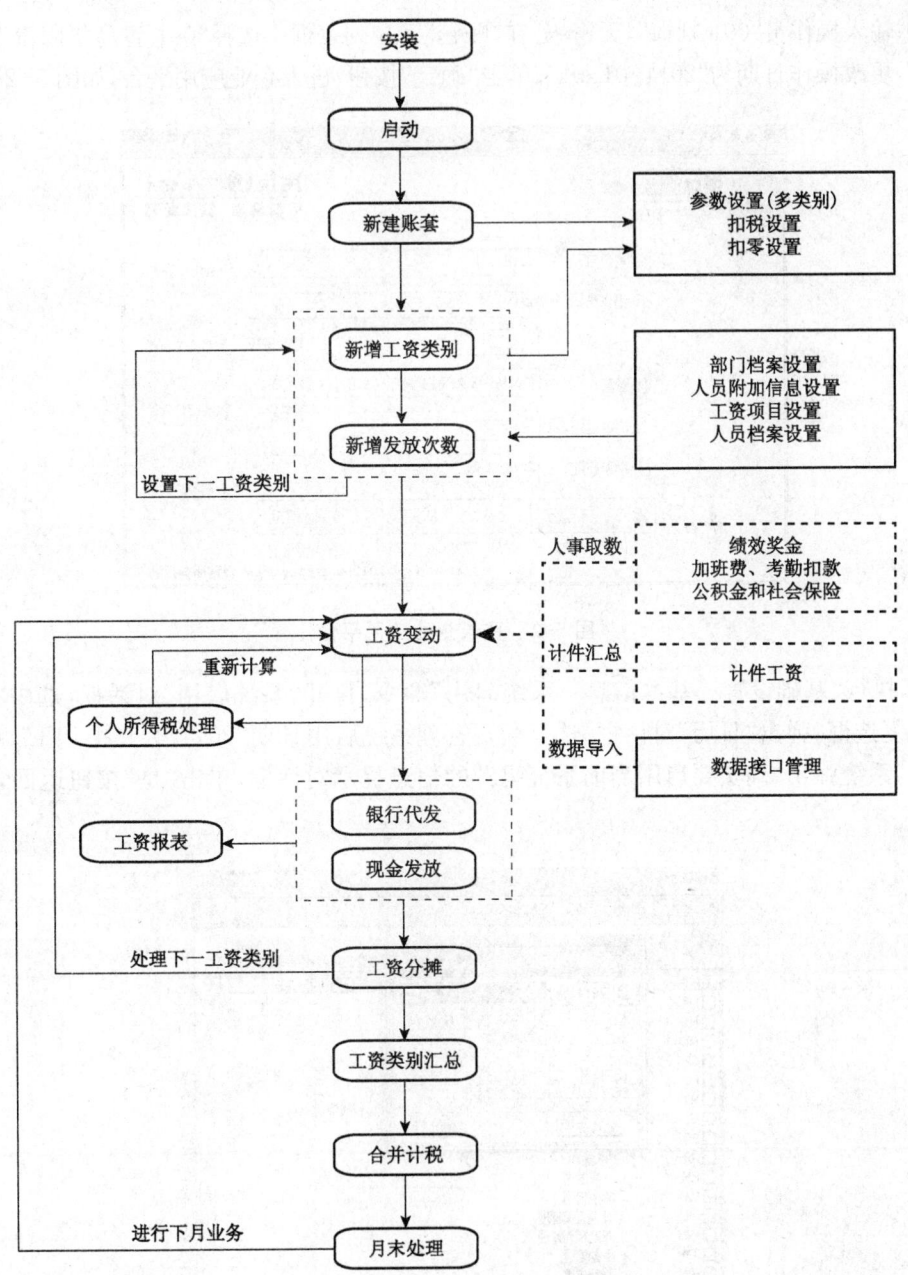

图 5-1 新用户薪资业务处理流程图

2. 老用户的操作流程

如果已经使用薪资管理系统,到了年末,应进行数据的结转,以便开始下一年度的工作。

三、操作指导

【准备工作】 引入"[任务 3-2]总账管理系统初始设置"账套。
1. 账套主管在企业应用平台中启用薪资管理系统和计件工资管理系统
(1) 双击"企业应用平台"图标,打开"登录"对话框。

(2) 输入操作员"001 刘梅",无密码,在"账套"下拉列表框中选择"001 青岛华阳汽车部件有限公司",更改操作日期为"2014-01-01",单击"确定"按钮,进入企业应用平台,如图5-2所示。

图 5-2 登录企业应用平台

(3) 执行"基础设置—基本信息—系统启用"命令,打开"系统启用"对话框,选中"WA 薪资管理"复选框,弹出"日历"对话框,选择薪资管理系统启用日期"2014年1月1日",单击"确定"按钮,系统弹出"确实要启用当前系统吗?"的信息提示对话框,单击"是"按钮返回,如图5-3所示。

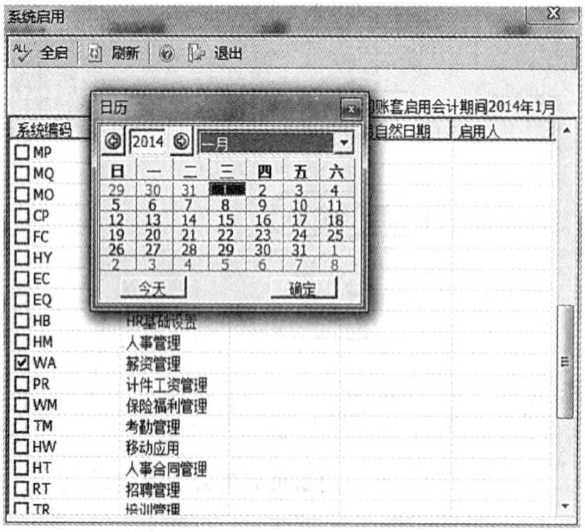

图 5-3 启用薪资管理系统

(4) 同理,启用"PR 计件工资管理系统",启用日期为"2014-01-01"。

2. 薪资主管建立工资账套

(1) 以"005 赵芳"的身份进入企业应用平台,登录日期选择"2014-01-01"。

(2) 执行"业务工作—人力资源—薪资管理"命令,打开"建立工资套"对话框。参数设置如图5-4所示。

项目 5 薪资主管岗位实务操作 | 135

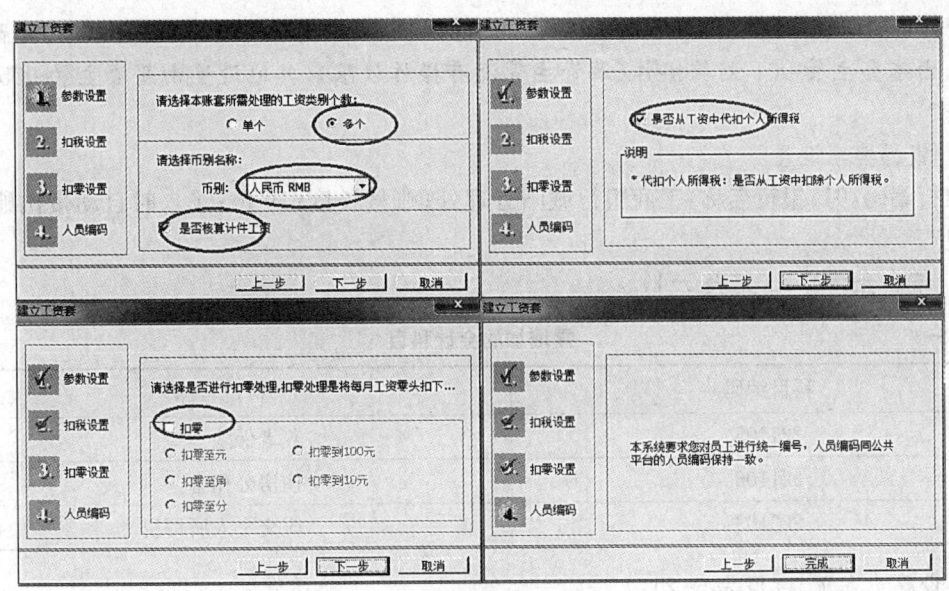

图 5-4 建立工资账套

😊 **温馨提示**

（1）本例中对正式人员和临时人员分别进行核算，所以工资类别应选择"多个"。

（2）计件工资是按计件单价支付劳动报酬的一种形式，因此，在薪资管理系统中对于企业"是否核算计件工资"特别设置了确认选项。在用友 ERP-U8 V10.1 管理软件中，必须启用"计件工资管理系统"，才可以选择"是否核算计件工资"选项，否则不显示该选项。

（3）选择代扣个人所得税后，系统将自动生成工资项目"代扣税"，并自动进行代扣税金的计算。

（4）扣零处理是指每次发放工资时零头扣下，积累取整，与下次工资发放时补上。系统在计算工资时将依据扣零类型（扣零至元、扣零至角、扣零至分、扣零到 100 元、扣零到 10 元）进行扣零计算。用户一旦选择了"扣零处理"，系统自动在固定工资项目中增加"本月扣零"和"上月扣零"两个项目，扣零的计算公式将由系统自动定义，无须设置。

（5）建账完毕后，部分建账参数可以在"设置—选项"中进行修改。"是否核算计件工资"选项不可以修改。

3. 点击查看薪资管理系统各项功能并分组讨论
（1）为什么要建立工资类别？
（2）工资项目需要设置几次？为什么要这样设计？每次设置有何区别？

任务 5.2　薪资管理系统初始设置

一、任务布置

【任务 5-2】 薪资管理系统初始设置

要求：按照以下资料进行薪资管理系统和计件工资管理系统初始设置。"设置银行档案、增加会计科目、为薪资主管赋权、增加临时人员基础档案、设置计件要素、设置工序、设置计件工价",由账套主管001刘梅操作(薪资主管没有操作权限),其他设置由薪资主管005赵芳操作。

1. 银行档案设置

银行编码:01;银行名称:工商银行城阳分理处;账号长度:19位;录入时自动带出账号长度16位。

2. 增加会计科目(见表5-1)

表5-1　　　　　　　　　　需增加的会计科目

科目编码	科目名称
221105	养老保险
221106	住房公积金
222103	应交个人所得税

3. 设置工资项目(见表5-2)

表5-2　　　　　　　　　　需设置的工资项目

项目名称	数字	长度	小数位数	增减项
基本工资	数字	8	2	增项
奖金	数字	8	2	增项
交通补贴	数字	8	2	增项
应发合计	数字	10	2	增项
养老保险	数字	8	2	减项
住房公积金	数字	8	2	减项
请假扣款	数字	8	2	减项
扣款合计	数字	10	2	增项
实发合计	数字	10	2	增项
代扣税	数字	10	2	减项
请假天数	数字	8	2	其他
应发工资	数字	8	2	其他

4. 设置工资类别

(1) 工资类别1:正式人员。

新建工资类别为"正式人员";部门选择为"所有部门"。所设置的人员档案如表5-3所示。

表5-3　　　　　　　　　　人员档案

人员编号	人员姓名	人员类别	行政部门	账号	是否计税	核算计件工资
01	李成	管理人员	总经理办公室	6222023803021111801	是	否
02	刘梅	管理人员	财务部	6222023803021111802	是	否

(续表)

人员编号	人员姓名	人员类别	行政部门	账号	是否计税	核算计件工资
03	姜 涛	管理人员	财务部	6222023803021111803	是	否
04	张 玲	管理人员	财务部	6222023803021111804	是	否
05	宋 俊	管理人员	财务部	6222023803021111805	是	否
06	赵 芳	管理人员	财务部	6222023803021111806	是	否
07	张亚洲	管理人员	财务部	6222023803021111807	是	否
08	蓝 玉	管理人员	财务部	6222023803021111808	是	否
09	王林生	管理人员	财务部	6222023803021111809	是	否
10	周 群	销售人员	销售一部	6222023803021111810	是	否
11	吴 勇	销售人员	销售二部	6222023803021111811	是	否
12	孙 进	采购人员	采购部	6222023803021111812	是	否
13	陈 清	技术人员	产品研发	6222023803021111813	是	否
14	陈 飞	车间管理	制造车间	6222023803021111814	是	否

注:以上所有人员的代发银行均为工商银行城阳分理处。

工资项目包括:基本工资、奖金、交通补贴、请假扣款、养老保险、住房公积金、请假天数、应发工资等。

计算公式如表5-4所示。

表5-4 计 算 公 式

工资项目	定义公式
请假扣款	基本工资/22＊请假天数
交通补贴	iff(人员类别＝"管理人员"or 人员类别＝"车间管理",500,300)
应发工资	基本工资＋奖金＋交通补贴－请假扣款
养老保险	应发工资＊0.08
住房公积金	应发工资＊0.12

扣税设置如下:纳税依据为"实发合计",扣税基数为3 500,附加费用为1 300。

(2) 工资类别2:临时人员。

新建工资类别为"临时人员";部门选择为"制造部"。所设置的人员档案如表5-5所示。

表5-5 人 员 档 案

人员编号	人员姓名	性别	雇佣状态	人员类别	行政部门	是否操作员/业务员	账号	是否计税	核算计件工资
31	张 成	男	在职	生产人员	制造车间	是	6222023803021111831	是	是
32	王子梅	女	在职	生产人员	制造车间	是	6222023803021111832	是	是

计件要素:工序;标准工序;01 组装;02 加工。

计件工资方案的设置如表 5-6 所示。

表 5-6　　　　　　　　　　　　计件工资方案

工序编号	工时	计件单价(元)
01	组装	30.00
02	加工	25.00

二、操作指导

【任务 5-2】　薪资管理系统初始设置

【准备工作】　引入"[任务 3-2]总账管理系统初始设置"账套。

1. 设置银行档案

(1) 以账套主管 001 刘梅的身份登录企业应用平台,登录日期为"2014-01-01"。

(2) 执行"基础设置—基础档案—收付结算—银行档案"命令,打开"银行档案"对话框。

(3) 单击"增加"按钮,增加"工商银行城阳分理处(01001)",默认个人账号为"定长",账号长度为"19"位,自动带出个人账号长度"16"位,如图 5-5 所示。

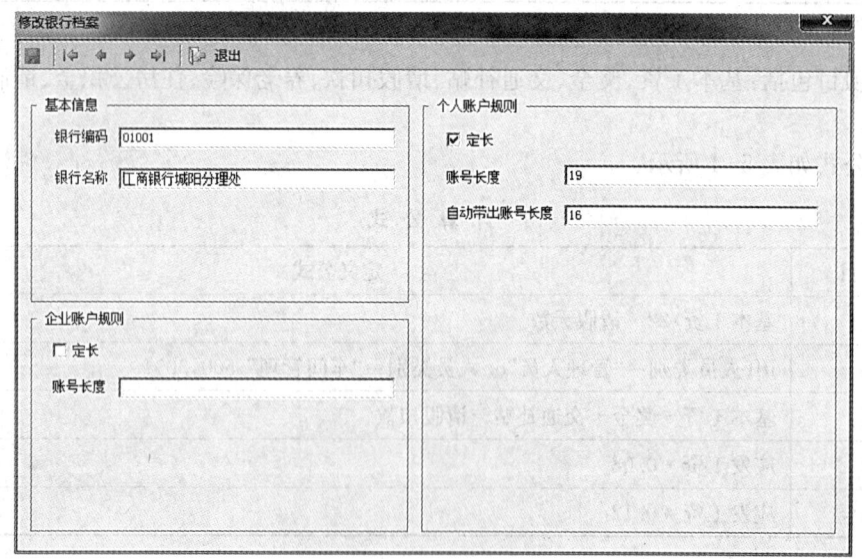

图 5-5　增加银行档案

(4) 单击"保存"按钮,然后退出。

2. 增加会计科目

执行"基础设置—基础档案—财务—会计科目"命令,在"会计科目"窗口中增加资料中要求的会计科目。

3. 设置工资项目

(1) 以薪资主管 005 赵芳的身份登录企业应用平台,登录日期为"2014-01-01"。

(2) 执行"业务工作—人力资源—薪资管理"命令,打开薪资管理系统。

(3) 执行"设置—工资项目设置"命令,打开"工资项目设置"对话框。

(4) 单击"增加"按钮,工资项目列表中增加一空行。

(5) 单击"名称参照"下拉列表框,从下拉列表中选择"基本工资"选项。

(6) 类型、长度、小数、增减项都按默认选项设置,不需修改。

(7) 单击"增加"按钮,增加其他工资项目。

(8) 设置完毕后单击"确定"按钮,系统弹出提示对话框,再次点击"确定"按钮,如图 5-6 所示。

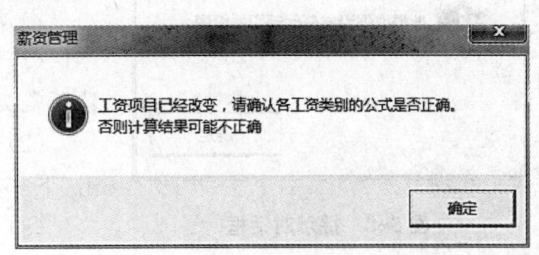

图 5-6 提示对话框

 温馨提示

(1) 系统提供若干常用工资项目供参考,可选择输入。对于参照中未提供的工资项目,可以双击"工资项目名称"一栏直接输入,或先从"名称参照"中选择一个项目,然后单击"重命名"按钮修改为需要的项目。

(2) 表中灰色显示的"应发合计""扣款合计""实发合计"和"代扣税"项目是系统项,无须再添加。

(3) "养老保险""住房公积金""请假扣款"的增减项设置为"减项","请假天数""应发工资"的增减项设置为"其他"。

4. 设置工资类别

1) 建立正式人员工资类别

(1) 在薪资管理系统中,执行"工资类别—新建工资类别"命令,打开"新建工资类别"对话框。

(2) 在文本框中输入第一个工资类别"正式人员",单击"下一步"按钮。

(3) 选中"选定全部部门"按钮,如图 5-7 所示。

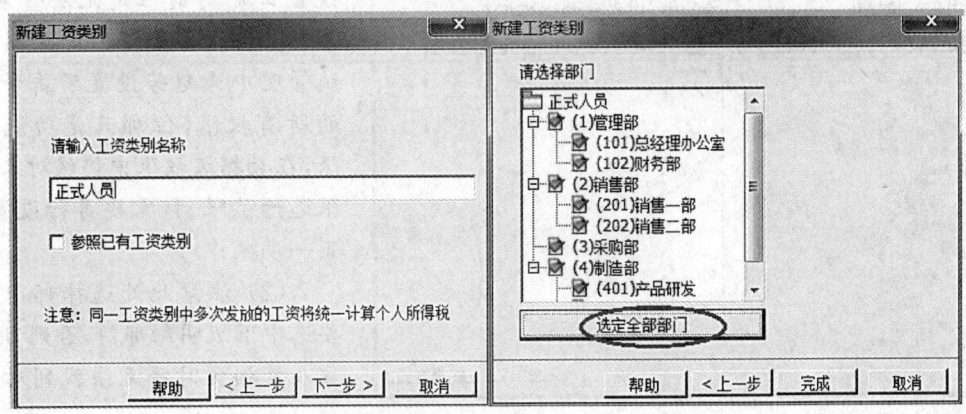

图 5-7 新建正式人员工资类别

(4) 单击"完成"按钮,系统弹出提示信息"是否以 2014-01-01 为当前工资类别的启用日

期?"单击"是"按钮,弹出对话框"此操作员没有任何部门的权限",点击"确定"按钮,如图5-8所示。

2) 建立临时人员工资类别

(1) 执行"工资类别—新建工资类别"命令,打开"新建工资类别"对话框,如图5-9所示。

(2) 在文本框中输入第二个工资类别"临时人员",单击"下一步"按钮。

(3) 选取"制造部"及其下属部门。

(4) 单击"完成"按钮,系统弹出提示信息"是否以2014-01-01为当前工资类别的启用日期?"单击"是"按钮,返回薪资管理系统。

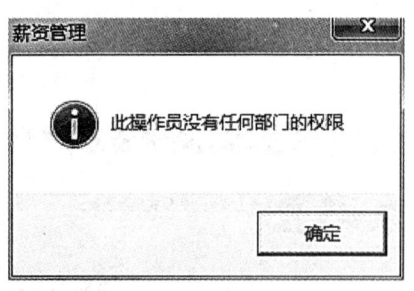

图5-8 提示对话框

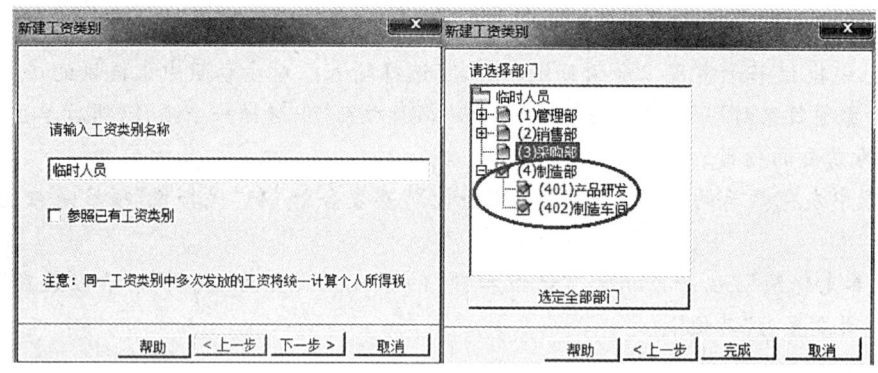

图5-9 新建临时人员工资类别

温馨提示

(1) 此时,在薪资管理模块中执行"工资类别—打开工资类别"命令,发现无刚才所建工资类别,也就是说此处虽然赵芳可以设置工资类别但是无法查看,如图5-10所示。其原因是虽然在系统管理中为赵芳设置了薪资模块的所有权限,但那只是功能级权限,在数据级权限中仍然对工资权限进行了限制,需要再行设置(见下一步操作)。

(2) 注意此处选择部门一定要选中下级明细部门,否则日后建立人员档案时将无法找到对应的部门。

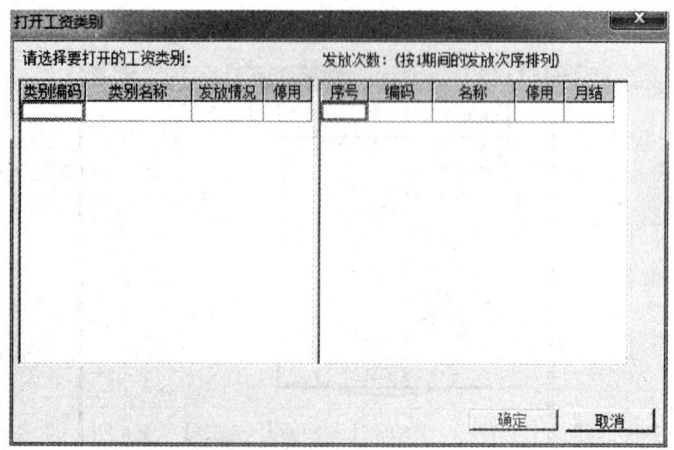

图5-10 打开工资类别

5. 为薪资主管赋权

(1) 以账套主管001刘梅的身份登录企业应用平台,登录日期为"2014-01-01"。

(2) 执行"系统服务—权限—数据权限分配"命令,打开"权限浏览"窗口。

(3) 选择"005 赵芳",在"业务对象"下拉框中选择"工资权限",单击"授权"按钮,打开"记录权限设置"对话框,选中"001 正式人员"之前的"工资类别主管",点击"保存"按钮,如图 5-11 所示。系统弹出对话框提示"保存成功,重新登录门户,此配置才能生效!"点击"确定"按钮。

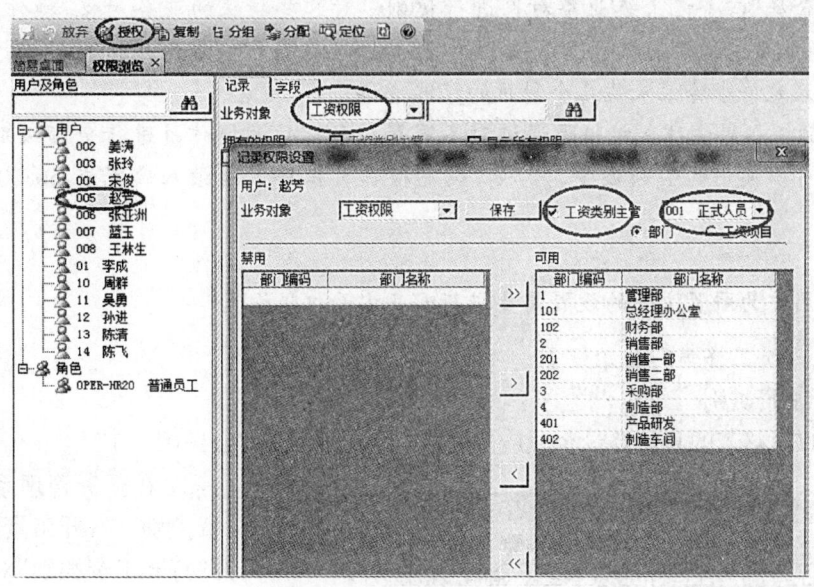

图 5-11　设置数据权限-1

(4) 同理,选中"002 临时人员"之前的"工资类别主管",点击"保存"按钮,如图 5-12 所示。

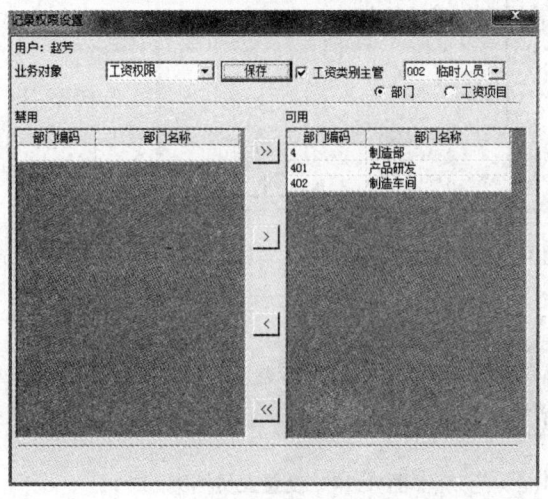

图 5-12　设置数据权限-2

😊 温馨提示

为了适应企业精细管理的需求,用友 ERP-U8 V10.1 管理软件提供了三种不同层次的权限管理:

(1) 功能级权限管理。系统管理中提供了对操作员功能级权限的设定,包括各功能模块相关业务的权限。例如,设定张玲具有总账模块的所有权限。功能级权限的设置在[任务2-2]中已经详细介绍。

(2) 数据级权限管理。该权限提供了记录和字段两方面的控制。系统默认对"科目、工资权限、用户、仓库"四个记录级业务对象进行控制。对这些特殊的业务对象,操作员要进行操作,除了对操作员进行功能级权限赋权之外,还必须要在数据级权限中进行设置。例如,可以精细控制到只允许张玲录入某几个科目的记账凭证。

(3) 金额级权限管理。该权限通过对不同岗位和职位的操作员进行金额级别控制,限制他们制单时可以使用的金额数量。例如,设定操作员张玲只能录入金额在 50 000 元以下的凭证。

讨论:
请总结用户为薪资主管的设置需要进行哪几方面权限设置?

6. 正式人员工资类别初始设置

1) 打开工资类别

(1) 以 005 赵芳的身份登录企业应用平台,登录日期为"2014-01-01"。

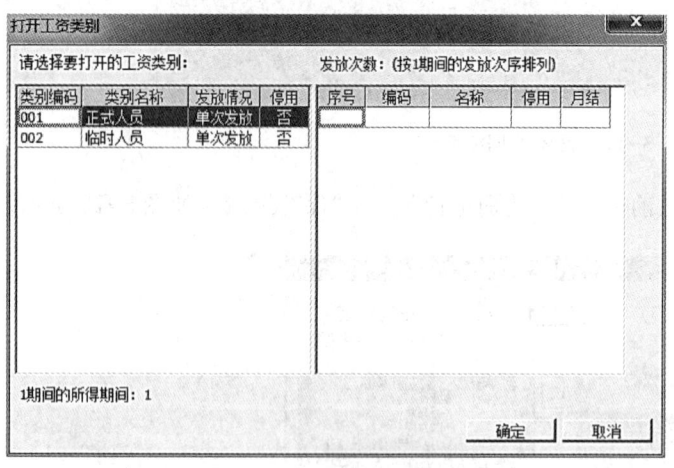

图 5-13 打开工资类别

(2) 在薪资管理系统中,执行"工资类别—打开工资类别"命令,打开"打开工资类别"对话框,选择"001 正式人员"工资类别,单击"确定"按钮,如图 5-13 所示。

2) 设置人员档案

(1) 在薪资管理系统中,执行"设置—人员档案"命令,进入"人员档案"窗口。

(2) 单击工具栏上的"批增"按钮,打开"人员批量增加"对话框,如图 5-14 所示。

(3) 在打开"人员批量增加"对话框中,单击"管理部""销售部"

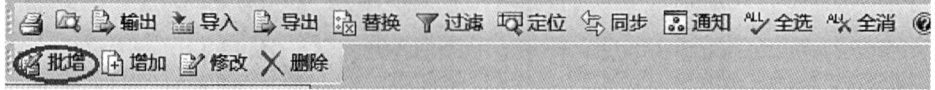

图 5-14 设置人员档案-1

"采购部"和"制造部"前面的选择栏,点击"查询"按钮,所选部门的人员档案出现在右侧列表框中,如图 5-15 所示。

(4) 单击"确定"按钮返回,如图 5-16 所示。

(5) 修改人员档案信息。选择"全选"按钮,单击"修改",弹出"人员档案明细"对话框,如图 5-17 所示。

项目 5 薪资主管岗位实务操作 | 143

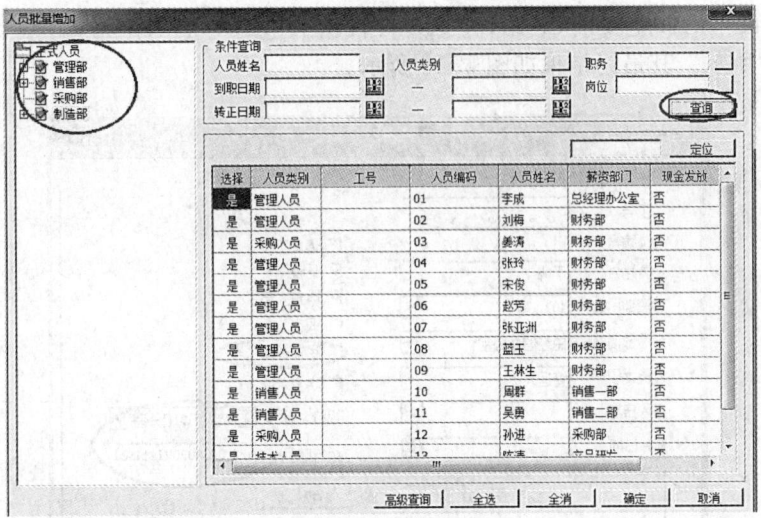

图 5-15 设置人员档案-2

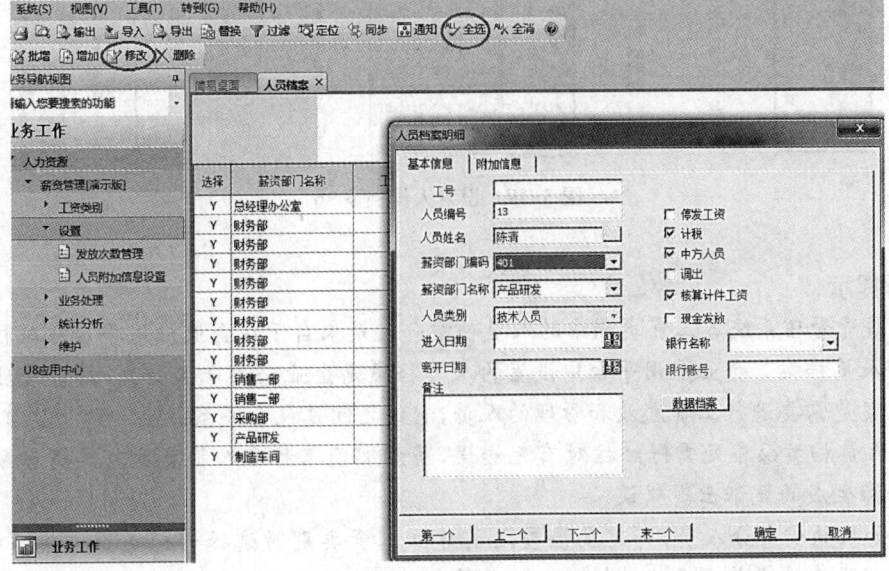

图 5-16 设置人员档案-3

图 5-17 设置人员档案-4

(6) 补充输入银行账号信息，去掉“核算计件工资”选项；然后单击工具栏上的“确定”按钮，如图 5-18 所示。其最终结果如图 5-19 所示。

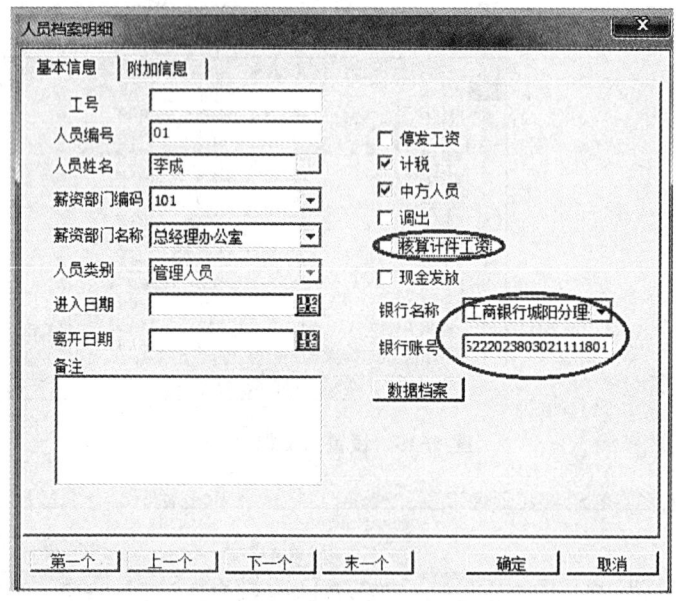

图 5-18　设置人员档案-5

人员档案

选择	薪资部门名称	工号	人员编号	人员姓名	人员类别	账号	中方人员	是否计税	工资停发	核算计件工资	现金发放
	总经理办公室		01	李成	管理人员	6222023803021111801	是	是	否	否	否
	财务部		02	刘梅	管理人员	6222023803021111802	是	是	否	否	否
	财务部		03	姜涛	管理人员	6222023803021111803	是	是	否	否	否
	财务部		04	张玲	管理人员	6222023803021111804	是	是	否	否	否
	财务部		05	宋俊	管理人员	6222023803021111805	是	是	否	否	否
	财务部		06	赵芳	管理人员	6222023803021111806	是	是	否	否	否
	财务部		07	张亚洲	管理人员	6222023803021111807	是	是	否	否	否
	财务部		08	蓝玉	管理人员	6222023803021111808	是	是	否	否	否
	财务部		09	王林生	管理人员	6222023803021111809	是	是	否	否	否
	销售一部		10	周群	销售人员	6222023803021111810	是	是	否	否	否
	销售二部		11	吴勇	销售人员	6222023803021111811	是	是	否	否	否
	采购部		12	孙进	采购人员	6222023803021111812	是	是	否	否	否
	产品研发		13	陈清	技术人员	6222023803021111813	是	是	否	否	否
	制造车间		14	陈飞	车间管理	6222023803021111814	是	是	否	否	否

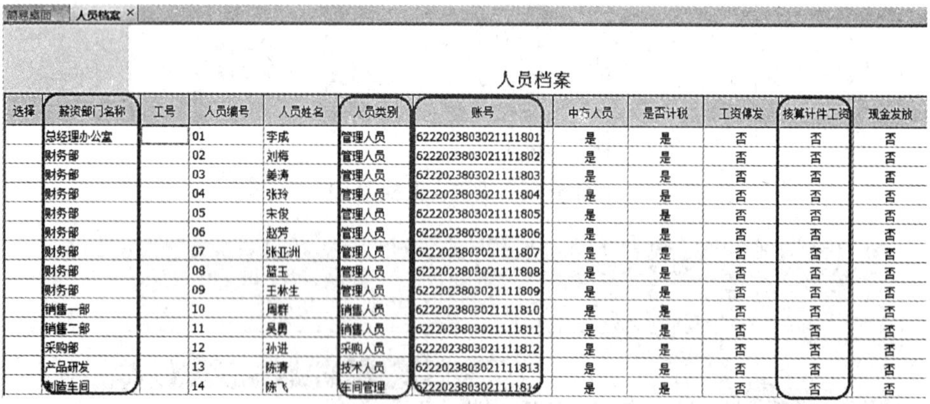

图 5-19　设置人员档案-6

温馨提示

(1) 薪资管理系统各工资类别中的人员档案一定是来自于在企业应用平台基础档案设置中设置的人员档案。企业应用平台中设置的人员档案是企业全部职工信息，薪资管理系统中的人员档案是需要进行工资发放和管理的人员，它们之间是包含关系。

(2) 人员档案画框处需仔细核对有无错误，薪资部门名称和人员类别有误将导致日常业务工资分摊生成的凭证出现错误。

(3) 如果缺少部分人员，一定要检查之前建立工资类别时选择部门是否选中下级部门。有可能部门没有选择导致无法选择该部门人员。

3) 选择工资项目

(1) 在"正式人员"工资类别中,执行"设置—工资项目设置"命令,打开"工资项目设置"对话框。

(2) 打开"工资项目设置"选项卡,单击"增加"按钮,在工资项目列表中增加一空行。

(3) 单击"名称参照"下拉列表框,从下拉列表中选择"基本工资"选项,工资项目名称、类型、长度、小数、增减项都自动带出,不能修改。

(4) 单击"增加"按钮,按照实验资料增加其他工资项目。

(5) 所有项目增加完成后,单击"工资项目设置"对话框上的"上移"和"下移"按钮,安装实验资料所给顺序调整工资项目的排列位置。最终结果如图 5-20 所示(其他项置于这些项目之后)。

工资项目名称	类型	长度	小数	增减项
基本工资	数字	8	2	增项
奖金	数字	8	2	增项
交通补贴	数字	8	2	增项
应发合计	数字	10	2	增项
请假扣款	数字	8	2	减项
养老保险	数字	8	2	减项
住房公积金	数字	8	2	减项
代扣税	数字	10	2	减项
扣款合计	数字	10	2	减项
实发合计	数字	10	2	增项
请假天数	数字	8	2	其他
应发工资	数字	8	2	其他

图 5-20　工资项目排序

😊 **温馨提示**

(1) 我们发现未打开工资类别时设置的工资项目和在工资类别中设置的工资项目是包含与被包含的关系。前者是整个工资账套中都可能会用到的项目;而后者只是某个工资类别需要设置的项目,从前者设置的项目中选取即可,不能自行设置,也不能重复选择(不同工资类别中项目可重复)。不能删除已输入数据的工资项目和已设置计算公式的工资项目。

(2) 最后一步请对照检查增减项是否正确,增减项设置错误会导致后期工资变动数据有误。如果此处检查有误,需要关闭工资类别,回到之前"工资项目设置"处进行调整。

4) 设置计算公式

公式一:请假扣款=基本工资÷22×请假天数

(1) 在"工资项目设置"对话框中,打开"公式设置"选项卡,如图 5-21 所示。

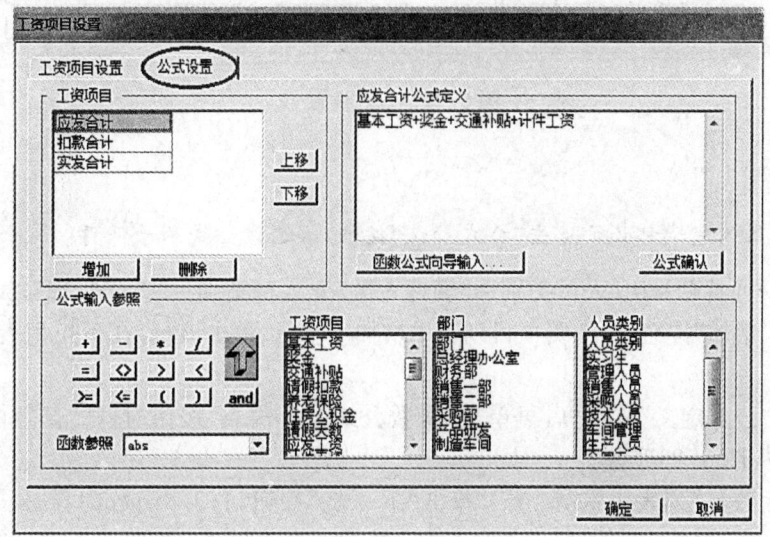

图 5-21　公式设置-1

（2）点击查看已有的工资项目"应发合计""扣款合计"和"实发合计"，可知"应发合计"为所有增项项目之和，"扣款合计"为所有减项项目之和，"实发合计"为"应发合计"减去"扣款合计"。

温馨提示

最初建立工资账套之时选择了"核算计件工资"，系统便自带"计件工资"项目，不可删除。但是设置正式人员档案时选择了"不核算计件工资"，因此正式人员中计件工资项目不需录入数据。

（3）单击"增加"按钮，在工资项目列表中增加一空行，单击该行，在下拉列表中选择"请假扣款"选项。

（4）单击"公式定义"文本框，选择工资项目列表中的"基本工资"。

（5）单击运算符"/"，在"/"后单击，输入数字22，单击运算符"*"，选择工资项目列表中的"请假天数"，最后单击"公式确认"按钮，如图5-22所示。

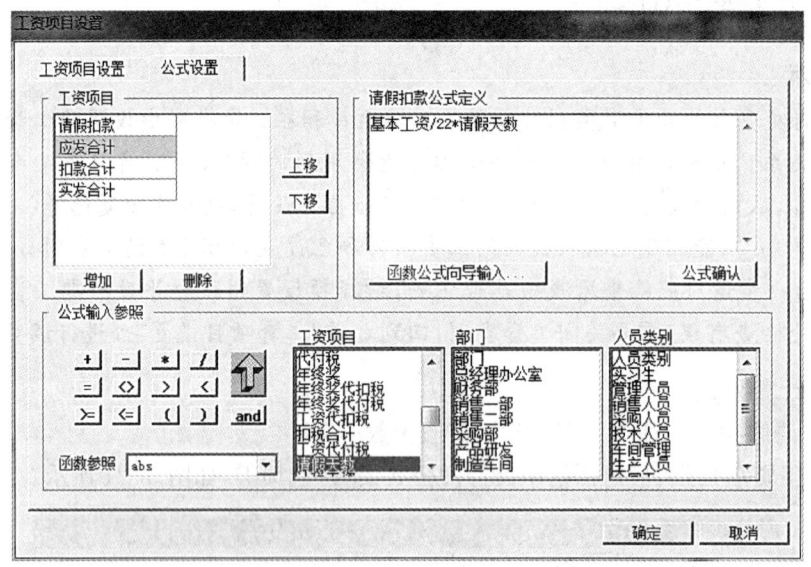

图5-22　公式设置-2

温馨提示

每个公式录入完毕都必须点击"公式确认"按钮，否则该公式不予保存。

公式二：交通补贴＝iff(人员类别＝"管理人员"or人员类别＝"车间管理",500,300)

（1）单击"增加"按钮，在工资项目列表中增加一空行，单击该行，在下拉列表框中选择"交通补贴"选项。

（2）单击"公式定义"文本框，再单击"函数公式向导输入"按钮，打开"函数向导——步骤之1"对话框，如图5-23所示。

（3）从"函数名"列表中选择"iff"，单击"下一步"按钮，打开"函数向导——步骤之2"对话框。

(4)单击"逻辑表达式"的" "按钮,打开"参照"对话框,从"参照列表"下拉列表框中选择"人员类别"选项,从下面的列表中选择"管理人员",单击"确定"按钮,如图5-24所示。

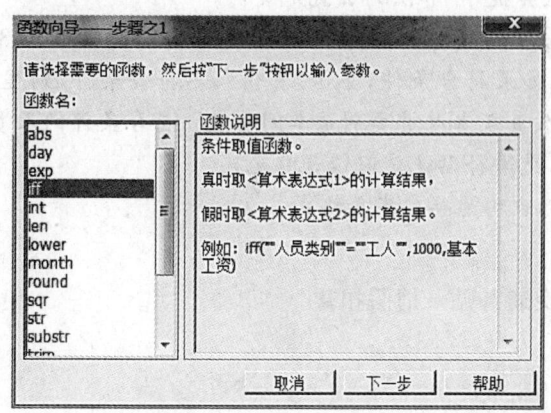

图 5-23 公式设置-3　　　　　图 5-24 公式设置-4

(5)在"逻辑表达式"文本框中的公式后单击鼠标,输入空格,输入"or"后,再次输入空格,依然单击" "按钮,出现"参照"对话框;从"参照列表"下拉列表框中选择"人员类别"选项,从下面的列表中选择"车间管理",单击"确定"按钮,返回"函数向导——步骤之2"对话框。

(6)在"算术表达式1"文本框处填入数字"500",在"算术表达式2"文本框处填入数字"300",单击"完成"按钮,如图5-25所示。

(7)最后,单击"公式确认"按钮,如图5-26所示。

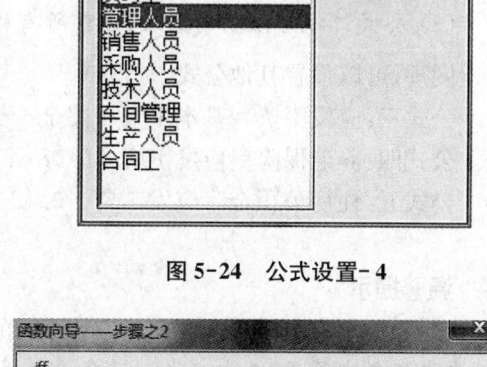

图 5-25 公式设置-5

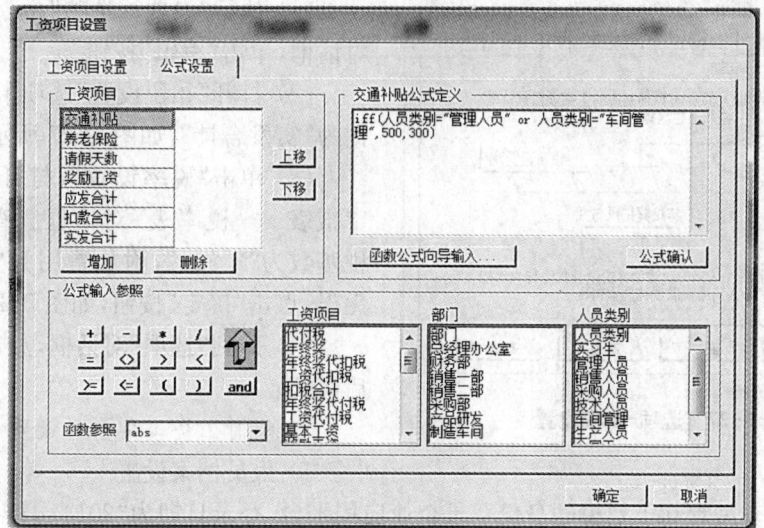

图 5-26 公式设置-6

温馨提示

（1）在"or"前后应有空格，否则公式确认会提示"非法的公式定义"。

（2）公式二的含义为：管理人员和车间管理的交通补贴为500元，其余人交通补贴为300元。iff函数的格式为iff(条件,真值,假值)，如果符合条件，显示"真值"，不符合条件，则显示"假值"。本任务中条件是"人员类别是管理人员或者人员类别是车间管理"，符合条件的人员，交通补贴是真值500元，不符合条件的人员，交通补贴就是假值300元)。

（3）公式二也可以手动输入，注意所有标点均为英文半角格式。

同理，可以设置其他公式。

公式三：应发工资＝基本工资＋奖金＋交通补贴－请假扣款

公式四：养老保险＝应发工资×0.08

公式五：住房公积金＝应发工资×0.12

温馨提示

（1）"应发工资"和"应发合计"的区别在于，"应发合计"是系统项，默认等于所有增项之和，在本任务中等于"基本工资＋奖金＋交通补贴"，而"应发工资"为"应发合计"再扣除"请假扣款"的数据，"应发工资"为实际应该发给员工的工资。"应发工资"往往作为单位计提职工"五险一金"和工会经费、职工教育经费的基数，可以自行设置。

（2）公式四和公式五工资项目设置的是员工自己承担的那部分养老保险和住房公积金，比例分别是8%和12%。需要企业代扣代缴，因此要在员工工资项目中予以扣除，员工实际到手的工资便是实发合计数。

（3）所有公式设置结束之后，要单击"确定"按钮。

？思考

为什么"应付工资"项目设置为"其他"项，而不是"增项"。

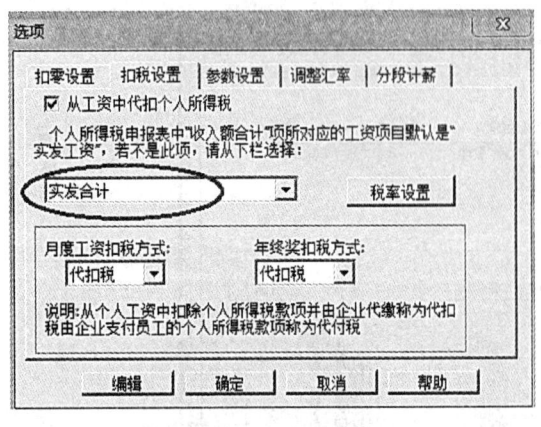

图5-27 选项-扣税设置

5）扣税设置

（1）执行"设置—选项"命令，打开"选项"对话框，单击"编辑"按钮。

（2）打开"扣税设置"选项卡，默认计税依据为"实发合计"，如图5-27所示。

（3）单击"税率设置"，打开"个人所得税申报表——税率表"对话框。查看所得税纳税基数为"3 500"，附加费用为"1 300"，确认无误，点击"确定"按钮，如图5-28所示。

（4）回到"选项"对话框，点击"确定"按钮后离开。

7. 临时工资类别初始设置

1）人员档案设置

（1）以账套主管001刘梅的身份登录企业应用平台，登录日期为"2014-01-01"。

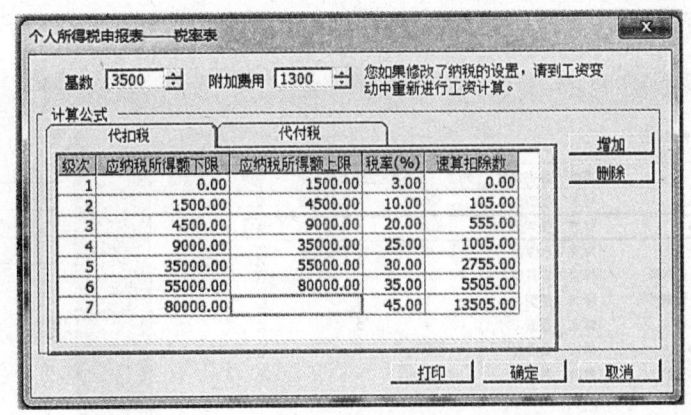

图 5-28 税率表

(2) 执行"基础设置—基础档案—机构人员—人员档案"命令,根据实验资料增加"张成"和"王子梅"两位职工。

(3) 在薪资管理模块中打开"临时人员"工资类别,执行"设置—人员档案"命令,在"人员档案"窗口点击"增加"按钮,依次添加"张成""王子梅"两位职工,并根据资料设置银行名称和账号,如图 5-29 所示。

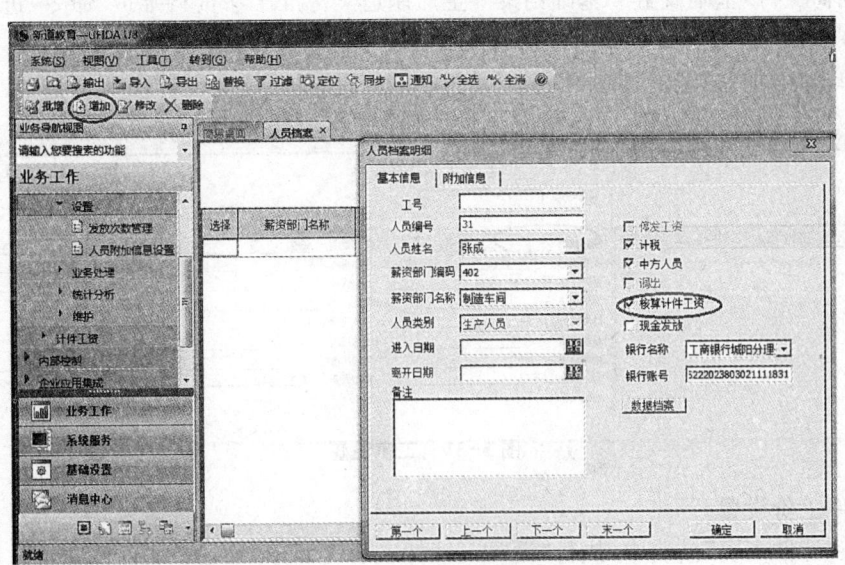

图 5-29 增加临时人员档案

(4) 关闭"人员档案"窗口。

温馨提示

此处本应以薪资主管身份登录薪资管理系统设置"临时人员"人员档案,本任务为了简化工作,直接以账套主管设置,工作中可灵活处理。

2) 计件要素设置

(1) 刘梅打开"计件工资"模块,执行"设置—计件要素设置"命令,打开"计件要素设置"对话框。

（2）查看是否包括“工序”计件要素，并且其状态为“启用”，如图 5-30 所示。

计件要素设置

名称	类型	数据类型	长度	小数位数	参照对象	启用	关联项目
产品	标准	参照型	20	0	产品档案	是	
工序	标准	参照型	12	0	工序档案	是	
设备	标准	参照型	30	0	设备档案	否	
生产订单号	标准	字符型	30	0		否	
生产订单行号	标准	整型	9	0		否	
工序行号	标准	整型	9	0		否	
工价	单价	数值型	12	4		是	
废扣工价	单价	数值型	12	4		是	
合格数量	数量	数值型	12	2		是	
废品数	数量	数值型	12	2		是	
备注	参考	字符型	500	0		否	

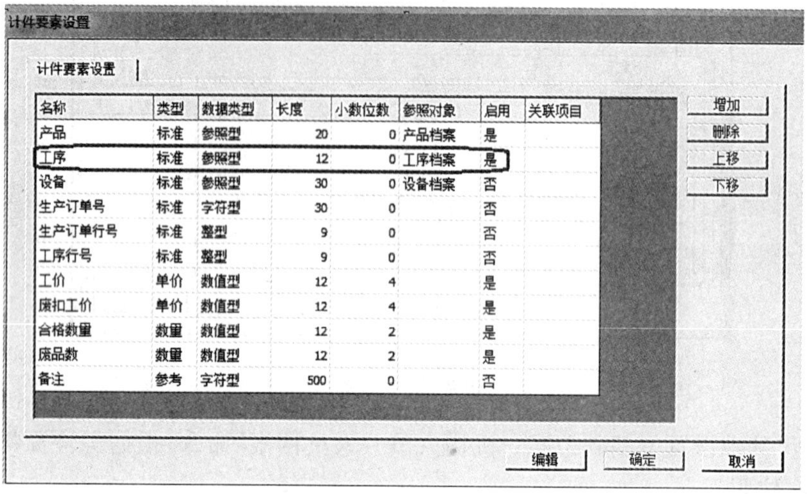

图 5-30　计件要素设置

3）工序设置

（1）刘梅执行“基础设置—基础档案—生产制造—标准工序资料维护”命令，进入“标准工序资料维护”窗口。

（2）单击“增加”按钮，增加“01 组装”和“02 加工”两种工序，如图 5-31 所示。

图 5-31　工序设置

4）计件工价设置

（1）在“计件工资”模块中，执行“设置—计件工价设置”命令，进入“计件工价设置”窗口。

（2）单击“增加”按钮，按实验资料输入计件工价，单击“保存”按钮，如图 5-32 所示。

简易桌面　计件工价设置

计件工价设置

☑ 录入时工价可修改

序号	工序编码	工序	产品编码	产品	工价	废扣工价
1	01	组装			30.0000	0.0000
2	02	加工			25.0000	0.0000

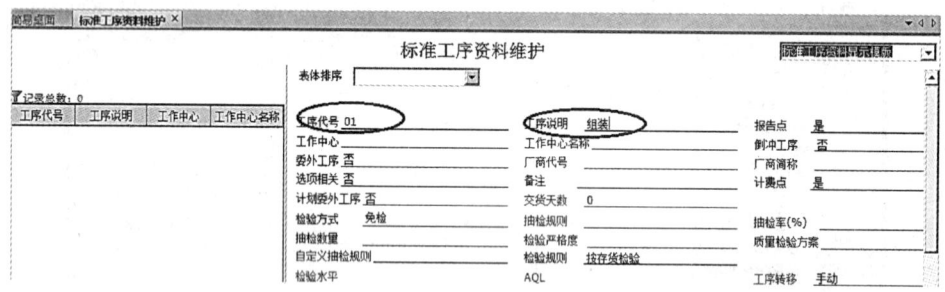

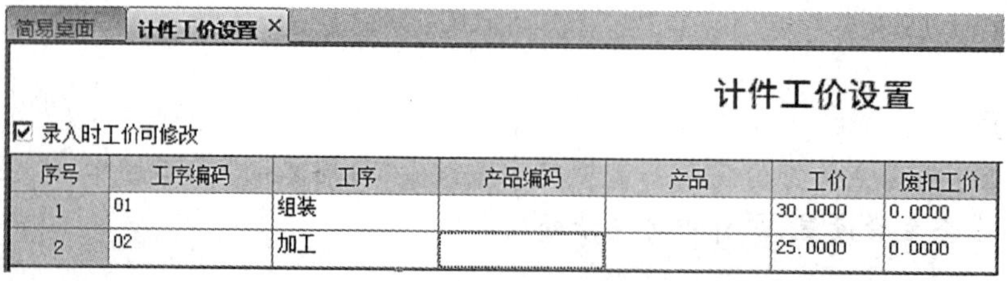

图 5-32　计件工价设置

（3）关闭"计件工价设置"窗口。

任务 5.3　薪资管理系统日常业务处理

一、任务布置

【任务 5-3】 薪资管理系统日常业务处理

要求:按照以下资料进行薪资管理系统日常业务处理。

（一）正式人员工资类别数据

1. 正式人员工资数据（见表 5-7）

表 5-7　　　　　　　　　　　　正式人员工资数据

人员姓名	基本工资（元）	奖金（元）	请假天数（天）
李　成	8 000	500	
刘　梅	5 000	300	
姜　涛	2 500	200	
张　玲	3 500	200	
宋　俊	3 000	200	
赵　芳	3 000	200	
张亚洲	3 000	200	
蓝　玉	3 000	200	
王林生	3 000	200	
周　群	4 500	200	
吴　勇	3 500	200	
孙　进	4 000	200	2
陈　清	3 800	200	
陈　飞	3 500	200	1

2. 2014 年 1 月份工资变动情况

发放奖金情况：因 2013 年销售部推广产品业绩较好，每人增加奖励工资 300 元。

3. 工资分摊

要求 1 月 31 日生成工资分摊凭证。

（1）正式人员养老保险、住房公积金、工会经费的公司和个人承担比例一览表（见表 5-8）。

表 5-8　　　正工人员养老保险、住房公积金、工会经费的公司和个人承担比例一览表

项　　目	公司承担比例	职工个人承担比例	计提基数
养老保险	20%	8%	应发工资
住房公积金	12%	12%	应发工资
工会经费	2%		应发工资

(2) 正式人员计提应付工资构成设置一览表(比例为100%,见表5-9)。

表5-9　　　　　　　　正式人员计提应付工资构成设置一览表

部门名称	人员类别	项目	借方科目	贷方科目
总经理办公室、财务部	管理人员	应发工资	660201	221101
销售一部、销售二部	销售人员	应发工资	6601	221101
采购部	采购人员	应发工资	660201	221101
产品研发	技术人员	应发工资	660201	221101
制造车间	车间管理	应发工资	510101	221101

(3) 正式人员计提工会经费设置一览表(比例为2%,见表5-10)。

表5-10　　　　　　　　正式人员计提工会经费设置一览表

部门名称	人员类别	项目	借方科目	贷方科目
总经理办公室、财务部	管理人员	应发工资	660201	221103
销售一部、销售二部	销售人员	应发工资	6601	221103
采购部	采购人员	应发工资	660201	221103
产品研发	技术人员	应发工资	660201	221103
制造车间	车间管理	应发工资	510101	221103

(4) 正式人员计提公司承担养老保险设置一览表(比例为20%,见表5-11)。

表5-11　　　　　　　正式人员计提公司承担养老保险设置一览表

部门名称	人员类别	项目	借方科目	贷方科目
总经理办公室、财务部	管理人员	应发工资	660201	221105
销售一部、销售二部	销售人员	应发工资	6601	221105
采购部	采购人员	应发工资	660201	221105
产品研发	技术人员	应发工资	660201	221105
制造车间	车间管理	应发工资	510101	221105

(5) 正式人员计提公司承担住房公积金设置一览表(比例为12%,见表5-12)。

表5-12　　　　　　正式人员计提公司承担住房公积金设置一览表

部门名称	人员类别	项目	借方科目	贷方科目
总经理办公室、财务部	管理人员	应发工资	660201	221106
销售一部、销售二部	销售人员	应发工资	6601	221106
采购部	采购人员	应发工资	660201	221106
产品研发	技术人员	应发工资	660201	221106
制造车间	车间管理	应发工资	510101	221106

4. 工资发放

1月31日,发放工资,代扣个人承担养老保险、个人承担住房公积金、个人所得税(计提比例为100%)。正式人员工资发放一览表见表5-13。

表5-13 正式人员工资发放一览表

部门名称	人员类别	项目	借方科目	贷方科目
总经理办公室、财务部	管理人员	实发合计	221101	100201
总经理办公室、财务部	管理人员	养老保险	221101	2241
总经理办公室、财务部	管理人员	住房公积金	221101	2241
总经理办公室、财务部	管理人员	代扣税	221101	222103
销售一部、销售二部	销售人员	实发合计	221101	100201
销售一部、销售二部	销售人员	养老保险	221101	2241
销售一部、销售二部	销售人员	住房公积金	221101	2241
销售一部、销售二部	销售人员	代扣税	221101	222103
采购部	采购人员	实发合计	221101	100201
采购部	采购人员	养老保险	221101	2241
采购部	采购人员	住房公积金	221101	2241
采购部	采购人员	代扣税	221101	222103
产品研发	技术人员	实发合计	221101	100201
产品研发	技术人员	养老保险	221101	2241
产品研发	技术人员	住房公积金	221101	2241
产品研发	技术人员	代扣税	221101	222103
制造车间	车间管理	实发合计	221101	100201
制造车间	车间管理	养老保险	221101	2241
制造车间	车间管理	住房公积金	221101	2241
制造车间	车间管理	代扣税	221101	222103

(二)临时人员工资类别数据

1. 临时人员计件工资统计一览表(见表5-14)

表5-14 临时人员计件工资统计一览表 单位:小时

姓名	日期	组装工时	加工工时
张 成	2014-01-31	180	
王子梅	2014-01-31		200

2. 工资分摊(假设不需要为临时人员计提工会经费,缴纳住房公积金和养老保险)

计提应付工资构成设置一览表(比例为100%)如表5-15所示。

表 5-15　　　　　　　　临时人员计提应付工资构成设置一览表

部门名称	人员类别	项目	借方科目	借方项目大类	借方项目	贷方科目
制造车间	生产人员	应发合计	500102	生产成本	153 中桥	221101

3. 发放工资

1月31日发放工资，代扣个人所得税。工资发放一览表如表 5-16 所示。

表 5-16　　　　　　　　临时人员工资发放一览表

部门名称	人员类别	项目	借方科目	贷方科目
制造车间	生产人员	实发合计	221101	100201
制造车间	生产人员	代扣税	221101	222103

二、知识链接

薪资业务处理的会计分录如下。

（一）计提工资

借：管理费用——工资
　　生产成本——直接人工
　　销售费用——人工费用
　　制造费用——工资
　　在建工程——工资
　　……
　贷：应付职工薪酬——工资

这里的工资数据应当为企业实际应发给员工的工资。如果员工有扣款或罚款，应当是应发工资扣除扣款或罚款之后的实际工资。

（二）计提企业承担的"五险一金"

借：管理费用——工资
　　生产成本——直接人工
　　销售费用——人工费用
　　制造费用——工资
　　在建工程——工资
　　……
　贷：应付职工薪酬——养老保险
　　　　　　　　——医疗保险
　　　　　　　　——生育保险
　　　　　　　　——工伤保险
　　　　　　　　——失业保险
　　　　　　　　——住房公积金

企业承担的"五险一金"是由于雇佣员工产生的，应记入"应付职工薪酬"科目中。在手工系统中，计提"五险一金"的分录只需编制一张凭证，但是在会计信息系统中，由于设置的局限性，需要每个项目分别进行分摊设置。

（三）发放工资，代扣个人养老保费、住房公积金与所得税（一般在下个月发放工资时代扣）

借：应付职工薪酬——工资（应发工资）
　贷：其他应付款——代扣养老保险
　　　　　　　　——代扣医疗保险
　　　　　　　　——代扣失业保险
　　　　　　　　——代扣住房公积金
　　　应交税费——个人所得税
　　　银行存款（实发工资）

在发放工资时，已计提未扣款的社保、税金等款项反映企业和社保局、税务局的代扣代缴债务关系，不应继续在"应付职工薪酬"科目里核算，因此需转出到"其他应付款""应交税费"等科目。生育保险和工伤保险个人不需承担。

发放工资凭证如需工资管理系统中生成，也需要对每个项目分别进行分摊设置。

（四）上缴"五险一金"和个人所得税

借：应付职工薪酬——养老保险
　　　　　　　　——医疗保险
　　　　　　　　——生育保险
　　　　　　　　——工伤保险
　　　　　　　　——失业保险
　　　　　　　　——住房公积金
　　其他应付款——代扣养老保险
　　　　　　　——代扣医疗保险
　　　　　　　——代扣失业保险
　　　　　　　——代扣住房公积金
　　应交税费——个人所得税
　贷：银行存款

😊 温馨提示

新《企业会计准则》所规范的职工薪酬与以往相比，其内涵大为增加，既有传统意义上的工资、奖金、津贴和补贴，也包括以往包含在福利费和期间费用中的职工福利费、工会经费、职工教育经费、各类社会保险（包括养老、医疗、失业、工伤、生育保险等），更是增加了诸如辞退福利、带薪休假等新增的职工薪酬形式，因此企业承担的各项保险和住房公积金等均在"应付职工薪酬"科目反映。但是目前个人承担企业代扣代缴的保险和公积金项目在实务中仍存在争议，大部分企业仍记入"其他应付款"科目核算。

三、操作指导

【任务 5-3】 薪资管理系统日常业务处理

【准备工作】 引入"任务 5.2 薪资管理系统初始设置"账套。

（一）正式人员工资类别日常业务

以薪资主管 005 赵芳的身份登录企业应用平台，登录日期为"2014-01-31"。

1. 输入管理人员基本工资数据

(1) 在“薪资管理”模块中，打开“正式人员”工资类别。

(2) 执行“业务处理—工资变动”命令，进入“工资变动”窗口。

(3) 单击“过滤器”下拉列表框，选择“过滤设置”，打开“项目过滤”对话框，如图 5-33 所示。

(4) 选择“基本工资”“奖金”“请假天数”，点击“＞”按钮，将其拉入“已选项目”，单击“确定”按钮，如图 5-34 所示。

选择	工号	人员编号	姓名	部门	人员类别
		01	李成	总经理办公室	管理人员
		02	刘梅	财务部	管理人员
		03	姜涛	财务部	管理人员
		04	张玲	财务部	管理人员
		05	宋俊	财务部	管理人员
		06	赵芳	财务部	管理人员
		07	张亚洲	财务部	管理人员
		08	蓝玉	财务部	管理人员
		09	王林生	财务部	管理人员
		10	周群	销售一部	销售人员
		11	吴勇	销售二部	销售人员
		12	孙进	采购部	采购人员
		13	陈清	产品研发	技术人员
		14	陈飞	制造车间	车间管理
合计					

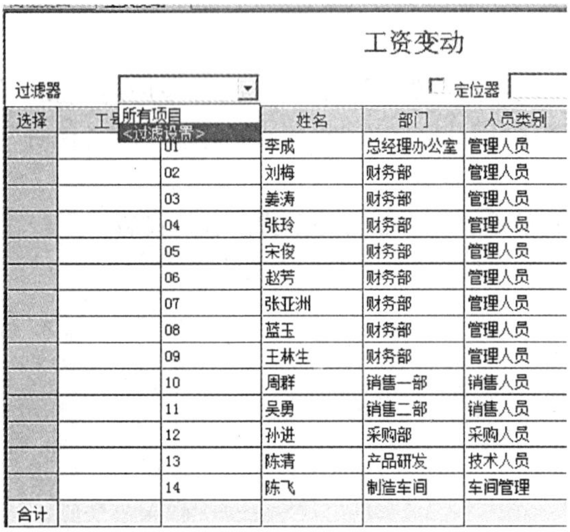

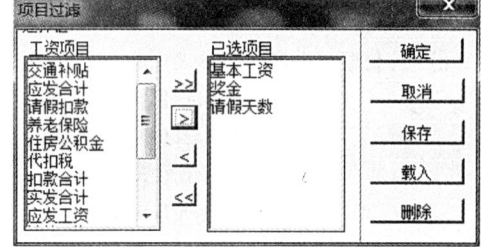

图 5-33 过滤设置-1

图 5-34 过滤设置-2

(5) 按照实验资料输入工资数据，单击“计算”，其他数据自动生成。

温馨提示

这里只需输入没有进行公式设定的项目，如“基本工资”“奖金”和“请假天数”，其余各项由系统根据计算公式自动计算生成。

选择	工号	人员编号	姓名	部门	人员类别	基本工资	奖金
Y		01	李成	总经理办公室	管理人员	8,000.00	500.00
Y		02	刘梅	财务部	管理人员	5,000.00	300.00
Y		03	姜涛	财务部	管理人员	2,500.00	200.00
Y		04	张玲	财务部	管理人员	3,500.00	200.00
Y		05	宋俊	财务部	管理人员	3,000.00	200.00
Y		06	赵芳	财务部	管理人员	3,000.00	200.00
Y		07	张亚洲	财务部	管理人员	3,000.00	200.00
Y		08	蓝玉	财务部	管理人员	3,000.00	200.00
Y		09	王林生	财务部	管理人员	3,000.00	200.00
Y		10	周群	销售一部	销售人员	4,500.00	200.00
Y		11	吴勇	销售二部	销售人员	3,500.00	200.00
Y		12	孙进	采购部	采购人员	4,000.00	200.00
Y		13	陈清	产品研发	技术人员	3,800.00	200.00
Y		14	陈飞	制造车间	车间管理	3,500.00	200.00
合计						53,300.00	3,200.00

图 5-35 替换数据-1

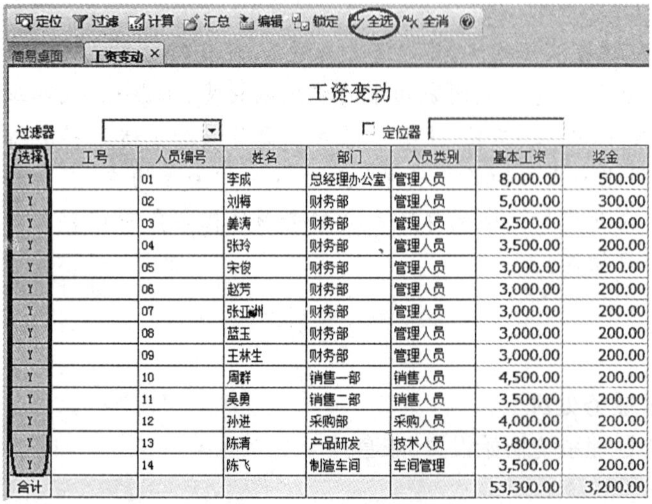

2. 工资变动数据

(1) 在“工资变动”窗口中，单击“全选”按钮，人员前面的“选择”栏出现选中标记“Y”，如图 5-35 所示。

(2) 单击工具栏上的“替换”按钮，单击“工资项目”下拉列表框，从中选择“奖金”选项，在“替换成”文本框中，输入“奖金＋300”。在“替换条件”文本框中分别选择“部门”“＝”和“销售部”，单击“确定”按钮，系统弹出信息提示对话框“数据替换后将不可恢复。是否继续?”单击

"是"按钮，系统自动完成工资计算，如图5-36所示。

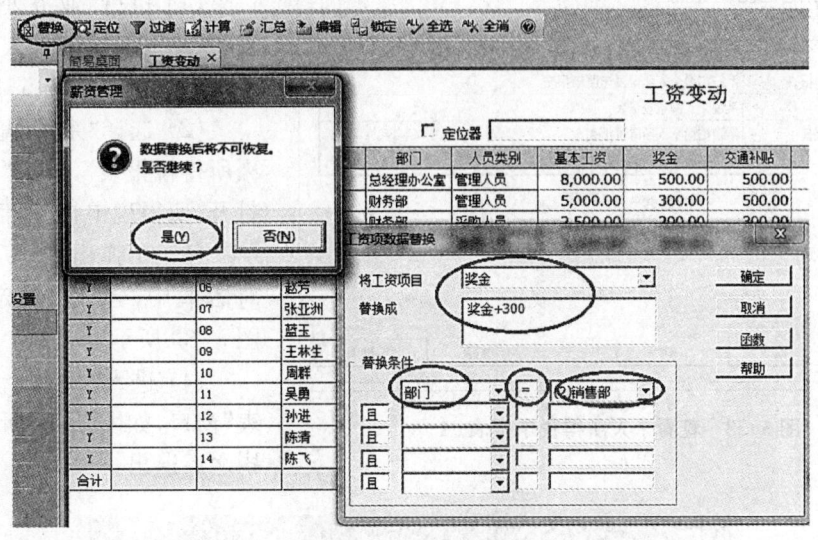

图5-36 替换数据-2

（3）系统弹出提示对话框"有两条记录被替换，是否重新计算？"点击"是"按钮。

（4）数据汇总。在"工资变动"窗口中，单击工具栏上的"汇总"按钮，汇总工资数据。其结果如图5-37所示。

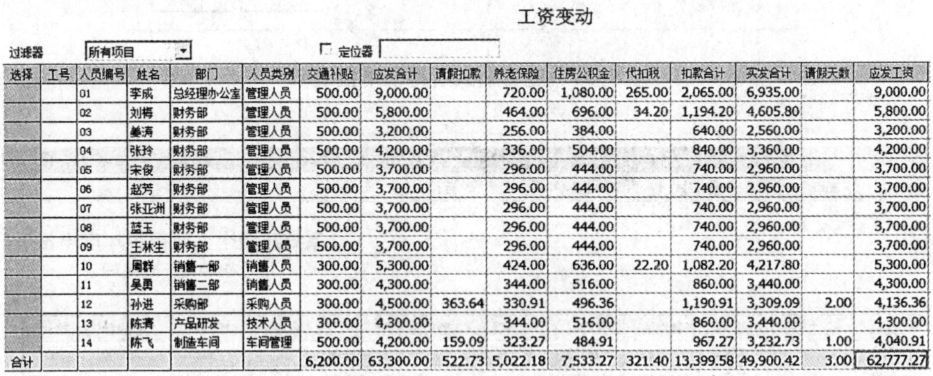

图5-37 工资数据

（5）退出"工资变动"窗口。

 温馨提示

（1）请重点核对图5-37中"应发合计""实发合计""应发工资"等项目的正确性。如有错误，请逐项核对每一条数据。

（2）汇总的重要性：汇总是将工资数据汇总到工资报表中去，必须要汇总才可以进行工资分摊。如果工资数据发生变化，切记要重新汇总，否则工资分摊生成的凭证数据仍是未更新之前的金额。

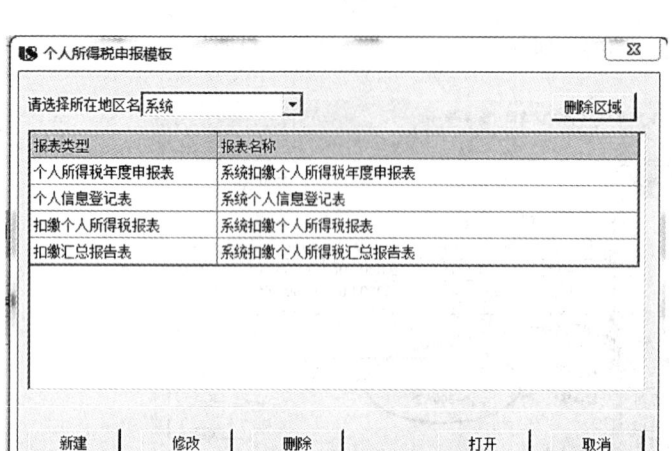

图 5-38 查看个人所得税申报表-1

3. 查看个人所得税

(1) 执行"业务处理—扣缴所得税"命令，打开"个人所得税申报模板"对话框，如图 5-38 所示。

(2) 选择"系统"地区"扣缴个人所得税报表"，单击"打开"按钮，打开"所得税申报"对话框。

(3) 在弹出的"所得税申报"对话框中，点击"确定"按钮，如图 5-39 所示。

(4) 进入"扣缴个人所得税报表"窗口，如图 5-40 所示。查看完毕之后退出。

图 5-39 查看个人所得税申报表-2

系统扣缴个人所得税年度申报表

2014年1月—2014年1月

姓名	证件号码	所得项目	所属期间	所属期间	收入额	减费用额	应纳税所得	税率	速算扣除数	应纳税额	已扣缴税款
李成		工资	20140101	20141231			3700.00	10	105.00	265.00	265.00
刘梅		工资	20140101	20141231			1140.00	3	0.00	34.20	34.20
姜涛		工资	20140101	20141231			0.00	0	0.00	0.00	0.00
张玲		工资	20140101	20141231			0.00	0	0.00	0.00	0.00
宋俊		工资	20140101	20141231			0.00	0	0.00	0.00	0.00
赵芳		工资	20140101	20141231			0.00	0	0.00	0.00	0.00
张亚洲		工资	20140101	20141231			0.00	0	0.00	0.00	0.00
蓝玉		工资	20140101	20141231			0.00	0	0.00	0.00	0.00
王林生		工资	20140101	20141231			0.00	0	0.00	0.00	0.00
周群		工资	20140101	20141231			740.00	3	0.00	22.20	22.20
吴勇		工资	20140101	20141231			0.00	0	0.00	0.00	0.00
孙进		工资	20140101	20141231			0.00	0	0.00	0.00	0.00
陈清		工资	20140101	20141231			0.00	0	0.00	0.00	0.00
陈飞		工资	20140101	20141231			0.00	0	0.00	0.00	0.00
合计							5580.00		105.00	321.40	321.40

图 5-40 查看个人所得税申报表-3

4. 工资分摊

1) 工资分摊类型设置

（1）执行"业务处理—工资分摊"命令，打开"工资分摊"对话框，如图 5-41 所示。

（2）单击"工资分摊设置"按钮，打开"分摊类型设置"对话框，如图 5-42 所示。

（3）单击"增加"按钮，打开"分摊计提比例设置"对话框。

（4）输入计提类型名称为"应付工资"，计提比例为"100%"，单击"下一步"按钮，打开"分摊构成设置"对话框，如图 5-43 所示。

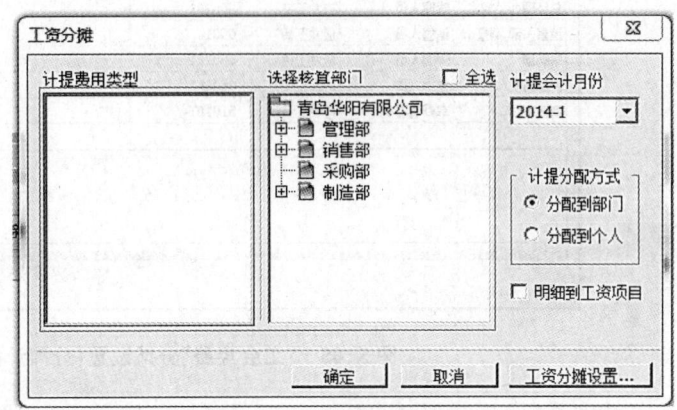

图 5-41 工资分摊界面

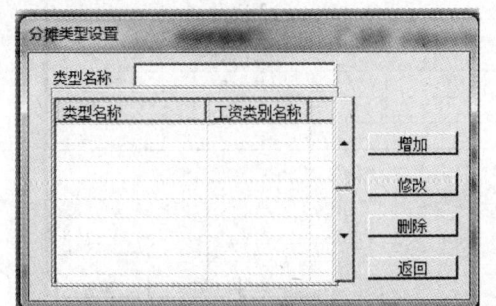

图 5-42 工资分摊类型设置

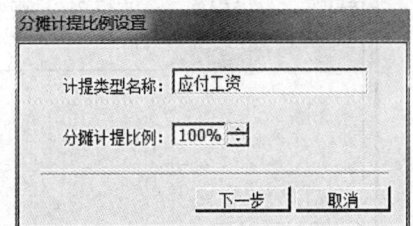

图 5-43 工资分摊计提比例设置

（5）按实验资料内容进行设置。设置结果如图 5-44 所示。

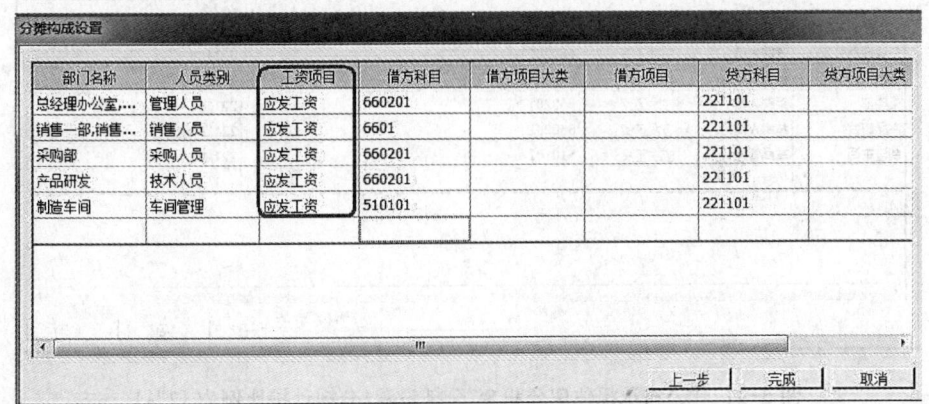

图 5-44 "应付工资"分摊设置(分摊计提比例 100%)

（6）单击"完成"按钮，返回"分摊类型设置"对话框，根据资料继续设置"工会经费""公司承担养老保险"和"公司承担住房公积金"等项目，如图 5-45 至图 5-47 所示。

分摊构成设置

部门名称	人员类别	工资项目	借方科目	借方项目大类	借方项目	贷方科目	贷方项目大类
总经理办公室,…	管理人员	应发工资	660201			221103	
销售一部,销售…	销售人员	应发工资	6601			221103	
采购部	采购人员	应发工资	660201			221103	
产品研发	技术人员	应发工资	660201			221103	
制造车间	车间管理	应发工资	510101			221103	

上一步 完成 取消

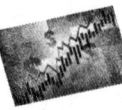

图 5-45 “工会经费”分摊设置(分摊计提比例为 2%)

分摊构成设置

部门名称	人员类别	工资项目	借方科目	借方项目大类	借方项目	贷方科目	贷方项目大类
总经理办公室,…	管理人员	应发工资	660201			221105	
销售一部,销售…	销售人员	应发工资	6601			221105	
采购部	采购人员	应发工资	660201			221105	
产品研发	技术人员	应发工资	660201			221105	
制造车间	车间管理	应发工资	510101			221105	

上一步 完成 取消

图 5-46 “公司承担养老保险”分摊设置(分摊计提比例为 20%)

分摊构成设置

部门名称	人员类别	工资项目	借方科目	借方项目大类	借方项目	贷方科目	贷方项目大类
总经理办公室,…	管理人员	应发工资	660201			221106	
销售一部,销售…	销售人员	应发工资	6601			221106	
采购部	采购人员	应发工资	660201			221106	
产品研发	技术人员	应发工资	660201			221106	
制造车间	车间管理	应发工资	510101			221106	

上一步 完成 取消

图 5-47 “公司承担住房公积金”分摊设置(分摊计提比例为 12%)

2）生成凭证

(1) 返回“工资分摊”对话框，如图 5-48 所示。

(2) 选择需要分摊的计提费用类型，确定分摊计提的月份为“2014-01”。

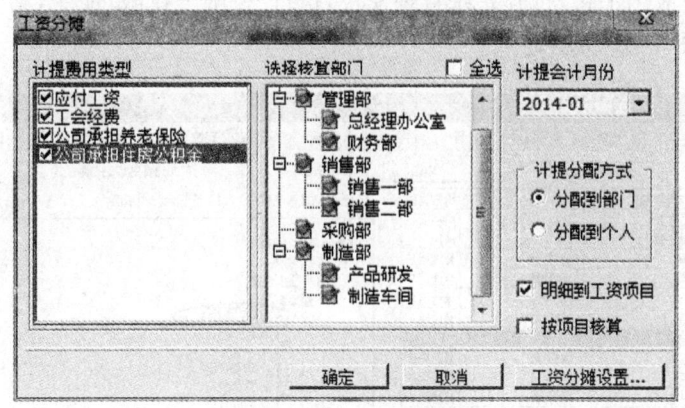

图 5-48 工资分摊选择

(3) 选择核算部门：管理部、销售部、采购部、制造部。
(4) 选中"明细到工资项目"复选框。
(5) 单击"确定"按钮，打开"应付工资一览表"对话框。
(6) 选中"合并科目相同、辅助项相同的分录"复选框，单击工具栏上的"制单"按钮，即生成记账凭证，如图 5-49 所示。

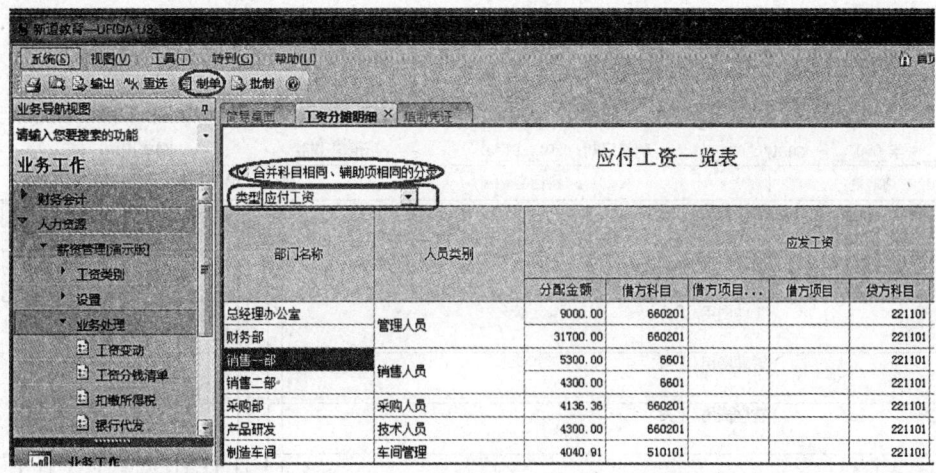

图 5-49 应付工资一览表

(7) 系统弹出提示对话框，如图 5-50 所示。

图 5-50 提示框

(8) 关闭企业应用平台,打开系统管理模块,执行"权限—权限"命令,给005赵芳授予"凭证处理"权限,如图5-51所示。

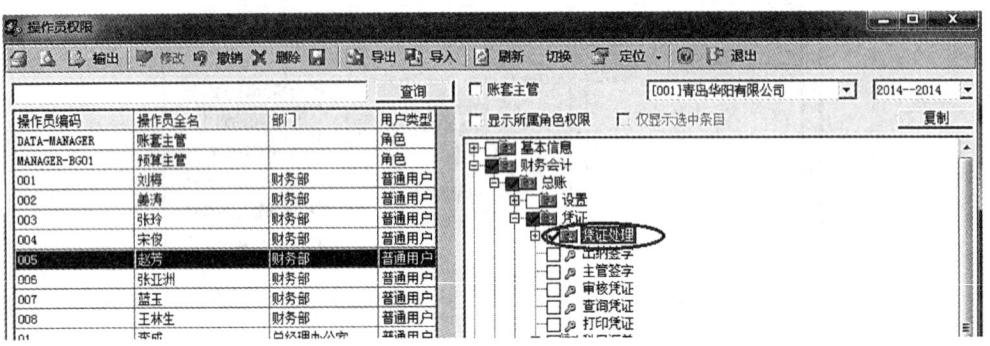

图 5-51 设置操作员权限

温馨提示

用户必须退出企业应用平台才可修改权限。

(9) 赵芳再次登录企业应用平台,重复上述(1)~(6)的操作,重新生成凭证。选择凭证类别为"转账凭证",单击"保存"按钮,凭证左上角出现"已生成"字样,代表该凭证已传递到总账,如图5-52所示。

摘 要	科目名称	借方金额	贷方金额
应付工资	制造费用/工资	404091	
应付工资	销售费用	960000	
应付工资	管理费用/工资	900000	
应付工资	管理费用/工资	3170000	
应付工资	管理费用/工资	413636	
合 计		6277727	6277727

图 5-52 应付工资凭证

注:贷方科目为"应付职工薪酬——应付工资"。

(10) 关闭"填制凭证"对话框。在"工资分摊明细"界面中选择"工会经费"类型,单击"制单"按钮,生成计提工会经费凭证,如图5-53和图5-54所示。

工会经费一览表

类型：工会经费　　　　　　　　　　　　　　　　　　　　　　　　　　　计提会计月份　1月

部门名称	人员类别	应发工资			借方科目	借方项目大类	借方项目	贷方科目
		计提基数	计提比例	计提金额				
总经理办公室	管理人员	9000.00	2.00%	180.00	660201			221103
财务部		31700.00	2.00%	634.00	660201			221103
销售一部	销售人员	5300.00	2.00%	106.00	6601			221103
销售二部		4300.00	2.00%	86.00	6601			221103
采购部	采购人员	4136.36	2.00%	82.73	660201			221103
产品研发	技术人员	4300.00	2.00%	86.00	660201			221103
制造车间	车间管理	4040.91	2.00%	80.82	510101			221103

图 5-53　工会经费一览表

转 账 凭 证

已生成　　　　　转　字 0002 - 0001/0002　制单日期：2014.01.31　审核日期：　　　附单据数：0

摘要	科目名称	借方金额	贷方金额
工会经费	制造费用/工资	80.82	
工会经费	销售费用	192.00	
工会经费	管理费用/工资	180.00	
工会经费	管理费用/工资	634.00	
工会经费	管理费用/工资	82.73	
	合计	1255.55	1255.55

图 5-54　工会经费凭证

注：贷方科目为"应付职工薪酬——工会经费"。

同理，生成计提"公司承担养老保险"和"公司承担住房公积金"的凭证，如图 5-55 至图 5-58 所示。

公司承担养老保险一览表

类型：公司承担养老保险

应发工资			借方科目	借方项目大类	借方项目	贷方科目	贷方项目大类	贷方项目
计提基数	计提比例	计提金额						
9000.00	20.00%	1800.00	660201			221105		
31700.00	20.00%	6340.00	660201			221105		
5300.00	20.00%	1060.00	6601			221105		
4300.00	20.00%	860.00	6601			221105		
4136.36	20.00%	827.27	660201			221105		
4300.00	20.00%	860.00	660201			221105		
4040.91	20.00%	808.18	510101			221105		

图 5-55　公司承担养老保险一览表

转账凭证

转 字0003 - 0001/0002　制单日期：2014.01.31　审核日期：　附单据数：0

摘要	科目名称	借方金额	贷方金额
公司承担养老保险	制造费用/工资	80818	
公司承担养老保险	销售费用	192000	
公司承担养老保险	管理费用/工资	180000	
公司承担养老保险	管理费用/工资	634000	
公司承担养老保险	管理费用/工资	82727	
	合计	1255545	1255545

记账　审核　出纳　制单 赵芳

图 5-56　公司承担养老保险凭证

注：贷方科目为"应付职工薪酬——养老保险"。

公司承担住房公积金一览表

☑ 合并科目相同、辅助项相同的分录

类型 公司承担住房公积金 ▼

应发工资

计提基数	计提比例	计提金额	借方科目	借方项目大类	借方项目	贷方科目	贷方项目大类	贷方项目
9000.00	12.00%	1080.00	660201			221106		
31700.00	12.00%	3804.00	660201			221106		
5300.00	12.00%	636.00	6601			221106		
4300.00	12.00%	516.00	6601			221106		
4138.36	12.00%	496.36	660201			221106		
4300.00	12.00%	516.00	660201			221108		
4040.91	12.00%	484.91	510101			221106		

图 5-57　公司承担住房公积金一览表

转账凭证

转 字0004 - 0001/0002　制单日期：2014.01.31　审核日期：　附单据数：0

摘要	科目名称	借方金额	贷方金额
公司承担住房公积金	制造费用/工资	48491	
公司承担住房公积金	销售费用	115200	
公司承担住房公积金	管理费用/工资	108000	
公司承担住房公积金	管理费用/工资	380400	
公司承担住房公积金	管理费用/工资	49636	
	合计	753327	753327

记账　审核　出纳　制单 赵芳

图 5-58　公司承担住房公积金凭证

注：贷方科目为"应付职工薪酬——住房公积金"。

5. 发放工资，代扣个人承担养老保险、个人承担住房公积金、个人所得税

1) 工资分摊类型设置

计提类型名称：发放工资；代扣保险、公积金和个税；计提比例：100%。发放工资凭证分摊设置如图 5-59 所示。

部门名称	人员类别	工资项目	借方科目	借方项目大类	借方项目	贷方科目	贷方项目大类
总经理办公室,…	管理人员	实发合计	221101			100201	
总经理办公室,…	管理人员	代扣税	221101			222103	
总经理办公室,…	管理人员	养老保险	221101			2241	
总经理办公室,…	管理人员	住房公积金	221101			2241	
销售一部,销售…	销售人员	实发合计	221101			100201	
销售一部,销售…	销售人员	代扣税	221101			222103	
销售一部,销售…	销售人员	养老保险	221101			2241	
销售一部,销售…	销售人员	住房公积金	221101			2241	
采购部	采购人员	实发合计	221101			100201	
采购部	采购人员	代扣税	221101			222103	
采购部	采购人员	养老保险	221101			2241	
采购部	采购人员	住房公积金	221101			2241	
产品研发	技术人员	实发合计	221101			100201	
产品研发	技术人员	代扣税	221101			222103	
产品研发	技术人员	养老保险	221101			2241	
产品研发	技术人员	住房公积金	221101			2241	
制造车间	车间管理	实发合计	221101			100201	
制造车间	车间管理	代扣税	221101			222103	
制造车间	车间管理	养老保险	221101			2241	
制造车间	车间管理	住房公积金	221101			2241	

图 5-59　发放工资凭证分摊设置

2) 生成凭证

(1) 在工资分摊对话框中，选择"发放工资、代扣保险、公积金和个税"的计提费用类型，点击"确定"按钮，如图 5-60 所示。

(2) 系统弹出"发放工资，代扣保险、公积金和个税一览表"，如图 5-61 所示。

(3) 选中"合并科目相同，辅助项相同的分录"复选框，点击"制单"按钮，生成的凭证如图 5-62 所示，保存后退出。

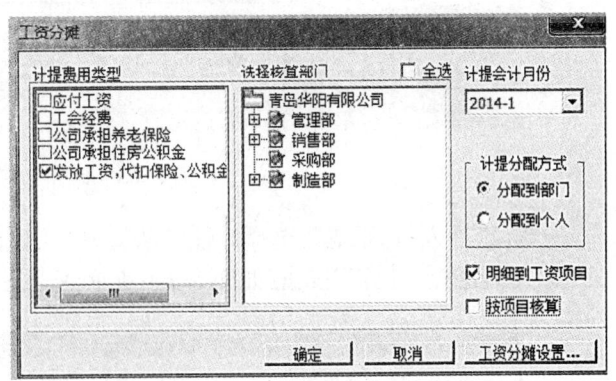

图 5-60　工资分摊选择

发放工资，代扣保险、公积金和个税一览表

人员类别	实发合计			代扣税			养老保险			住房公积金		
	分配金额	借方科目	贷方科目	分配金额	借方科目	贷方科目	分配金额	借方科目	贷方科目	分配金额	借方科目	贷方科目
管理人员	6935.00	221101	100201	265.00	221101	222103	720.00	221101	2241	1080.00	221101	2241
	25325.80	221101	100201	34.20	221101	222103	2536.00	221101	2241	3804.00	221101	2241
销售人员	4217.80	221101	100201	22.20	221101	222103	424.00	221101	2241	636.00	221101	2241
	3440.00	221101	100201				344.00	221101	2241	516.00	221101	2241
采购人员	3309.09	221101	100201				330.91	221101	2241	495.36	221101	2241
技术人员	3440.00	221101	100201				344.00	221101	2241	516.00	221101	2241
车间管理	3232.73	221101	100201				323.27	221101	2241	484.91	221101	2241

图 5-61　发放工资一览表

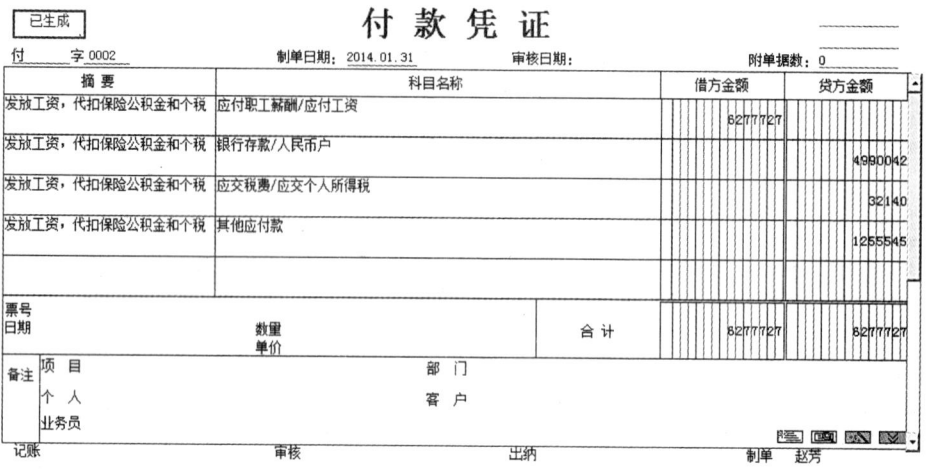

图 5-62 发放工资凭证

（二）临时人员工资类别日常业务

1. 计件工资统计

（1）005 赵芳在计件工资中，执行"个人计件—计件工资录入"命令，进入"计件工资录入"窗口。

（2）选择工资类别"临时人员"，部门"（402）制造车间"，单击"批增"按钮，进入"计件数据录入"窗口，如图 5-63 所示。

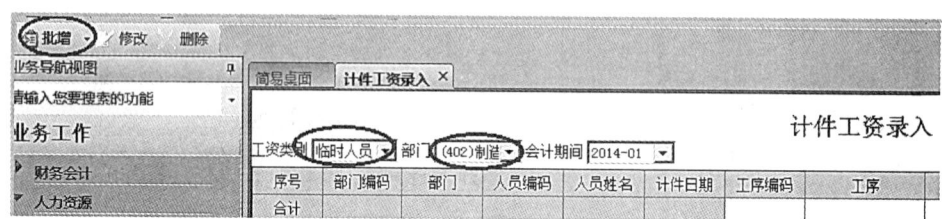

图 5-63 计件工资录入-1

（3）选择人员"张成"，选择计件日期"2014-01-31"。单击"增行"按钮，"数量"中输入组装工时"180"，单击"计算"按钮，如图 5-64 所示。

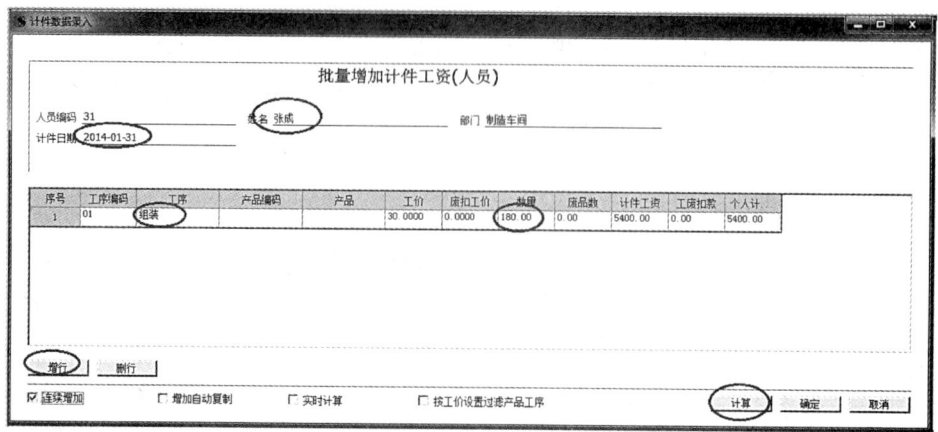

图 5-64 计件工资录入-2

(4) 选择“连续增加”,单击“确定”按钮,如图5-65所示,输入其他计件工资统计数据。

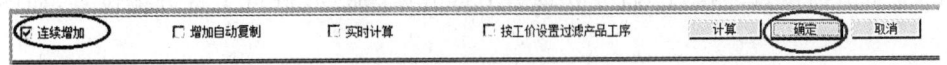

图 5-65　计件工资录入-3

(5) 全部输入完成后,分别选中每条记录,单击“审核”按钮,对录入的计件工资数据进行审核,如图5-66所示。

计件工资录入

工资类别 临时人员　部门 (402)制造　会计期间 2014-01　　搜索方式 默认

序号	部门编码	部门	人员编码	人员姓名	计件日期	工序编码	工序	产品...	产品	工价	废扣工价	数量	废品数	计件工资	工废扣款	个人计...	是否审核
1	402	制造车间	31	张成	2014-01-31	01	组装			30.0000	0.0000	180.00	0.00	5400.00	0.00	5400.00	是
2	402	制造车间	32	王子梅	2014-01-31	02	加工			25.0000	0.0000	200.00	0.00	5000.00	0.00	5000.00	是
合计												380.00	0.00	10400.00	0.00	10400.00	

图 5-66　计件工资录入-4

2. 计件工资汇总

在“计件工资”中,执行“计件工资汇总”命令,工资类别选择“临时人员”,部门选择“全部”,单击“汇总”按钮,进行计件工资汇总处理,如图5-67所示。

计件工资汇总

工资类别 临时人员　部门 全部　会计期间 2014-01　汇总日期: 2014-1-1 至 2014-1-31

序号	部门编码	部门	人员编码	人员	数量	废品数	计件工资	工废扣款	个人计...
1	402	制造车间	31	张成	180.00	0.00	5400.00	0.00	5400.00
2	402	制造车间	32	王子梅	200.00	0.00	5000.00	0.00	5000.00
合计					380.00	0.00	10400.00	0.00	10400.00

图 5-67　计件工资汇总

温馨提示

这里的汇总是指将“计件工资”系统中的数据汇总到“薪资管理”系统中。计件工资必须经过汇总,薪资管理中“工资变动”才会有临时人员的工资数据。

3. 工资变动

(1) 在“薪资管理”模块中打开“临时人员”工资类别。

(2) 执行“业务处理—工资变动”命令,进行工资变动处理(计算和汇总),如图5-68所示。

工资变动

过滤器 所有项目　定位器

选择	工号	人员编号	姓名	部门	人员类别	应发合计	扣款合计	实发合计	代扣税	计件工资	年终奖	年终奖代扣税	工资代扣税	扣税合计
		31	张成	制造车间	生产人员	5,400.00	85.00	5,315.00	85.00	5,400.00			85.00	85.00
		32	王子梅	制造车间	生产人员	5,000.00	45.00	4,955.00	45.00	5,000.00			45.00	45.00
合计						10,400.00	130.00	10,270.00	130.00	10,400.00			130.00	130.00

图 5-68　临时人员工资变动处理

温馨提示

和正式人员类别一样,“工资变动”中的汇总是指将工资数据汇总到“工资分摊”处理中,只有进行汇总,分摊凭证才会有数据。

4. 工资分摊

(1) 工资分摊设置。执行“业务处理—工资分摊”命令，进行工资分摊设置，如图 5-69 所示。

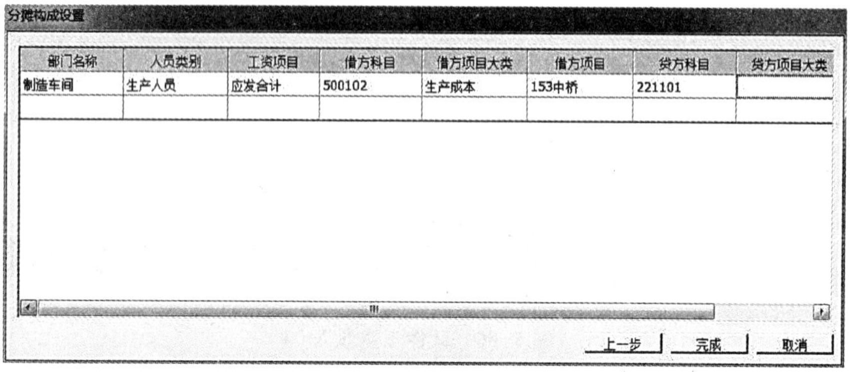

图 5-69 应付工资分摊设置

温馨提示

假设临时人员不计提和代扣养老保险、住房公积金、工会经费等项目。

(2) 生成工资分摊凭证(如图 5-70 至图 5-72 所示)。

图 5-70 工资分摊选择

应付工资一览表

☑ 合并科目相同、辅助项相同的分录

类型 应付工资

部门名称	人员类别	应发合计						
		分配金额	借方科目	借方项目大类	借方项目	贷方科目	贷方项目大类	贷方项目
制造车间	生产人员	10400.00	500102	生产成本	153中桥	221101		

图 5-71 应付工资一览表

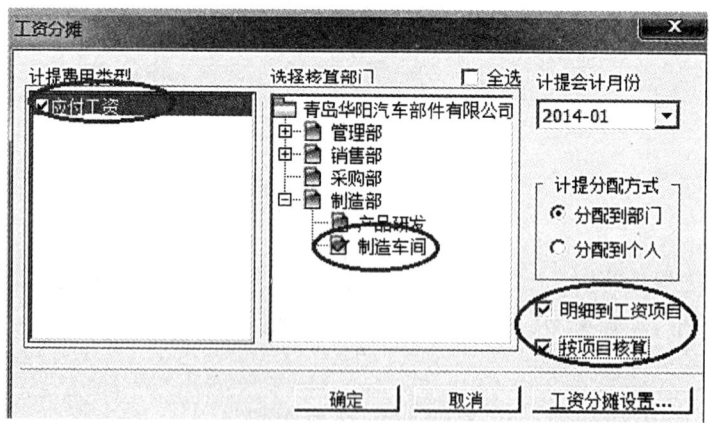

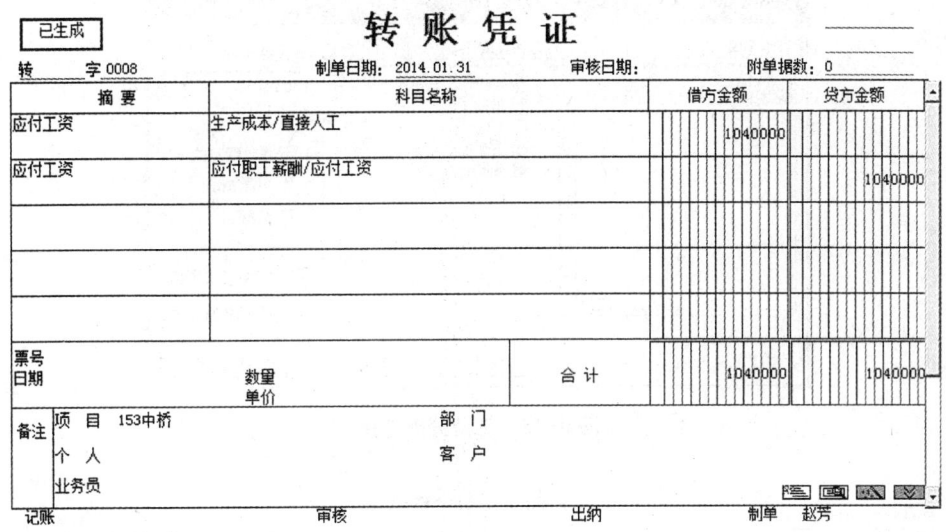

图 5-72 应付工资凭证

5. 发放工资

(1) 工资分摊类型设置。执行"业务处理—工资分摊"命令,进行工资分摊设置,如图 5-73 和图 5-74 所示。

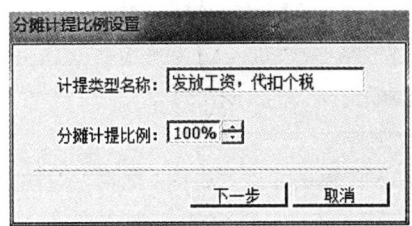

图 5-73 分摊计提比例设置

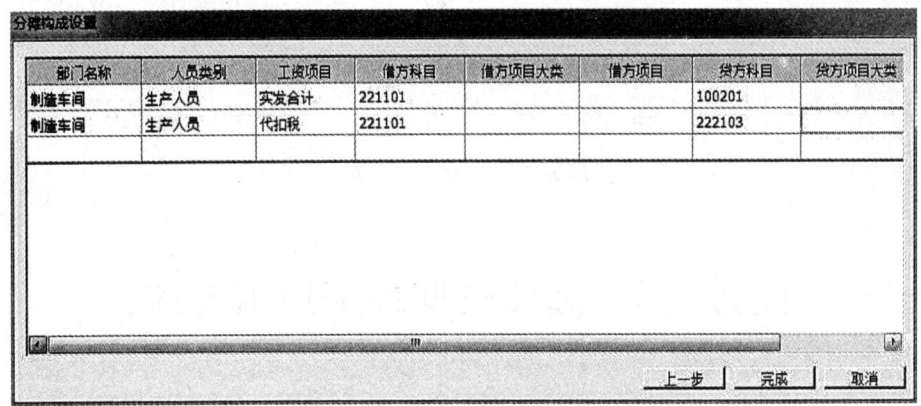

图 5-74 发放工资分摊设置

(2) 生成分摊凭证(如图 5-75 至图 5-77 所示)。

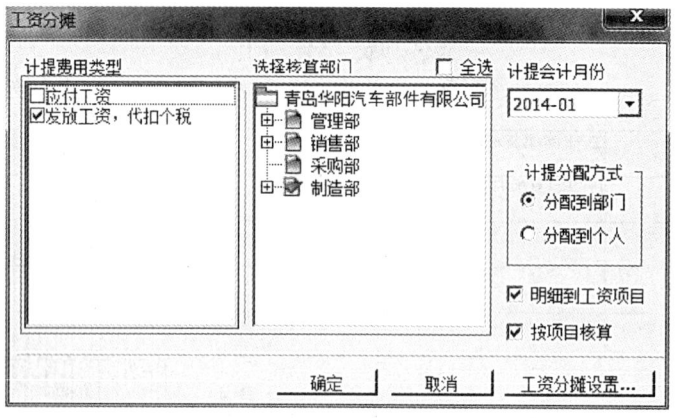

图 5-75　工资分摊选择

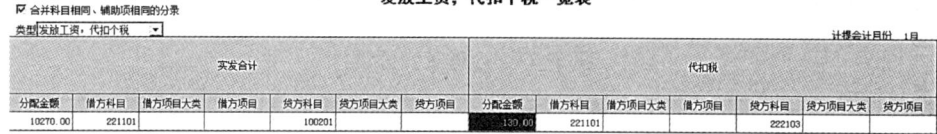

图 5-76　发放工资一览表

图 5-77　发放工资凭证

任务 5.4　薪资管理系统月末处理

一、任务布置

【任务 5-4】　薪资管理系统月末处理

（1）汇总工资类别：要求汇总正式人员和临时人员工资类别的数据。

(2)查看个人所得税扣缴申报表、银行代发等各种工资表。
(3)月末处理。

二、操作指导

【任务 5-4】 薪资管理系统月末处理

【准备工作】 引入"[任务 5-3]薪资管理系统日常业务处理"账套。

(一)汇总工资类别

(1)以 005 赵芳的身份登录企业应用平台,登录时间为"2014-01-31"。
(2)执行"工资类别—关闭工资类别"命令。
(3)执行"维护—工资类别汇总"命令,打开"选择工资类别"对话框。
(4)选择要汇总的工资类别,单击"确定"按钮,完成工资类别汇总,如图 5-78 所示。
(5)自动汇总生成"998 汇总工资类别"。

(二)查看汇总工资类别

(1)以 001 刘梅的身份登录企业应用平台,执行"系统服务—权限—数据权限分配"命令,为 005 赵芳赋予"998 汇总工资类别"的"工资类别主管"权限,如图 5-79 所示。

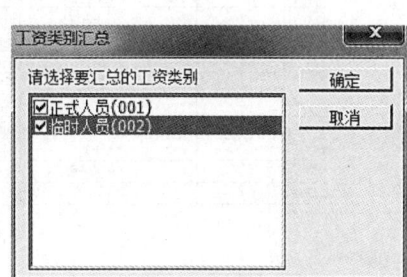

图 5-78 工资类别汇总

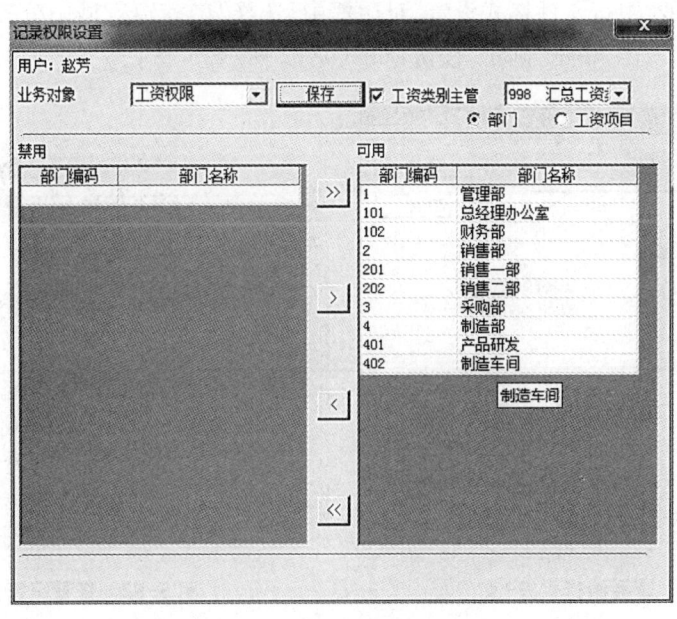

图 5-79 设置数据权限

(2)以 005 赵芳的身份登录企业应用平台,登录日期为"2014-01-31"。
(3)执行"工资类别—打开工资类别"命令,选择"998 汇总工资类别",单击"确认"按钮,打开汇总工资类别。
(4)在"工资变动"中进行计算和汇总,并可以查看所有人员工资数据合计数,如图 5-80

所示。

工资变动

选择	工号	人员编号	姓名	部门	人员类别	应发合计	扣款合计	实发合计	代扣税	计件工资
		01	李成	总经理办公室	管理人员	9,000.00	2,065.00	6,935.00	265.00	
		02	刘梅	财务部	管理人员	5,800.00	1,194.20	4,605.80	34.20	
		03	姜涛	财务部	管理人员	3,200.00	640.00	2,560.00		
		04	张玲	财务部	管理人员	4,200.00	840.00	3,360.00		
		05	宋俊	财务部	管理人员	3,700.00	740.00	2,960.00		
		06	赵芳	财务部	管理人员	3,700.00	740.00	2,960.00		
		07	张亚洲	财务部	管理人员	3,700.00	740.00	2,960.00		
		08	蓝玉	财务部	管理人员	3,700.00	740.00	2,960.00		
		09	王林生	财务部	管理人员	3,700.00	740.00	2,960.00		
		10	周群	销售一部	销售人员	5,300.00	1,082.20	4,217.80	22.20	
		11	吴勇	销售二部	销售人员	4,300.00	860.00	3,440.00		
		12	孙进	采购部	采购人员	4,500.00	1,190.91	3,309.09		
		13	陈清	产品研发	技术人员	4,300.00	860.00	3,440.00		
		14	陈飞	制造车间	车间管理	4,200.00	967.27	3,232.73		
		31	张成	制造车间	生产人员	5,400.00	85.00	5,315.00	85.00	5,400.00
		32	王子梅	制造车间	生产人员	5,000.00	45.00	4,955.00	45.00	5,000.00
合计						73,700.00	13,529.58	60,170.42	451.40	10,400.00

图 5-80 所有人员工资数据

(5) 查看银行代发数据。

首先,执行"业务处理—银行代发"命令,在弹出的"请选择部门范围"对话框中选择所有部门,点击"确定"按钮,如图 5-81 所示。

其次,在弹出的"银行文件格式设置"对话框中,选择"工商银行城阳分理处",并将表体中账号总长度改为"19"位,单击"确定"按钮,如图 5-82 所示。

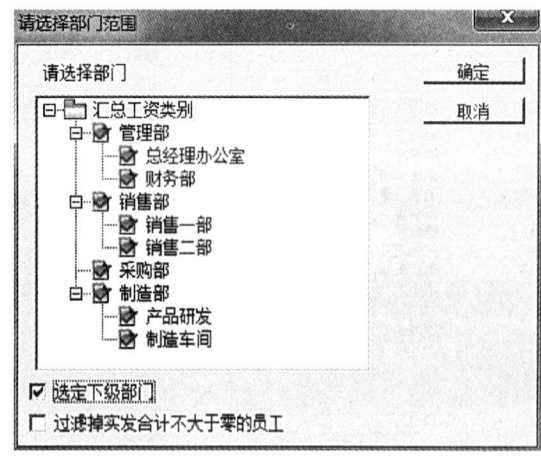

图 5-81 查看银行代发-1

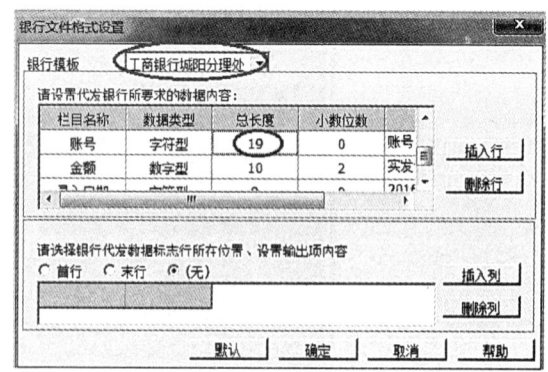

图 5-82 查看银行代发-2

最后,银行代发一览表如图 5-83 所示。

温馨提示

(1) 汇总工资类别功能必须在关闭所有工资类别时才能使用。
(2) 所选工资类别中必须有汇总月份的工资数据。
(3) 汇总工资类别不能进行月末结算和年末结算。

银行代发一览表

名称：工商银行城阳分理处				
单位编号	人员编号	账号	金额	录入日期
1234934325	01	6222023803021111801	6935.00	20160815
1234934325	02	6222023803021111802	4605.80	20160815
1234934325	03	6222023803021111803	2560.00	20160815
1234934325	04	6222023803021111804	3360.00	20160815
1234934325	05	6222023803021111805	2960.00	20160815
1234934325	06	6222023803021111806	2960.00	20160815
1234934325	07	6222023803021111807	2960.00	20160815
1234934325	08	6222023803021111808	2960.00	20160815
1234934325	09	6222023803021111809	2960.00	20160815
1234934325	10	6222023803021111810	4217.80	20160815
1234934325	11	6222023803021111811	3440.00	20160815
1234934325	12	6222023803021111812	3309.09	20160815
1234934325	13	6222023803021111813	3440.00	20160815
1234934325	14	6222023803021111814	3232.73	20160815
1234934325	31	6222023803021111831	5315.00	20160815
1234934325	32	6222023803021111832	4955.00	20160815
合计			60,170.42	

图 5-83　银行代发一览表

（三）月末处理

（1）打开"正式人员"工资类别。

（2）执行"业务处理—月末处理"命令，打开"月末处理"对话框。单击"确定"按钮，系统弹出信息提示对话框"月末处理之后，本月工资将不许变动，继续月末处理吗？"单击"是"按钮，系统继续弹出信息提示对话框"是否选择清零项？"（如图 5-84 所示）；单击"是"按钮，打开"选择清零项目"对话框。

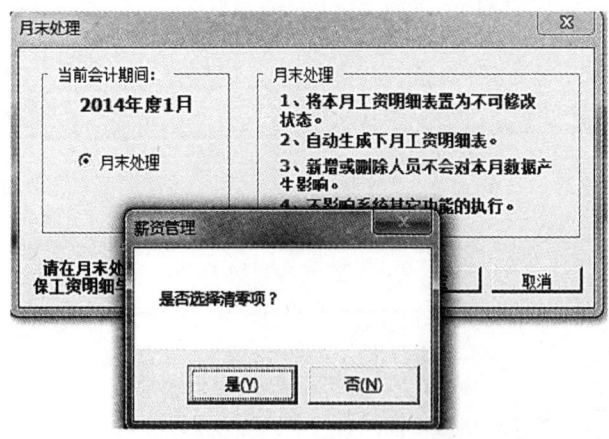

图 5-84　正式人员月末处理

（3）在"请选择清零项目"下拉列表框中，单击选择"奖金""请假扣款"和"请假天数"项目，单击">"按钮，将所选项目移动到右侧的列表框中，如图 5-85 所示。

（4）单击"确定"按钮，系统弹出信息提示对话框"月末处理完毕！"单击"确定"按钮返回。

（5）以此类推，完成"临时人员"工资类别月末处

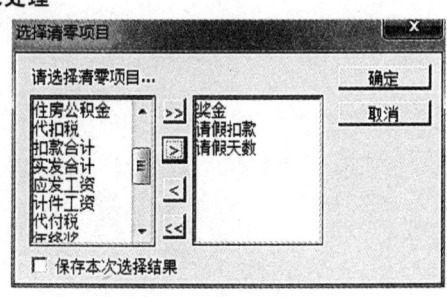

图 5-85　选择清零项目

理(选择"计件工资"为清零项)。

 温馨提示

(1) 月末结转只能在会计年度的1月至11月进行。

(2) 如果是处理多个工资类别,则应打开工资类别,分别进行月末结算。

(3) 如果本月工资数据未汇总,系统将不允许进行月末结转。

(4) 进行期末处理后,当月数据将不再允许变动。

项目 6

固定资产岗位实务操作

能力目标
1. 能够使用用友 ERP-U8 V10.1 管理软件完成固定资产账套的建账与初始化工作。
2. 能够完成固定资产的增减变动、减值准备计提、折旧计提等操作。
3. 能够进行固定资产账表查询及期末结账处理。

知识目标
1. 理解固定资产管理系统功能,明确其与总账系统的关系。
2. 掌握用友 ERP-U8 V10.1 管理软件固定资产管理系统初始化、日常业务处理、月末处理的操作。

素质目标
1. 具备主动思考,发现和解决问题的能力。
2. 具备较强的动手操作能力。
3. 具有较好的沟通技巧和良好的团队协作精神。

任务 6.1 固定资产管理系统初始设置

一、任务布置

【任务 6-1】 请以[任务 3-2]为基础,完成固定资产账套的初始化,并输入固定资产账套的初始相关信息。

(一)业务控制参数

(1)启用月份:2014 年 1 月;主要折旧方法:平均年限法(一),当"月初已计提月份=可使用月份-1"时,要求将剩余折旧全部提足;固定资产类别编码方式:2-1-1-2;卡片序号长度:4;固定资产编码方式:按"部门编号+类别编号+序号"自动编码。

(2)要求与总账系统进行对账,固定资产对账科目为"1601 固定资产";累计折旧对账科目为"1602 累计折旧"。

(3)对账不平衡的情况下允许月末结账。

(4) 选项补充缺省入账科目,减值准备缺省入账科目"1603 固定资产减值准备",增值税进项税额缺省入账科目"22210101 进项税额",固定资产缺省入账科目"1606 固定资产清理"。

(二)初始设置

(1) 资产类别(见表 6-1)。

表 6-1　　　　　　　　　　　资　产　类　别

编码	类别名称	净残值率	单位	计提属性
01	房屋及建筑物	4%	幢	正常计提
02	专用设备	4%		正常计提
03	通用设备	4%	台	正常计提
04	交通运输设备	4%	辆	正常计提
05	其他	4%		正常计提

(2) 部门及对应折旧科目(见表 6-2)。

表 6-2　　　　　　　　　　部门及对应折旧科目

部门编码	部门名称	折旧科目
1	管理部	660203
2	销售部	6601
3	采购部	660203
4	制造部	510102
401	产品研发	510102
402	制造车间	510102

(3) 固定资产增减方式(见表 6-3)。

表 6-3　　　　　　　　　　固定资产增减方式

增加方式			减少方式		
编码	方式	对应科目	编码	方式	对应科目
101	直接购入	100201	201	出售	1606
102	投资者投入	4001	202	盘亏	1901
103	捐赠	6301	203	投资转出	1511
104	盘盈	6901	204	捐赠转出	6711
105	在建工程转入	1604	205	报废	1606

(4) 2014 年 1 月初固定资产使用及折旧情况(见表 6-4)。

表 6-4　　　　　　　　2014 年 1 月初固定资产使用及折旧情况　　　　　　金额单位:元

固定资产类别	类别编号	所在部门	增加方式	可使用年限(年)	开始使用日期	原值	累计折旧	对应折旧科目名称
厂房	01	制造车间	在建工程转入	25	2011 年 12 月 10 日	2 000 000.00	153 600.00	制造费用
大众速腾 2.0	04	总经理办公室 60%、财务部 40%	直接购入	8	2013 年 2 月 20 日	175 130.69	17 513.07	管理费用
桥壳焊接生产线	02	制造车间	直接购入	10	2012 年 1 月 11 日	5 000 000.00	920 000.00	制造费用
桥壳加工生产线	02	制造车间	直接购入	10	2012 年 1 月 11 日	2 800 398.00	515 273.24	制造费用
减壳加工生产线	02	制造车间	直接购入	10	2012 年 1 月 11 日	4 000 000.00	736 000.00	制造费用
厢式货车	04	销售一部 50%,销售二部 50%	直接购入	10	2013 年 2 月 10 日	244 000.00	19 520.00	销售费用
笔记本电脑	03	财务部 50%,销售二部 50%	直接购入	5	2012 年 10 月 12 日	7 250.00	1 624.00	管理费用
笔记本电脑	03	财务部	直接购入	5	2012 年 10 月 12 日	7 250.00	1 624.00	管理费用
商务电脑	03	总经理办公室	直接购入	5	2012 年 10 月 20 日	6 000.00	1 344.00	管理费用
商务电脑	03	销售二部	直接购入	5	2012 年 10 月 20 日	6 000.00	1 344.00	管理费用

注意:所有资产均为"在用"。

二、知识链接

固定资产管理系统是用友 ERP-U8 V10.1 管理软件中一个非常重要的模块。该系统主要完成固定资产日常业务的处理,包括固定资产增减、计提减值准备、计提折旧、固定资产变动等,另外于期末进行固定资产对账与结账业务。

固定资产管理系统业务处理流程如图 6-1 所示。

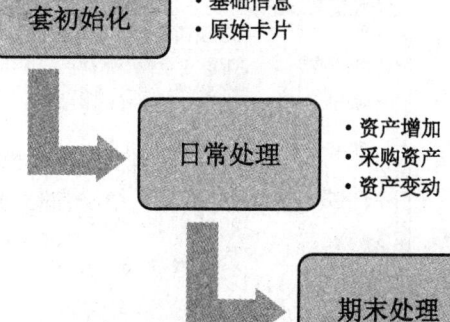

图 6-1　固定资产管理系统的业务处理流程

固定资产管理系统的初始化包括设置控制参数、录入基础数据、录入原始卡片、期初对账等工作。

（一）设置控制参数

控制参数包括约定与说明、启用月份、折旧信息、编码方式及其与财务接口。部分参数可以在选项中补充设置。

（二）录入基础数据

基础信息包括资产类别、部门及对应折旧科目设置、增减方式与折旧方法设置。

（三）录入原始卡片

信息化建账期初，企业以前拥有的固定资产资料需要录入账套，具体包括资产名称、原值及累计折旧、所属类别、使用部门、使用年限、开始使用日期、增加方式等。

（四）期初对账

原始卡片录入完毕，需要与财务进行对账。期初务必保证对账相符，才能开始日常业务工作。

三、操作指导

【准备工作】 引入"[任务3-2]总账管理系统初始设置"账套。

（一）启用并注册固定资产账套

以账套主管001的身份注册并登录企业应用平台，执行"基础设置—基本信息—系统启用"命令，选中固定资产，注意启用时间为2014年1月1日。

（二）完善固定资产账套控制参数

由固定资产岗位主管006进行固定资产账套的初始化。

（1）以006的身份注册进入企业应用平台，点击"固定资产"，弹出"这是第一次打开此账套，还未进行过初始化，是否进行初始化?"如图6-2所示。

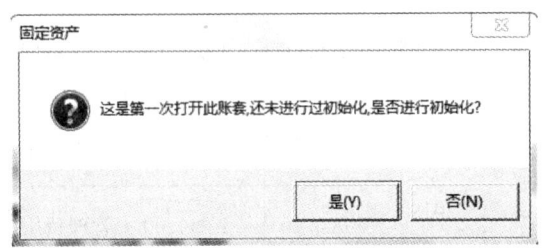

图6-2 固定资产初始化

（2）选中"是"按钮，弹出"初始化账套向导"对话框，在"步骤"项下的"1.约定及说明"中，选中"我同意"，如图6-3所示。

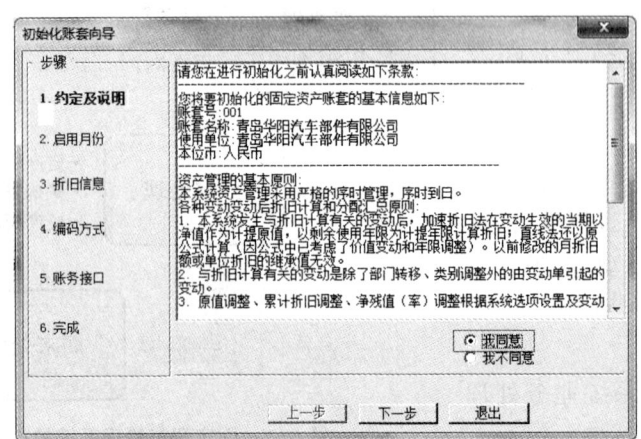

图6-3 初始化账套向导之约定及说明

(3) 点中"下一步"按钮,系统弹出"初始化账套向导"对话框,在"步骤"项下的"2. 启用月份"中,默认"2014.01",点击"下一步"按钮。

(4) 系统弹出"初始化账套向导"对话框,在"步骤"项下的"3. 折旧信息"中,"主要折旧方法"选中"平均年限法(一)",其他项选择系统默认,如图 6-4 所示。

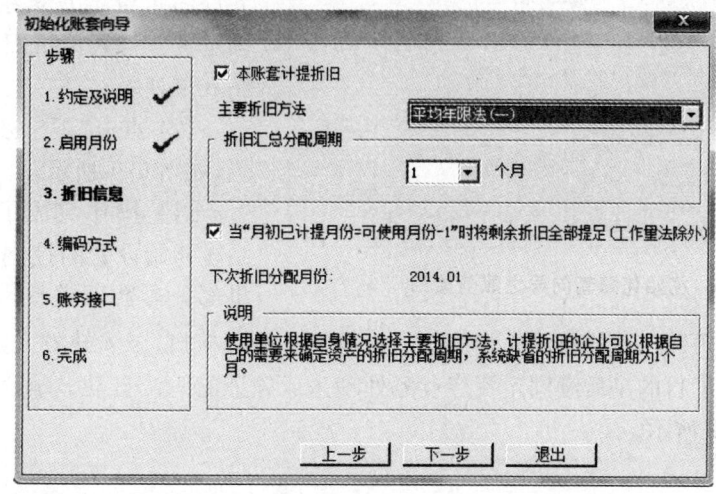

图 6-4　初始化账套向导之折旧信息

温馨提示

系统提供了 7 种折旧方法:不提折旧、平均年限法(一)、平均年限法(二)、工作量法、年数总和法、双倍余额递减法(一)、双倍余额递减法(二),并列出了它们的折旧计算公式。企业可以根据需要选择相应的折旧方法。

(5) 点击"下一步"按钮,系统弹出"初始化账套向导"对话框,在"步骤"项下的"4. 编码方式"中,编码长度为"2112",固定资产编码方式选中"自动编码",其格式为"部门编号+类别编号+序号",序号长度为"4",如图 6-5 所示。

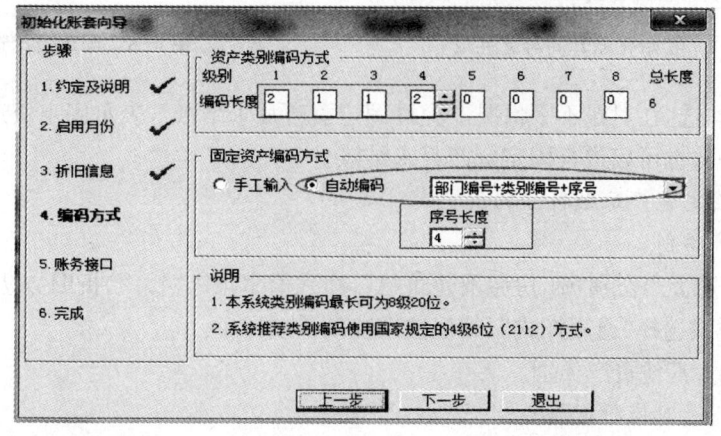

图 6-5　初始化账套向导之编码方式

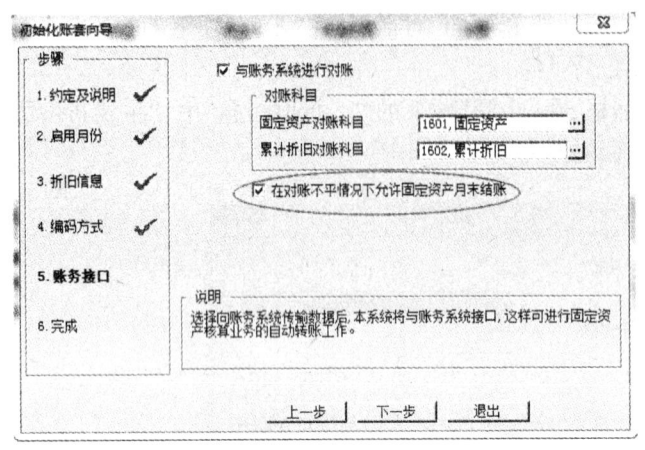

图 6-6 初始化账套向导之账务接口

(6) 点击"下一步"按钮,系统弹出"初始化账套向导"对话框,在"步骤"项下的"5. 账务接口"中,勾选"与账务系统对账""在对账不平情况下允许固定资产月末结账",同时录入固定资产与累计折旧的对账科目,如图 6-6 所示。

(7) 点击"下一步"按钮,完成设置,如图 6-7 所示。

以上操作完成了固定资产管理系统初始设置的控制参数的设置,如果部分参数不完整,可以执行"固定资产—设置—选项"命令,补充录入相关信息。与账务系统接口,录入缺省入账科目。这里录入缺省入账科目的目的是后续固定资产业务处理生成凭证的时候自动显示会计科目,不用二次录入,如图 6-8 所示。

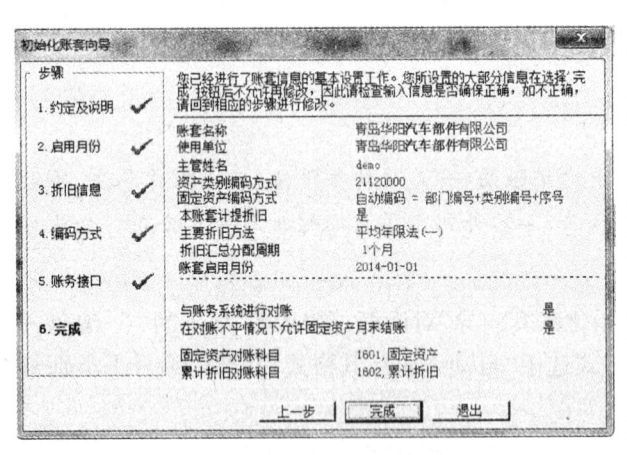

图 6-7 初始化账套向导之完成

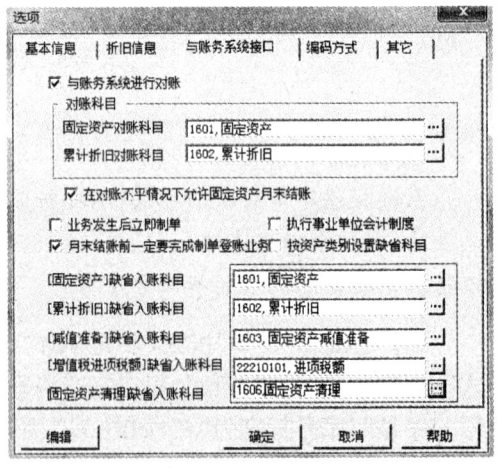

图 6-8 固定资产选项设置

另外,如果勾选"在对账不平情况下允许固定资产月末结账",表示固定资产与总账对账固定资产金额不一致也可以进行固定资产月末结账。

(三) 进行固定资产基础数据的设置

1. 录入资产类别

(1) 新增固定资产类别"01 房屋及建筑物",净残值率录入"4%",折旧方法选择"平均年限法(一)",卡片样式选择"通用样式",其他按系统默认项即可。

(2) 依次录入其他资产类别。

2. 录入部门及对应折旧科目

(1) 执行"固定资产—设置—部门对应折旧科目"命令,在"固定资产编码目录"下,单击"1 管理部",编辑其内容。折旧科目选择"660203,折旧费",如图 6-9 所示。

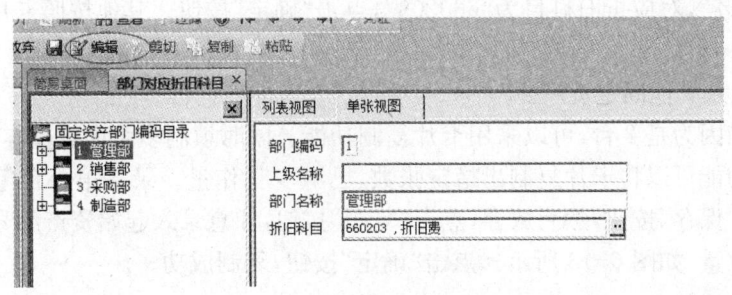

图 6-9　固定资产部门对应折旧科目

(2) 单击"保存"按钮,弹出如图 6-10 所示对话框,选择"是"按钮。即管理部下面的所有下级部门的折旧科目全部设为"660203 折旧费"。

(3) 依次录入其他部门对应的折旧科目。录完所有的部门对应的折旧科目之后,请查实是否所有的部门及下级都设置了对应折旧科目。

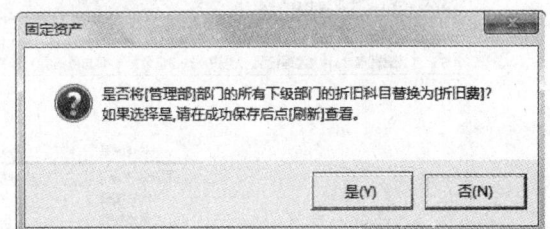

图 6-10　固定资产部门对应折旧科目设置

3. 录入增减方式

(1) 执行"固定资产—设置—增减方式"命令,在"增减方式目录表"下选择"1 增加方式",并编辑其内容。在执行"增加方式——直接购入"命令下,对应入账科目选择"100201,人民币户",点击"保存"按钮。

(2) 依次录入其他增加方式与减少方式的对应科目,如图 6-11 和图 6-12 所示。

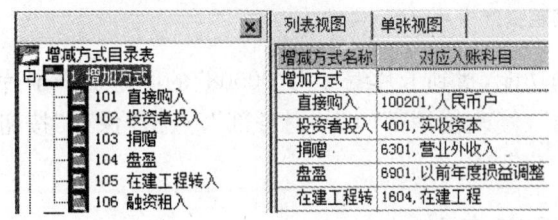

增减方式名称	对应入账科目
减少方式	
出售	1606,固定资产清理
盘亏	1901,待处理财产损益
投资转出	1511,长期股权投资
捐赠转出	6711,营业外支出
报废	1606,固定资产清理

图 6-11　固定资产增加方式对应折旧科目　　图 6-12　固定资产减少对应入账科目

(四) 录入固定资产原始卡片

参数设置完毕之后,录入固定资产原始卡片。

(1) 执行"固定资产—卡片"命令,双击"录入原始卡片",选中"房屋及建筑物",点击"确定"按钮。固定资产名称录入"厂房",增加方式选择"在建工程转入",使用状况为"在用",开始使用日期为"2011.12.10",原值为"2 000 000.00",累计折旧为"153 600.00",使用部门选择"单部门使用",然后选择"402 制造车间",使用年份(月)输入"300"(25×12),对应折旧科目选择"510102,折旧费"。其他默认。单击"保存"按钮,系统显示数据保存成功。

(2) 录入交通运输设备"大众速腾 2.0",使用部门选择"多部门使用",点击"增加"按钮,使用部门选择"总经理办公室",输入"60%",对应折旧科目为"660203",依次增加使用部门"财务部",比例为"40%",对应折旧科目为"660203",点击"确定"按钮。其他按照卡片内容录入完整即可。

(3) 依次录入其他固定资产。

笔记本电脑因为是 2 台,可以采用卡片复制功能。同时填制多张内容基本相同的卡片时,使用卡片复制功能可以将卡片复制出指定张数,已减少工作量。录入第一台笔记本电脑卡片内容之后,点击"保存"按钮,然后放弃,点击"复制"按钮,注意录入起始资产编号与终止资产编号及卡片复制数量,如图 6-13 所示。点击"确定"按钮,复制成功。

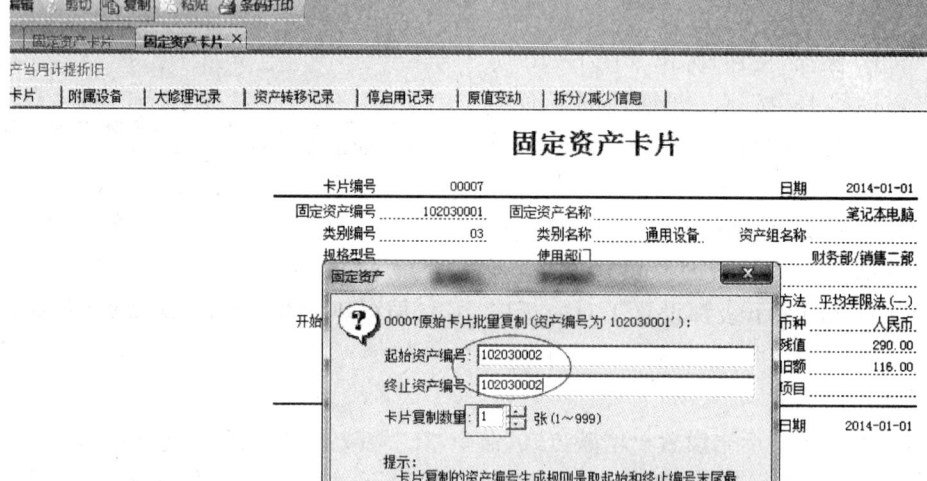

图 6-13 固定资产卡片复制

(4) 因为使用部门不同,使用左右键移动功能,找到卡片编号为"00008"的固定资产卡片,点击"修改"按钮,使用部门选择"单部门使用",修改使用部门为"财务部",点击"保存"按钮。录入好的卡片如图 6-14 所示。

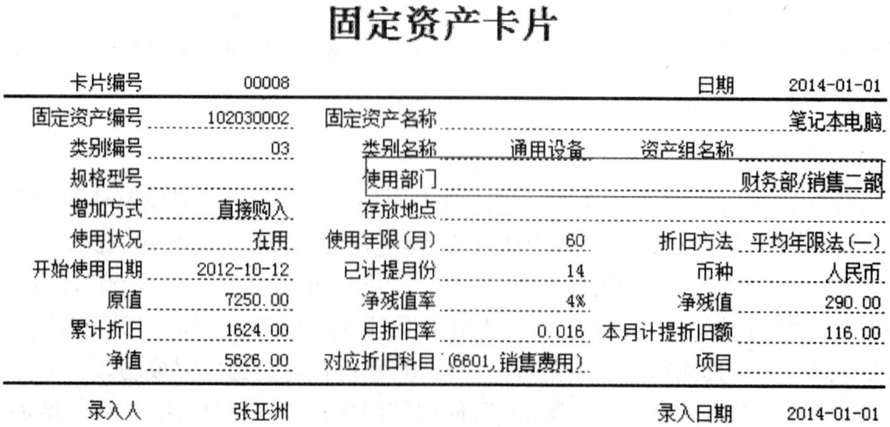

图 6-14 固定资产卡片

通过卡片管理可以查询录入所有固定资产原始卡片的情况。

（五）与总账进行对账

固定资产原始卡片录入完毕，要与总账进行对账。执行"固定资产—处理—对账"命令，显示结果如图 6-15 所示。

如果对账不平衡，应去"卡片管理"中找出存在的问题，并修改正确。

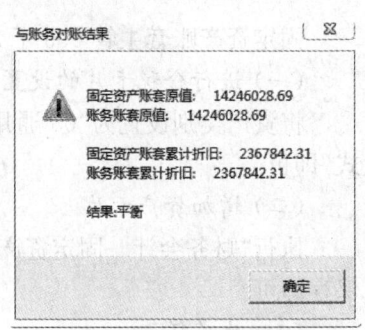

图 6-15 与总账对账结果

任务 6.2 固定资产增加业务

一、任务布置

【任务 6-2】 2014 年 1 月 10 日，青岛华阳汽车部件有限公司财务部购入笔记本电脑一台，取得增值税专用发票，注明单价 5 000 元，价税合计 5 850 元，价款以转账支票（票号 004488）支付。该笔记本电脑预计使用 5 年，已交付财务部使用。

固定资产会计不清楚该业务是录入原始卡片业务还是资产增加业务，请你帮他处理一下。

二、知识链接

资产增加是指购进或通过其他方式增加企业资产，需要录入一张新的固定资产卡片，生成固定资产增加的凭证。资产增加属于固定资产日常业务处理中一块非常重要的内容，按照现行会计制度准备规定，除了房屋建筑物之外的固定资产购置业务，只要取得增值税专用发票，即可抵扣进行税额，因此在录入卡片时需要注意进项税额。

资产增加不需要录入原始卡片，而要执行"卡片—资产增加"或"卡片—采购资产"命令。表 6-5 分析了录入原始卡片与资产增加的区别。

表 6-5　　　　　　　　　录入原始卡片与资产增加的区别

区别内容	录入原始卡片	资产增加
适用条件	固定资产系统启用时，作初始化适用，录入历史卡片	系统启用后日常新购置资产录入
卡片"开始使用日期"	系统启用之前的日期	卡片日期为当前会计期间内日期
本月是否计提折旧	默认录入当月立即计提折旧	默认新增当月不提折旧
是否需要制单	无需制单，不会在批量制单中生成制单记录表	需要在批量制单中进行制单

三、操作指导

【任务 6-2】 该业务属于新增固定资产业务，取得增值税专用发票，可以抵扣进项税额。

固定资产账套主管006于2014年1月10日进入企业应用平台。

(一)进行含税卡片的设置

将资产类别设置为"03 通用设备",然后对其进行编辑,把卡片样式修改为"含税卡片样式"即可。

(二)增加资产卡片

执行"财务会计—固定资产—卡片—资产增加"命令,选中"03 通用设备",录入相关信息保存即可。

(三)生成凭证

(1)选项中如果勾选"业务发生后立即制单",则系统直接弹出一张凭证,修改凭证类型"100201"的辅助核算项目即可。如果没有勾选"业务发生后立即制单",则需要执行"固定资产—处理—批量制单—制单选择"命令,选择"Y",凭证类别选择"付款凭证",如图6-16所示。

图6-16 批量制单之制单选择

(2)切换到"制单设置"窗口,如图6-17所示。

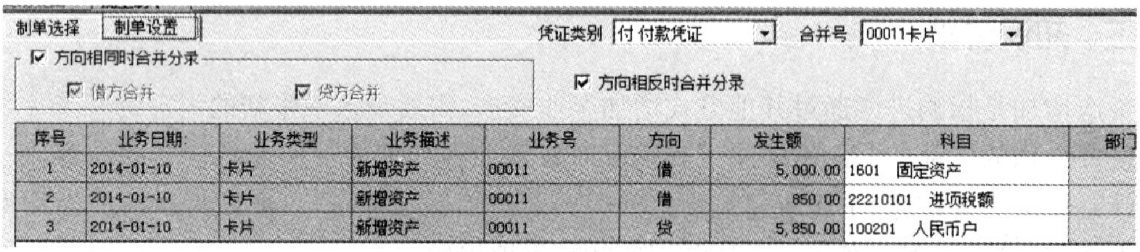

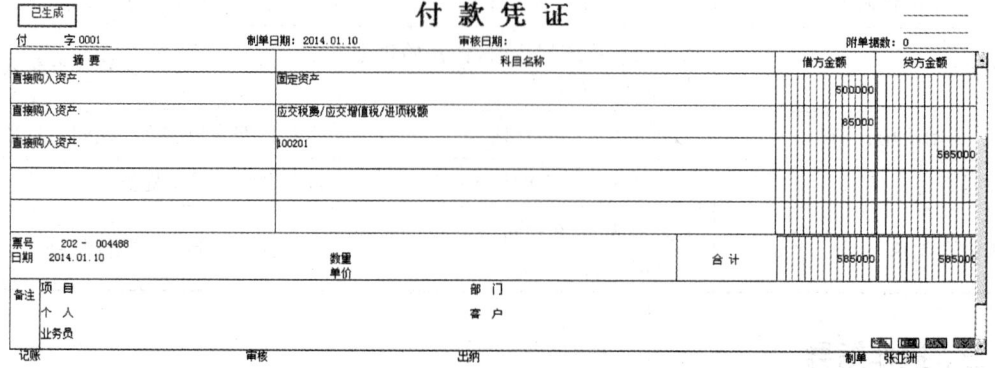

图6-17 批量制单之制单设置

(3)点击左上角"凭证",弹出凭证,输入"100201"的辅助核算项目,如结算方式、票号与日期等,之后保存。生成的凭证如图6-18所示。

图6-18 付款凭证

温馨提示

该凭证在未审核记账之前,可以通过凭证查询"删除"凭证在固定资产系统作废凭证,然后账套主管在总账里进行"整理"凭证,达到彻底删除该凭证。

请同学们先操作一遍子系统作废凭证,在总账中彻底删除凭证。然后在固定资产系统中,重新生成一张凭证。

温馨提示

(1) 批量制单小知识:凡是业务发生当时没有制单的,该业务自动排列在批量制单表中,表中列示应制单而没有制单的业务发生的日期、类型、原始单据号,缺省的借、贷方科目和金额,可以在此处进行设置并生成凭证。

(2) 批量制单时需要注意:可以通过填写设置下的各类缺省入账科目,生成凭证时自动带出科目;通过设置合并号,可以实现合并制单功能;批量制单下删除的只是制单信息,而不是此次操作的业务;可在凭证查询下查询、修改、删除、冲销生成的凭证。

任务6.3 固定资产变动(部门转移、原值增加)业务

一、任务布置

2014年1月12日和14日,青岛华阳汽车部件有限公司发生了如下两笔业务,请固定资产会计进行处理。

【任务6-3-1】 1月12日,公司为大众速腾2.0轿车新添置配件18 000元,以转账支票支付,票号为004489。

【任务6-3-2】 1月14日,经公司领导批复,将财务部的旧电脑转移到采购部。

二、知识链接

上述两笔业务都属于固定资产变动业务。

固定资产变动包括原值增加、原值减少、部门转移、使用状况调整、折旧方法调整、累计折旧调整、使用年限调整、工作总量调整、净残值(率)调整、类别调整、增值税调整、位置调整、变动单管理等。其中,使用状况包括使用中、未使用、不需用三种,使用中具体包含在用、季节性停用、经营性出租、大修理停用等。

资产变动需要通过"变动单"来记录调整结果。

三、操作指导

【任务6-3-1】 该业务属于固定资产原值增加的业务。

固定资产会计006于2014年1月12日进入企业应用平台。

(一) 填制变动单

(1) 执行"固定资产—卡片—变动单—原值增加—固定资产变动单—卡片编号"命令,选

中"0002 大众速腾 2.0",如图 6-19 所示。

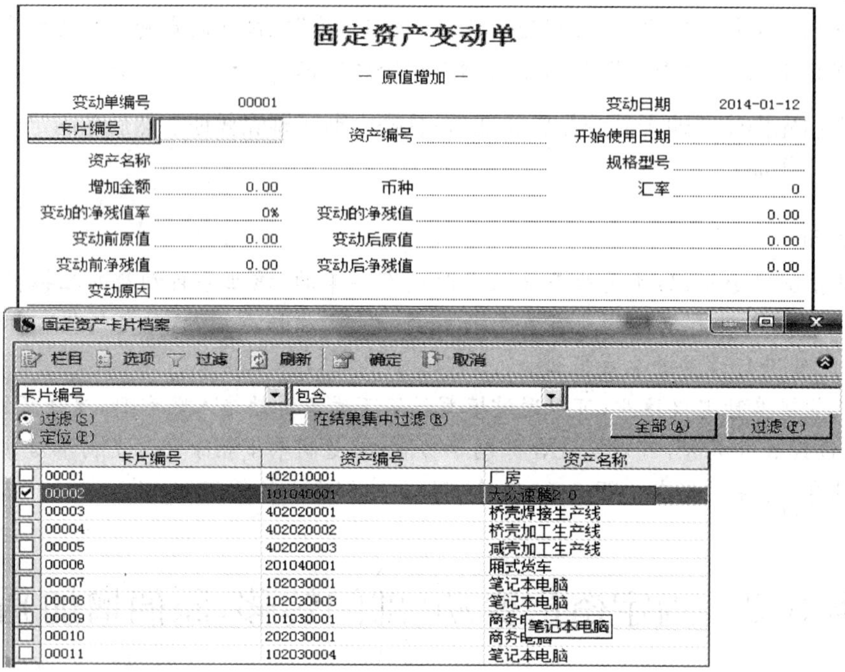

图 6-19 录入固定资产变动单

(2)增加金额输入"18 000",变动原因输入"添置配件",如图 6-20 所示,输完后保存。

图 6-20 固定资产变动单

(二)生成原值增加的凭证

执行"固定资产—处理—批量制单—制单选择"命令,选择"Y",凭证类别选择"付款凭证",合并制单,贷方科目输入"100201",录入辅助核算项目,点击"保存"按钮。生成的凭证如图 6-21 所示。

注意:为简化日常工作量,固定资产业务也可以采用"批量制单",于期末生成若干凭证。

【任务 6-3-2】 该业务属于固定资产部门转移业务。

固定资产会计 006 于 2014 年 1 月 14 日进入企业应用平台。

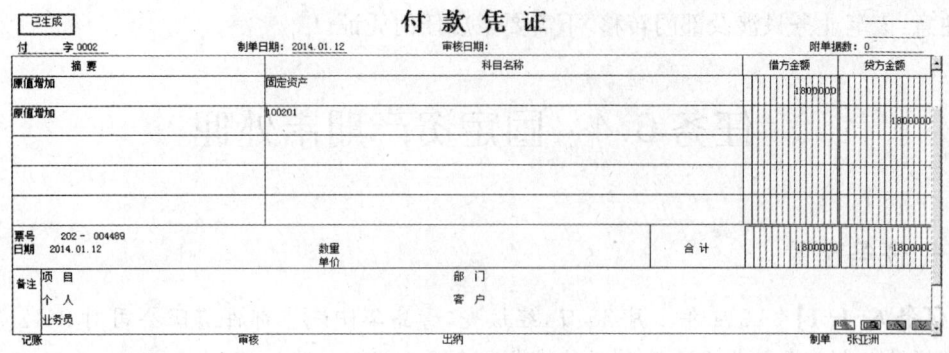

图 6-21　付款凭证

（1）执行"固定资产—卡片—变动单—部门转移—固定资产变动单—卡片编号"命令，选中"00008 笔记本电脑"，如图 6-22 所示，单击"确定"按钮。

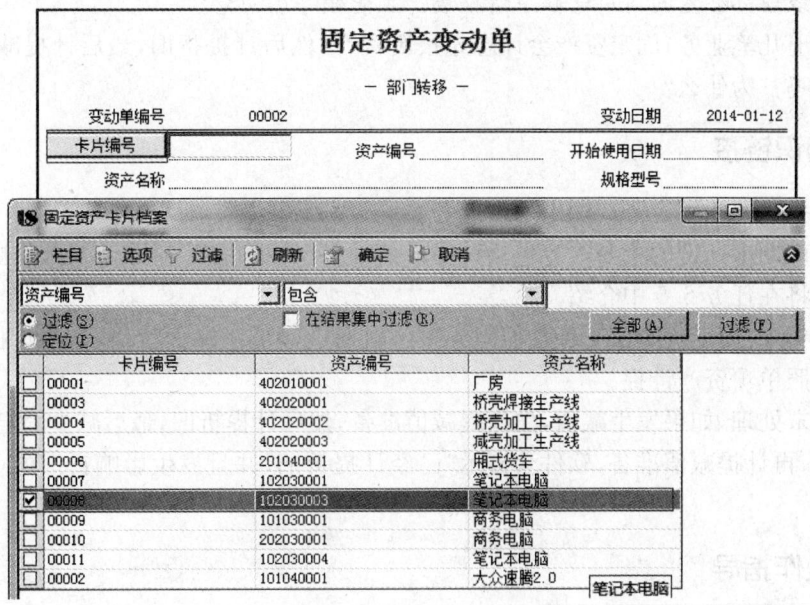

图 6-22　录入固定资产变动单

（2）输入变动后部门"采购部"，输入变动原因"部门转移"，保存，其结果如图 6-23 所示。

图 6-23　固定资产变动单

注意:该笔业务只涉及部门转移,不需要生成任何凭证。

任务6.4 固定资产期末处理

一、任务布置

【任务6-4-1】 2014年1月30日,经核查,青岛华阳汽车部件有限公司对2012年购置的2台笔记本电脑各计提300元的减值准备。合并制单。

【任务6-4-2】 2014年1月30日,青岛华阳汽车部件有限公司固定资产会计对各部门的固定资产计提折旧。

【任务6-4-3】 2014年1月31日,青岛华阳汽车部件有限公司对固定资产进行清理,账实相符。总经理办公室的商用电脑申请报废。主管领导已同意。

对于以上几笔业务,固定资产会计想先报废资产,然后计提折旧,最后计提减值准备。他的想法可行吗?为什么?

二、知识链接

以上业务均属于固定资产期末处理业务。

固定资产期末处理的主要内容包括计提减值准备、计提折旧、对账及月末结账内容,对账与月末结账将在任务6.5中介绍。

月末或年末,固定资产由于种种原因导致可收回金额低于账面价值,需要计提减值准备,并且必须按照单项资产计提。

对于期末处理,如果发生减值,先计提减值准备,然后计提折旧,最后减少固定资产。如果先计提折旧,再计提减值准备,软件会提示"已经计提折旧,并且发生影响折旧的业务,请删除凭证"等。

三、操作指导

【任务6-4-1】 该业务是期末计提固定资产减值准备。

固定资产会计006于2014年1月30日进入企业应用平台。

1. 计提减值准备

(1)执行"固定资产—卡片—变动单—计提减值准备"命令,系统弹出固定资产变动单,卡片编号选择"00007笔记本电脑",减值准备金额录入"300",变动原因录入"笔记本电脑降价",如图6-24所示。

(2)点击"保存"按钮,系统弹出凭证,放弃。然后增加固定资产变动单,录入相关信息,如图6-25所示。

2. 生成凭证

(1)执行"固定资产—处理—批量制单—制单选择"命令,选择并合并凭证,凭证类别调整为"转账凭证",如图6-26所示。

(2)切换到"制单设置"窗口,如图6-27所示,录入减值准备的对方科目"6701资产减值损失"。

图 6-24 录入固定资产变动单

图 6-25 固定资产变动单

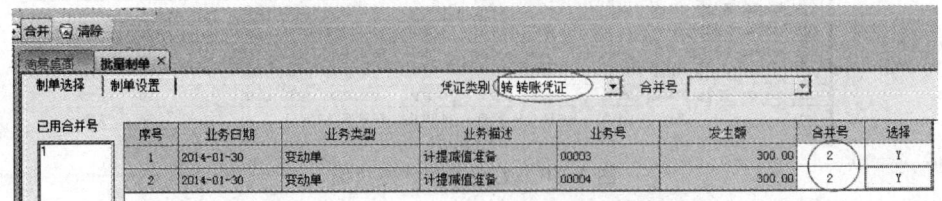

图 6-26 合并制单选择

图 6-27 合并制单设置

(3) 合并生成凭证如图 6-28 所示,保存即可。

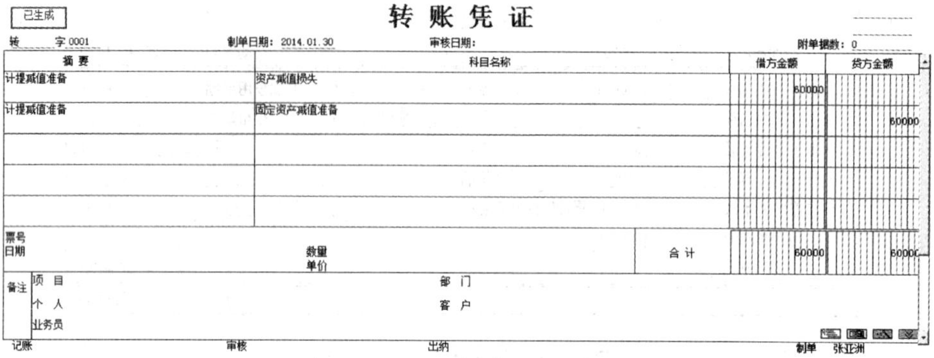

图 6-28 转账凭证

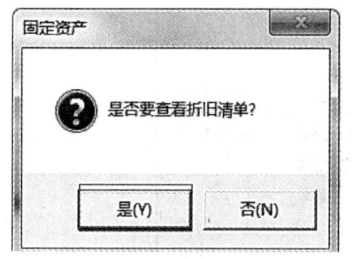

【任务 6-4-2】 该业务是期末计提固定资产折旧。

1. 计提折旧

(1) 固定资产会计 006 于 2014 年 1 月 30 日进入企业应用平台,执行“固定资产—处理—计提本月折旧”命令,系统弹出提示信息框“是否查看折旧清单?”如图 6-29 所示。

图 6-29 固定资产计提折旧选择

(2) 点击“是”按钮,系统弹出“本操作将计提本月折旧,并花费一定时间,是否要继续?”点击“是”按钮,其结果如图 6-30 所示。

卡片编号	资产编号	资产名称	原值	计提原值	本月计提折旧额	累计折旧	本年计提折旧	减值准备	净值	净残值	折旧率	单位折旧	本月工作量	累计工作量	规格型号
00001	402010001	厂房	000.00	000,000.00	6,400.00	160,000.00	6,400.00	0.00	000.00	0,000.00	0.0032		0.000	0.000	
00002	101040001	大众速腾2.	130.69	175,130.69	1,751.31	19,264.38	1,751.31	0.00	866.31	7,725.23	0.0100		0.000	0.000	
00003	402020001	桥壳加工生	398.00	800,398.00	22,403.18	537,676.42	22,403.18	0.00	721.58	2,015.92	0.0080		0.000	0.000	
00004	402020002	减壳加工生	000.00	000,000.00	32,000.00	768,000.00	32,000.00	0.00	000.00	0,000.00	0.0080		0.000	0.000	
00005	402020003	桥壳焊接生	000.00	000,000.00	40,000.00	960,000.00	40,000.00	0.00	000.00	0,000.00	0.0080		0.000	0.000	
00006	201040001	厢式货车	000.00	244,000.00	1,952.00	21,472.00	1,952.00	0.00	528.00	9,760.00	0.0080		0.000	0.000	
00007	102030001	笔记本电脑	250.00	7,250.00	116.00	1,740.00	116.00	300.00	210.00	290.00	0.0160		0.000	0.000	
00008	102030002	笔记本电脑	250.00	7,250.00	116.00	1,740.00	116.00	300.00	210.00	290.00	0.0160		0.000	0.000	
00009	101030001	商务电脑	000.00	6,000.00	96.00	1,440.00	96.00	0.00	560.00	240.00	0.0160		0.000	0.000	
00010	202030001	商务电脑	000.00	6,000.00	96.00	1,440.00	96.00	0.00	560.00	240.00	0.0160		0.000	0.000	
合计			028.69	246,028.69	104,930.49	472,772.80	104,930.49	600.00	655.89	0,561.15			0.000	0.000	

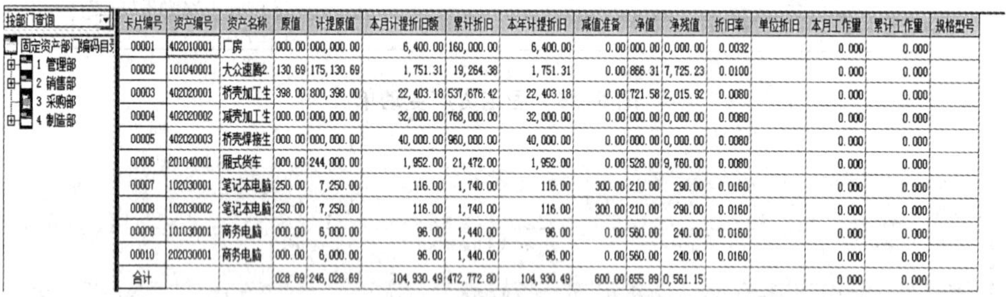

图 6-30 固定资产计提折旧

(3) 点击“退出”按钮,系统弹出“折旧分配表”窗口,如图 6-31 所示。查看完毕后,关闭该窗口。

部门编号	部门名称	项目编号	项目名称	科目编号	科目名称	折 旧 额
101	总经理办公室			660203	折旧费	1,146.79
102	财务部			660203	折旧费	758.52
201	销售一部			6601	销售费用	976.00
202	销售二部			6601	销售费用	1,130.00
3	采购部			660203	折旧费	116.00
402	制造车间			510102	折旧费	100,803.18
合计						104,930.49

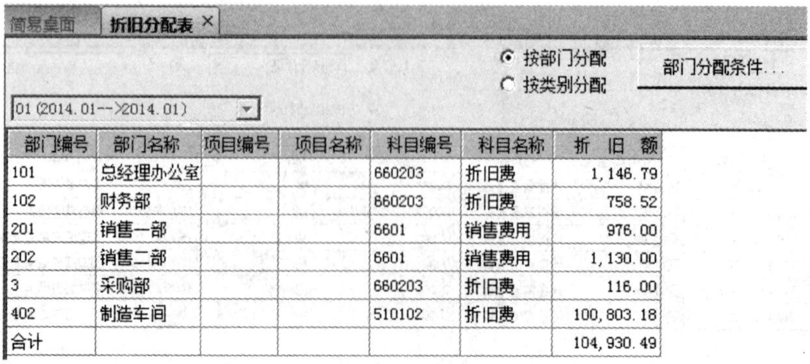

图 6-31 固定资产计提折旧分配表

2. 生成折旧凭证

点击左上角"凭证",生成折旧凭证,如图 6-32 所示。

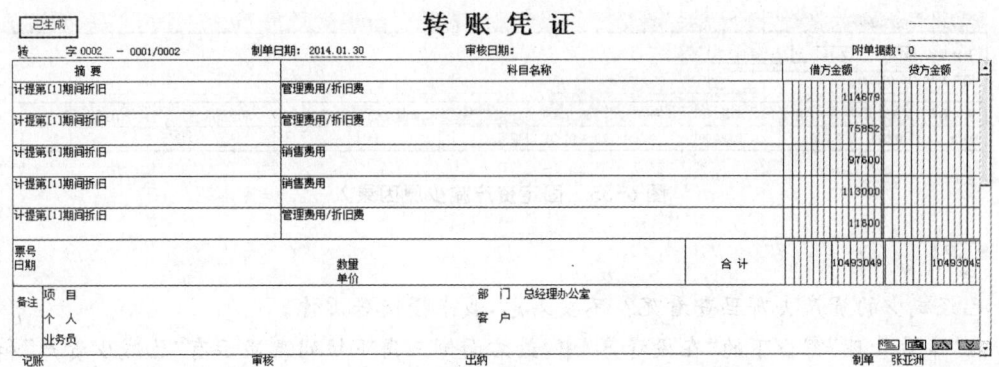

图 6-32 转账凭证

> **温馨提示**
> 无论固定资产有无增减变动业务,折旧计提必不可少。

【任务 6-4-3】 该业务是固定资产减少业务。

固定资产会计 006 于 2014 年 1 月 31 日进入企业应用平台。

1. 减少卡片

(1) 执行"固定资产—卡片—资产减少"命令,系统弹出卡片编号与资产编号,点击卡片编号,选中"00009 商务电脑",如图 6-33 所示。

图 6-33 固定资产减少卡片档案

(2) 点击"增加"按钮,其结果如图 6-34 所示。

卡片编号	资产编号	资产名称	原值	净值	减少日期	减少方式	清理收入	增值税	清理费用	清理原因
00009	101030001	商务电脑	6000.00	4560.00	2014-01-30					

图 6-34 固定资产减少

(3) 减少方式选择"报废",清理原因录入"报废",如图 6-35 所示。点击"确定"按钮,系统显示所选卡片已经减少成功。

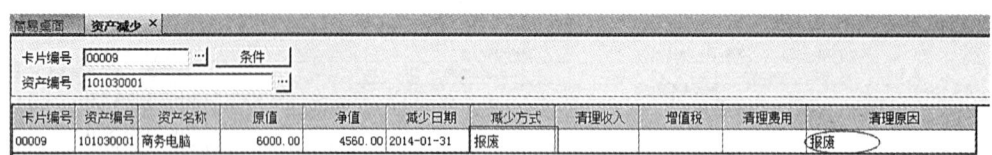

图 6-35　固定资产减少原因录入

小提问

已经减少的资产去哪里查看呢？不要着急,我来慢慢告诉你。

在"卡片管理"窗口下的"在役资产"中,最右面倒三角下拉列表显示有"已减少资产"和"已拆分资产",选中"已减少资产",显示已减少资产的情况,如图 6-36 和图 6-37 所示。

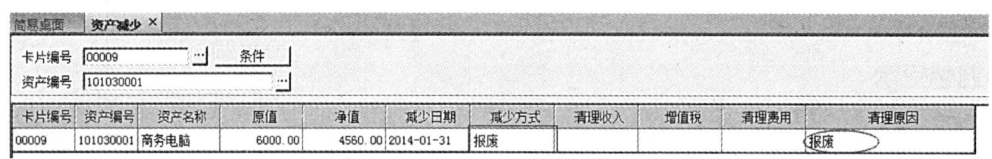

图 6-36　已减少固定资产查询

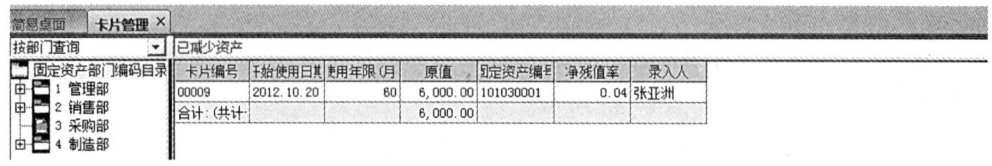

图 6-37　已减少固定资产

温馨提示

(1) 撤销减少小知识:假如不小心误减少固定资产,可以通过"撤销减少"功能来实现,资产减少的恢复是一个纠错的功能,当月减少的资产可以通过本功能恢复使用。通过"资产减少"功能减少的资产只有在减少的当月可以恢复。

(2) 撤销减少的操作:首先登录"卡片管理";其次将卡片显示类型由"在役资产"更改为"已减少资产";最后单击选中减少的固定资产,点击上方的"撤销减少",即达到了撤销减少资产的目的。

(3) 如果需要撤销减少,需要注意:当月减少的资产可以直接撤销;之前月份的减少的资产需要重新录入原始卡片。另外,如果资产减少已经生成凭证,需要删除凭证后再撤销。

2. 制作减少固定资产的凭证

执行"固定资产—处理—批量制单—制单选择"命令,选择"Y",凭证类别选择"转账凭证",生成如图 6-38 所示凭证。

3. 报废固定资产的净损失

在总账中由总账会计填制清理净损失凭证,如图 6-39 所示。

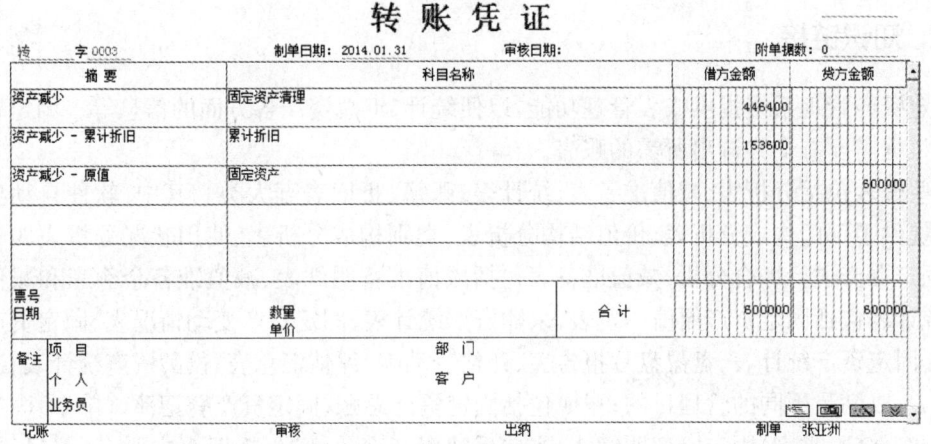

转账凭证

转 字 0003　　制单日期：2014.01.31　　审核日期：　　附单据数：0

摘要	科目名称	借方金额	贷方金额
资产减少	固定资产清理	446400	
资产减少 - 累计折旧	累计折旧	153600	
资产减少 - 原值	固定资产		600000
票号 日期	数量 单价 合计	600000	600000

备注　项目　　部门
　　　个人　　客户
　　　业务员

记账　　审核　　出纳　　制单　张亚洲

图6-38　转账凭证

转账凭证

转 字 0004　　制单日期：2014.01.31　　审核日期：　　附单据数：

摘要	科目名称	借方金额	贷方金额
固定资产报废转入清理净损失	营业外支出	446400	
固定资产报废转入清理净损失	固定资产清理		446400
票号 日期	数量 单价 合计	446400	446400

备注　项目　　部门
　　　个人　　客户
　　　业务员

记账　　审核　　出纳　　制单　张玲

图6-39　转账凭证

注意：固定资产减少业务放在计提折旧业务之后，原因在于当月减少的固定资产当月仍然要计提折旧，因此只有先计提折旧才能减少。另外，如果先减少该固定资产的话，相当于卡片没有了，卡片没有的话也就不能计提折旧。因此，固定资产的减少业务在当月计提折旧之后。

任务6.5　固定资产账表查询及期末结账

一、任务布置

【任务6-5-1】 固定资产会计在固定资产报废生成凭证之后，认为本月的业务已经做完了，所以直接查询固定资产登记簿，他这样做所查出来的结果对吗？为什么？

【任务6-5-2】 固定资产会计要进行结账，先点击“对账”功能，发现对账不平，他该怎么办呢？

二、知识链接

固定资产管理系统提供账表管理功能,以便统计、汇总资产各方面的信息等。固定资产会计可以根据需要查询并调出所需的账表。

这些账表包括分析表、减值准备表、统计表、账簿、折旧表五大类。其中:软件自动生成的分析表提供了部门构成分析表、价值结构分析表、类别构成分析表、使用状况分析表四种分析表,对固定资产进行综合分析;减值准备表包括减值准备明细表、减值准备余额表和减值准备总账;统计表包括固定资产原值一览表、采购资产统计表、固定资产变动情况表、固定资产到期提示表、固定资产统计表、盘盈盘亏报告表、评估变动表、评估汇总表、役龄资产统计表、逾龄资产统计表,以满足不同的管理目的;账簿包括固定资产总账、固定资产登记簿、(单个)固定资产明细账和(部门、类别)固定资产明细账,主要反映资产变化情况;折旧表主要有(部门)折旧计提汇总表、固定资产及累计折旧表(一)、固定资产及累计折旧表(二)、固定资产折旧计算明细表和固定资产折旧清单表,以反映折旧计提及明细情况。

当月所有凭证审核记账之后,可以进行账表查询及期末对账与结账工作。期末对账主要检查固定资产的价值和账务系统中固定资产科目的数值相等。

对账之前必须确保与账务系统接口界面已经设置好了正确的对账科目,固定资产模块所有应该制单的任务全部已经制单,以及总账模块所有涉及"固定资产"和"累计折旧"等对账科目的凭证已经全部记账。

月末结账每月进行一次,结账后档期数据不能修改。如确需要修改,先通过"恢复月末结账前状态"功能反结账,再进行修改。本期结账完毕,才可以处理下期数据。

三、操作指导

【任务 6-5-1】 固定资产账表查询。

1. 总账系统处理

以出纳 002 的身份登录企业应用平台,执行"总账—凭证"命令,进行出纳签字;以账套主管 001 的身份登录总账进行审核记账。

2. 查询固定资产账表

固定资产会计登录企业应用平台,执行"固定资产—账表—我的账表"命令,进行账表查询。固定资产会计分别查询(部门)折旧计提汇总表、使用状况分析表、固定资产变动情况表,固定资产登记簿等账表,分别如图 6-40 至图 6-43 所示。

(部门)折旧计提汇总表

使用单位:青岛华阳汽车部件有限公司 期间:2014.01---2014.01
部门级次1---1

部门名称	计提原值	折旧额
管理部(1)	184,755.69	1,905.31
销售部(2)	253,625.00	2,106.00
采购部(3)	7,250.00	116.00
制造部(4)	13,800,398.00	100,803.18
合计	14,246,028.69	104,930.49

图 6-40 (部门)折旧计提汇总表

恢复缺省格式 保存格式 锁定格式 图形分析 格式锁定状态:未锁定

使用状况分析表

使用单位:青岛华阳汽车部件有限公司 期间:2014.01

使用状况	原值		累计折旧		减值准备		净值	
	金额	占总值百分比%	金额	占总值百分比%	金额	占总值百分比%	金额	占总值百分比%
使用中(1)	14,263,028.69	100.00	2,471,332.80	100.00	600.00	100.00	11,791,095.89	100.00
在用(1001)	14,263,028.69	100.00	2,471,332.80	100.00	600.00	100.00	11,791,095.89	100.00
合计	14,263,028.69	100.00	2,471,332.80	100.00	600.00	100.00	11,791,095.89	100.00

图 6-41 使用状况分析表

固定资产变动情况表

统计方式:资产类别 期间:2014.01--2014.01

资产类别: 使用部门: 类别级次:1--1

项目	原值				累计折旧				减值准备				净值	
	期初余额	本年增加	本年减少	期末余额	期初余额	本年增加	本年减少	期末余额	期初余额	本年增加	本年减少	期末余额	期初余额	期末余额
房屋及建筑物(01)	2,000,000.00			2,000,000.00	153,600.00	6,400.00		160,000.00					1,846,400.00	1,840,000.00
专用设备(02)	1,800,398.00			1,800,398.00	2,171,273.24	94,403.18		2,265,676.42					9,629,124.76	9,534,721.58
通用设备(03)	26,500.00	5,000.00	6,000.00	25,500.00	5,936.00	424.00	1,440.00	4,920.00		600.00		600.00	20,564.00	19,980.00
交通运输设备(04)	419,130.69	18,000.00		437,130.69	37,033.07	3,703.31		40,736.38					382,097.62	396,394.31
合计	4,246,028.69	23,000.00	6,000.00	4,263,028.69	2,367,842.31	104,930.49	1,440.00	2,471,332.80		600.00		600.00	1,878,186.38	1,791,095.89

图 6-42 固定资产变动情况表

固定资产登记簿

使用单位:青岛华阳汽车部件有限公司 期间:2014.01--2014.01

资产类别: 使用部门:

日期	资产编号	业务单号	凭证号	摘要	资产名称	使用部门	原值			数量
							借方	贷方	余额	
2014-01-01	402010001	00001		录入原始卡片	厂房	制造车间	2,000,000.00		2,000,000.00	1.00
2014-01-01	101040001	00002		录入原始卡片	大众速腾2.0	总经理办公室/	175,130.69		2,175,130.69	2.00
2014-01-01	402020001	00003		录入原始卡片	桥壳加工生产线	制造车间	2,800,398.00		4,975,528.69	3.00
2014-01-01	402020002	00004		录入原始卡片	减壳加工生产线	制造车间	4,000,000.00		8,975,528.69	4.00
2014-01-01	402020003	00005		录入原始卡片	桥壳焊接生产线	制造车间	5,000,000.00		13,975,528.69	5.00
2014-01-01	201040001	00006		录入原始卡片	厢式货车	销售一部/销售	244,000.00		14,219,528.69	6.00
2014-01-01	102030001	00007		录入原始卡片	笔记本电脑	财务部/销售二	7,250.00		14,226,778.69	7.00
2014-01-01	102030002	00008		录入原始卡片	笔记本电脑	财务部	7,250.00		14,234,028.69	8.00
2014-01-01	101030001	00009		录入原始卡片	商务电脑	总经理办公室	6,000.00		14,240,028.69	9.00
2014-01-01	202030001	00010		录入原始卡片	商务电脑	销售二部	6,000.00		14,246,028.69	10.00
2014-01-10	102030003	00011	付--1	新增固定资产	笔记本电脑	财务部	5,000.00		14,251,028.69	11.00
2014-01-12	101040001	00001	付--2	原值增加	大众速腾2.0	总经理办公室/	18,000.00		14,269,028.69	11.00
2014-01-31	101030001	00009	转--3	资产减少	商务电脑	总经理办公室		6,000.00	14,263,028.69	10.00
				本期合计			14,269,028.69	6,000.00	14,263,028.69	10.00

图 6-43 固定资产登记簿

【任务 6-5-2】 固定资产月末对账与结账。

1. 月末对账

执行“固定资产—处理—对账”命令，显示对账结果为“平衡”，如图 6-44 所示。

图 6-44 对账结果

温馨提示

如果出现对账不平，要查找原因。对账不平的原因主要有固定资产期初就对账不平、固定资产还有未制单的任务、选项里设置的对账科目不正确、总账未对固定资产产生的凭证审核记账、固定资产模块当资产减少时生

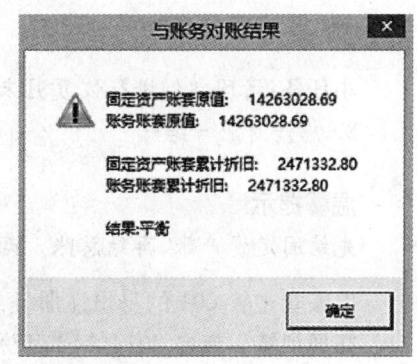

成凭证提取的折旧数据要修改为月末数、其他模块使用了"固定资产"或"累计折旧"科目制单等。如果出现了与总账对账不平,首先把总账的所有凭证审核、记账,保证正确;其次查看批量制单里是否还有制单记录;再次检查选项里设置的对账科目是否正确;最后检查资产减少凭证折旧金额是否修改为月末数。

2. 固定资产账套结账

(1) 执行"固定资产—处理—月末结账"命令,如图 6-45 所示。

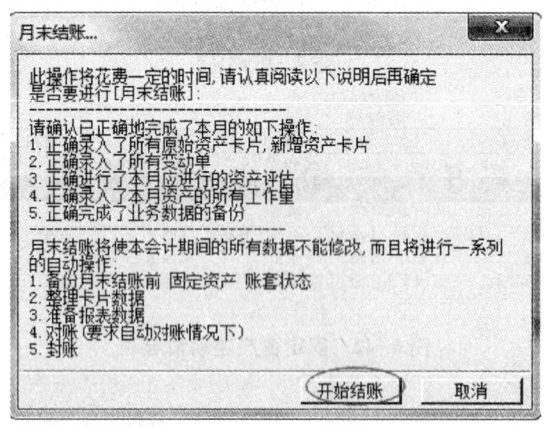

图 6-45 月末结账

(2) 点击"开始结账",系统提示"与总账对账结果";点击"确定"按钮,显示如图 6-46 对话框,点击"确定"按钮。

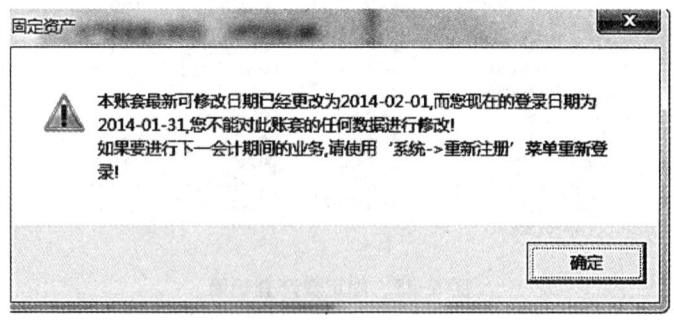

图 6-46 对账结果

小任务:请同学们进行恢复月末结账前状态操作。

3. 总账对账与结账

温馨提示

先结固定资产账,再结总账。两者顺序不能颠倒。

以账套主管 001 的身份注册登录企业应用平台,执行"总账—对账—结账"命令。

拓展训练 假定 2014 年 2 月份没有发生其他业务,固定资产账套 2 月份直接进行对账及结账处理,这样可以吗?请同学们思考如何进行 2 月份的处理。

项目 7

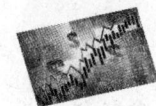

往来岗位实务操作

能力目标	1. 能够使用用友 ERP-U8 V10.1 管理软件完成应收款与应付款的建账与初始化工作。 2. 能够完成往来岗位操作。 3. 能够进行往来账表查询及期末结账处理。
知识目标	1. 理解应收款与应付款管理系统功能,明确其与总账系统的关系。 2. 掌握应收款管理系统初始化、日常业务处理及月末处理的操作。 3. 理解应收款管理在总账核算与在应收款管理系统核算的区别。
素质目标	1. 具备主动思考,发现问题和解决问题的能力。 2. 具备较强的动手操作能力。 3. 具有较好的沟通技巧和良好的团队协作精神。

任务 7.1　应收款管理系统初始设置

一、任务布置

【任务 7-1】　请以[任务 3-2]为基础,账套主管启用应收账款子系统,完成应收款账套的初始化,并输入账套的初始相关信息。

（一）业务控制参数

应收账款核算模型:详细核算;坏账处理方式:应收账款余额百分比法,自动计算现金折扣;取消核销生成凭证;根据单据自动报警,信用方式提前 7 天;根据信用额度自动报警,提前比率 20%;包含信用额度为零;进行信用额度控制。应收款核销方式:按单据,其他参数为系统默认。

科目设置:应收科目为 1122,预收科目为 2203,税金科目为 22210105,销售收入科目为

6001,商业承兑科目为112102,票据利息科目为660301,票据费用科目为660301,汇兑损益科目为660302。

控制科目:预收科目设置为2203。

结算方式科目设置:现金结算方式对应1001;支票结算方式均对应100201。

坏账准备设置:提取比例为0.5%,坏账准备期初余额为25 000.00元,坏账准备科目为1231,对方科目为6701。

账期内账龄区间及逾期账龄区间:0～30天;30～60天;60～90天;90天以上。

本单位开户行:编码01;名称:工商银行城阳分理处;账号:210101040005191。

(二)存货相关信息

1. 计量单位(见表7-1)

表7-1　　　　　　　　　　　计 算 单 位

计量单位组	计量单位编号	计量单位名称
01 自然单位组 (无换算率)	1	支
	2	个
	3	卷
02 固定换算组 (固定换算率)	4	千米
	5	千克(主计量单位)
	6	吨
	1吨=1 000千克	

2. 存货分类(见表7-2)

表7-2　　　　　　　　　　　存 货 分 类

存货分类编码	存货分类名称
01	原料及主要材料
02	辅助材料
03	库存商品
04	应税劳务

3. 存货档案(见表7-3)

表7-3　　　　　　　　　　　存 货 档 案　　　　　　　　　　金额单位:元

存货编码	存货名称	所属分类码	主计量单位	税率	存货属性	参考成本	参考售价
0101	生铁	01	千克	17%	外购、生产耗用、内销	2.4	
0102	45MnB钢	01	千克	17%	内销、外购、生产耗用	3	
0103	GCr9钢	01	千克	17%	内销、外购、生产耗用		
0201	5356焊丝	02	卷	17%	内销、外购、生产耗用		

(续表)

存货 编码	存货 名称	所属 分类码	主计量 单位	税率	存货 属性	参考 成本	参考 售价
0202	润滑油	02	千克	17%	内销、外购、生产耗用		
0301	153中桥	03	支	17%	自制、内销、外购	10 000	13 000
0302	153后桥	03	支	17%	自制、内销、外购	8 000	12 000
0303	13寸轮毂	03	个	17%	自制、内销、外购	500	700
0304	15寸轮毂	03	个	17%	自制、内销、外购	700	900
0401	运输费	04	千米	11%	内销、外购、应税劳务		

（三）期初余额

（1）单据名称：应收票据；单据类型：商业承兑汇票（科目：112102；汇票金额：58 500元；票据编号：HP0002。2013年12月15日，青岛宏利公司签发并承兑商业承兑汇票一张，期限为3个月，无息。

（2）单据名称：销售发票；单据类型：销售普通发票（见表7-4）。

表7-4　　　　　　　　　　　　　销售普通发票　　　　　　　　　　　金额单位：元

开票日期	科目	客户	销售部门	业务员	货物名称	数量（支）	单价	金额
2013年12月1日	1122	青岛宏利公司	销售一部	周群	153中桥	20	15 440	308 800
2013年12月18日	1122	青岛特汽公司	销售一部	周群	153后桥	16	12 500	200 000

二、知识链接

应收款管理系统主要实现企业与客户业务往来账款的核算与管理，在应收款管理系统中，以销售发票、其他应收单、费用单等原始单据为依据，记录销售业务及其他业务所形成的往来款项，处理应收款项的收回、转账、坏账发生及收回等情况；提供票据处理的功能，实现对应收票据的管理。

根据对客户往来款项核算和管理的程度不同，系统提供了详细核算和简单核算两种应用方案。

（一）详细核算应用方案

此方案可以记录应收款项的形成；处理应收项目的收款及转账情况；对应收票据进行记录和管理；随应收项目的处理过程自动生成凭证，向总账系统进行传递；对外币业务及汇兑损益进行处理，并且提供针对多种条件的各种查询及分析。

（二）简单核算应用方案

此方案可以接收销售系统的发票，对其进行审核；也可以对销售发票进行制单处理，传递给总账。

多数企业都使用详细核算应用方案，具体选择哪一种方案，企业可以在应收款管理系统的选项中通过设置"应收账款核算模型"来设置。

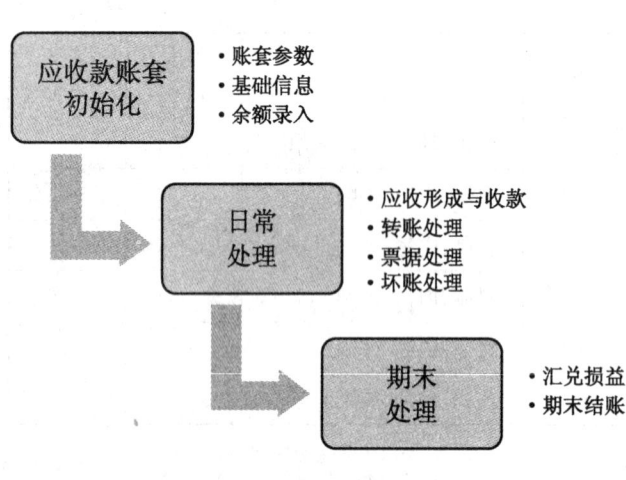

图 7-1 应收款管理系统的操作流程

应收款管理系统的操作流程如图 7-1 所示。

其中,应收款账套的初始化包括设置控制参数、录入基础信息、录入期初余额和期初对账工作。

(1)设置控制参数。控制参数包括:应收款的核销方式、选择控制科目的依据、坏账处理方式、是否自动计算现金折扣等,部分参数可以在选项中补充设置。

(2)录入基础信息。基础信息包括:系统设置科目、坏账准备、账龄区间、报警级别、存货分类及档案、单据类型或单据格式等。

(3)录入期初余额。应收账款系统建账期初,企业以前形成的并且尚未收到的应收账款、预收尚未结算的货款、应收票据等数据需要录入本账套。应收账款对应的单据可能是增值税专用发票、普通发票、其他应收单;预收账款对应的单据是收款单;应收票据对应的单据是商业汇票(银行承兑汇票和商业承兑汇票)。录入期初余额是初次使用本系统必须进行的工作,下一会计期间进行业务处理时,系统自动将上一会计期间未处理完全的单据,转成下一会计期间的期初余额。

(4)期初对账。期初余额录入完毕,需要与总账期初余额进行对账。期初务必保证对账相符,才能开始日常业务工作。

三、操作指导

【准备工作】 引入"[任务 3-2]总账管理系统初始设置"账套。

(一)启用应收款管理账套

启用应收款管理账套有两种方法:一是在建账完毕后直接进入系统启用设置进行应收款管理系统的启用;二是通过企业门户中的"基本信息"进入"系统启用"功能进行启用设置。

这里以账套主管的身份,于 2014 年 1 月 1 日启用应收款管理系统。

温馨提示

各子系统的启用会计期间必须大于等于账套的启用期间;只有系统管理员和账套主管有系统启用权限。

(二)设置账套参数

执行"业务工作—应收款管理—设置—选项"命令,进入"账套参数设置"对话框,系统显示"常规""凭证""权限与预警""核销设置"四个页签。

1."常规"选项

点击"编辑"按钮,坏账处理方式选择"应收余额百分比法",勾选"自动计算现金折扣",其他默认,如图 7-2 所示。

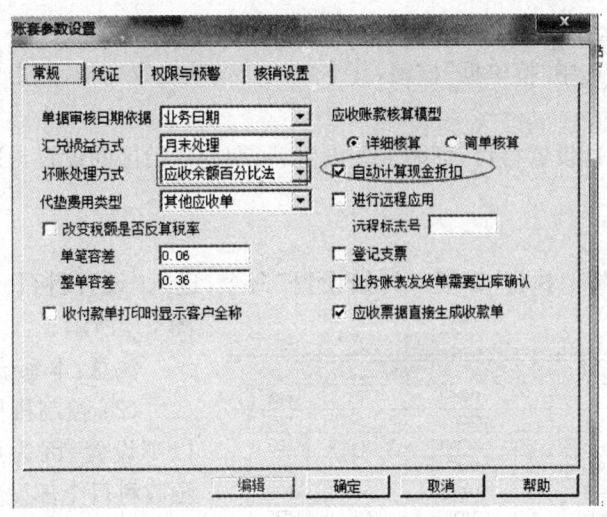

图7-2 "常规"选项设置

温馨提示

代垫费用类型:系统默认为其他应收单。

应收账款核算模型:简单核算和详细核算。

在系统启用时或者还没有进行任何业务处理情况下才允许从简单核算改为详细核算;从详细核算改为简单核算随时可以进行,但此过程不可逆转。

2."凭证"选项

不勾选"核销生成凭证",其他默认,如图7-3所示。

3."权限与预警"选项

选中"信用额度控制",在"单据报警—提前天数"选项下录入"7",在"信用额度报警—提前比率"下录入"20",取消"控制操作员权限",如图7-4所示。

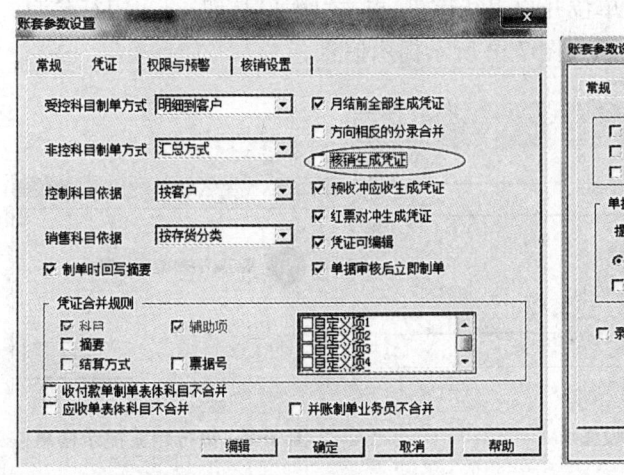

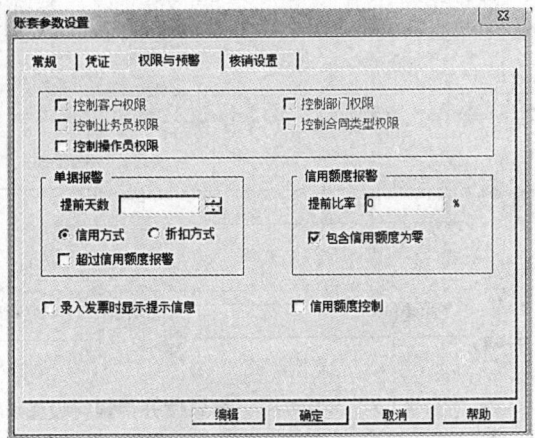

图7-3 "凭证"选项设置　　　　　图7-4 "权限与预警"选项设置

4. "核销设置"选项

应收款核销方式选中"按单据"核销,其他默认。选项设置完毕,点击"确定"按钮即可。

(三) 初始设置

初始设置主要包含设置科目、坏账准备设置、账期内账龄区间设置与逾期账龄区间设置等内容。

1. 设置科目

(1) 基本科目设置。执行"设置—初始设置"命令,进入"设置科目—基本科目设置",如图7-5所示。

注意:本系统只支持本位币票据。

(2) 控制科目设置。应收科目可以不设置,因为可能涉及应收票据,预收科目全部设置成2203即可。

(3) 产品科目设置。如无特殊说明,默认即可。

(4) 结算方式科目设置。执行"设置—初始设置"命令,进入"设置科目—结算方式科目设置",其第一行的结算方式为"1 现金结算","本单位账号"可以在本处录入,也可以在执行"基础设置—基础档案—收付结算—本单位开户银行"命令中录入,这里选择第一种方式,如图7-6所示。

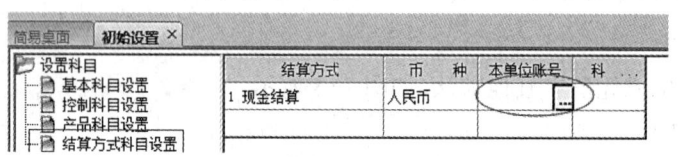

图 7-5 基本科目设置

图 7-6 结算方式科目设置

点击"本单位账号"右侧按钮,显示本单位开户银行信息,点击"增加"按钮,录入银行信息,如图7-7所示。点击"保存"按钮,系统显示如图7-8所示提示信息。

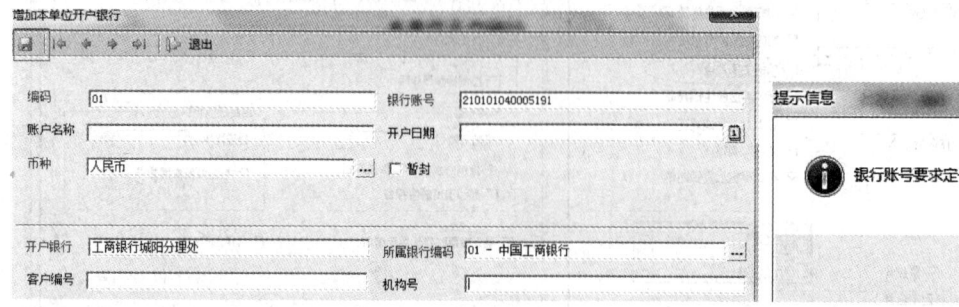

图 7-7 本单位开户银行设置 　　　　图 7-8 银行档案提示信息

返回到"基础设置—基础档案—收付结算—银行档案",修改中国工商银行的银行档案信息,取消定长,点击"保存"按钮,如图7-9所示。

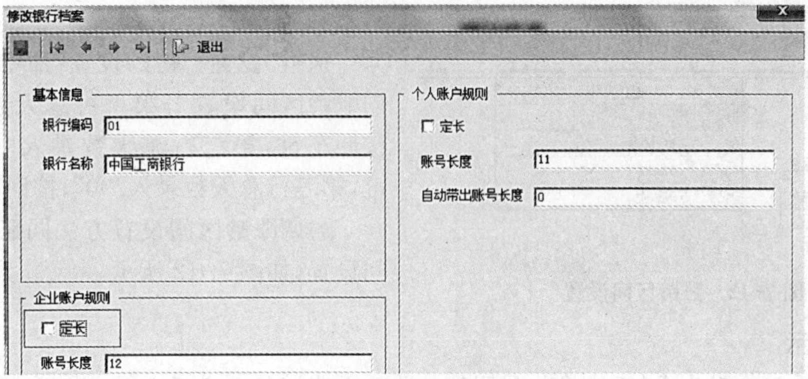

图 7-9 修改银行档案

重新进入"初始设置—结算方式科目设置"界面,按要求分别录入。每输完一行,按回车键确认,如图 7-10 所示。

2. 坏账准备设置

执行"设置—初始设置"命令,单击"坏账准备设置"。设置提取比例为 0.5%;坏账准备期初余额

图 7-10 结算方式设置

为 25 000。录入坏账准备科目与对方科目,若无问题的话,点击"确定"按钮,出现"储存完毕"提示,即坏账准备设置成功,如图 7-11 所示。

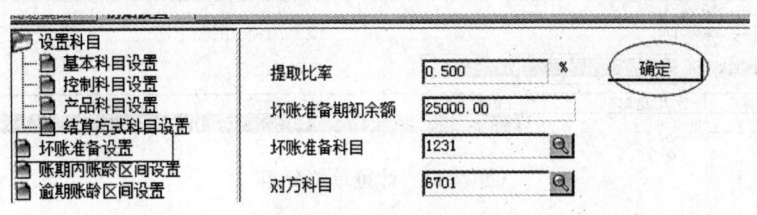

图 7-11 坏账准备设置

温馨提示

如果在选项中并未选中坏账处理的方式为"应收余额百分比法",则在此处就不能录入"应收余额百分比法"所需要的初始设置。即此处的初始设置是与选项中所选择的坏账处理方式相对应的。

坏账准备的期初余额应与总账系统中所录入的坏账准备的期初余额相一致,但是,系统没有坏账准备期初余额的自动对账功能,只能人工核对。坏账准备的期初余额如果在借方则用"一"号表示,如果没有期初余额,应将期初余额录入"0";否则,系统将不予确认。

坏账准备期初余额被确认后,只要进行了坏账准备的日常业务处理,系统就不允许再修改。下一年度使用本系统时,可以修改提取比率、区间和科目。

如果在系统选项中默认坏账处理方式为直接转销,则不用进行坏账准备设置。

3. 账期内账龄区间设置与逾期账龄区间设置

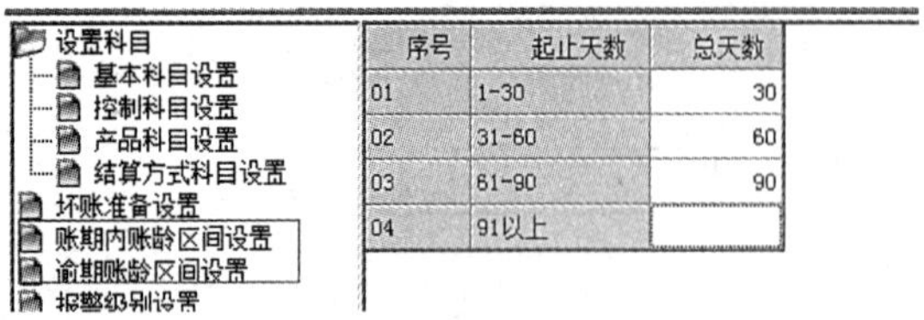

执行"设置—初始设置"命令,单击"账期内账龄区间设置",第一行总天数录入"30",按回车键,第二行总天数录入"60",按回车键,第三行总天数录入"90",按回车键。

逾期账龄区间设置方法同账期内账龄区间设置,如图7-12所示。

图7-12 账龄区间设置

温馨提示

序号由系统自动生成,不能修改和删除。总天数直接输入截至该区间的账龄总天数。最后一个区间不能修改和删除。

(四)存货分类及档案录入

1. 存货分组及计量单位

(1) 执行"基础设置—基础档案—存货—计量单位—计量单位组—分组"命令,点击"增加"按钮,录入计量单位组编码"01",录入计量单位组名称"自然单位组",计量单位组类别选中"无换算率",点击"保存"按钮,如图7-13所示。

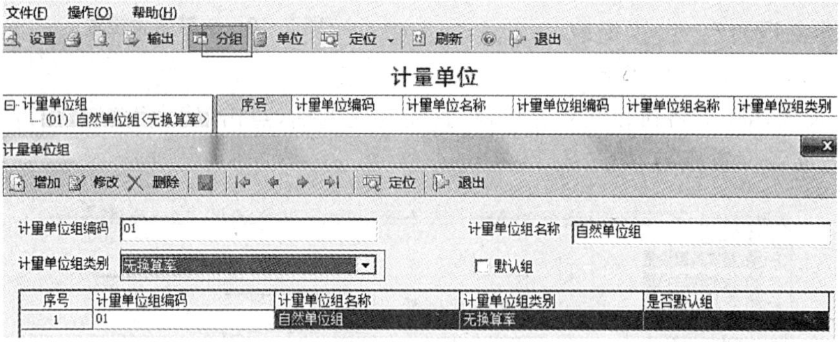

图7-13 计量单位分组

注意:先分组;再录入具体的计量单位。

(2) 在自然单位组大类里录入具体的计量单位。执行"单位—增加—录入—保存"命令,如图7-14所示,其结果如图7-15所示。

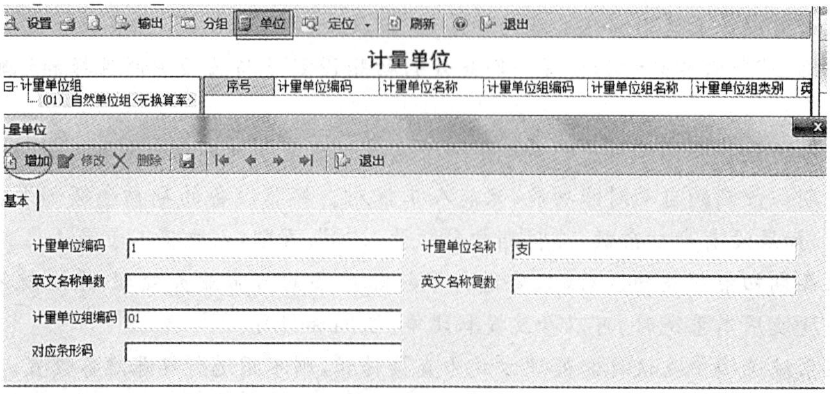

图7-14 计量单位录入

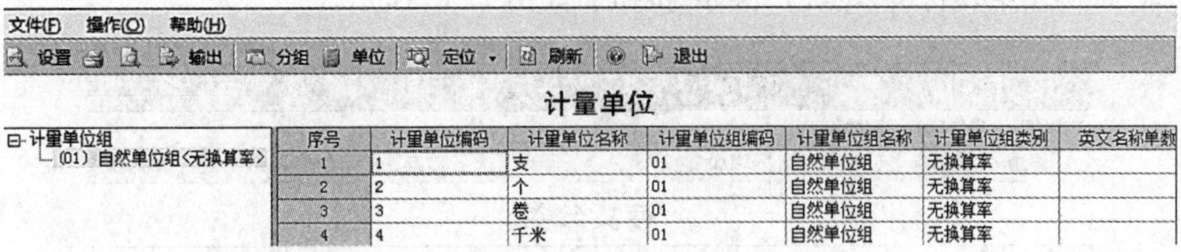

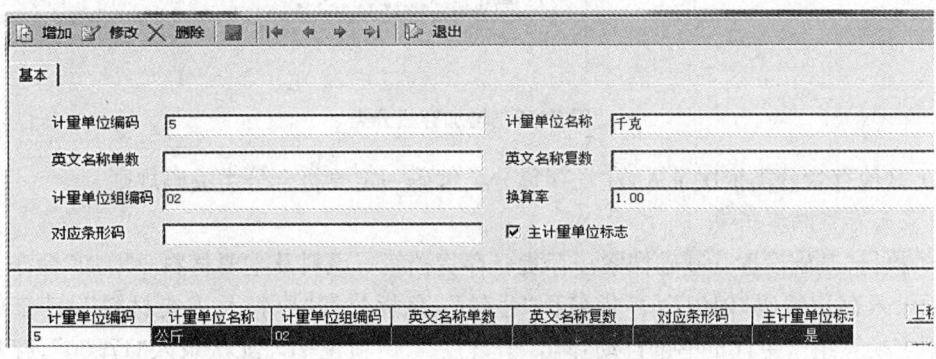

图 7-15 计量单位

(3) 同理,录入"02 固定换算组(固定换算率)",点击"保存"按钮。计量单位录入 5 千克,选中"主计量单位标志",点击"保存"按钮,如图 7-16 所示。

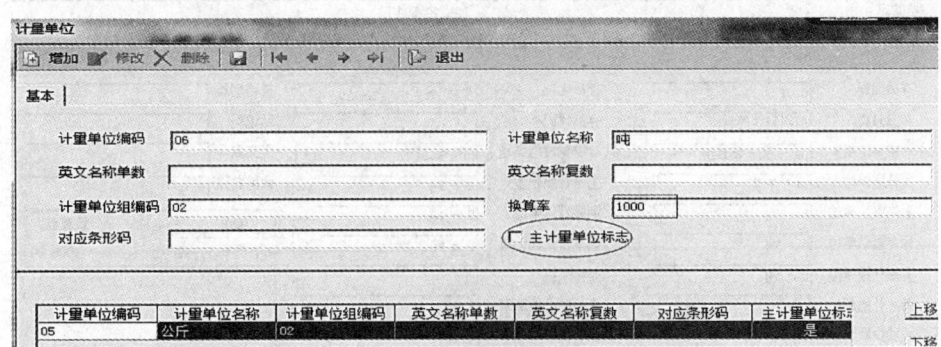

图 7-16 固定换算组主计量单位

(4) 增加计量单位 6 吨,换算率为"1 000",不勾选"主计量单位"标志,如图 7-17 所示。

图 7-17 固定换算组计量单位

(5) 固定换算组结果如图 7-18 所示。

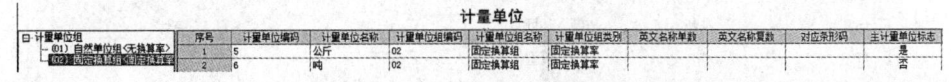

图 7-18 固定换算组

2. 录入存货分类信息

(1) 执行"基础设置—基础档案—存货—存货分类—增加"命令,录入分类编码"01",录入分类名称"原料及主要材料",点击"保存"按钮。如图7-19所示。

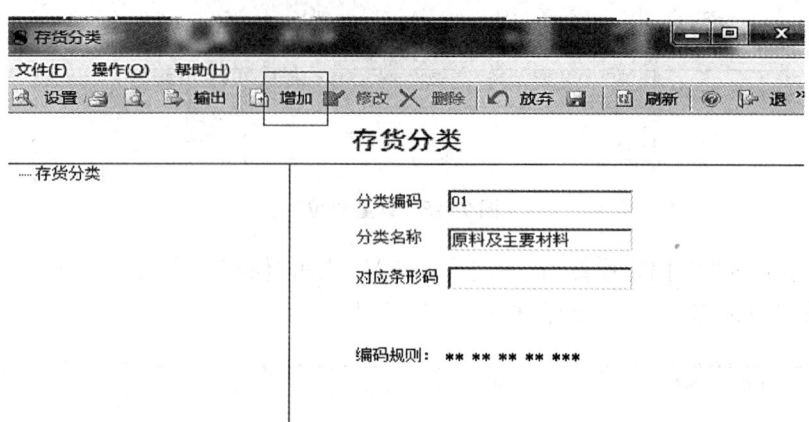

图 7-19 增加存货分类

(2) 其他存货分类依次录入,注意存货分类编码一定要符合分类编码规则。

3. 录入存货档案信息

(1) 执行"基础设置—基础档案—存货—存货档案—原料及主要材料—增加"命令,在"基本"界面录入存货编码"0101",存货名称"生铁",存货分类"原料及主要材料",计量单位组"02—固定换算组",主计量单位自动弹出"5-千克",销项税率%默认录入"17.00",存货属性勾选"内销""外购"和"生成耗用"。切换到"成本"界面,参考成本录入"2.4",点击"保存"按钮,如图 7-20 所示。

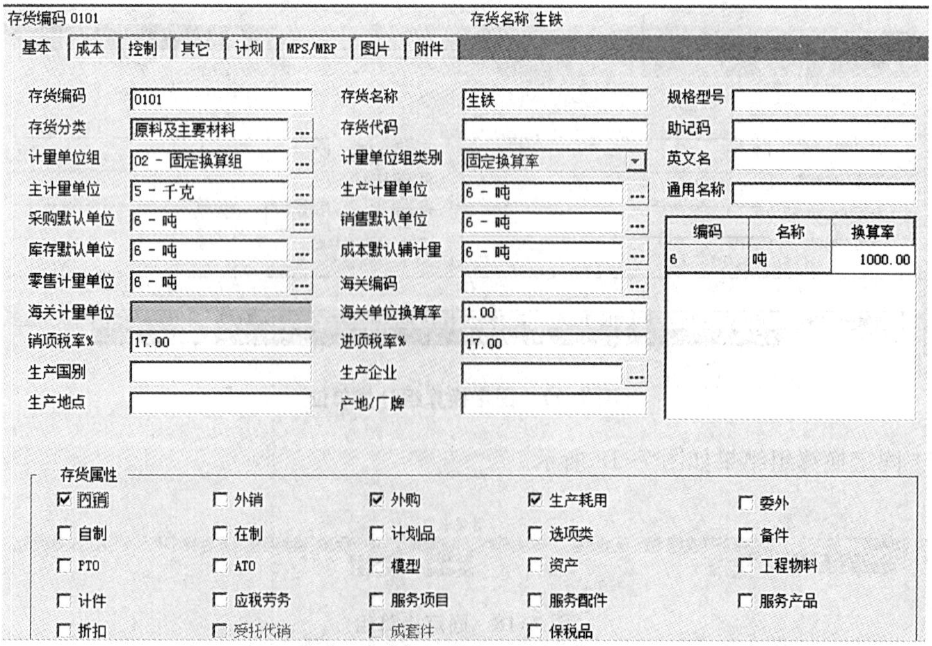

图 7-20 生铁档案

（2）依次录入其他存货档案信息。焊丝档案信息如图 7-21 所示，请注意计量单位组的选择。

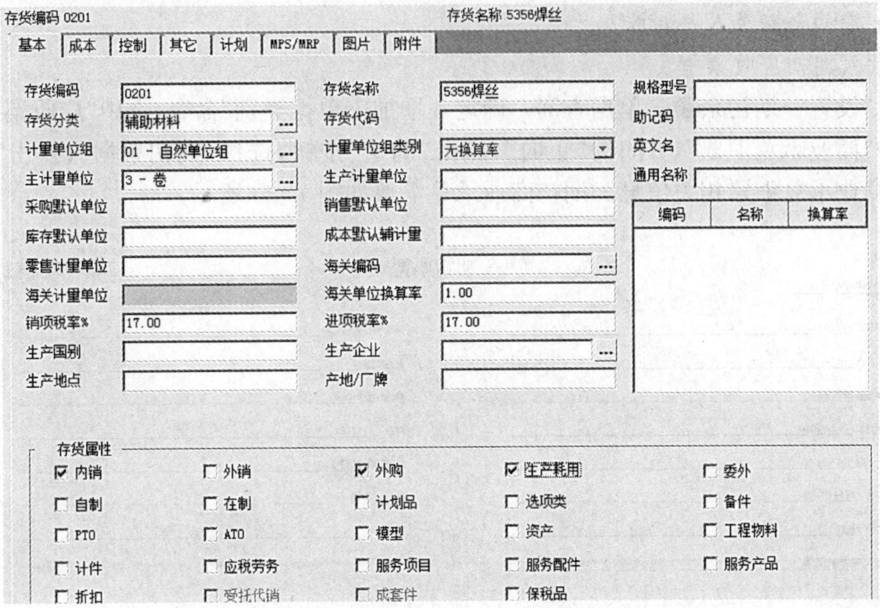

图 7-21 焊丝档案

（3）运输费要注意税率。运输费档案信息如图 7-22 所示。

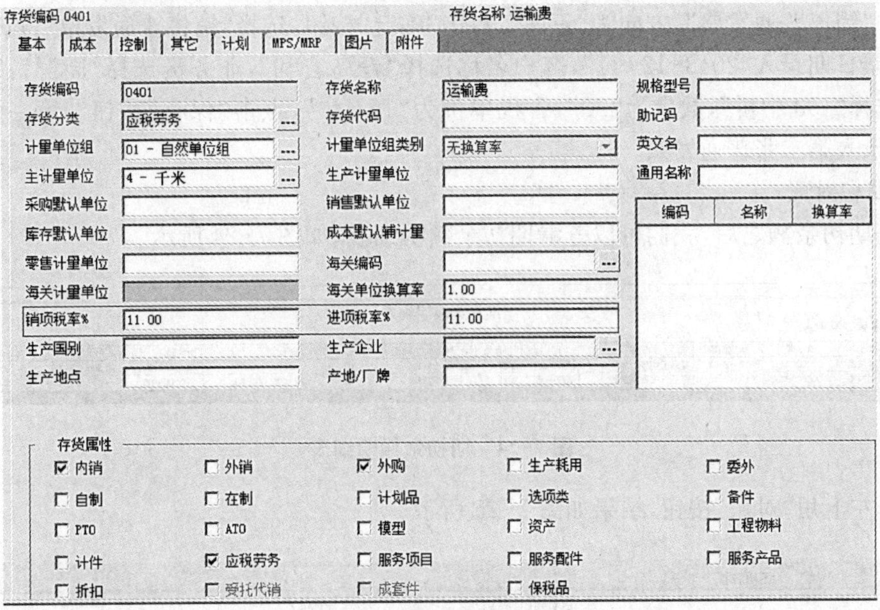

图 7-22 运输费档案

温馨提示

存货档案既可在应收、应付系统录入，也可在企业门户中录入。如果只启用总账系统并不

在应收、应付系统填制发票，则不需要设置存货档案。存货属性很重要，必须正确选择。如果没有正确勾选存货属性，在填制相应单据时不会列出相应的存货列表。

（五）期初余额录入与对账

1. 录入期初应收票据

执行“设置—期初余额—单据查询—确定—增加—单据类别”命令，选中“应收票据”，单据类型选中“商业承兑汇票”，方向为“正向”，点击“确定”按钮，选择“期初票据”，点击“增加”按钮，录入商业承兑汇票相关信息。期初商业承兑汇票如图 7-23 所示。

期初票据

打印模版 期初应收票据打印模板

币种 人民币

票据编号 HP0002	开票单位 青岛宏利
承兑银行	背书单位
票据面值 58500.00	票据余额 58500.00
面值利率 0.00000000	科目 112102
签发日期 2013-12-15	收到日期 2013-12-15
到期日 2014-03-15	部门 销售一部
业务员 周群	项目
摘要 期初商业汇票	

图 7-23 期初商业承兑汇票

2. 录入期初销售普通发票

执行“设置—期初余额—单据查询—确定—增加—单据类别”命令，选中“销售发票”，单据类型选中“销售普通发票”，方向为“正向”，点击“确定”按钮，选择“销售普通发票”，点击“增加”按钮，开票日期录入“2013-12-01”，客户名称选择“青岛宏利”，业务员选择“周群”，表体中货物名称选择“153 中桥”，数量为“20”，含税单价为“15 440”，点击“保存”按钮。第一张发票录完，同理录入第二张普通发票。

3. 期初对账

录完期初余额之后，我们可以查看期初余额明细表，如图 7-24 所示。

期初余额明细表

本币合计借 567,300.00

单据类型	单据编号	单据日期	客户	部门	业务员	币种	科目	方向	原币金额	原币余额	本币金额	本币余额
销售普通发票	0000000001	2013-12-01	青岛宏利轻型车厂	销售一部	周群	人民币	1122	借	308,800.00	308,800.00	308,800.00	308,800.00
销售普通发票	0000000002	2013-12-18	青岛特汽有限公司	销售一部	周群	人民币	1122	借	200,000.00	200,000.00	200,000.00	200,000.00
商业承兑汇票	HP0002	2013-12-15	青岛宏利轻型车厂	销售一部	周群	人民币	112102	借	58,500.00	58,500.00	58,500.00	58,500.00

图 7-24 期初余额明细表

点击左上角“对账”按钮，结果如图 7-25 所示。

简易桌面 | 期初余额 | 期初对账

科目		应收期初		总账期初		差额	
编号	名称	原币	本币	原币	本币	原币	本币
112101	银行承兑汇票	0.00	0.00	0.00	0.00	0.00	0.00
112102	商业承兑汇票	58,500.00	58,500.00	58,500.00	58,500.00	0.00	0.00
1122	应收账款	508,800.00	508,800.00	508,800.00	508,800.00	0.00	0.00
2203	预收账款	0.00	0.00	0.00	0.00	0.00	0.00
	合计		567,300.00		567,300.00		0.00

图 7-25 期初对账

任务7.2 应收单据处理

一、任务布置

青岛华阳汽车部件有限公司2014年1月初发生如下两笔业务,往来会计需要怎样处理呢?

【任务7-2-1】 1月6日,销售一部周群销售给青岛特汽公司153中桥6支,含税单价为13 500元,开出普通发票,货已发出(注意:销售类型有两种,经销与代销,出库类型为销售出库,如无特殊说明,均为经销)。

【任务7-2-2】 1月7日,销售二部吴勇销售给长春润冠公司153后桥10支,单价为12 000元,增值税税率为17%,开出增值税专用发票,货已发出,款未收到;同时,以转账支票(票号004499)代垫运费2 000元(合并制单)。

二、知识链接

应收款管理系统的日常处理包括应收单据处理、收款单据处理、核销、票据管理与转账处理。

(一)应收单据处理

如果应收款管理系统与销售管理系统集成使用,销售发票和代垫费用在销售管理系统中录入,在应收款管理系统中可对这些单据进行查询、核销、制单等操作。此时,应收款管理系统需要录入的只限于应收单。如果没有使用销售管理系统,则所有发票和应收单均需在应收款管理系统中录入。本项目没有启用销售管理系统,所以发票与应收单均可在应收款管理系统中录入。

(二)收款单据处理

收款单据处理主要是对结算单据(收款单、付款单即红字收款单)进行管理,包括收款单、付款单的录入,以及单张结算单的核销。此部分内容详见任务7.3。

(三)核销

此部分内容详见任务7.3。

(四)票据管理

此部分内容详见任务7.4。

(五)转账处理

此部分内容详见任务7.5。

三、操作指导

【任务7-2-1】 该业务属于赊销业务,开具普通发票。

往来会计007于2014年1月31日进入"企业应用平台—应收款管理—应收单据处理"。

1. 录入应收单据

(1)执行"普通发票—增加"命令,修改开票日期为"2014-01-06",客户简称选择"青岛特汽",表体仓库编码选中"0301",录入数量"6",录入含税单价"13 500.00",然后,返回表头的

"销售类型"界面(如果系统弹出该操作员无权限,那么就需要对该操作员授予该权限。请先关闭企业门户,以系统管理员的身份登录系统管理模块,为往来会计(007 蓝玉)赋权,赋予其具有"公用目录设置"中的"销售类型"与"收发类别"权限),如图 7-26 所示。

图 7-26　销售普通发票

(2) 单击"编辑"按钮,弹出"销售类型"界面,单击"增加"按钮,录入销售类型编码"01",销售类型名称"经销",双击"出库类别",点击右下角,弹出"收发类别档案基本参照",执行"编辑—增加"命令,录入收发类别编码"1",录入收发类别名称"销售出库"。选中收发标志"发",点击"保存"按钮,如图 7-27 所示。

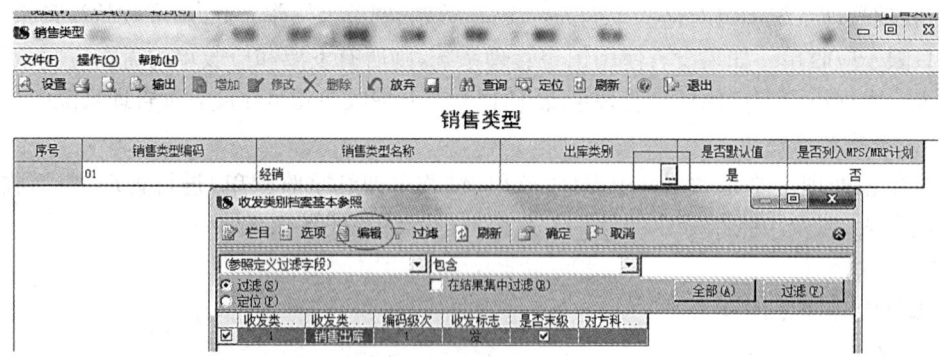

图 7-27　出库类别增加

(3) 返回"销售类型"界面,出库类别选中"销售出库",是否默认值选择"是"。按回车键,录入代销信息并保存,如图 7-28 所示。

序号	销售类型编码	销售类型名称	出库类别	是否默认值	是否列入MPS/MRP计划
1	01	经销	销售出库	是	否
2	02	代销	销售出库	否	否

图 7-28　销售类型

(4) 返回"销售普通发票"界面,销售类型选中"经销",点击"保存"按钮。

2. 审核发票

录完发票之后,可以直接点击发票上方的"审核"按钮进行审核,也可以利用单独的"应收单据审核"进行审核,前提是要由具有审核权限的操作员进行审核。

(1) 执行"应收单据处理—应收单据审核—应收单查询条件"命令,注意"单据日期"不勾选,点击"确定",如图 7-29 所示。

(2) 双击要审核的单据,弹出发票,点击"审核",系统弹出提示信息"是否立即制单?"立即制单即可。注意修改凭证类别为"转",制单日期为"2014.01.06",点击"保存"按钮,生成的凭证如图 7-30 所示。

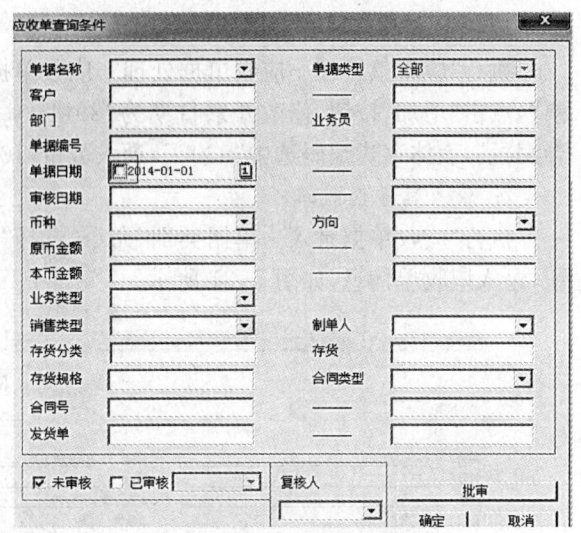

图 7-29 应收单查询条件

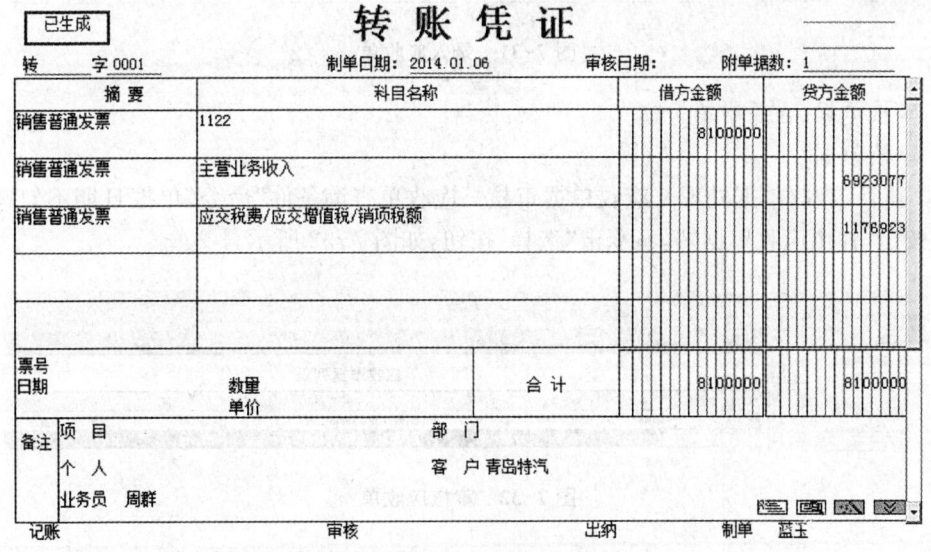

图 7-30 转账凭证

温馨提示

已审核的单据不能修改或删除,已生成凭证或进行过核销的单据在单据界面不再显示。

在录入销售发票后可以直接进行审核,在直接审核后系统会提示"是否立即制单?"此时可以直接制单。如果录入销售发票后不直接审核,可以在审核功能中审核,再到制单处理中制单。

已审核的单据在未进行其他处理之前可以取消审核后修改。

假如该制单日期不小心没修改,并且已经制单了,能不能将该凭证在应收款系统直接删除呢? 如何彻底删除该凭证? 请同学们操作一下,并重新生成一张凭证。

【任务 7-2-2】 该业务属于赊销业务,开具增值税专用发票,另外代垫运费需要填制其他应收单,该笔业务需要合并制单。

1. 录入增值税专用发票

执行"应收款管理—应收单据处理—应收单据录入—单据类别"命令,选择"增值税专用发票",点击"增加"按钮,修改开票日期为"2014-01-07",销售类型为"经销",客户简称选择"长春润冠",表体存货编码选中"0302",录入数量"10",无税单价"12 000",点击"保存"按钮。

2. 录入其他应收单

执行"应收单据录入—单据类别"命令,选择"应收单",点击"确定"按钮,再点击"增加"按钮,录入应收单信息,如图7-31所示。

图7-31 录入应收单

3. 审核单据,合并制单

1) 审核单据

(1) 执行"应收单据处理—应收单据审核—应收单查询条件"命令,单据日期不勾选,点击"确定"按钮,弹出应收单据列表,双击"选择"按钮,如图7-32所示。

图7-32 审核应收单

图7-33 制单查询

(2) 单击"审核"按钮,系统提示审核成功2张单据。

2) 合并制单

(1) 执行"制单处理—制单查询"命令,勾选"发票制单"与"应收单制单",日期不勾选,点击"确定"按钮,如图7-33所示。

(2) 弹出"应收制单"对话框,凭证类别修改为"付款凭证",单击"合并"按钮,如图7-34所示。

(3) 制单,修改制单日期为"2014-01-07",修改银行存款票号为"004499",点击"确定"按钮后保存。生成的凭证如图7-35所示。

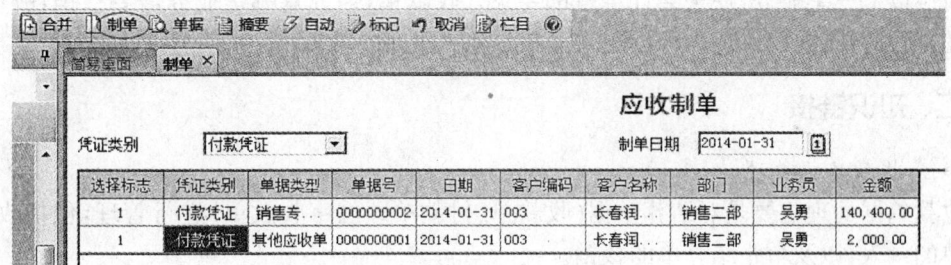

图 7-34 应收制单

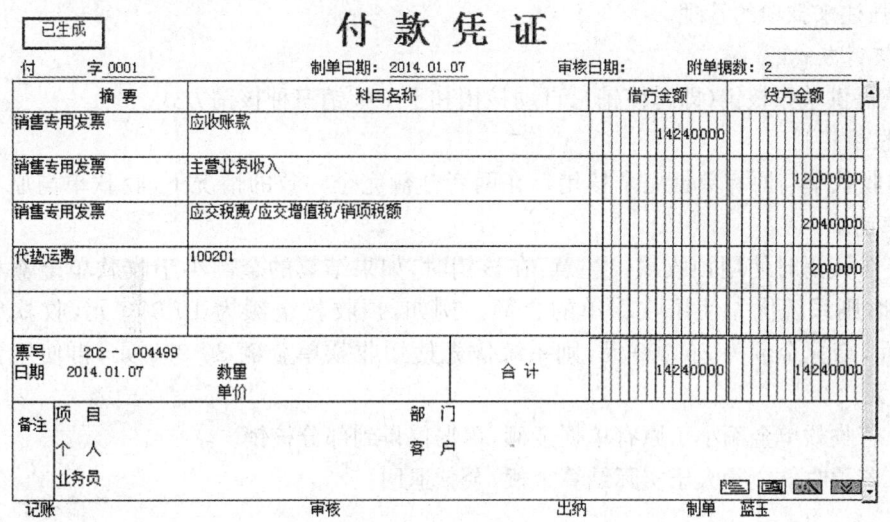

图 7-35 付款凭证

😊 **温馨提示**

合并制单业务必须在"制单处理"中进行,只有制单处理才可以进行合并制单。

任务 7.3 收款单据处理

一、任务布置

【**任务 7-3-1**】 2014 年 1 月 10 日,青岛华阳汽车部件有限公司收到青岛特汽公司购买 153 中桥的转账支票一张,金额为 81 000 元,票号为 008866。

【**任务 7-3-2**】 2014 年 1 月 13 日,青岛华阳汽车部件有限公司收到青岛宏利公司交来的转账支票一张,金额为 200 000 元,票号为 008868,用于归还上月 1 日所欠部分货款。

【**任务 7-3-3**】 2014 年 1 月 15 日,青岛华阳汽车部件有限公司收到青岛特汽公司交来的转账支票一张,金额为 50 000 元,票号为 008869,作为预购 153 后桥的定金。

对于以上三笔业务，往来会计清楚都要录入收款单，但究竟哪笔业务需要核销，哪笔不需要核销，他都弄不明白。请你告诉往来会计该怎么处理？

二、知识链接

（一）收款单据处理

收款单据处理主要是对结算单据（收款单、付款单即红字收款单）进行管理，包括收款单、付款单的录入，以及单张结算单的核销。

（二）核销

核销是指建立收款与应收款的对应关系，明确收到的是哪笔应收款，以便监督应收款及时回收，加强往来款项的管理。

1. 核销方式

系统提供单张核销（即时核销）、自动核销和手工核销三种核销方式。

2. 核销规则

（1）收款单与原有单据完全核销。在两者金额完全一致的情况下，收款单与原有单据可以完全核销。

（2）在核销时使用预收款。注意：在核销时，如果结算的金额小于收款单金额与预收款金额之和，则系统优先使用收款单的金额。例如，预收款金额为 10 000 元，收款单金额为 20 000 元，结算金额为 26 000 元，则系统优先使用收款单金额 20 000 元，再使用预收款金额6 000元。

（3）若收款单金额小于原有单据金额，单据仅得到部分核销。

（4）若预收款金额大于实际结算金额，余款退回。

三、操作指导

【任务 7-3-1】 该业务是收到货款，需要填制收款单，然后进行核销。

1. 录入收款单

往来会计 007 于 2014 年 1 月 31 日进入企业应用平台，执行“应收款管理—收款单据处理—收款单据录入—收款单”命令，点击“增加”按钮，修改日期为“2014-01-10”，客户简称选择“青岛特汽”，结算方式选择“转账支票”，金额录入“81 000”，票据号录入“008866”，摘要录入“收到货款”，表体第一行单击，款项类型默认“应收款”，点击“保存”按钮，生成的凭证如图 7-36 所示。

收款单

打印模版 应收收款单打印模板

表体排序

单据编号 0000000001	日期 2014-01-10	客户 青岛特汽
结算方式 转账支票	结算科目 100201	币种 人民币
汇率 1	金额 81000.00	本币金额 81000.00
客户银行 中行城阳支行	客户账号 56894455	票据号 008866
部门 销售一部	业务员 周群	项目
摘要 收到货款		

	款项类型	客户	部门	业务员	金额	本币金额	
1	应收款	青岛特汽	销售一部	周群	81000.00	81000.00	1122

图 7-36 收款单录入

2. 审核收款单并制单

审核收款单方式有两种：一是直接利用单据界面上方的"审核"按钮；二是利用"收款单据处理—收款单据审核"命令进行审核。两者的效果一样，前提是要由具有审核权限的操作员进行审核才可以。这里采用第二种。

执行"收款单据处理—收款单据审核—收款单查询条件"命令，单据日期不勾选，点击"确定"按钮，系统弹出收付款单列表，双击要审核的收款单，弹出收款单，单击"审核"按钮，系统弹出"是否立即制单?"点击"是"按钮，生成凭证，修改制单日期为"2014-01-10"，点击"保存"按钮。生成的收款凭证如图 7-37 所示。

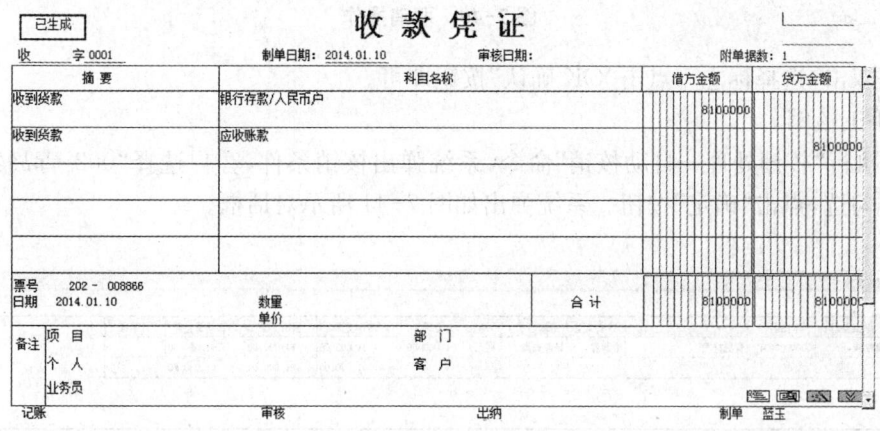

图 7-37　收款凭证

3. 核销

核销方式常用的有两种：自动核销与手工核销。下面分别介绍自动核销与手工核销。

1）自动核销

（1）执行"核销处理—自动核销"命令，弹出核销条件，客户选择"002-青岛特汽"，计算日期不勾选，点击"确定"按钮，如图 7-38 所示。

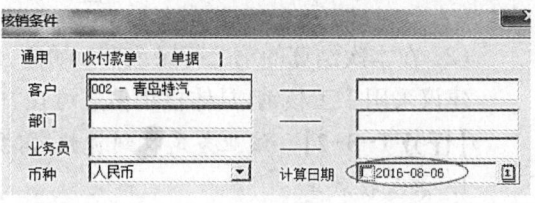

图 7-38　核销条件

（2）系统弹出"是否进行自动核销?"选择"是"，弹出自动核销报告，单击"确定"按钮，如图 7-39 所示。

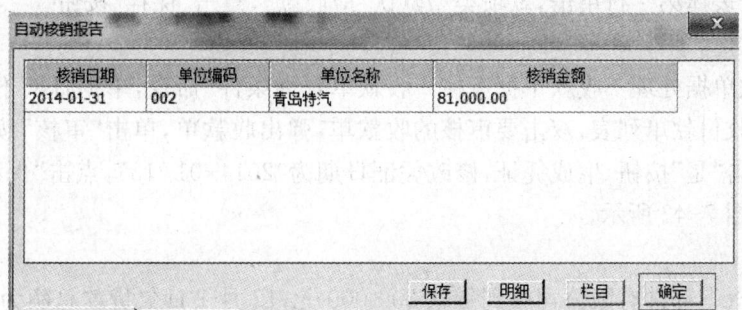

图 7-39　自动核销报告

对于已经核销的记录，可以取消核销。取消核销的操作流程如下：

一是执行“应收款处理—其他处理—取消操作”命令，系统弹出“取消操作条件”对论框，客户选择“002”，点击“确定”按钮。系统弹出“取消操作”对话框，如图 7-40 所示。

取消操作

操作类型：核销　　客户：全部

选择标志	单据类型	单据号	日期	客户	金额	部门	业务员
	核销	0000000001	2014-01-31	青岛特汽	81,000.00	销售一部	周群

图 7-40　取消操作

二是双击“选择标志”，点击“OK 确认”按钮即可。

2) 手工核销

(1) 执行“核销处理—自动核销”命令，系统弹出核销条件，客户选择“002-青岛特汽”，计算日期不勾选，点击“确定”按钮。系统弹出如图 7-41 所示对话框。

简易桌面　单据核销 ×

单据日期	单据类型	单据编号	客户	款项类型	结算方式	币种	汇率	原币金额	原币余额	本次结算金额	订单号
2014-01-10	收款单	0000000001	青岛特汽	应收款	转账支票	人民币	1.00000000	81,000.00	81,000.00	81,000.00	
合计								81,000.00	81,000.00	81,000.00	

81000

单据日期	单据类型	单据编号	到期日	客户	币种	原币金额	原币余额	可享受折扣	本次折扣	本次结算	订单号
2013-12-18	销售普...	0000000002	2013-12-18	青岛特汽	人民币	200,000.00	200,000.00	0.00			
2014-01-06	销售普...	0000000003	2014-01-06	青岛特汽	人民币	81,000.00	81,000.00	0.00			
合计						281,000.00	281,000.00	0.00			

图 7-41　单据核销结算

(2) 在本次结算的第二行录入“81 000”，保存即可。

建议采用手工核销，具体核销信息可在“单据查询—应收核销明细表”中查询。

【任务 7-3-2】 该业务是收到货款，需要填制收款单，然后进行手工核销。

1. 录入收款单

往来会计 007 于 2014 年 1 月 31 日进入企业应用平台，执行“应收款管理—收款单据处理—收款单据录入—收款单”命令，点击“增加”按钮，修改日期为“2014-01-13”，客户简称选择“青岛宏利”，结算方式选择“转账支票”，金额录入“200 000”，票据号录入“008868”，摘要录入“收到货款”，表体第一行单击，款项类型默认“应收款”，点击“保存”按钮。

2. 审核收款单并制单

执行“收款单据处理—收款单据审核—收款单查询条件”命令，单据日期不勾选，点击“确定”按钮，弹出收付款单列表，双击要审核的收款单，弹出收款单，单击“审核”按钮，弹出“是否立即制单?”点击“是”按钮，生成凭证，修改凭证日期为“2014-01-13”，点击“保存”按钮。生成的收款凭证如图 7-42 所示。

3. 核销

青岛华阳汽车部件有限公司收到货款 200 000 元，12 月 1 日欠货款总额为 308 800 元，所以最好采用手工核销，能够清晰地反映款项与应收之间的来龙去脉关系。

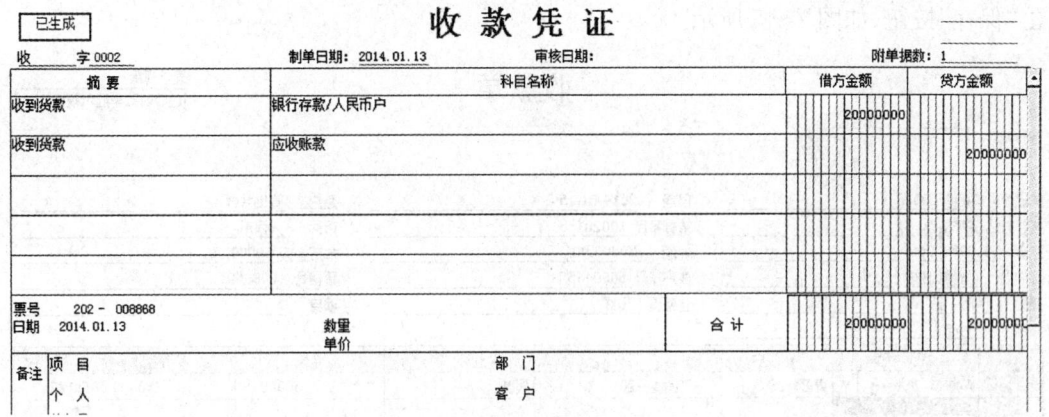

图 7-42 收款凭证

(1) 执行"核销处理—自动核销"命令,系统弹出核销条件,客户选择"001-青岛宏利",计算日期不勾选,点击"确定"按钮,弹出如图 7-43 所示对话框。

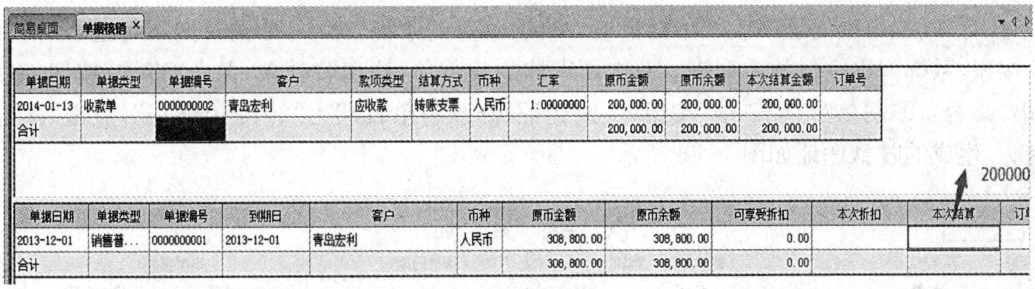

图 7-43 手工核销

(2) 收款单金额为 200 000 元,收到的是 2013 年 12 月 1 日销售货款的一部分,所以对应的结算金额应填"200 000",单击"保存"按钮,显示核销 200 000 元,尚余 108 800 元未收,如图 7-44 所示。

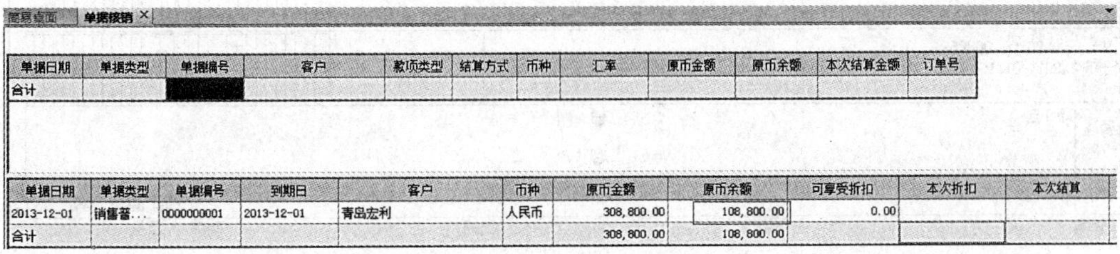

图 7-44 单据手工核销

【任务 7-3-3】 该业务是预收货款,需要填制收款单,不需要进行核销。

1. 录入收款单

执行"应收款管理—收款单据处理—收款单据录入—收款单"命令,点击"增加"按钮,修改日期为"2014-01-15",客户称选择"青岛特汽",结算方式选择"转账支票",金额录入"50 000",票据号录入"008869",摘要录入"收到定金",表体第一行单击,款项类型务必调整为"预收款",

点击“保存”按钮，如图 7-45 所示。

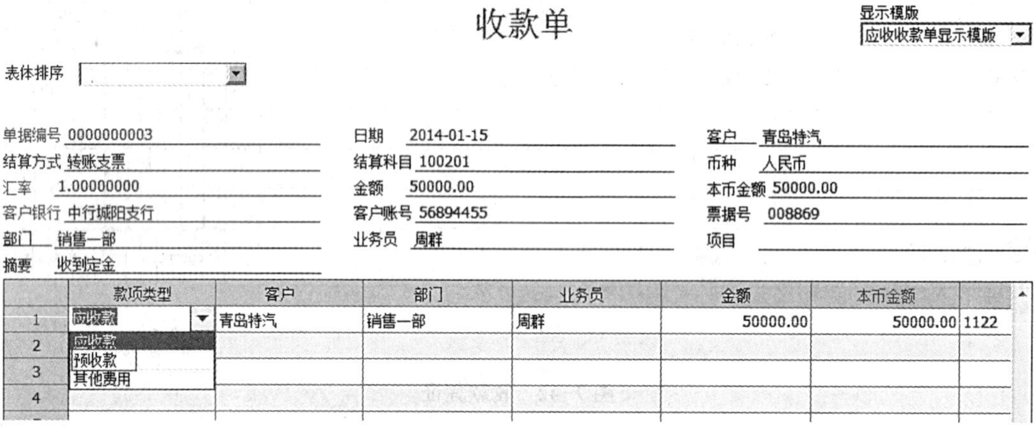

收款单

显示模版 应收收款单显示模版

表体排序

单据编号 0000000003　日期 2014-01-15　客户 青岛特汽

结算方式 转账支票　结算科目 100201　币种 人民币

汇率 1.00000000　金额 50000.00　本币金额 50000.00

客户银行 中行城阳支行　客户账号 56894455　票据号 008869

部门 销售一部　业务员 周群　项目

摘要 收到定金

	款项类型	客户	部门	业务员	金额	本币金额	
1	应收款	青岛特汽	销售一部	周群	50000.00	50000.00	1122
2	应收款						
3	预收款						
4	其他费用						

图 7-45　收款单录入

2. 审核收款单并制单

执行“收款单据处理—收款单据审核—收款单查询条件”命令，单据日期不勾选，点击“确定”按钮，系统弹出收付款单列表。双击要审核的收款单，弹出收款单，单击“审核”按钮，系统弹出“是否立即制单?”点击“是”按钮，生成凭证，修改制单日期为“2014-01-15”，点击“保存”按钮。生成的收款凭证如图 7-46 所示。

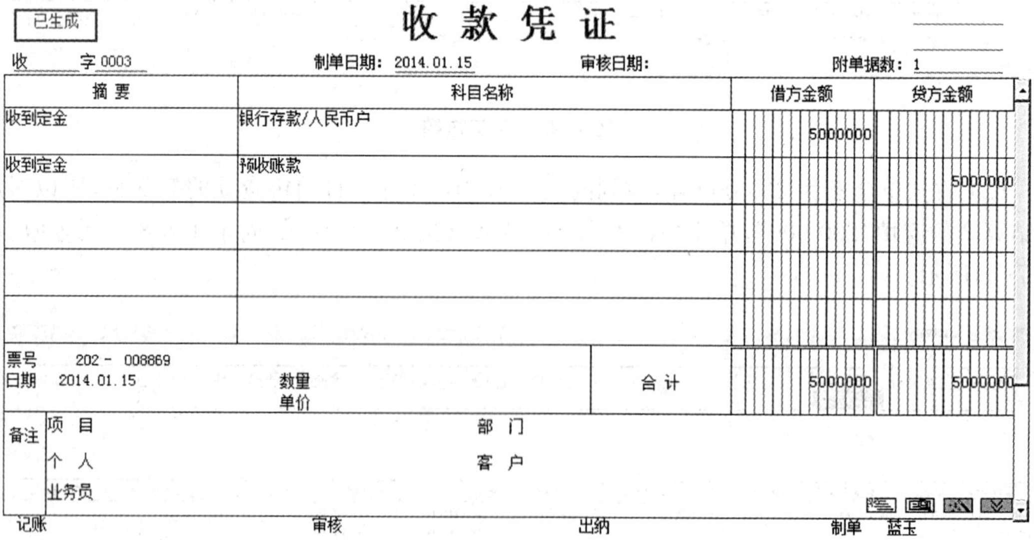

已生成

收款凭证

收 字 0003　制单日期：2014.01.15　审核日期：　附单据数：1

摘要	科目名称	借方金额	贷方金额
收到定金	银行存款/人民币户	5000000	
收到定金	预收账款		5000000
票号 202 - 008869 日期 2014.01.15 数量 单价	合计	5000000	5000000

备注　项目　部门　个人　客户　业务员

记账　审核　出纳　制单 蓝玉

图 7-46　收款凭证

温馨提示

录入预收款的单据类型仍然是“收款单”，但是款项类型为“预收款”。

核销是收到以前的货款或支付所欠货款进行的操作，而预收货款只是收定金，实际销售以后才发生，所以预收货款或预付货款业务本身不需要进行核销。

任务7.4 票据管理

一、任务布置

【任务7-4-1】 2014年1月15日,青岛华阳汽车部件有限公司收到长春润冠专用车辆有限公司签发并承兑的商业承兑汇票一张,票号为HP367809,面值为100 000元,到期日为2016年1月25日。

【任务7-4-2】 2014年1月17日,青岛华阳汽车部件有限公司将2013年12月15日收到的青岛宏利公司签发并承兑的商业承兑汇票(票号为HP0002)到银行贴现,贴现率为6%。

【任务7-4-3】 2014年1月25日,青岛华阳汽车部件有限公司将2014年1月15日收到的长春润冠公司签发并承兑的商业承兑汇票(票号为HP367809)进行结算。

青岛华阳汽车部件有限公司发生的以上三笔与票据有关的业务,往来会计应怎么处理呢?

二、知识链接

以上三笔业务均属于票据管理业务。

票据管理主要是对商业承兑汇票和银行承兑汇票进行日常的业务处理,所有涉及票据的收入、结算、贴现、背书、转出、计息等处理都应该在票据管理中进行。

1. 增加票据

收到客户开来的商业汇票,需要增加票据。在增加票据的时候,应注意以下几点:票据生成的收款单不能进行修改;商业承兑汇票不能有承兑银行;银行承兑汇票必须有承兑银行。

2. 修改票据

当商业汇票的信息有误时,可以修改票据。但需要注意:已进行核销的票据不能被修改;已经进行过计息、结算、转出等处理的票据不能被修改。

3. 票据贴现

在票据管理界面,选中票据,可以进行贴现。需要注意:如果贴现净额大于票据余额,系统自动将其差额作为利息,不能修改;如果贴现净额小于票据余额,系统自动将其差额作为费用,不能修改。另外,票据贴现后,将不能再对其进行其他处理。

4. 票据背书

在票据管理界面,选中票据,可以进行背书操作。但票据背书后,将不能再对其进行其他处理。当背书方式为"冲销应付账款"时,如果背书金额大于应付账款金额,则将剩余金额记为供应商的预付款,并结清该张票据。

5. 票据转出

将应收票据转入应收账款,需要进行票据"转出"操作。在票据管理界面,选中票据,执行"转出"命令。票据执行转出后,系统自动生成已审核的一张"应收单"。

6. 票据计息

票据分为带息票据和不带息票据。进行票据计息时,只需输入"计息日期",利息金额由系统自动计算得出,确认后,系统会自动把结果保存在票据登记簿中。再次计息时,系统自动扣除以前已计提过的利息。

7. 票据结算

票据结算即票据兑现,从承兑单位或承兑银行处收取相应款项。当票据到期、持票收款时,执行票据结算。需要注意:结算金额减去利息加上费用的金额要小于等于票据余额,即"票据余额+利息-费用≥结算金额"。另外,票据结算后,不能再进行其他与票据相关的处理。

三、操作指导

【任务 7-4-1】 该业务是收到商业承兑汇票,需要录入票据,审核收款单。

1. 增加商业承兑汇票

执行"应收款管理—票据管理"命令,打开"查询条件选择"窗口,单击"确定"按钮,打开"票据管理"窗口。单击"增加"按钮,打开"商业汇票"窗口。票据类型选择"商业承兑汇票",方向默认"收款",票据编号录入"HP367809",结算方式选择"商业承兑汇票",收到日期和出票日期均选择"2014-01-15",,到期日选择"2014-01-25",出票人选择"长春润冠专用车辆有限公司",金额录入"100 000",票据摘要录入"收到商业承兑汇票",如图 7-47 所示。单击"保存"按钮,关闭窗口。

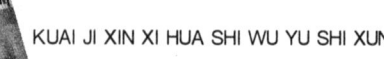

图 7-47 商业承兑汇票

2. 审核票据

执行"应收款管理—收款单据处理—收款单据审核"命令,系统弹出收款单查询条件,单据日期不勾选,单击"确定"按钮,系统弹出"收付款单列表"。双击要审核的收款单,弹出收款单界面,单击"审核",系统弹出"是否立即制单?"选择"是",系统弹出凭证,凭证类别选"转",制单日期修改为"2014-01-15",点击"保存"按钮。生成的凭证如图 7-48 所示。关闭窗口后退出。

> **温馨提示**
>
> 保存一张商业票据之后,系统会自动生成一张收款单。这张收款单还需经过审核之后才能生成记账凭证。由票据生成的收款单不能修改。

已生成

转 账 凭 证

转　字 0004　　制单日期：2014.01.15　　审核日期：　　附单据数：1

摘 要	科目名称	借方金额	贷方金额
收到商业承兑汇票	应收票据/商业承兑汇票	10000000	
收到商业承兑汇票	应收账款		10000000
票号 HP367809 日期 2014.01.15	数量 单价　　合 计	10000000	10000000

备注　项 目　　部 门
个 人　　客 户 长春润冠
业务员 吴勇

记账　审核　出纳　制单 蓝玉

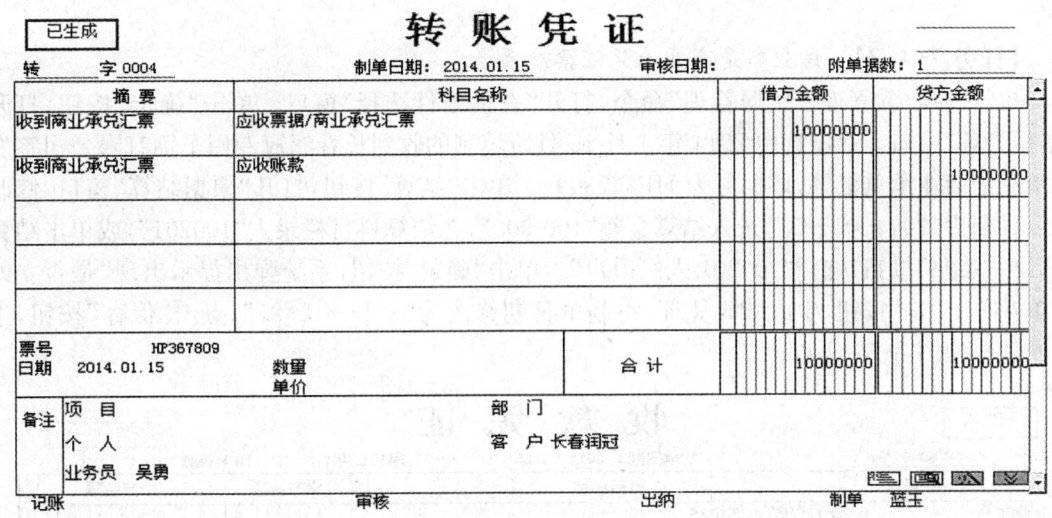

图 7-48　转账凭证

【任务 7-4-2】 该业务是票据贴现业务。

1. 进行贴现

执行“应收款管理—票据管理”命令，打开“查询条件选择”窗口，单击“确定”按钮，打开“票据管理”窗口。双击打开 2013 年 12 月 15 日的商业承兑汇票。单击“贴现”按钮，打开“票据贴现”窗口。贴现日期修改为“2014-01-17”，贴现率栏录入“6”，在结算科目栏录入“100201”，或单击结算科目栏“参照”按钮，选择“100201 人民币户”。

2. 制单

单击“确定”按钮，系统弹出提示出现“是否立即制单？”单击“是”按钮，生成收款凭证，制单日期修改为“2014-01-17”，单击“保存”按钮，生成的凭证如图 7-49 所示。关闭窗口后退出。

已生成

收 款 凭 证

收　字 0004　　制单日期：2014.01.17　　审核日期：　　附单据数：1

摘 要	科目名称	借方金额	贷方金额
票据贴现	银行存款/人民币户	5794425	
票据费用	财务费用/利息费用	55575	
票据贴现	应收票据/商业承兑汇票		5850000
票号 HP0002 日期 2014.01.17	数量 单价　　合 计	5850000	5850000

备注　项 目　　部 门
个 人　　客 户
业务员

记账　审核　出纳　制单 蓝玉

图 7-49　收款凭证

温馨提示

如果贴现净额大于余额，系统自动将其差额作为利息，不能修改；如果贴现净额小于票据余额，系统自动将其差额作为费用，不能修改。票据贴现后，且未制单之前，可以取消贴现操作。

【任务7-4-3】 该业务是商业承兑汇票结算。

执行"应收款管理—票据管理"命令,打开"查询条件选择"窗口。单击"确定"按钮,打开"票据管理"窗口。双击选中2014年1月15日所填制的收到长春润冠专用车辆有限公司签发并承兑的商业承兑汇票(票据号为HP367809)。单击"结算"按钮,打开"票据结算"窗口,修改结算日期为"2014-01-25",录入结算金额"100 000",在结算科目栏录入"100201",或单击结算科目栏"参照"按钮,选择"100201人民币户"。单击"确定"按钮,系统弹出提示出现"是否立即制单?"单击"是"按钮,生成结算凭证,将制单日期修改为"2014-01-25",点击"保存"按钮,生成的凭证如图7-50所示。

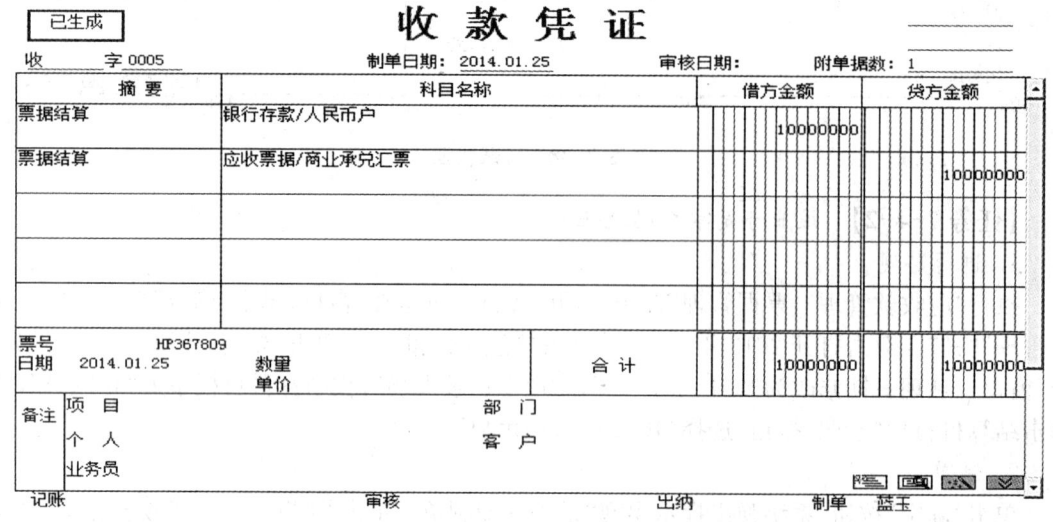

图7-50 收款凭证

温馨提示

当票据到期持票收款时,执行票据结算处理;进行票据结算时,结算金额应是通过结算实际收到的金额;结算金额减去利息加上费用的金额要小于等于票据余额。

任务7.5 转账处理

一、任务布置

【任务7-5-1】 2014年1月25日,青岛华阳汽车部件有限公司将青岛特汽公司交来的定金50 000元冲抵其期初应收账款。

【任务7-5-2】 2014年1月26日,将青岛宏利公司108 800元的应收款转给青岛特汽公司。

青岛华阳汽车部件有限公司发生的以上两笔业务,往来会计很是头疼,手工处理没问题,怎么在软件中快速准确地处理呢？

二、知识链接

在往来业务处理中，可能出现 A 客户的欠款转让给 B 客户由 B 客户负责偿还，C 客户的预收款冲抵应收款等情况，这些情况统称为转账。转账处理主要包括应收冲应收、预收冲应收、应收冲应付和红票对冲等情况。

1. 应收冲应收

应收冲应收也称并账，将应收账款在客户、部门、业务员、项目和合同之间进行转入、转出，实现应收业务的调整，解决应收款业务在不同客户、部门、业务员、项目和合同间入错户或合并户问题。

注意：每一笔应收款的转账金额不能大于其余额；每次只能选择一个转入单位。

2. 预收冲应收

处理客户的预收款（红字预收款）与该客户应收欠款（红字应收款）之间的核销业务，主要是同一客户的两张单据进行冲销。

注意：每一笔应收款的转账金额不能大于其余额；应收款的转账金额合计应该等于预收款的转账金额合计；无论是手工输入的单据转账金额还是自动分摊添入的转账金额，均不能大于该单据的余额；如果是红字预收款和红字应收单进行冲销，要把过滤条件中的"类型"选为"付款单"。

3. 应收冲应付

应收冲应付即将客户的应收账款冲抵供应商的应付款项。它将应收款业务在客户和供应商之间进行转账，实现应收业务的调整，解决应收债权与应付债务的冲抵。

4. 红票对冲

红票对冲可实现客户的红字应收单据与其蓝字应收单据、收款单与付款单之间进行冲抵的操作；可以自动对冲或手工对冲。自动对冲可以同时对多个客户依据对冲原则进行红票对冲，提高红票对冲的效率；手工对冲只能对一个客户进行红票对冲，可以自行选择红票对冲的单据，提高红票对冲的灵活性。

核销和红票对冲的区别如表 7-5 所示。

表 7-5　　　　　　　　　　　核销和红票对冲的区别

区别	核销	红票对冲
处理单据	收款单可以和蓝字应收单、蓝字发票、付款单核销；付款单可以和红字应收单、红字发票、收款单核销	红字应收单与其蓝字应收单、收款单与付款单冲销
币种	支持同币种，异币种	只支持同币种
特点	不同单据类型，相同颜色；相同单据类型，不同颜色（只限收付款单）	相同单据类型，不同颜色

三、操作指导

【任务 7-5-1】　该业务属于预收款冲抵期初应收款，需要进行并账处理。

1. 预收冲应收

(1) 往来会计007于2014年1月31日进入企业应用平台，执行"应收款管理—转账—预收冲应收"命令，系统弹出"预收冲应收"界面，日期调整为"2014-01-25"，在"预收款"界面下，客户选择"002"，点击"过滤"按钮，系统弹出收款单信息，如图7-51所示。

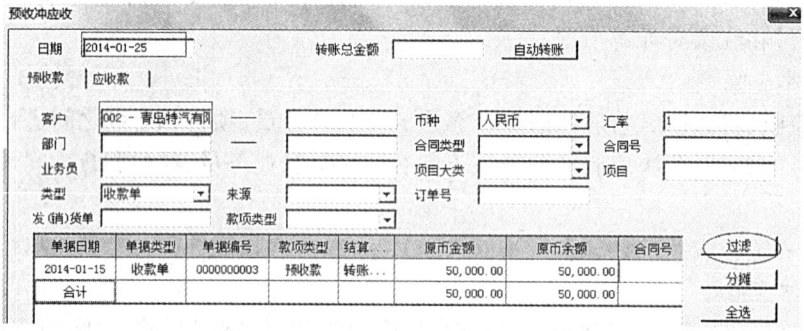

图7-51　预收冲应收之预收款过滤

(2) 向右拖动滚动条，录入转账金额"50 000"，如图7-52所示，按回车键。

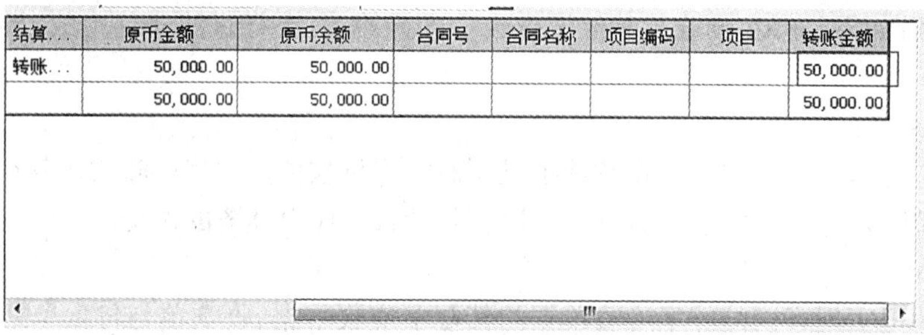

图7-52　预收冲应收之预收款转账金额录入

(3) 切换到"应收款"界面，点击"过滤"按钮，如图7-53所示。

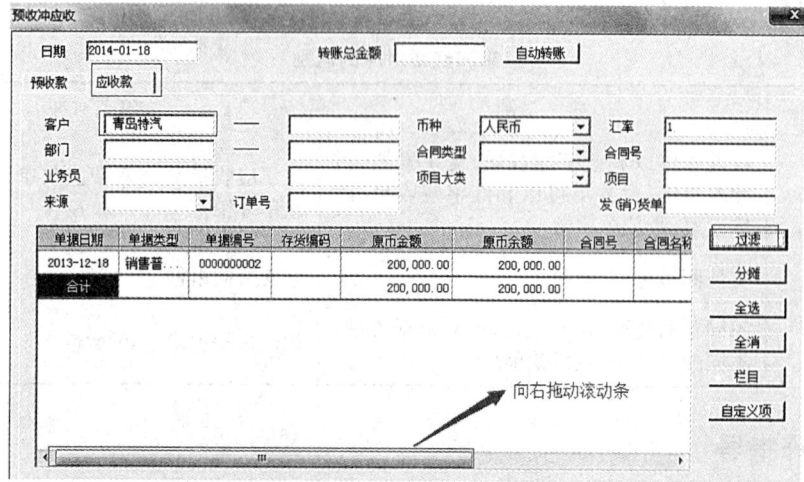

图7-53　预收冲应收之应收款过滤

(4) 录入转账金额"50 000",如图 7-54 所示。

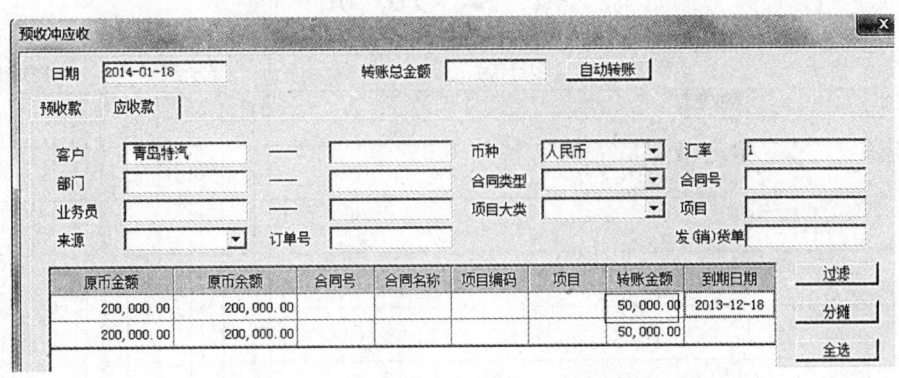

图 7-54 预收冲应收之应收款转账金额录入

(5) 点击"确定"按钮,系统弹出提示信息"是否立即制单?"选择"否",关闭界面。此处也可立即制单,这里采用批量制单,操作见下面的"制单"步骤。

😊 **温馨提示**

每笔应收款的转账金额不能大于其余额;应收款的转账金额合计应等于预收款的转账金额合计。如果是红字预收款和红字应收单进行冲销,要把过滤条件中的"类型"选为"付款单"。

2. 制单

(1) 执行"应收款管理—制单处理—制单查询"命令,勾选"预收冲应收制单",不勾选记账日期,点击"确定"按钮,系统弹出如图 7-55 所示对话框。

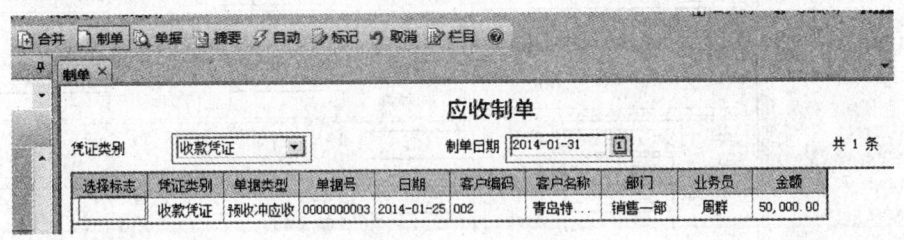

图 7-55 应收制单

(2) 凭证类别选中"转账凭证",制单日期调整为"2014-01-25",双击"选择标志",选择标志下一栏,单击"制单"按钮,系统弹出凭证,点击"保存"按钮。生成的凭证如图 7-56 所示。

【任务 7-5-2】 该业务是将青岛宏利公司所欠货款转给青岛特汽,青岛特汽公司承担青岛宏利公司的 108 800 元的货款,属于应收冲应收业务。

1. 应收冲应收

(1) 执行"应收款管理—转账—应收冲应收"命令,系统弹出"应收冲应收"界面,转出客户选择"001",转入客户选择"002",如图 7-57 所示。

(2) 点击"查询"按钮,系统弹出信息,并账金额第二行录入"108 800",如图 7-58 所示,点击"保存"按钮。

注意:每笔应收款的转账金额不能大于其余额,每次只能选择一个转入单位。

转 账 凭 证

转　　字　　　　制单日期：2014.01.25　　　审核日期：　　　附单据数：1

摘要	科目名称	借方金额	贷方金额
收到定金	预收账款		5000000
预收冲应收	应收账款		5000000

票号
日期　　　　　数量　　　　　　　合计
　　　　　　　单价

备注　项　目　　　　　部　门
　　　个　人　　　　　客　户　青岛特汽
　　　业务员　周群

记账　　　　审核　　　　出纳　　　制单　蓝玉

图 7-56　转账凭证

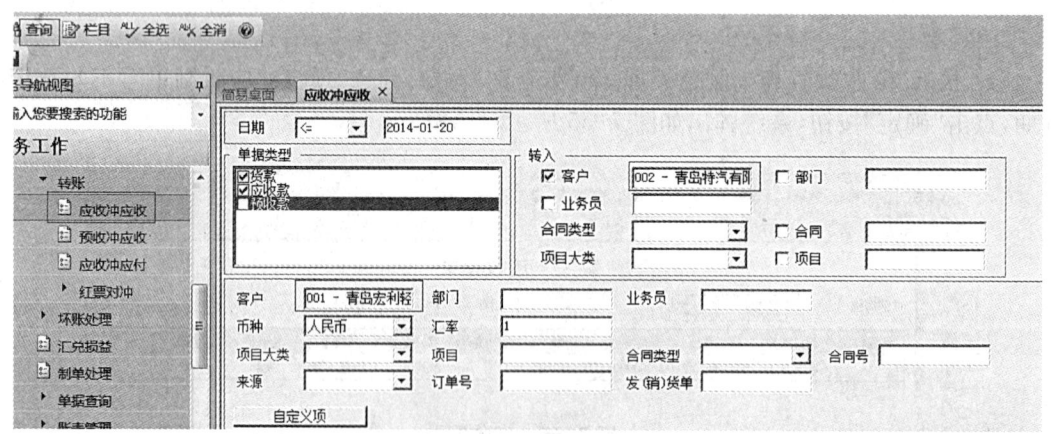

图 7-57　应收冲应收之转出转入客户选择

单据日期	单据类型	单据编号	方向	原币金额	原币余额	部门编号	业务	合同号	合同名称	项目编号	项目	并账金额
2013-12-15	销售专…	0000000001	借	58,500.00	58,500.00	201	10					
2013-12-01	销售普…	0000000001	借	308,800.00	108,800.00	201	10					108,800.00
借方合计				367,300.00	167,300.00							108,800.00
贷方合计				0.00	0.00							0.00

图 7-58　应收冲应收之并账金额录入

2. 制单

系统弹出提示信息"是否立即制单？"选择"是"，系统弹出凭证，将凭证类别修改为"转"，点击"保存"按钮。生成的凭证如图 7-59 所示。

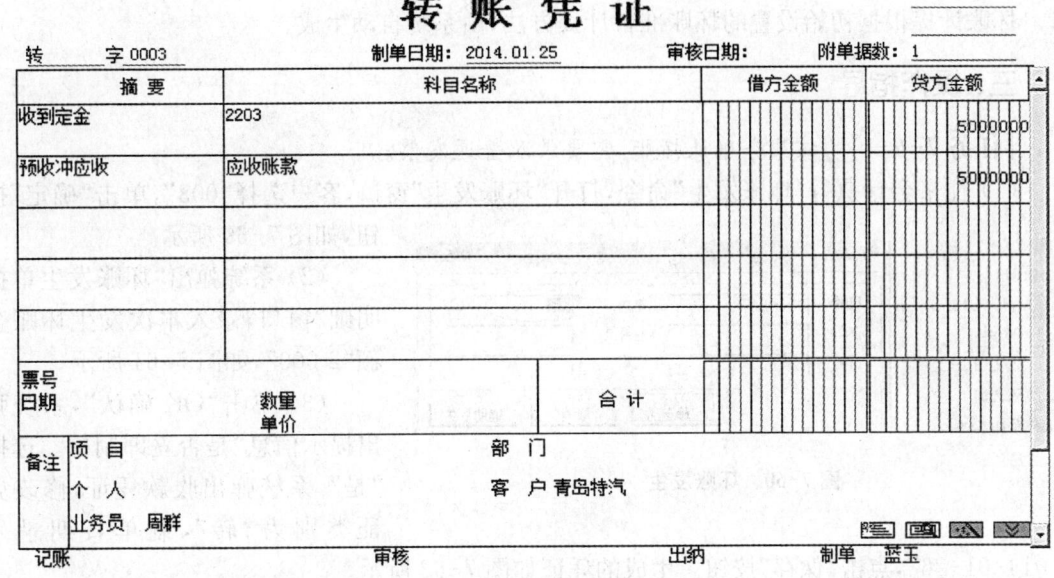

图 7-59 转账凭证

> **温馨提示**
> 预收冲应收、应收冲应收本身就是核销,转账可以理解为特殊的核销,所以不需要再进行核销操作。

任务 7.6 坏账处理

一、任务布置

【任务 7-6-1】 2014 年 1 月 26 日,青岛华阳汽车部件有限公司本月 7 日代垫运费 2 000元,无法收回,作为坏账处理。

【任务 7-6-2】 2014 年 1 月 31 日,青岛华阳汽车部件有限公司收到长春润冠开来的转账支票,金额 2 000 元,票据号 12598,系本月 26 日确认的坏账。

【任务 7-6-3】 2014 年 1 月 31 日,青岛华阳汽车部件有限公司计提坏账准备。

往来会计觉得[任务 7-6-1]和[任务 7-6-3]比较好处理;但对于[任务 7-6-2],她明白要填收款单,但对如何生成收回坏账的两张凭证摸不着头绪。你能帮她想想办法吗?

二、知识链接

坏账处理包括坏账发生、坏账收回与坏账计提。

坏账收回需要执行收款单录入与坏账收回两个环节。收款单录入同正常的收款,但不需要审核,因为一旦审核,就要生成凭证,这样应收账款会出现赤字。此外,已经审核的单据,在坏账收回时参照不到结算号。

坏账计提根据初始设置的坏账准备计提方法,由系统自动生成。

三、操作指导

【任务 7-6-1】 该业务确认坏账,需要录入普通发票。

(1) 往来会计执行"坏账发生"命令,打开"坏账发生"窗口,客户选择"003",单击"确定"按钮,如图 7-60 所示。

(2) 系统弹出"坏账发生单据明细"窗口,录入本次发生坏账金额"2 000",如图 7-61 所示。

(3) 单击"OK 确认",系统弹出提示信息"是否立即制单?"选择"是",系统弹出收款凭证,修改凭证类别为"转",制单日期录入"2014-01-26",点击"保存"按钮。生成的凭证如图 7-62 所示。

图 7-60 坏账发生

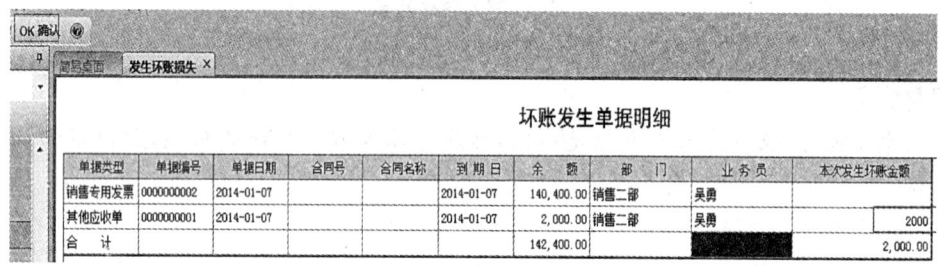

图 7-61 坏账发生单据明细

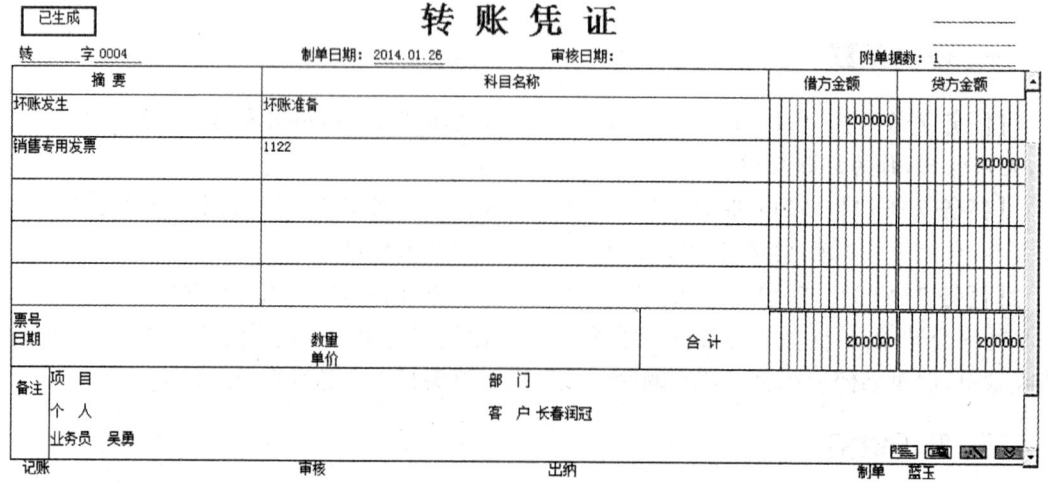

图 7-62 转账凭证

【任务 7-6-2】 该业务属于收回坏账,需要录入收款单。

1. 录入收款单

往来会计执行"应收款管理—收款单据处理—收款单据录入"命令,点击"增加"按钮,录入收款单信息,客户选择"长春润冠",结算方式录入"转账支票",金额录入"2 000",票据号录入"12598",摘要录入"收回坏账",单击"保存"按钮,如图 7-63 所示,之后退出。

图 7-63　收款单录入

温馨提示

该单据不需要审核。因为一旦审核,就要生成凭证,这样应收账款会出现赤字。此外,已经审核的单据,在坏账收回时参照不到结算号。

2. 执行坏账收回

(1) 执行"坏账收回"命令,客户选择"003",金额录入"2 000",点击结算单号,弹出"收款单参照"界面,如图 7-64 所示。

(2) 双击收款单号"0000000005",如图 7-65 所示,单击"确定"按钮,系统弹出提示信息"是否立即制单?"选择"否"。

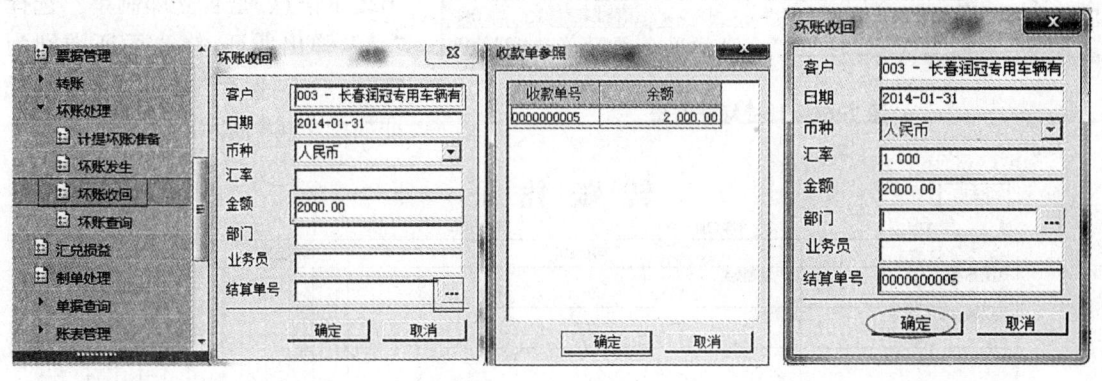

图 7-64　坏账收回　　　　　　　　　　图 7-65　坏账收回

3. 生成凭证

执行"制单处理—制单查询"命令,勾选"坏账处理制单",点击"确定"按钮,系统弹出坏账"制单"界面,双击选择标志下一栏,制单,保存。生成的凭证如图 7-66 所示。

已生成

收款凭证

收 字 0006　　制单日期：2014.01.31　　审核日期：　　附单据数：1

摘要	科目名称	借方金额	贷方金额
坏账收回(结算)	银行存款/人民币户	200000	
坏账收回	应收账款	200000	
坏账收回	应收账款		200000
坏账收回	坏账准备		200000
票号 - 12598 日期 2014.01.31	数量 单价　合计	400000	400000

备注　项目　　部门
个人　　客户 长春润冠
业务员 吴勇

记账　审核　出纳　制单 蓝玉

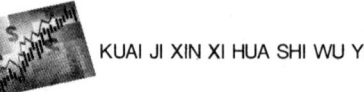

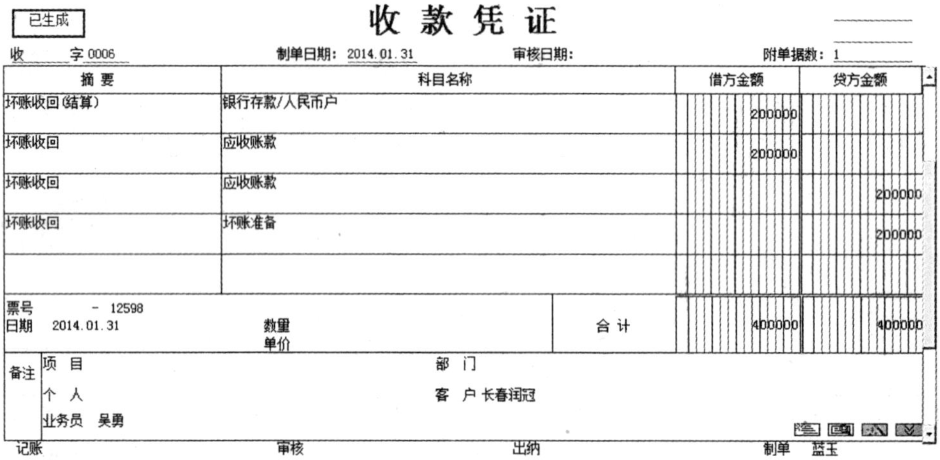

图 7-66　收款凭证

温馨提示

坏账收回制单不受系统选项中“方向相反分录是否合并选项”控制。另外，收回坏账凭证为系统自动生成，不要修改。可以将其分解为两笔凭证：

借：银行存款	2 000	
贷：应收账款		2 000
借：应收账款	2 000	
贷：坏账准备		2 000

【任务 7-6-3】 该业务需计提坏账准备。

(1) 往来会计执行“应收款管理—坏账处理—计提坏账准备”命令，系统弹出如图 7-67 所示界面。

OK 确认

简易桌面　应收账款百分比法

功能

应收账款总额	计提比率	坏账准备	坏账准备余额	本次计提
299,200.00	0.500%	1,496.00	25,000.00	-23,504.00

图 7-67　计提坏账准备

(2) 单击“OK 确认”，系统弹出提示信息“是否立即制单?”选择“是”，弹出凭证，修改凭证类别为“转”，点击“保存”按钮。生成的凭证如图 7-68 所示。

已生成

转账凭证

转 字 0005　　制单日期：2014.01.31　　审核日期：　　附单据数：1

摘要	科目名称	借方金额	贷方金额
计提坏账准备	资产减值损失	2350400	
计提坏账准备	坏账准备		2350400
票号 日期	数量 单价　合计	2350400	2350400

备注　项目　　部门
个人　　客户
业务员

记账　审核　出纳　制单 蓝玉

图 7-68　转账凭证

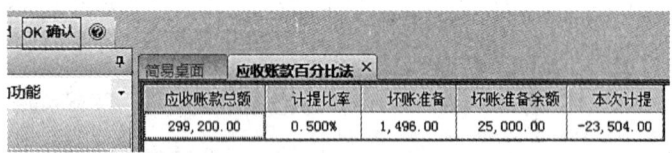

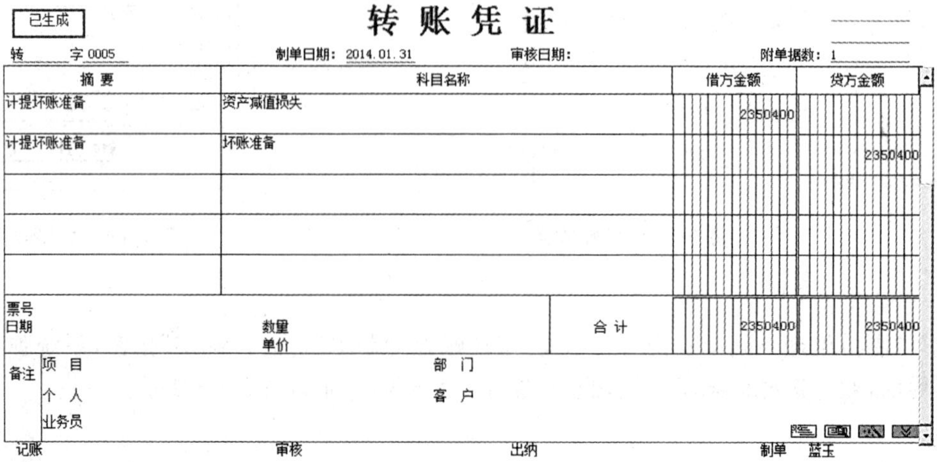

任务 7.7　账表查询及期末结账

一、任务布置

【任务 7-7】 请应收会计进行如下查询工作,将相关数据报给主管领导,账套主管进行月结处理:

(1) 查询 1 月份填制的所有销售专用发票。
(2) 对全部客户进行包括所有条件的欠款分析。
(3) 查询业务总账。
(4) 查询应收账款科目余额表。
(5) 进行月末结账。

二、知识链接

应收款管理系统提供了查询统计功能,可以进行单据查询、账表管理和期末处理等。

1. 单据查询

(1) 发票、应收单、结算单查询。通过发票、应收单、结算单查询,可以查询会计期间的销售专用发票、普通发票、应收单、收付款单情况。

(2) 凭证查询。通过凭证查询,可查看、修改、删除、冲销应收款系统传到总账系统的凭证。

注意:如果凭证已在总账中记账,又需要对形成凭证的原始单据进行修改,则可以通过冲销方式冲销凭证,然后对原始单据进行其他操作后再重新生成凭证。如果要删除一张凭证,该凭证的凭证日期不能在应收系统的已结账月内。一张凭证被删除后,它所对应的原始单据及操作可以重新制单。举例来说,应收系统 2016 年 6 月已结账,凭证日期为 2016 年 6 月某日的凭证不能被删除。只有未审核、未经出纳签字的凭证才能删除。

(3) 单据报警与信用报警查询。单据报警与信用报警查询主要有自动报警和人工查询两种方式。

(4) 应收核销明细表。应收核销明细表可以清楚地反映应收款的具体核销日期、金额等情况。

2. 账表管理

(1) 业务账表查询。业务账表查询可以查询业务总账、业务余额表、业务明细账、对账单,也可以与总账进行对账。

(2) 统计分析。统计分析包括应收账龄分析、收款账龄分析、欠款分析、收款预测。

(3) 科目账查询。科目账查询包括科目明细账、科目余额表的查询。

3. 期末处理

确认本月的各项处理已经结束,可以选择执行月末结账功能。执行了月末结账功能后,该月将不能再进行任何处理。结账处理之后,没有进行其他操作之前,发现结账有问题,可以取消月结。

温馨提示

应收款管理系统如果与销售管理系统集成使用,应在销售管理系统结账后,才能对应收系统进行结账处理。

单据审核日期依据为单据日期时,本月的单据(发票和应收单)在结账前应该全部审核;单据审核日期依据为业务日期时,截止到本月末还有未审核单据(发票和应收单),可以进行月结处理。

本月的收款单必须审核,否则不能结账。

当选项中选择"月末结账前是否全部生成凭证",月结前要将当月单据和处理业务全部制单,或隐藏制单,或删除单据取消相应业务处理。

当选项中设置没有选择"月末结账前是否全部生成凭证",月结时当月单据和处理业务没有全部制单,制单记录为"否",也可以结账。

三、操作指导

1. 查询 1 月份填制的销售发票

执行"应收款管理—单据查询—发票查询"命令,打开"发票查询"窗口,发票类型选择"销售专用发票",单击"确定"按钮。系统弹出"发票查询"界面,可以查看当月的销售专用发票。查询完毕后,关闭退出。

2. 对全部客户进行包括所有条件的欠款分析

(1) 执行"应收款管理类—账表管理—统计分析—欠款分析"命令,打开"欠款分析"窗口,默认选中所有条件,如图 7-69 所示。

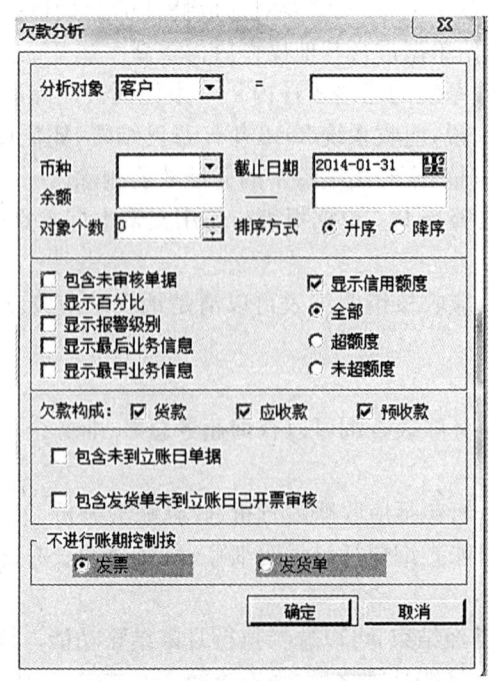

图 7-69 欠款分析条件

(2) 单击"确定"按钮,打开"欠款分析"窗口,如图 7-70 所示,关闭退出。

欠款分析

客户		欠款总计	信用额度	信用余额	货款	应收款	预收款
编号	名称				金额	金额	金额
002	青岛特汽有限公司	150,000.00		-150,000.00	150,000.00		
001	青岛宏利轻型车厂	108,800.00		-108,800.00	108,800.00		
003	长春润冠专用车辆有	40,400.00		-40,400.00	140,400.00		100,000.00
总计		299,200.00			399,200.00		100,000.00

图 7-70 欠款分析

温馨提示

在"统计分析"功能中,可以按定义的账龄区间,进行一定期间内应收款账龄分析、收款账龄分析、往来账龄分析,了解各个客户应收款周转天数、周转率,了解各个账龄区间内应收款、收款及往来情况,能及时发现问题,加强对往来款项动态的监督管理;欠款分析用来分析截至一定日期,客户、部门或业务员的欠款金额,以及欠款组成情况。

3. 查询业务总账

执行"应收款管理—账表管理—业务账表—业务总账"命令,打开"应收总账表"窗口,单击"确定"按钮,系统弹出"应收总账表",如图 7-71 所示,关闭退出。

应收总账表

期间	本期应收	本期收回	余额	月回收率%	年回收率%
	本币	本币	本币		
期初余额			508,800.00		
201401	225,400.00	435,000.00	299,200.00	192.99	192.99
总计	225,400.00	435,000.00	299,200.00		

图 7-71 应收总账表

温馨提示

通过业务账表查询,可及时了解一定期间内期初应收款结存汇总情况、应收款发生、收款发生的汇总情况、累计情况及期末应收款结存汇总情况;还可以了解各个客户期初应收款结存明细情况、应收款发生、收款发生的明细情况、累计情况及期末应收款结存明细情况,及时发现问题,加强对往来款项的监督管理。

业务总账查询是对一定期间内应收款汇总情况的查询。在业务总账查询的应收总账表中,不仅可以查询"本期应收""本期收回"的应收款及应收款的"余额"情况,还可以查询到应收款的月回收率及年回收率。

4. 查询应收账款科目余额表

(1) 执行"应收款管理—账表管理—科目账查询—科目余额表"命令,系统弹出"客户往来科目余额表",单击"确定"按钮,系统弹出"科目余额表",如图 7-72 所示。

图 7-72 科目余额表

(2)科目选中"1122应收账款",显示"应收账款"科目的科目余额表,如图7-73所示,关闭退出。

图 7-73 "应收账款"科目的科目余额表

😊 温馨提示

科目账查询包括科目明细账查询和科目余额表查询。其中,科目余额表查询可以查询应收受控科目各个客户的期初余额、本期借方发生额合计、本期贷方发生额合计、期末余额;它可细分为科目余额表、客户余额表、三栏余额表、部门余额表、项目余额表、业务员余额表、客户分类余额表及地区分类余额表。

5. 进行月末结账

(1)结账之前,出纳对收付款凭证进行签字,会计审核、记账。

(2)账套主管001执行"应收款管理—期末处理—月末结账"命令,双击"1月结账"标志栏,单击"下一步"按钮,系统弹出"月末处理",单击"确定"按钮,出现"1月份结账成功",单击"确定"按钮。

😊 温馨提示

如果当月业务已经全部处理完毕,应进行月末结账。只有当月结账后,才能开始下月的工作;进行月末处理时,一次只能选择1个月进行结账,前1个月未结账,则本月不能结账;在执行了月末结账处理后,该月将不能再进行任何处理。

分项目练习题

项目1 会计信息化职业认知

一、单项选择题

1. ( )是企业管理信息系统的核心子系统。
   A. 会计信息系统 B. 办公系统
   C. 决策系统 D. 客户关系管理系统
2. 审核记账工作一般由( )兼任。
   A. 出纳 B. 软件操作人员
   C. 账套主管 D. 软件维护
3. 会计信息化应用了( )技术。
   A. 计算机 B. 网络通信 C. 智能感测 D. 条码感测
4. 软件操作岗位与( )为不相容岗位。
   A. 审核记账岗位 B. 软件维护岗位
   C. 基本会计岗位 D. 出纳岗位
5. ( )负责定义各操作人员的权限。
   A. 会计主管 B. 出纳 D. 信息化主管 D. 总账会计

二、多项选择题

1. 会计信息系统由( )构成。
   A. 计算机硬件 B. 计算机软件
   C. 会计人员 D. 会计信息系统的运行规程
2. 会计信息化岗位包括( )。
   A. 会计基本岗位 B. 信息化岗位
   C. 会计主管岗位 D. 信息化主管
3. 会计岗位可以( )。
   A. 一人一岗 B. 一人多岗 C. 一岗多人 D. 随便设岗
4. 会计信息化对会计人员的素质要求有( )。
   A. 通晓会计专业理论 B. 精通计算机知识和网络技术
   C. 具有一定创新能力 D. 具有合作和沟通能力

三、判断题

1. 会计信息化和会计电算化的区别之一为会计电算化较少使用网络通信技术,信息化则更多地依赖于网络通信技术的支持。（ ）
2. 会计信息系统是管理信息系统的核心子系统,除了服务于财务部门外,还要为信息管理层、决策支持层和决策层提供服务。（ ）
3. 会计信息化以解放生产力,提高工作效率为出发点,目标是实现会计核算业务的计算机处理。（ ）
4. 会计信息化岗位及其权限设置一般在系统初始化时完成,完成之后便不可调整。（ ）

项目2　电算主管岗位实务操作

一、单项选择题

1. 在账套输出和引入前均要以(　　)的身份进行系统管理。
   A. 账套主管　　　B. 系统管理员　　　C. 公司总管　　　D. 总账主管
2. 用友 ERP-U8 V10.1 管理软件最多可建立(　　)个账套。
   A. 9　　　　　　B. 99　　　　　　C. 998　　　　　　D. 999
3. 用户权限管理的实质是(　　)。
   A. 调协操作员的权限　　　　　B. 设置操作员的口令
   C. 设置操作员的代码　　　　　D. 设置操作员的姓名
4. 在系统管理中,要清除单据锁定,必须以(　　)的身份注册。
   A. 账套主管　　　B. Admin　　　C. Demo　　　D. System
5. 只有(　　)才有权建立和管理用户。
   A. Demo　　　　B. Admin　　　C. User　　　D. 账套主管
6. 如果部门编码级次为 2-2-2,则下列部门编码中,正确的是(　　)。
   A. 办公室 101　　B. 办公室 01001　　C. 办公室 0101　　D. 办公室 0100101
7. 设置为客户往来的会计科目受控于(　　)系统。
   A. 应付款　　　　B. 应收款　　　C. 总账　　　D. 存货
8. 指定会计科目是指定(　　)专管科目。
   A. 总账会计　　　B. 账套主管　　　C. 会计主管　　　D. 出纳
9. 设置凭证类别时,如果设置为"收款凭证、付款凭证和转账凭证"分类方式,其中"转账凭证"的限制类型须设置为(　　)。
   A. 借方必有　　　B. 贷方必有　　　C. 凭证必有　　　D. 凭证必无
10. 修改账套时应该以(　　)的身份登录系统管理。
    A. 系统管理员　　B. 账套主管　　　C. 出纳　　　D. 总账会计

二、多项选择题

1. 用友软件中,系统管理的功能包括(　　)。
   A. 账套管理　　　　　　　　　B. 账套库管理

C. 用户及权限管理　　　　　　　　D. 凭证管理
2. 进入系统管理时,用户允许以(　　)的身份注册。
　A. 系统管理员　　B. 凭证录入员　　C. 账套主管　　D. 出纳员
3. 建账"三部曲"包括(　　)。
　A. 增加用户　　B. 建立账套　　C. 设置权限　　D. 填制凭证
4. 管理账套一般包括(　　)。
　A. 建立账套　　B. 修改账套　　C. 引入账套　　D. 输出账套
5. 建账成功后,(　　)不能修改。
　A. 账套号　　　　　　　　　　B. 账套名称
　C. 启用会计期　　　　　　　　D. 单位名称
6. 辅助核算的类型有(　　)。
　A. 部门核算　　B. 客户往来　　C. 供应商往来　　D. 个人往来
10. 被指定为(　　)科目的会计科目才能查询现金日记账、银行日记账和资金日报表,才可以进行出纳签字。
　A. 现金　　B. 银行　　C. 现金流量　　D. 以上都是

三、判断题
1. 一个账套只可以指定一个账套主管。　　　　　　　　　　　　　(　　)
2. 以系统管理员的身份注册进入,可以进行账套的建立、修改、引入和输出,设置用户和账套主管、设置和修改用户的密码及其权限等。　　　　　　　　　　　(　　)
3. 在执行"基础档案—财务—会计科目"命令时,只有设置为"项目核算"辅助核算的会计科目才可以在设置项目目录时出现在待选科目中。　　　　　　(　　)
4. 用户的编号必须唯一,姓名可以重复。　　　　　　　　　　　　(　　)
5. 设置会计科目时,必须先设置上级科目,才可以设置下级科目。　　(　　)
6. 如果建账时选择了对客户分类核算,在建立存货档案之前必须先建立客户分类档案。
　　　　　　　　　　　　　　　　　　　　　　　　　　　　　　(　　)

项目3　总账会计与出纳岗位实务操作

一、单项选择题
1. 期初余额试算不平衡,系统将不能(　　)。
　A. 填制凭证　　　　　　　　B. 审核凭证
　C. 记账　　　　　　　　　　D. 修改期初余额
2. 企业必须定期将(　　)与银行出具的对账单进行核对,并编制银行存款余额调节表。
　A. 银行存款日记账　　　　　B. 现金日记账
　C. 资金日报表　　　　　　　D. 现金支票
3. 银行对账是企业(　　)最基本的工作之一。
　A. 出纳　　B. 会计　　C. 财务经理　　D. 总会计师
4. 关于彻底删除一张未审核凭证的要求,下面操作中,正确的是(　　)。

A. 可直接删除 B. 可将其作废
C. 先作废,再整理凭证断号 D. 先整理凭证断号,再作废

5. 期初余额录入是将手工会计资料录入计算机的过程之一。余额和累计发生额的录入要从(　　)科目开始。
A. 一级 B. 二级 C. 三级 D. 最末级

6. "应收账款"科目通常设置(　　)辅助核算。
A. 部门 B. 个人往来 C. 客户往来 D. 供应商往来

7. 账务处理的三个关键环节是(　　)。
A. 凭证录入、审核、记账 B. 凭证录入、查询、修改
C. 凭证修改、汇总、记账 D. 凭证审核、汇总、记账

8. 定义的自动转账凭证与普通凭证的最大差别是前者(　　)。
A. 科目用实际数据表示 B. 金额用计算公式表示
C. 摘要用实际数据表示 D. 凭证类型用公式表示

9. 在凭证的审核工作中,(　　)是会计制度的要求。
A. 出纳签字 B. 主管签字 C. 审核凭证 D. 记账

10. 银行存款和库存现金相互划转的业务,应保存为(　　)。
A. 收款凭证 B. 付款凭证
C. 转账凭证 D. 收款凭证和付款凭证均可

11. 银行自动对账时,(　　)是必要条件,其他条件可根据需要进行选择。
A. 方向相同,金额相同 B. 日期相同
C. 结算票号相同 D. 结算方式相同

二、多项选择题

1. 凭证管理的内容包括(　　)。
A. 填制凭证 B. 查询凭证 C. 审核凭证 D. 出纳签字
E. 凭证记账

2. 在输入记账凭证过程中,遇到(　　),会计软件必须提示操作员更正。
A. 记账凭证借、贷双方金额本应是 10 000 元,却错误地输入为 1 000 元
B. 记账凭证有借方科目而无贷方科目或者有贷方科目而无借方科目
C. 输入的收款凭证借方科目不是"库存现金"或"银行存款"科目
D. 输入的付款凭证贷方科目不是"库存现金"或"银行存款"科目

3. 总账系统是用友会计信息系统的核心,可以管理(　　)。
A. 会计凭证 B. 工资 C. 存货 D. 会计账簿

4. 总账系统日常业务处理的任务主要包括(　　)。
A. 填制凭证 B. 审核凭证 C. 记账 D. 结账

5. 下列各项中,属于银行对账功能的有(　　)。
A. 录入银行存款期初余额 B. 录入银行对账单
C. 银行对账 D. 生成银行存款余额调节表

6. 记账凭证的辅助核算功能一般包括(　　)。
A. 客户往来 B. 项目核算 C. 固定资产核算 D. 个人往来

7. 下列关于总账系统中记账凭证分类的说法中,正确的有(   )。
   A. 可以将凭证按收付转分类
   B. 既可以分类,也可以不分类
   C. 只能有记账凭证一种类型
   D. 可以分成银收、银付、现收、现付凭证和转账凭证
8. 结账要在本期所有业务处理完毕之后才能进行,所以系统在结账之前必须检查(   )。
   A. 是否还有未过账的凭证   B. 是否已经进行银行对账
   C. 是否已经执行期末调汇   D. 是否已经进行结转损益

三、判断题

1. 在会计核算软件中,总账系统是核心系统。   （   ）
2. 制单人发现自己登记错误某笔业务,不能够立即修改,只能审核以后进行修改。
                                                                      （   ）
3. 在账务系统中,没有提供对辅助账进行查询的功能。   （   ）
4. 期初余额试算不平衡将不能记账。   （   ）
5. 总账系统是会计信息系统的关键和核心部分,会计信息系统的所有业务都要经过总账系统的处理。   （   ）
6. 在记账凭证输入过程中,输入的会计科目编码可以不是最明细的会计科目编码。
                                                                      （   ）
7. 会计科目一旦正式使用,就不能删除。   （   ）
8. 外部传递到总账的凭证不能在总账中修改。   （   ）
9. 作废的凭证不能审核,可直接参与记账。   （   ）
10. 总账必须在其他系统都结账之后才可结账。   （   ）

项目4 会计报表岗位实务操作

一、单项选择题

1. 期初余额函数的表达形式为(   )。
   A. QM(   )   B. FS(   )   C. QC(   )   D. LFS(   )
2. 会计报表的主要内容包括(   )。
   A. 表头、表身和表尾   B. 报表名称、表身和表尾
   C. 表头、表身和表外   D. 报表名称、表身和表外
3. 下列报表中,不在总账系统中编制和输出的是(   )。
   A. 资金日报表   B. 科目汇总表
   C. 试算平衡表   D. 资产负债表
4. 用于反映企业一定会计期间现金和现金等价物流入和流出的报表是(   )。
   A. 资产负债表   B. 利润表
   C. 现金流量表   D. 成本报表

5. 用友报表系统中，取数操作一般是通过（　　）实现的。
   A. 函数　　　　　　　　　　　　B. 关键字
   C. 直接输入　　　　　　　　　　D. 单元交互
6. 一个报表不同表页的计算公式（　　）。
   A. 各不相同　　　　　　　　　　B. 部分相同
   C. 完全相同　　　　　　　　　　D. 基本相同

二、多项选择题

1. 会计报表中的简单报表的基本结构可以分为（　　）。
   A. 标题　　　B. 表头　　　C. 表体　　　D. 表尾
2. UFO 报表系统中可以切换的状态有（　　）。
   A. 格式　　　B. 数据　　　C. 表样　　　D. 字符
3. 报表单元数据包括（　　）。
   A. 数值　　　B. 数字　　　C. 字符　　　D. 表样
4. 报表系统包含的公式类型有（　　）。
   A. 计算公式（单元公式）　　　　B. 审核公式
   C. 舍位平衡公式　　　　　　　　D. 函数公式
5. 在格式状态下可以做的工作有（　　）。
   A. 录入关键字　　　　　　　　　B. 设置关键字
   C. 设计报表尺寸　　　　　　　　D. 进行组合单元
6. 在数据状态下可以做的工作有（　　）。
   A. 输入数据　　　　　　　　　　B. 增加或删除表页
   C. 增加行　　　　　　　　　　　D. 进行舍位平衡

三、判断题

1. 会计报表按统计表的时间不同，分为月度报表、季度报表、半年度报表和年度报表。（　　）
2. 在 UFO 报表管理系统中只能从总账中提取财务数据。（　　）
3. 在会计核算软件中，会计报表中的数据全部由用户从键盘上输入。（　　）
4. 在会计报表中，关键字的设置工作必须在格式状态下进行。（　　）
5. 在 UFO 报表管理系统主界面下，单击左下角的"格式/数据"按钮，可将系统状态由"格式"切换到"数据"状态。（　　）
6. 关键字的位置可以用偏移量来表示，负数表示向右移，正数表示向左移。（　　）
7. 字符单元既可以在数据状态下录入，也可以在格式状态下录入，既可以录入文字，也可以录入数字。（　　）
8. 格式状态下只能设置格式，不能录入数据，录入的格式对所有表页都有效。（　　）
9. 关键字是游离于单元之外的特殊数据单元，可以唯一标识一个表页。（　　）
10. 每个报表只可以定义一个关键字。（　　）

项目5 薪资主管岗位实务操作

一、单项选择题

1. 下列功能中,不属于工资核算系统的是( )。
   A. 输入各种工资数据　　　　　　B. 工资计算和发放
   C. 工资费用汇总和分配　　　　　D. 工资成本核算
2. 为了分别管理生产人员和管理人员的工资,工资核算系统应该设置( )。
   A. 职工性别　　B. 专业类别　　C. 人员类别　　D. 部门类别
3. 在工资核算系统中,目前定义职工个人"银行账号"的主要作用是( )。
   A. 交纳个人所得税　　　　　　　B. 交纳工会会费
   C. 银行代发工资　　　　　　　　D. 到银行提取现金
4. 如果将所有生产人员和辅助生产人员的副食补助增加到200元,则应该采用的数据录入方式是( )。
   A. 单个记录录入　　　　　　　　B. 单项数据录入
   C. 按条件成批置入数据　　　　　D. 从外部直接导入数据
5. 如果全面实现企业信息化,则水电、房租、考勤等数据的录入方式应是( )。
   A. 单个记录录入　　　　　　　　B. 单项数据录入
   C. 按条件成批置入数据　　　　　D. 从外部直接导入数据
6. 月末结转时将要生成新月份的工资数据表,在该表中需要清零的是( )。
   A. 变动数据项　　B. 固定数据项　　C. 字符数据项　　D. 数值数据项目
7. 将当月工资数据经过处理后结转下月底操作是( )。
   A. 工资分摊处理　　　　　　　　B. 日常工资业务处理
   C. 月末结转　　　　　　　　　　D. 工资变动管理
8. 在工资性项目设置中,"请假天数"的增减类型应设置为( )。
   A. 增项　　B. 减项　　C. 其他　　D. 均可
9. 企业应用平台中设置的人员档案和薪资管理系统中的人员档案之间是( )关系。
   A. 包含　　B. 被包含　　C. 平行　　D. 相等
10. 交通补贴设置公式为"iff(人员类别 = '管理人员' or 人员类别 = '车间管理',500,300)",其含义是( )。
    A. 管理人员交通补贴是500元,车间管理交通补贴是300元
    A. 管理人员交通补贴是300元,车间管理交通补贴是500元
    C. 管理人员和车间管理交通补贴是500元,其他人员是300元
    D. 管理人员或车间管理交通补贴是300元,其他人员是500元

二、多项选择题

1. 在薪资管理系统中,可以设计成预置报表的有( )。
   A. 工资发放表　　B. 工资分析表　　C. 工资费用分配表　　D. 工资汇总表
2. 工资核算系统的建账工作内容主要包括( )。

A. 工资类别等参数设置　　　　　　B. 计算公式的设置
C. 扣税和扣零设置　　　　　　　　D. 职工编码规则设置
3. 工资项目设置中，应设置为"减项"的有（　　）。
A. 养老保险　　B. 奖金　　C. 住房公积金　　D. 请假扣款
4. 为对薪资主管赋权，至少需要进行的权限设置有（　　）。
A. 功能级权限　　B. 数据级权限　　C. 金额级权限　　D. 明细权限

三、判断题

1. 应发工资和实发工资项目的数据类型可以是数字型也可以是字符型。（　　）
2. 工资系统的月末处理主要是工资的结算。（　　）
3. 工资数据替换是将符合条件的人员某个工资项目的数据，统一替换成某个数据。（　　）
4. 工资类别与人员类别是相同的概念。（　　）
5. 工资变动数据必须经过汇总，工资分摊才能够生成凭证。（　　）

项目6　固定资产岗位实务操作

一、单项选择题

1. 录入固定资产对账科目是在（　　）模块中进行的。
A. 基础设置　　　　　　　　　　　B. 固定资产卡片管理
C. 建立固定资产账套　　　　　　　D. 固定资产日常管理
2. 下列功能中，不属于固定资产核算系统的是（　　）。
A. 系统管理　　B. 初始设置　　C. 增减变动　　D. 成本核算
3. 固定资产核算系统启用之后的日常处理主要包括（　　）。
A. 增减变动处理与计提折旧　　　　B. 凭证的输入、审核与记账
C. 计提折旧与成本核算　　　　　　D. 设备采购与应付款管理
4. 在固定资产核算系统的卡片中，能够唯一确定每项资产的数据项是（　　）。
A. 资产名称　　B. 资产编号　　C. 类别编号　　D. 规格型号
5. 在固定资产核算系统中，能够确定固定资产是否计提折旧的数据项是（　　）。
A. 资产名称　　B. 资产原值　　C. 折旧方法　　D. 使用状态
6. 在录入初始固定资产卡片的过程中，原值、累计折旧录入的一定要是录入月份（　　）的价值，否则将会出现计算错误。
A. 月初　　B. 月中　　C. 月末　　D. 下月
7. 下列固定资产卡片项目的操作中，不需要进行资产变动处理的是（　　）。
A. 变更资产名称　　B. 原值变动　　C. 部门转移　　D. 使用状况变动
8. 下列操作中，不属于固定资产初始化业务的是（　　）。
A. 资产增加　　　　　　　　　　　B. 录入资产类别
C. 录入部门及对应折旧科目　　　　D. 录入原始卡片
9. 下列资产变动中，需要制单的是（　　）。

A. 原值增加　　　　　　　　　　B. 固定资产部门转移
C. 使用状况调整　　　　　　　　D. 折旧方法调整

二、多项选择题

1. 固定资产核算系统除了具有系统初始化、维护、输出功能之外,还必须具备的功能有(　　)。
   A. 科目汇总输出总账　　　　　B. 处理固定资产的增减变动
   C. 固定资产的库存管理　　　　D. 计提固定资产折旧并分配

2. 固定资产核算系统的初始设置内容主要包括(　　)。
   A. 资产类别与部门设置　　　　B. 资产使用状况设置
   C. 资产增减方式设置　　　　　D. 资产折旧方法设置

3. 固定资产账套参数主要包括(　　)。
   A. 启用月份　　B. 折旧规则　　C. 编码方案　　D. 财务接口

4. 在固定资产核算系统中,对计提折旧有影响的数据项有(　　)。
   A. 资产名称　　B. 资产原值　　C. 折旧方法　　D. 使用状态

5. 下列固定资产的使用状况中,需要计提折旧的有(　　)。
   A. 在用　　　　B. 季节性停用　C. 经营性停用　D. 大修理停用

6. 下列资产变动中,需要通过"变动单"来记录调整结果的有(　　)。
   A. 原值增加　　　　　　　　　　B. 固定资产部门转移
   C. 使用状况调整　　　　　　　　D. 资产增加

三、判断题

1. 固定资产账套参数中的折旧规则用于确定折旧汇总方法、折旧汇总分配周期等。(　　)

2. 固定资产账套参数中的账务接口用于确定与总账的对账科目和折旧科目。(　　)

3. 固定资产账套参数在建账完成后一般是可以修改的。(　　)

4. 在固定资产系统中生成的记账凭证会自动传递给账务系统,如果发现生成的某张凭证有错误,可以在账务系统中直接修改。(　　)

5. 在正常情况下,固定资产系统管理的固定资产价值和账务系统中"固定资产"科目的数值应该是相等的。(　　)

6. 月末结账之前,必须在固定资产系统与账务系统之间进行对账,若对账平衡,才能开始月末结账。(　　)

7. 在固定资产系统中,折旧分配表是编制记账凭证、把折旧分配到成本和费用的依据。(　　)

8. 在固定资产系统中,原值变动、部门转移之类的变动处理必须通过变动单进行。(　　)

9. 设置固定资产卡片样式,对固定资产卡片进行存储和管理,可使操作者能够灵活地进行增加、删除、修改、查询。(　　)

10. 在固定资产系统中生成的记账凭证必须在固定资产系统进行删除,删除以后在总账系统会显示"作废"字样,要彻底删除必须在总账系统进行凭证整理。(　　)

项目7 往来岗位实务操作

一、单项选择题

1. 下列任务中,不属于应收账款系统的是( )。
   A. 及时核算应收账款业务　　　　　　B. 反映和监督应收账款的回收情况
   C. 及时办理产品销售业务　　　　　　D. 反映客户的欠款情况和信誉程度
2. 收回销售货款应该填写相应的( ),在填写时应注意收款对应哪一笔业务。
   A. 销售发票　　　B. 收款单　　　C. 采购合同　　　D. 付款单
3. 应收账款系统初始化必须以账套参数的形式设置核算规则,但其中不包括( )。
   A. 设置客户档案和商品档案
   B. 设置业务控制参数,如应收账款核销方式、制单方式、坏账计提方式等
   C. 设置科目与结算方式,如应收科目、销售收入科目、税金科目等种类的科目
   D. 设置账龄区间、地区分类、折扣条件、坏账计提比例等信息
4. 在应收账款系统中,坏账准备计提的主要功能是( )。
   A. 计算应计提的坏账准备并自动生成计提坏账凭证
   B. 处理发生的坏账损失并生成相关凭证,分析坏账发生的原因
   C. 对已处理而后又收回的坏账业务作处理
   D. 在备查簿中列表显示已处理的坏账损失、坏账收回记录等
5. 在应收账款系统中,坏账收回处理的主要功能是( )。
   A. 计算应计提的坏账准备并自动生成计提坏账凭证
   B. 处理发生的坏账损失并生成相关凭证与分析坏账发生的原因
   C. 对已处理而后又收回的坏账业务作处理
   D. 在备查簿中列表显示已处理的坏账损失、坏账收回记录等
6. 下列业务中,不属于应收账款系统日常业务处理操作的是( )。
   A. 应收单据处理　　　　　　　　　　B. 收款单据处理
   C. 核销转账处理　　　　　　　　　　D. 坏账准备设置

二、多项选择题

1. 应收应付的主要核算方式有( )。
   A. 在账务处理系统中通过设置明细科目进行核算
   B. 在账务处理系统中通过设置往来辅助账进行核算
   C. 通过专门的应收、应付账款系统进行核算
   D. 通过库存管理系统进行核算
2. 应收账款系统初始化的主要工作包括( )。
   A. 设置账套参数与核算规则　　　　　B. 设置初始客户档案
   C. 设置初始存货档案　　　　　　　　D. 输入期初未核销的应收款业务
3. 应收账款核销方式一般有( )。
   A. 按商品核销方式　　　　　　　　　B. 按余额核销方式

  C. 按单据核销方式   D. 按存货核销方式
  4. 在应收账款系统中,坏账处理的主要功能包括(　　)。
  A. 坏账准备的计提   B. 坏账损失的处理
  C. 坏账收回的处理   D. 坏账备查簿登记查询
  5. 一批从供应商处购买的原材料,准备用于生产,也可以用于国内销售,则销售属性应该选择(　　)。
  A. 内销   B. 外销   C. 生产耗用   D. 外购
  6. 收到应收账款应该进行(　　)操作。
  A. 录入收款单   B. 审核收款单   C. 核销   D. 制单
  7. 票据管理的主要功能有(　　)。
  A. 增加票据   B. 票据贴现   C. 票据背书   D. 票据结算
  8. 坏账收回应该生成的分录有(　　)。
  A. 借：银行存款   B. 借：银行存款
    贷：应收账款   贷：坏账准备
  C. 借：应收账款   D. 借：坏账准备
    贷：坏账准备   贷：应收账款

三、判断题

  1. 如果企业的往来业务较多,则一般应该采用应收账款系统与应付账款系统进行独立核算和管理。(　　)
  2. 应收账款系统初始化时设置科目是为了日后自动生成记账凭证,所以必须是账务处理系统中确实存在的科目,但不限于最明细的科目。(　　)
  3. 客户档案用于存放客户的基本信息和按客户统计的应收账款数据,系统正式启用之后不能对客户档案中的客户进行增删。(　　)
  4. 销售发票是应收账款系统最重要的原始数据之一,系统必须具有对销售发票的新增、修改、删除、查询、打印、审核等进行操作的功能。(　　)
  5. 在应收账款系统中,用户可以通过设置规则将一张发票生成一张记账凭证,但不能将多张发票生成一张记账凭证。(　　)
  6. 坏账准备期初余额被确认后,只要进行了坏账准备的日常业务处理,坏账准备期初余额就不允许再修改。(　　)
  7. 如果只启用账务系统,并不在应收、应付系统填制发票,则没有必要一定设置存货档案。(　　)
  8. 必须所有凭证都制单,月末应收款系统才可以结账。(　　)

下篇 实训篇

导视图

- 电算主管岗位实务操作
- 总账会计与出纳岗位实务操作
- 会计报表岗位实务操作
- 薪资主管岗位实务操作
- 固定资产岗位实务操作
- 往来岗位实务操作

项目 8

电算主管岗位实务操作

任务 8.1　和氏电子建账

一、增加操作员（用户）

（1）111 张有（口令 111）；角色：账套主管。
（2）112 李大同（口令 222）。
（3）113 赵艳（口令 333）。

二、建立账套

（1）账套号：1＋学号后两位。
（2）账套名称：深圳和氏电子有限公司＋学生姓名。
（3）账套路径：默认。
（4）启用会计期：2016 年 1 月。
（5）单位名称：深圳和氏电子有限公司；单位简称：和氏电子。
（6）本币代码：RMB；本币名称：人民币；企业类型：工业；行业性质：2007 年新会计制度科目（按行业性质预设会计科目）；账套主管：张有。
（7）进行存货、客户、供应商分类，有外币核算。
（8）分类编码方案。科目编码级次：4 2 2 2 2；客户和供应商分类编码级次：2 2 3；结算方式编码级次：1 2；部门编码级次：1 2 2。
（9）启用系统：启用总账系统，启用时间为 2016-1-1。

三、财务分工

（1）112 李大同具有总账管理系统的所有权限。
（2）113 赵艳具有"出纳"的所有权限和"凭证"中"出纳签字"的权限。

四、账套备份

备份文件夹为"系统管理练习 1（和氏电子）"。

任务 8.2 东升公司建账

一、设置操作员

操作员的设置如表 8-1 所示。

表 8-1　　　　　　　　　　　　　　操作员的设置

编号	姓名	口令	所属部门	角色
231	刘云	1	财务部	账套主管
232	张军	2	财务部	
233	李丽	3	财务部	

二、建立账套

(1) 账套号:2+学号后两位。

(2) 账套名称:北京东升股份有限公司+学生姓名。

(3) 账套路径:默认。

(4) 启用会计期:2015 年 1 月。

(5) 单位名称:北京东升股份有限公司;单位简称:东升公司。

(6) 单位地址:北京市海淀区永丰路 20 号;法人代表:刘东升。

(7) 邮政编码:100053;税号:100123 000788。

(8) 企业类型:工业;行业性质:2007 新会计制度科目。

(9) 账套主管:刘云。

(10) 基础信息:对存货、客户进行分类。

(11) 分类编码方案。科目编码级次:4222;客户分类编码级次:123;部门编码级次:122;存货分类编码级次:122;收发类别编码级次:12;结算方式编码级次:12。

(12) 不进行系统启用。

三、设置操作员权限

操作员权限的设置如表 8-2 所示。

表 8-2　　　　　　　　　　　　　　操作员权限的设置

编号	姓名	权限
231	刘云	账套主管的全部权限
232	张军	除恢复记账前状态(GL0209)外的所有总账系统的权限
233	李丽	总账系统中出纳签字(GL0203)及出纳(GL040)的所有权限

四、设置自动备份计划（执行"系统—备份计划设置"命令）

计划编号：201501；计划名称：自动备份计划 1；
备份类型：账套备份；发生频率：每月；
发生天数：31；开始时间：14:00；有效触发：2；保留天数：0；
备份路径：C:\my Documents\账套。

五、修改账套

修改为有外币核算，科目编码级次修改为 42222。

六、账套备份

账套文件夹为"系统管理练习 2（东升公司）"。

项目 9

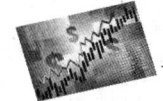

总账会计与出纳岗位实务操作

任务9.1 部门核算

一、实验资料

（一）系统初始化资料

1. 系统参数设置

（1）用户及其权限（如表9-1所示）。

表9-1　　　　　　　　　用户及其权限

用户编码	用户名	密码	部门	角色	权限
3+学号后两位	学生姓名	3+学号后两位	财务部	账套主管	账套所有权限
901	马军	空	财务部	普通员工	总账会计

（2）建账参数。

账套名称（单位名称）：东方电子+学生姓名；

账套号：3+学号后两位；

不预设会计科目（建账时要取消勾选，增加科目时点击否）；

无客户、供应商、存货、外币核算；

本位币：人民币；

科目级次：4 2 2 2 2 2；

启用日期：2016年9月1日。

2. 科目及期初余额（如表9-2所示）

表9-2　　　　　　　　　科目及期初余额　　　　　　　　　　　单位：元

科目代码	科目名称	科目属性	记账方向	余　额
1001	库存现金		借	1 000 000
1002	银行存款		借	2 000 000
122101	其他应收款		借	11 000

（续表）

科目代码	科目名称	科目属性	记账方向	余额
1403	原材料		借	1 000 000
141101	周转材料——包装物		借	10 000
141102	周转材料——低值易耗品		借	100 000
1405	库存商品		借	2 000 000
1602	累计折旧		贷	
2211	应付职工薪酬		贷	
510101	制造费用——工资	部门核算	借	0
510102	制造费用——福利费	部门核算	借	0
510103	制造费用——修理费	部门核算	借	0
510104	制造费用——办公费	部门核算	借	0
510105	制造费用——折旧费	部门核算	借	0
510106	制造费用——材料费	部门核算	借	0
510107	制造费用——水电费	部门核算	借	0
510108	制造费用——差旅费	部门核算	借	0
600101	主营业务收入——产品销售收入	部门核算	贷	0
600102	主营业务收入——转出		贷	0
640101	主营业务成本——产品销售成本	部门核算	借	0
640102	主营业务成本——转出		借	0
660101	销售费用——运输费	部门核算	借	0
660102	销售费用——包装费	部门核算	借	0
660103	销售费用——差旅费	部门核算	借	0
660104	销售费用——修理费	部门核算	借	0
660105	销售费用——其他	部门核算	借	0
660106	销售费用——转出		借	0
660201	管理费用——工资	部门核算	借	0
660202	管理费用——办公费	部门核算	借	0
660203	管理费用——修理费	部门核算	借	0
660204	管理费用——差旅费	部门核算	借	0
660205	管理费用——折旧费	部门核算	借	0
660206	管理费用——转出		借	0
4001	实收资本		贷	6 121 000

3. 部门设置(如表 9-3 所示)

表 9-3　　　　　　　　　　　　部门设置

部门分类	部门编号	部门名称
1　管理部门	101	厂办
	102	财务部
2　业务部门	201	销售一部
	202	销售二部
	203	供应科
3　基本生产车间	301	生产一车间
	302	生产二车间
4　辅助生产部门	401	修理车间
	402	工具车间
	403	动力车间
5　其他部门	501	物资科

4. 凭证分类

记账凭证。

(二) 日常业务

东方电子 2016 年 9 月份的日常业务如下：

(1) 5 日,销售一部销售产品(不考虑增值税)。其会计分录如下：

借：银行存款　　　　　　　　　　　　　　　　　　　　　　　　　200 000

　　贷：主营业务收入——产品销售收入(销售一部)　　　　　　　　200 000

(2) 6 日,销售一部赊销产品(不考虑增值税)。其会计分录如下：

借：应收账款　　　　　　　　　　　　　　　　　　　　　　　　　7 000

　　贷：主营业务收入——产品销售收入(销售一部)　　　　　　　　7 000

(3) 7 日,销售一部销售产品(不考虑增值税)。其会计分录如下：

借：库存现金　　　　　　　　　　　　　　　　　　　　　　　　　3 000

　　贷：主营业务收入——产品销售收入(销售二部)　　　　　　　　3 000

(4) 7 日,结转销售一部销售成本。其会计分录如下：

借：主营业务成本——产品销售成本(销售一部)　　　　　　　　　　100 000

　　贷：库存商品　　　　　　　　　　　　　　　　　　　　　　　　100 000

(5) 8 日,结转销售二部销售成本。其会计分录如下：

借：主营业务成本——产品销售成本(销售二部)　　　　　　　　　　1 500

　　贷：库存商品　　　　　　　　　　　　　　　　　　　　　　　　1 500

(6) 9 日,领用包装物。其会计分录如下：

借：销售费用——包装费（销售二部） 2 250
　　贷：周转材料——包装物 2 250

(7) 10 日，支付广告费。其会计分录如下：

借：销售费用——其他（销售一部） 840
　　贷：库存现金 840

(8) 10 日，物资科人员出差借款。其会计分录如下：

借：其他应收款 500
　　贷：库存现金 500

(9) 15 日，物资科人员报销差旅费。其会计分录如下：

借：管理费用——差旅费（物资科） 500
　　贷：其他应收款 500

(10) 30 日，计提修理车间折旧。其会计分录如下：

借：制造费用——折旧费（修理车间） 12 560
　　贷：累计折旧 12 560

(11) 30 日，计提财务部折旧。其会计分录如下：

借：管理费用——折旧费（财务部） 7 000
　　贷：累计折旧 7 000

(12) 30 日，计算工资。其会计分录如下：

借：制造费用——工资（修理车间） 5 000
　　　　　　——工资（工具车间） 60 000
　　管理费用——工资（厂办） 600
　　　　　　——工资（财务部） 9 000
　　　　　　——工资（物资科） 900
　　贷：应付职工薪酬 75 500

二、实验要求

完成系统初始化、日常业务处理、审核、记账、查询操作（马军填制凭证，主管审核记账）。
(1) 增加操作员。
(2) 建立账套。
(3) 财务分工（给操作员赋权）。
(4) 启用总账。
(5) 基础档案设置（建立部门档案）。
(6) 设置凭证类别（记账凭证）。
(7) 增加科目（注意：不预设科目；先增加一级科目，才能增加二级科目，以此类推；选择正确的科目类别，如不可在资产类别下增加"应付账款"会计科目）。
(8) 设置期初余额。

(9) 填制凭证(以马军身份登录)。
(10) 审核凭证(以主管身份登录)。
(11) 记账(以主管身份登录)。
(12) 查询部门辅助账和损益类账户总账。

任务9.2 外币核算

一、实验资料

(一) 初始设置

1. 用户和权限(如表9-4所示)

表9-4　　　　　　　　　　用户和权限

编号	姓名	口令	所属部门	角色及权限
4+学号后两位	学生姓名	4+学号后两位	财务部	账套主管
702	王军	空	财务部	总账权限
703	李强	空	财务部	总账中"凭证—出纳签字"及出纳所有权限

2. 建立账套

账套号:4+学号后两位;

账套名称(单位名称):六合集团+学生姓名;

企业期间:2016年9月;

行业性质:2007新会计制度科目(按行业性质预设科目);

账套主管:学生;

无客户、供应商分类、存货分类,有外币核算;

科目编码:4 2 2 2 2 2;

启用总账模块,启用时间为2016年9月1日。

3. 客户和供应商

客户:01 宏远公司;02 银飞公司。

供应商:01 宝洁公司;02 富通公司。

4. 其他资料

外币设置:美元(USD);期末计算汇兑损益;固定汇率;

汇率:月初记账汇率1:6.824 3;期末调整汇率1:7.101 0;

凭证类别:记账凭证(无限制);

科目及余额:用表9-5中的已知数计算出期初余额,先录入完会计科目再输入期初余额;

指定会计科目:库存现金指定为现金科目,银行存款指定为银行科目。

表 9-5　　　　　　　　　　　　　总账期初余额表　　　　　　　　　　　　　单位:元

科目	辅助核算	年初余额	借方累计	贷方累计	期初余额
1002 银行存款					
100201 中行存款	外币核算				
1122 应收账款					
112201 宏远公司	外币核算				
112202 银飞公司	外币核算				
1123 预付账款					
112301 富通公司	外币核算				
1405 库存商品		260 000.0	300 000	400 000	
2202 应付账款					
220201 宝洁公司	外币核算				
220202 富通公司	外币核算				
4001 实收资本		1 201 753.4		100 000	
4104 利润分配				414 187	
6001 主营业务收入					
6401 主营业务成本					
6603 财务费用					
660302 汇兑损益					

表 9-6　　　　　　　　　　　　　辅助账期初余额表　　　　　　　　　　　　　单位:元

科目	年初余额	借方累计	贷方累计	期初余额
100 201 中行存款	464 052.4	477 701	341 215	
美元($)	68 000	70 000	50 000	
112 201 宏运公司	341 215	477 701	614 187	
美元($)	50 000	70 000	90 000	
112 202 银飞公司			614 187	
美元($)			90 000	
112 301 富通公司			818 916	
美元($)			120 000	
220 201 宝洁公司	204 729	341 215	614 187	
美元($)	30 000	50 000	90 000	
220 202 富通公司	341 215	477 701	341 215	
美元($)	50 000	70 000	50 000	

（二）本月发生的经济业务（进出口业务，不考虑增值税）

六合集团2016年9月发生如下经济业务：

（1）1日，赊销商品给宏远公司，货款为60 000美元，其成本为100 000人民币元（确认收入，结转成本）。

（2）5日，从富通公司购商品100 000美元，商品已入库，货款上月已全部预付。

（3）10日，收到银飞公司50 000美元的欠款。

（4）15日，销售商品给银飞公司，货款为70 000美元，款项已存入银行。其成本为110 000人民币元。

（5）20日，从宝洁公司赊购商品，货款为150 000美元，商品已入库。

（6）21日，收到宏远公司欠款70 000美元。

（7）26日，赊销商品给银飞公司，货款为100 000美元，其成本为280 000人民币元。

（8）27日，以存款偿还宝洁公司货款100 000美元。

二、实验要求

完成系统初始化、日常业务处理、审核、记账、查询操作（账套主管初始设置、审核、记账；王军填制凭证；李强出纳签字）。其具体包括以下方面：

（1）完成初始设置相关操作。

（2）输入期初余额。

（3）填制凭证（以王军身份登录）。

（4）出纳签字（以李强身份登录）。

（5）审核凭证、记账（以主管身份登录）。

（6）期末调汇（以王军身份登录）。

（7）审核、记账。

（8）期间损益结转：汇兑损益入账科目为660302。

（9）审核、记账、结账。

任务9.3 出纳业务处理

一、实验资料

（一）系统初始化资料

1. 系统参数设置

账套编号：5+学号后两位

企业名称：立扬公司

财务主管编号及姓名：5+学号后两位；学生姓名（口令为空）

不预设会计科目

本位币：人民币

无外币、客户、供应商、存货核算

科目级次:4 2 2 2 2 2

启用日期:2016 年 2 月 1 日

财务分工:003 马方,具有总账所有权限;002 王晶,具有出纳和凭证的出纳签字权限

凭证分类:记账凭证

2. 参数设置

制单序时控制、支票控制;可以使用应收、应付、存货受控科目。

出纳凭证必须出纳签字;允许修改和作废他人填制的凭证;取消现金流量必录现金流量项目。

3. 科目及期初余额(如表 9-7 所示)

注意:要指定会计科目,如"库存现金"和"银行存款"。

表 9-7　　　　　　　　　　　　　科目及期初余额　　　　　　　　　　　　　单位:元

科目代码	科目名称	科目属性	记账方向	余额
1001	库存现金	日记账	借	1 100
1002	银行存款	日记账、银行账	借	10 000 000
4001	实收资本		贷	10 001 100
6001	主营业务收入			
1403	原材料			
1122	应收账款			
1123	预付账款			

4. 结算方式设置(如表 9-8 所示)

表 9-8　　　　　　　　　　　　　结算方式设置

编码	名　称
1	支票
101	现金支票(票据管理)
102	转账支票(票据管理)
2	现金
3	现金缴款单

5. 机构人员设置(勾选业务员,如表 9-9 所示)

表 9-9　　　　　　　　　　　　　机构人员设置

编码	名　称	部　门　人　员
1	财务部	学生(001)、王晶(002)、马方(003)、张会计(004)
2	供应科	王供应(006)
3	销售科	

6. 银行对账期初设置

1) 单位日记账

调整前余额为 10 000 000 元。

对账单期初未达账项(银行方)如表 9-10 所示。

表 9-10　　　　　　　　　　对账单期初未达账项　　　　　　　　　　单位:元

日期	结算方式	票号	借方金额	贷方金额
2016 年 1 月 10 日	101		1 000	
2016 年 1 月 12 日	101	1001		5 000
2016 年 1 月 16 日	102		3 000	
2016 年 1 月 25 日	102	2001		6 000

2) 银行对账单

调整前余额为 9 985 000 元。

日记账期初未达账项(企业方)如表 9-11 所示。

表 9-11　　　　　　　　　　日记账期初未达账项　　　　　　　　　　单位:元

凭证日期	凭证类别	凭证号	结算方式	票号	借方金额	贷方金额	票据日期	摘要
2016 年 1 月 11 日	记	11	101	9991	5 000		2016 年 1 月 11 日	收款
2016 年 1 月 14 日	记	21	101	4444		1 000	2016 年 1 月 14 日	付款
2016 年 1 月 18 日	记	31	102	6661	7 000		2016 年 1 月 18 日	收款
2016 年 1 月 25 日	记	41	102	6662		3 000	2016 年 1 月 25 日	支付材料款

(二)日常业务资料

1. 业务处理

该公司 2016 年 2 月发生如下经济业务:

(1) 1 日,存入现金,结算票号为 3-3005,经手人为财务部出纳王晶。其会计分录如下:

借:银行存款　　　　　　　　　　　　　　　　　　　　　　　　　　　1 000
　　贷:库存现金　　　　　　　　　　　　　　　　　　　　　　　　　　1 000

(2) 2 日,提取现金,结算票号为 101-1006,经手人为财务部张会计。其会计分录如下:

借:库存现金　　　　　　　　　　　　　　　　　　　　　　　　　　　500
　　贷:银行存款　　　　　　　　　　　　　　　　　　　　　　　　　　500

(3) 3 日,代垫包装费,结算票号为 102-2002,经手人为财务部张会计。其会计分录如下:

借:应收账款　　　　　　　　　　　　　　　　　　　　　　　　　　　1 260
　　贷:银行存款　　　　　　　　　　　　　　　　　　　　　　　　　　1 260

(4) 4 日,预付财产保险费,结算票号为 102-2003,经手人为财务部张会计。其会计分录如下:

借:预付账款　　　　　　　　　　　　　　　　　　　　　　　　　　　11 500
　　贷:银行存款　　　　　　　　　　　　　　　　　　　　　　　　　　11 500

(5) 5 日,提现备发工资,结算票号为 101-1007,经手人为财务部张会计。其会计分录如下：

　　借：库存现金　　　　　　　　　　　　　　　　　　　　　　　　　143 700
　　　　贷：银行存款　　　　　　　　　　　　　　　　　　　　　　　　143 700

（6）6日，购材料，结算票号为102-2004，经手人为供应科王供应。其会计分录如下：

　　借：原材料　　　　　　　　　　　　　　　　　　　　　　　　　　10 000
　　　　贷：银行存款　　　　　　　　　　　　　　　　　　　　　　　　10 000

（7）7日，销售产品，结算票号为102-2008。其会计分录如下：

　　借：银行存款　　　　　　　　　　　　　　　　　　　　　　　　　20 000
　　　　贷：主营业务收入　　　　　　　　　　　　　　　　　　　　　　20 000

（8）15日，销售科领用一张支票，票号为102-2113，预计金额为5 000元。

（9）出纳签字。

（10）审核、记账。

2. 银行对账单录入（如表9-12所示）

表9-12　　　　　　　　　　银行对账单录入信息　　　　　　　　　　单位：元

日期	结算方式	票号	借方金额	贷方金额
2016年2月25日	3	3005	1 000	
2016年2月24日	101	1006		500
2016年2月26日	102	2002		1 260
2016年2月26日	101	1007		143 700
2016年2月27日	102	2004		11 000
2016年2月27日	102	2005	10 000	
2016年2月28日	102	2006		500

二、实验要求

完成系统初始化（账套主管操作）、日常业务处理（马方填制凭证，账套主管审核记账），登记支票登记簿（王晶操作），进行银行对账（王晶操作），查询银行存款余额调节表（王晶操作），核销银行账（王晶操作）。

任务9.4　总账综合实训

注：此账套需留存，以编制资产负债表、利润表和现金流量表。

一、系统管理和基础设置

（一）增加操作员

增加操作员的内容如表9-13所示。

表 9-13　　　　　　　　　　　　　增加操作员的内容

用户编码	用户名	口令
6+学号后两位	学生姓名	1
202	林珊	2
303	王青	3

（二）建立账套

(1) 账套号:6+学号后两位。

(2) 账套名称:学生姓名。

(3) 启用会计期:2017 年 2 月。

(4) 单位名称:学生姓名。

(5) 企业类型:工业;行业性质:新会计制度(注意:不是 2007 新会计制度科目)。

(6) 账套主管:学生姓名。

(7) 客户、供应商、外币核算。

(8) 分类编码方案。

科目编码级次:4 2 2 2 2;

客户和供应商分类编码级次:2 2 3;

结算方式编码级次:1 2;

部门编码级次:1 2 2。

(9) 启用系统:启用总账系统,启用时间为 2017-2-1。

（三）财务分工

(1) 学生自己:账套主管。

(2) 202 林珊,具有"出纳"的所有权限和"凭证"中"出纳签字"的权限。

(3) 303 王青,具有总账的所有权限。

（四）设置基础档案

1. 部门档案设置(如表 9-14 所示)

表 9-14　　　　　　　　　　　　　部门档案设置

部门分类	部门编号	部门名称
1　管理部门	101	厂办
	102	财务部
2　供销中心	201	销售一部
	202	销售二部
	203	采购科
5　生产车间	301	生产一车间
	302	生产二车间

2. 职员档案设置(如表 9-15 所示)

表 9-15　　　　　　　　　　职员档案设置

人员编号	人员姓名	所属部门	备注
001	张　强	厂办	是业务员
002	林　珊	财务部	是业务员
003	刘晓华	销售一部	是业务员
004	李　丽	销售二部	
005	黄晓波	采购科	是业务员
006	孙　磊	生产一车间	

3. 客户往来目录设置(如表 9-16 所示)

表 9-16　　　　　　　　　　客户往来目录设置

客户分类	单位编号	单位简称	发展日期
01 北京地区	010001	北京盛达	2010-12-1
	010002	北京万通	2010-1-1
02 上海地区	020001	上海宏丰	2011-1-1
03 广东地区	030001	广州万利	2012-10-1

4. 供应商往来目录设置(如表 9-17 所示)

表 9-17　　　　　　　　　　借应商往来目录设置

供应商分类	单位编号	单位简称	发展日期
01 北京地区	010001	北京德信	2010-12-1
	010002	北京艺兴电子	2011-1-1
02 广东地区	020001	广东物资公司	2012-8-1

二、总账管理系统初始设置

(一)参数设置
(1)制单序时控制、支票控制。
(2)可以使用应收、应付、存货受控科目。
(3)出纳凭证必须出纳签字。
(4)允许修改和作废他人填制的凭证。
(5)取消现金流量科目必录现金流量项目。
(二)基础档案设置
1. 外币设置
外币为美元,固定汇率为 1:7.5。

2. 会计科目及期初余额

指定现金总账科目、银行总账科目和现金流量科目；期初余额一般在初始设置最后才输入。

会计科目及期初余额如表9-18所示，其中，"应收账款""应付账款"科目的期初余额如表9-19和表9-20所示。

表9-18　　　　　　　　　　　　会计科目及期初余额　　　　　　　　　　　　单位：元

科目名称	辅助核算	方向	币别	期初余额
库存现金(1001)	日记	借		14 200
银行存款(1002)	银行日记	借		190 000
建行(100201)	银行日记	借	美元	
工行(100202)	银行日记	借		190 000
应收账款(1131)	客户往来	借		300 000
预付账款(1151)	供应商往来	借		
原材料(1211)	数量核算	借	吨	80 000
库存商品(1243)		借		100 000
固定资产(1501)		借		600 000
在建工程(1603)		借		
人工费(160301)	项目核算	借		
材料费(160302)	项目核算	借		
其他(160303)	项目核算	借		
应付账款(2121)	供应商往来	贷		300 000
应交税费(2171)		贷		10 000
销项税额(21710105)		贷		10 000
实收资本(3101)		贷		974 200
管理费用(5502)		借		
办公费(550201)	部门核算	借		
招待费(550202)	部门核算	借		
折旧费(550203)	部门核算	借		

表9-19　　　　　　　　　　　"应收账款"科目的期初余额　　　　　　　　　　　单位：元

日期	单位	摘要	方向	金额	业务员
2017-1-10	北京万通	销售产品	借	100 000	刘晓华
2017-1-20	上海宏丰	销售产品	借	200 000	刘晓华

表 9-20　　　　　　　　　"应付账款"科目的期初余额　　　　　　　　　单位:元

日期	单位	摘要	方向	金额	业务员
2017-1-01	北京德信	货款	贷	200 000	黄晓波
2017-1-01	北京艺兴电子	货款	贷	100 000	黄晓波

3. 凭证类别

凭证类别分为:收款凭证、付款凭证、转账凭证(注意要设置限制科目)。

4. 结算方式(编号根据编码规则输入):

1 现金结算

2 支票结算

现金支票(票据管理标志)201

转账支票(票据管理标志)202

5. 项目目录(如表9-21所示)

表 9-21　　　　　　　　　项 目 目 录

项目设置步骤	设 置 内 容
项目大类	在建工程(项目级次等按默认设置)
核算科目	人工费(160301) 材料费(160302) 其他(160303)
项目分类	1 厂房 2 仓库
项目名称	01号楼(所属分类为厂房) 02号楼(所属分类为厂房)

三、总账管理系统日常处理

(一)填制凭证

2017年2月,该企业发生如下经济业务:

(1) 2日,厂办张强购买了500元的办公用品,以现金支付。

(2) 3日,出纳林珊从工行提取现金1 000元,现金支票号为XJ001。

(3) 10日,销售商品一批,收到货款10 000美元,存入建行,转账支票号为ZH001(不考虑增值税)。

(4) 12日,黄晓波采购原材料50吨,每吨价格为600元,材料直接入库,货款以工行存款支付,转账支票号为ZZ001(不考虑增值税)。

(5) 15日,销售一部刘晓华收到北京万通公司转账支票一张,归还前欠货款,金额100 000元。转账支票号为ZH002,存入工行。

(6) 17日,厂办张强以工行存款支付业务招待费500元,转账支票号为ZZ002。

(7) 20日,采购科黄晓波从北京艺兴电子采购一批商品,货款10 000元,增值税税率为

17%。商品已验收入库,货款暂欠。

(8) 28日,本月发生在建工程工人工资9 000元,其中6 000元分配给1号楼,3 000元分配给2号楼。

(二)出纳签字、审核记账

请以出纳的身份完成出纳签字工作,以账套主管的身份完成审核、记账工作。

(三)出纳管理

2017年2月20日,采购科黄晓波借工行转账支票一张,票号为111,预计金额20 000元。

四、总账管理系统期末处理

(一)期末自动转账定义及生成

(1) 按固定资产期初余额的2%计提折旧(假设固定资产均为厂办使用)。

(2) 审核、记账。

(3) 月末汇率为1:7.2,结转汇兑损益。

(4) 审核、记账。

(5) 将期间损益转入本年利润。

(6) 审核、记账。

(二)查询部门收支分析和客户、供应商往来明细账

请以账套主管的身份进入总账系统,查询部门收支分析和客户、供应商往来明细账。

(三)对账、结账

请以账套主管的身份完成总账系统的对账、结账工作。

项目 10

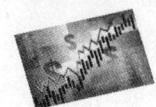

会计报表岗位实务操作

任务 10.1　编制会计报表

一、账套资料

依据"任务 9.4 总账综合实训"的资料。

二、实验要求

编制资产负债表、利润表和现金流量表。

项目 11

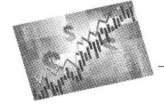

薪资主管岗位实务操作

任务 11.1 薪资管理系统

一、账套资料

（一）账套信息

账套号：7＋学号后两位；账套名称：学生姓名＋薪资管理；账套路径默认；启用会计期：2017 年 1 月。

（二）单位信息

单位名称：学生姓名；单位简称：学生姓名。

（三）核算类型

企业类型：工业；行业性质：2007 新会计制度科目（按行业性质预置会计科目）。

（四）基础信息

无存货分类；无客户分类；无供应商分类；无外币核算。

（五）分类编码方案

将会计科目编码级次设置为 4-2-2-2，其他编码级次使用默认值。

（六）系统启用

启用总账系统和薪资管理系统；启用日期为 2017 年 01 月 01 日。

二、用户及权限

请根据表 11-1 所示的用户和权限资料，为华翔公司建立用户，并为用户分配指定的权限。

表 11-1　　　　　　　　　　用户和权限资料

编　号	姓　名	口　令	权　限
7＋学号后两位	学生姓名	学号后三位	账套主管
202	王会计	2	总账——凭证、薪资管理、公用目录设置
203	张出纳	3	总账——出纳、出纳签字

三、总账系统初始化资料

请根据以下用户和权限资料,对总账系统进行初始化设置。

(一)系统选项

要求可以使用应收、应付受控科目,其他选项使用系统默认值。

(二)基础档案

1. 凭证类别(如表 11-2 所示)

表 11-2　　　　　　　　　　　　　凭 证 类 别

凭证类别字	类别名称	限制类型	限制科目
收	收款凭证	借方必有	1001,1002
付	付款凭证	贷方必有	1001,1002
转	转账凭证	凭证必无	1001,1002

2. 部门档案(如表 11-3 所示)

表 11-3　　　　　　　　　　　　　部 门 档 案

编号	名称	部门属性
1	财务部	财务管理
2	生产部	生产管理
3	供销部	供应管理

(三)会计科目及期初余额

2017 年 1 月 1 日,华翔公司各账户期初余额如表 11-4 所示。

表 11-4　　　　　　　　　会计科目及期初余额　　　　　　　　单位:元

科目编码	科目名称	方向	期初金额
1001	库存现金	借	3 430
1002	银行存款	借	566 180
1601	固定资产	借	500 000
1602	累计折旧	贷	100 000
2001	短期借款	贷	400 000
2211	应付职工薪酬	贷	
221101	工资	贷	
221102	养老保险费	贷	
221103	住房公积金	贷	
221104	职工福利	贷	
2221	应交税费	贷	

(续表)

科目编码	科目名称	方向	期初金额
222101	应交增值税	贷	
22210101	进项税额	贷	
22210102	销项税额	贷	
222102	未交增值税	贷	
222108	企业所得税	贷	
222109	个人所得税	贷	
2241	其他应付款	贷	
224101	养老保险	贷	
224102	住房公积金	贷	
4001	实收资本	贷	569 610
5001	生产成本	借	
500101	直接人工	借	
6601	销售费用	借	
660101	人工费用		
660103	其他		
6602	管理费用	借	
660201	工资		
660202	办公费		
660203	福利费		
660204	养老保险		
660205	住房公积金		
660206	其他		

四、薪资管理系统的初始化和日常业务处理

请根据以下工资管理系统初始化资料,对薪资管理系统进行初始化设置。

(一)业务控制参数

工资类别数:单个;核算币种:RMB;实行代扣个人所得税,不进行扣零设置;人员编码长度:3位。

(二)人员类别

1011 管理人员;1012 生产人员;1013 供销人员。

(三)银行设置

工商银行南京路分理处(0101);账号定长:11;自动带出账号长度:7。

（四）人员档案

全部人员均为中方人员；计税；通过银行发工资。

人员档案如表 11-5 所示。

表 11-5　　　　　　　　　　　人　员　档　案

编号	职员姓名	所属部门	职员类别	操作员	业务员	银行账号
201	学生姓名	财务部	管理人员	是	是	20120101101
202	王会计	财务部	管理人员	是	是	20120101102
203	张出纳	财务部	管理人员	是		20120101103
301	李　荣	生产部	生产人员		是	20120101104
302	李　楠	生产部	生产人员		是	20120101105
303	张　倩	生产部	生产人员		是	20120101106
304	王　丽	生产部	生产人员		是	20120101107
305	周　前	生产部	生产人员		是	20120101108
401	李芳菲	供销部	供销人员		是	20120101109
402	马民生	供销部	供销人员		是	20120101110
403	赵青青	供销部	供销人员		是	20120101111
404	赵　丽	供销部	供销人员		是	20120101112
405	马　同	供销部	供销人员		是	20120101113

（五）工资项目

工资项目如表 11-6 所示。

表 11-6　　　　　　　　　　　工　资　项　目

项 目 名 称	类型	工资增减项
基本工资	数字	增项
岗位工资	数字	增项
交通补贴	数字	增项
应发合计	数字	增项
养老保险金	数字	减项
住房公积金	数字	减项
事假扣款	数字	减项
代扣税	数字	减项
扣款合计	数字	减项
实发合计	数字	增项
事假天数	数字	其他

（六）计算公式

$$事假扣款 = 事假天数 \times 150$$

交通补贴：管理人员 1 000 元，供销人员 800 元，生产人员 500 元。
Iff(人员类别="管理人员",1 000,iff(人员类别="供销人员",800,500))

$$养老保险金 = 应发合计 \times 8\%$$
$$住房公积金 = 应发合计 \times 12\%$$

注意：项目中没有"应发合计"，此处应用公式表示：应发合计＝基本工资＋岗位工资＋交通补贴。

职员工资情况如表 11-7 所示。

表 11-7　　　　　　　　　　　　职员工资情况　　　　　　　　　　　　单位：元

编号	职员名称	基本工资	岗位工资
201	学生姓名	5 000	2 000
202	王会计	4 000	1 800
203	张出纳	3 800	1 800
301	李　荣	3 500	2 000
302	李　楠	3 600	2 100
303	张　倩	3 400	2 000
304	王　丽	3 000	2 000
305	周　前	3 100	1 900
401	李芳菲	3 100	3 100
402	马民生	3 200	3 800
403	赵青青	3 000	3 900
404	赵　丽	2 900	4 200
405	马　同	3 000	4 100

（七）代扣个人所得税

对应工资科目：实发合计。

（八）工资分摊

工资分摊情况如表 11-8 所示。

表 11-8　　　　　　　　　　　工　资　分　摊

工资分摊		工资总额(100%)	
		科目编码	
部门	人员	借方	贷方
财务部	管理人员	660201	221101
生产部	生产人员	500101	221101
供销部	供销人员	660101	221101

(1) 计提工资(在薪资系统生成凭证)。

(2) 计提单位承担的养老保险与住房公积金(在薪资系统生成凭证)：单位承担的养老保险(15%)与住房公积金(12%)；计提基数：应发合计。

五、总账系统生成凭证

2017年2月，华翔公司的相关人员登录总账，生成以下凭证：

(1) 10日，发放工资，并代扣个人养老保险、住房公积金与所得税(在总账系统生成凭证)。

(2) 15日，上交养老保险与住房公积金，代交个人所得税(在总账系统生成凭证)。

项目 12

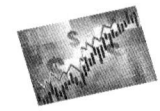

固定资产岗位实务操作

任务 12.1　固定资产系统

一、初始设置

账套号:8+学号后两位。
企业名称:辰雨有限公司。
企业类型:工业。
行业性质:2007 新会计制度。
账套主管编号及姓名:8+学号后两位　学生姓名;密码:无。
存货、客户、供应商、外币:不分类。
本位币:人民币。
科目级次:4 2 2 2 2。
启用日期:启用总账和固定资产　2016 年 6 月 1 日。
用户授权:108 王丽(总账会计);103 龚冰冰(出纳)。

（一）部门
部门编码和部门名称如表 12-1 所示。

表 12-1　　　　　　　　部门编码和部门名称

部门编码	部门名称	部门编码	部门名称
1	综合部	203	销售三部
101	总经理办公室	204	销售四部
102	财务部	3	供应部
2	销售部	4	制造部
201	销售一部	401	产品研发
202	销售二部	402	制造车间

(二)凭证分类

凭证属于记账凭证。

(三)科目余额表

科目余额表如表12-2所示。

表12-2　　　　　　　　　　　　　　科目余额表　　　　　　　　　　　　　　单位:元

科目代码	科目名称	记账方向	余额
100201	银行存款——工行	借	2 000 000.00
1601	固定资产	借	4 054 000.00
1602	累计折旧	贷	902 77.33
4001	实收资本	贷	5 963 722.67
510101	制造费用——折旧费	借	0
660201	管理费用——折旧费(部门核算)	借	0

(四)固定资产系统初始设置

1. 控制参数(如表12-3所示)

表12-3　　　　　　　　　　　　　　　控制参数

控制参数	参数设置
约定与说明	我同意
启用月份	2016年6月
折旧信息	本账套计提折旧 折旧方法:平均年限法(一) 折旧汇总分配周期:1个月 当"月初已计提月份=可使用月份-1"时,将剩余折旧全部提足
编码方式	资产类别编码方式:2112 固定资产编码方式:按"类别编码+部门编码+序号"自动编码;卡片序号长度为3
财务接口	与财务系统进行对账 对账科目: 　固定资产对账科目:1601 固定资产 　累计折旧对账科目:1602 累计折旧
补充参数	业务发生后立即制单 月末结账前一定要完成制单登账业务 固定资产缺省入账科目:1601 累计折旧缺省入账科目:1602

2. 资产类别(如表12-4所示)

表12-4　　　　　　　　　　　资　产　类　别

编码	类别名称	净残值率	单位	计提属性
01	房屋	4%		正常计提
011	车间厂房	4%		正常计提
012	行政办公楼	4%		正常计提
02	生产设备	4%		正常计提
021	机器	4%	台	正常计提
022	生产线	4%	条	正常计提
03	办公设备	1%		正常计提
031	生产用办公设备	1%	台	正常计提
032	行政用办公设备	1%	台	正常计提

3. 部门对应折旧科目(如表12-5所示)

表12-5　　　　　　　　　　部门对应折旧科目

部门	对应折旧科目
综合部	管理费用——折旧费
销售部	销售费用
财务部	管理费用——折旧费
制造部	制造费用——折旧费

4. 增减方式对应入账科目(如表12-6所示)

表12-6　　　　　　　　　增减方式对应入账科目

增减方式	对应入账科目
增加方式	
直接购入	100201,银行存款——工行
减少方式	
报废	1606,固定资产清理

5. 原始卡片(如表12-7所示)

表12-7　　　　　　　　　　　原　始　卡　片　　　　　　　　　　金额单位:元

固定资产名称	类别编号	所在部门	增加方式	使用年限(年)	开始使用日期	原值	累计折旧
车间厂房	011	制造车间	直接购入	50	2015年4月1日	2 200 000	42 240
办公楼	012	总经理办公室、财务部	直接购入	50	2015年4月1日	1 520 000	29 184

（续表）

固定资产名称	类别编号	所在部门	增加方式	使用年限(年)	开始使用日期	原值	累计折旧
食品机械	021	制造车间	直接购入	20	2015年4月1日	120 000	5 820
饮料生产线	022	产品研发	直接购入	20	2015年4月1日	180 000	8 730
货车	031	销售二部	直接购入	10	2015年4月1日	30 000	2 970
传真机	032	总经理办公室	直接购入	3	2015年4月1日	4 000	1 333.33

注：食品机械属于机器类；货车属于生产用办公设备；传真机属于行政用办公设备。

二、日常业务

2016年6月，该公司发生如下经济业务：

（1）1日，销售一部购入汽车一部，价值为200 000元，净残值率为3%，该汽车预计使用10年，开始使用日期为2016年6月1日（行政用办公设备）。

（2）5日，采购部接受捐赠汽车一部，该汽车原值为200 000元，预计使用5年，净残值率为3%，开始使用日期为2016年6月5日（生产用办公设备）。

（3）12日，财务部购入计算机一台，该计算机原价为30 000元，净残值率为0，预计使用5年，开始使用日期为2016年6月12日（行政用办公设备）。

（4）20日，总经理办公室购入计算机一台，该计算机原价为10 000元，净残值率为0，预计使用5年，开始使用日期为2016年6月20日（行政用办公设备）。

（5）26日，因保管不慎，总经理办公室的传真机报废。

（6）30日，计提本期折旧费用。

三、任务要求

（1）账套主管完成固定资产系统参数设置、原始卡片录入。

（2）固定资产会计处理固定资产系统日常业务：资产增减、资产变动、计提折旧、生成凭证、账表查询。

（3）进行月末处理。

项目 13

往来岗位实务操作

任务 13.1 应付款管理系统

一、账套参数

账套参数同项目 7 中应收款核算。

单据编号(付款单、其他付款单、采购专用发票、普通发票、运费发票)修改为完全手工编号:执行"基础设置—单据编号—修改"命令即可。

二、应付款系统初始设置

(一)控制参数

控制参数如表 13-1 所示。

表 13-1 控 制 参 数

控 制 参 数	参 数 设 置
应付款核销方式	按单据
控制科目依据	按供应商
产品采购科目依据	按存货
受控科目制单方式	明细到供应商
汇兑损益方式	月末处理
自动计算现金折扣	√

(二)设置科目

所设置的科目如表 13-2 所示。

表 13-2　　　　　　　　　　　　　　　设置科目

科目类别	设置方式
基本科目设置	应付科目:2202 采购科目:1402 采购税金科目:22210101 预付科目:1123
控制科目设置	所有供应商的控制科目 应付科目:2202 预付科目:1123
结算方式科目设置	结算方式:现金支票;币种:人民币;科目:100201 结算方式:转账支票;币种:人民币;科目:100201

（三）存货分类

存货分类同应收款系统。

（四）存货档案

存货档案同应收款系统。

（五）期初余额

会计科目:2202 应付账款;余额:贷方 324 000 元。

增值税普通发票、专用发票和其他应付单如表 13-3 至表 13-5 所示。

表 13-3　　　　　　　　　　　　　增值税普通发票　　　　　　　　　　　金额单位:元

开票日期	发票号	供应商	采购部门	科目	货物名称	数量(千克)	单价	金额
2016 年 12 月 25 日	40201458	德成钢铁	采购部	2202	生铁	50 000	2.4	120 000

表 13-4　　　　　　　　　　　　　增值税专用发票　　　　　　　　　　　金额单位:元

开票日期	发票号	供应商	采购部门	科目	货物名称	数量(千克)	单价	税率	金额
2016 年 12 月 28 日	P0033452	虎山钢铁	采购部	2202	45MnB 钢	50 000	3.5	17%	198 900

表 13-5　　　　　　　　　　　　　　其他应付单　　　　　　　　　　　　金额单位:元

单据日期	科目编号	供应商	采购部门	金额	摘要
2016 年 12 月 28 日	2202	虎山钢铁	采购部	5 100	应付代垫运杂费

三、经济业务

该企业 2017 年 1 月发生如下经济业务:

(1) 2 日,采购部通过虎山钢铁购入生铁 50 吨(50 000 千克),单价为 2 400 元(2.4 元/千克),取得增值税专用发票,票号为 P004456。

(2) 6 日,采购部从德成钢铁购入 45MnB 钢 60 吨(60 000 千克),单价为 3 000 元(3 元/千克),取得普通发票,票号为P005879,对方帮忙代垫运杂费3 800元(普通发票不能抵扣进项税,税率为零)。

(3) 10日,开出转账支票一张,金额为120 000元,支付上月欠德成钢铁的货款,票号为Z00123。

(4) 15日,开出转账支票一张,金额为140 400元,支付本月购买生铁的货款,票号为Z00125。

(5) 20日,开出转账支票一张,金额为150 000元,作为向虎山钢铁的购货定金,票号为Z00126。

(6) 25日,用预付虎山钢铁的150 000元定金冲抵前欠部分货款。

四、同步任务操作要求

引入"[任务3-2]总账管理系统初始设置"账套,账套主管完成应付款账套初始化操作,往来会计进行往来日常业务操作,然后出纳签字,会计审核,主管记账。